Religion in Philosophy and Theology

Edited by

Agata Bielik-Robson (Nottingham)
Helen De Cruz (St. Louis, MO) · Asle Eikrem (Oslo)
Hartmut von Sass (Berlin) · Heiko Schulz (Frankfurt a.M.)

134

Religion in Philosophy and Theology

Edited by

[illegible]

[illegible]

Cohens Psychologie

Annäherungen an ein unvollendetes Projekt

Herausgegeben von

Hans Martin Dober und Christian Wiese

Mohr Siebeck

Hans Martin Dober, geboren 1959; Promotion in Philosophie; Habilitation in Praktischer Theologie; apl. Professor für Praktische Theologie in Tübingen und Pfarrer der Ev. Landeskirche in Württemberg; im kirchlichen Ruhestand.

Christian Wiese, geboren 1961; Promotion in Kirchengeschichte; Habilitation in Religionswissenschaft mit Schwerpunkt Judaistik; 2007–2010 Prof. für Jüdische Geschichte an der University of Sussex; Martin-Buber-Professur für Jüdische Religionsphilosophie am Fachbereich Ev. Theologie an der Goethe-Universität Frankfurt.

Die Herausgeber danken für die großzügige Förderung der Druckkosten durch die Erich und Maria Russell-Stiftung.

ISBN 978-3-16-163888-6 / eISBN 978-3-16-163889-3
DOI 10.1628/978-3-16-163889-3

ISSN 1616-346X / eISSN 2568-7425 (Religion in Philosophy and Theology)

Die Deutsche Nationalbibliothek verzeichnet diese Publikation in der Deutschen Nationalbibliographie; detaillierte bibliographische Daten sind über *https://dnb.dnb.de* abrufbar.

Das Buch wurde von Computersatz Staiger gesetzt, von AZ Druck und Datentechnik in Kempten auf alterungsbeständiges Werkdruckpapier gedruckt und gebunden.

Mohr Siebeck GmbH & Co. KG, Wilhelmstraße 18, 72074 Tübingen, Deutschland
info@mohrsiebeck.com.

Printed in Germany.

Inhaltsverzeichnis

A. Zur Aktualität der Fragestellung

B. Die Psychologie Cohens im System der Philosophie

D. Die Seele in der Ästhetik

E. Die Seele in der Philosophie der Religion

Register

Verwendete Siglen der zitierten Werke Cohens

Zahlen in eckigen Klammern am Ende der folgenden Nachweise bezeichnen die entsprechenden Bände der kritischen Edition: H. Cohen, Werke, hg.v. Hermann-Cohen-Archiv am Philosophischen Seminar der Universität Zürich unter der Leitung von Helmut Holzhey, Hildesheim/Zürich/New York [Olms] 1977 ff.

ÄrG I u. II	H. Cohen, Ästhetik des reinen Gefühls, 2 Bde., Berlin (B. Cassirer) 1912 [Werke 8 und 9].
BR	H. Cohen, Der Begriff der Religion im System der Philosophie, Gießen, Töpelmann 1915 (= Philosophische Arbeiten, hg.v. H. Cohen und P. Natorp, X/1) [Werke 10].
EGML	H. Cohen, Einleitung mit kritischem Nachtrag zur neunten Auflage der Geschichte des Materialismus von Friedrich Albert Lange, Leipzig (Friedrich Brandstetter) 1914 [Werke 5.2].
ErW^1	H. Cohen, Ethik des reinen Willens, Berlin (B. Cassirer) 1904.
ErW	H. Cohen, Ethik des reinen Willens, Berlin (B. Cassirer) ^{2}1907 [Werke 7].
JS I – III	H. Cohen, Jüdische Schriften, 3 Bde., hg.v. Bruno Strauß, Berlin (Schwetschke & Sohn) 1924.
KBÄ	H. Cohen, Kants Begründung der Ästhetik, Berlin (F. Dümmler) 1889 [Werke3].
KBE^1	H. Cohen, Kants Begründung der Ethik, Berlin (F. Dümmler) ^{1}1877.
KBE^2	H. Cohen, Kants Begründung der Ethik, Berlin (B. Cassirer) ^{2}1910 [Werke 2].
KTE^1	H. Cohen, Kants Theorie der Erfahrung, Berlin (F. Dümmler) ^{1}1871. [Werke 1.3]
KTE^2	H. Cohen, Kants Theorie der Erfahrung, Berlin (F. Dümmler) ^{2}1885.
KTE^3	H. Cohen, Kants Theorie der Erfahrung, Berlin (B. Cassirer) ^{3}1918 [Werke 1.1]

LrE[1]	H. Cohen, Logik der reinen Erkenntnis, Berlin (B. Cassirer) [1]1902.
LrE[2]	H. Cohen, Logik der reinen Erkenntnis, Berlin (B. Cassirer) [2]1914 [Werke 6].
PIM	H. Cohen, Das Prinzip der Infinitesimalmethode und seine Geschichte, Berlin 1883 [Werke 5.1].
RV	H. Cohen, Religion der Vernunft aus den Quellen des Judentums. Nach dem Manuskript des Verfassers neu durchgearbeitet und mit einem Nachwort versehen von Bruno Strauß, Frankfurt a.M. (Kauffmann) [2]1929. = Nachdruck Darmstadt (Josef Melzer) 1959. = Nachdruck Wiesbaden (Fourier) 1978. = Nachdruck Wiesbaden (Fourier), 2008.

Die biblischen Bücher werden abgekürzt nach: Theologische Realenzyklopädie (TRE) Bd. 17 (Register Band 1–17), Berlin/New York (de Gruyter) 1990.

Einleitung

Hans Martin Dober und *Christian Wiese*

Hermann Cohen ist ein Philosoph von Rang gewesen, der sein Denken in die Form eines Systems gefasst hat. Die *Logik der reinen Erkenntnis* ([1]1902), die *Ethik des reinen Willens* ([1]1904) und die *Ästhetik des reinen Gefühls* (1912) gehen von den drei „Arten" des Bewusstseins aus, die das europäische Denken in aristotelischer Tradition (bis zu Kant) als „Vermögen" der Seele des Menschen verstanden hatte.[1] Geplant war noch eine Psychologie, die an Stelle einer Metaphysik das System hätte abschließen sollen. Im Unterschied zum Vermögensbegriff spricht Cohen meistens davon, dass die Aufgabe dieses vierten Systemteils gewesen wäre, die „Einheit des Bewusstseins" darzustellen, dessen drei „Richtungen" schon thematisch gemacht wurden.

I. Die Einheit des Bewusstseins und die Einheit der Seele

Das Projekt einer *systematischen Psychologie* hält Cohen aber nicht davon ab, am *Namen* der Seele festzuhalten. Man wird das so deuten können, dass er sich zwar mit dem *kritischen Idealismus* Kants in die Geschichte einer – von Helmut Holzhey so genannten – „philosophischen Seelenaustreibung" eingereiht hat, die im Zeitalter der Aufklärung begonnen hatte und bis heute nicht beendet ist.

In der Absetzung von Mythos und Glaube arbeiteten die europäischen Intellektuellen seit dem 17. Jahrhundert daran, einen Menschen ohne Seele zu rekonstruieren, d.h. die Vorstellung der Seele aus dem überlieferten und lebensweltlich bestimmenden Menschenbild zu vertreiben. Sie klären darüber auf, dass die Existenz der Seele nicht ausweisbar ist und wir uns auch ohne die Annahme einer Seele begreifen, ja besser begreifen können. Die geistige Aufklärungsarbeit bringt nicht nur Teufel und Engel, Geister und Dämonen zum Verschwinden, sondern nimmt uns auch die Seele. Die Annahme einer individuellen menschlichen Seele, die als unzerstörbar angesehen wird, bildet dabei den Hauptangriffspunkt. Dieser Begriff der Seele beschreibt [antiker Lehre folgend] den ganzen Menschen (das sich ernährende und fortpflanzende, das sich bewegende und das geistige Wesen).[2]

---

[1] Die Entdeckung des Gefühls als gleichberechtigte Art des Bewusstseins neben Erkenntnis und Wille hat Cohen zufolge allerdings erst in der Neuzeit stattgefunden. Vgl. Cohen, ÄrG I, 128 [zu Moses Mendelssohn].

[2] Holzhey, *Gott und Seele*, 94 f.

Aber Cohen ist nicht bereit, die reiche Vielfalt der Bedeutungen und des Sinns zu verabschieden, die der Name der Seele in den Werken der Kunst und in den Quellen der Religion an sich gebunden hat. Diesen Bedeutungsreichtum sucht er zu bewahren. Es ist ihm gewiss, dass ein Neuverstehen der Seele *nach* der Aufklärung die Begriffe ins Zentrum der Reflexion stellen muss, die geeignet sind, die Einheit des Bewusstseins zu tragen, wie etwa das „Ich“ und das „Selbst“. Diese Begriffe erfahren im Bereich der Erkenntnis, des Willens und des Gefühls unterschiedliche Nuancen der Bestimmung. Und es spricht in der Tat vieles dafür, dass Cohen der ethischen Bestimmung Priorität gegeben hat.[3] Doch diese Begriffe reichen weder aus, einem nach Formen des Ausdrucks und der Darstellung suchenden Subjekt zu einer ihm gemäßen Sprache zu verhelfen, wie etwa die Lyrik der Psalmen sie überliefert, noch der Seele, „die [...] sich nicht [...] von selbst [versteht]“,[4] in den Werken der Kunst „Gestalt“ zu geben. Indem es „die Seele des Menschen in seinem Leibe“ zur Darstellung gebracht hat, steigt „das Urbild der Menschheit [...] im echten Kunstwerk auf“.[5]

II. Arbeit am Mythos

Man kann es auch so sagen: Cohen arbeitet am Mythos, dem schon Platon den philosophischen Gedanken abgerungen hatte, auch wenn er ihn dann – vor allem in der Gestalt der Idee – nicht ohne den Gebrauch von Gleichnis und Metapher, in narrativen, im Mythos beheimateten Formen also, zur Darstellung gebracht hat. So ist auch die Seele anfänglich ein Thema des Mythos. Platon wird von Cohen aber als früher Zeuge dafür in Anspruch genommen, den Mächten der Seele die Kräfte des Geistes entgegengehalten zu haben. Sein Text *Die platonische Ideenlehre, psychologisch entwickelt* (1866) zeichnet eine diesem Anspruch entsprechende Bewegung des Gedankens von Platon minutiös nach.[6] Zugleich gilt Cohens Interesse hierbei den „psychologischen“ Bedingungen, unter denen dieser für ihn maßgebliche Denker den in seiner Reinheit aufblitzenden Gedanken der Idee hat fassen können.[7] Diese frühe Schrift sucht die platonische Entdeckung als „einen psychischen Prozess“ sichtbar zu machen, dem zufolge sie „doch ihrem letzten Grunde nach aus einer apriorischen Combination“ entspringt, „so sehr sie durch den aposteriorischen Wissensstoff geschichtlich vorbereitet ist“.[8]

---

[3] Vgl. die Beiträge von Andrea Poma und Roy Amir in diesem Band.

[4] Cohen, ÄrG I, 297.

[5] A.a.O., 210.

[6] Cohen, *Platons Ideenlehre*, 101–191.

[7] Vgl. dazu: Dober, *Cohen-Studien*, 163–169.

[8] Cohen, *Platons Ideenlehre*, 104.

Auch die anderen beiden Texte Cohens, die in den 1860er Jahren unter dem Einfluss der Völkerpsychologie Herbarts und der Sprachphilosophie Steinthals entstanden sind, führen die Arbeit am Mythos fort – das sind *Mythologische Vorstellungen von Gott und Seele, psychologisch entwickelt* (1868/69), und *Die dichterische Phantasie und der Mechanismus des Bewusstseins* (1869).[9] Wie es inzwischen gründlich belegt und gezeigt worden ist, hat sich Cohen mit seinen drei Kant interpretierenden Schriften aber deutlich genug von der „genetischen Methode der Völkerpsychologie"[10] distanziert. In *Kants Theorie der Erfahrung* (1871), *Kants Begründung der Ethik* (1877) und *Kants Begründung der Ästhetik* (1889) rückt die transzendentalphilosophische Frage *Quid juris?* der anderen Frage *Quid facti?* gegenüber immer mehr in den Vordergrund.[11] Doch diese Konzentration auf die Grundlegungen der Erkenntnis, des Willens und des Gefühls hat Cohens bleibendes Interesse an der Psychologie nicht erlahmen lassen, auch wenn seine Texte aus dieser Zeit scharfe Kritik an den Geltungsansprüchen ihrer empirischen Forschungen üben. Wie sein Meister Kant ist er – das legt die Präsenz des Terminus im Gesamtwerk nahe – ein „großer kritischer Seelenumsegler" geblieben, als den Marcus Herz den Königsberger Lehrer und langjährigen Briefpartner einmal bezeichnet hat.[12] Geleitet von einem bleibenden kultur- und später auch religionsgeschichtlichen Interesse hat Cohen die metaphorischen und narrativen Einkleidungen von – die Seele betreffenden – Gedanken noch vor ihrer Überführung in die Form von Begriffen auch weiterhin ernst genommen.

III. Die Philosophie der Religion

Die geplante „systematische Psychologie" ist nicht mehr geschrieben worden.[13] Wir wissen nicht, welche Gestalt Cohen ihr gegeben hätte. Aber es finden sich nicht wenige Spuren in seinem Werk, die es gestatten, Leitfragen und Kerninhalte seines früh einsetzenden und nie endenden Interesses an der Psychologie sicher zu belegen. Dazu gehört die Mitschrift Ernst Cassirers von einer Vorle-

---

[9] Beide sind leicht zugänglich gemacht in Band 12 der Gesamtausgabe. Vgl. dazu die kurze Zusammenfassung in: *Hermann Cohen nach 100 Jahren*, bes. 179 f. und 189–191.

[10] Beiser, *Hermann Cohen*, 33. Vgl. auch den Beitrag von Geert Edel in diesem Band.

[11] Vgl. dazu: Beiser, *Cohen*, 35 u.ö.

[12] Stangneth, *Der Arzt des Philosophen*, LII.

[13] Cohen, BR, 108. Versuche, Cohens Psychologie aus den Spuren zu rekonstruieren, die sich im vorliegenden Werk finden, haben bisher unternommen: Damböck, *Cohens Psychologie als politisches Projekt*, 123–139; Dober, *Bewusstsein mit Leib und Seele. Spuren einer nicht geschriebenen Psychologie*, 161–200. Zu den Bedingungen und Chancen einer solchen Rekonstruktion vgl. auch den Beitrag von H.-D. Klein in diesem Band. Die Stellung der Psychologie im System hat vor längerem schon Winrich de Schmidt diskutiert (Ders., *Psychologie und Transzendentalphilosophie*).

sung Cohens zur Psychologie aus dem Jahr 1899.[14] Doch auch die anderen Spuren deuten auf Probleme hin, die zu bearbeiten Cohen sich mit dem 4. Systemteil aufgemacht hätte, hätte die Lebenszeit dafür noch ausgereicht. Statt die Psychologie zu verfassen, hat er die Jahre nach seiner Emeritierung 1912 aber genutzt, um seine Religionsphilosophie auszuarbeiten, die in zwei Bänden, *Der Begriff der Religion im System der Philosophie* (1915) und *Religion der Vernunft aus den Quellen des Judentums* ([1]1919) sowie einigen *Kleineren Schriften* vorliegt.

Eine dieser Spuren findet sich im Abschnitt V. von *Der Begriff der Religion* mit dem Titel *Das Verhältnis der Religion zur Psychologie.* Cohen verweist hier auf „die drei Schlussabschnitte der drei bisher erschienenen Bücher des Systems", die aus der Perspektive der Logik, Ethik und Ästhetik auf die Aufgabe des 4. Systemteils vorausblicken,[15] möchte aber – als reichte das noch nicht aus – nun auch aus der Perspektive der Religion und ihrer „Eigenart" „von dieser neuen Aufgabe der Psychologie eine Ansicht [...] gewinnen".[16] „Das Mitleid" und „die Sehnsucht" werden ausdrücklich genannt als zwei Begriffe, die zwar von der Psychologie ihrem „alten Sinn" nach „als ihr eigenstes Gut" in Anspruch genommen werden können, im Kontext der biblischen Religion – und Cohen hat mit dem *Tanach* sowie mit *Talmud* und *Siddur* vor allem die *Quellen des Judentums* im Blick – aber eine spezifische Prägnanz für „die Auszeichnung des Individuums und seine Erhaltung" gewonnen haben.[17]

Der von Cohen beschrittene Weg zu seiner Philosophie der Religion leistet also durchaus einen Beitrag zur noch ausstehenden Aufgabe der *systematischen* Psychologie, die „nicht eine Sonderrichtung des Bewusstseins, [...] sondern vielmehr ihre Einheit zum Problem hat."[18] Und zu dieser Einheit leisten solche Begriffe einen unverzichtbaren Beitrag, die in der *empirischen* Psychologie einen Ort haben, insofern das Mitleid und die Sehnsucht im Bewusstsein durch Vorstellungen repräsentiert sind.[19] Eben so ist aber der „alte Sinn" von Psychologie bestimmt, dass die „Analyse und Ordnung der Vorstellungen, welche das Bewusstsein erfüllen, und welche bestimmte Tätigkeitsweisen und Grundzüge des Bewusstseins ausmachen",[20] ihre Aufgabe ist.

---

14 Der Beitrag von G. Moynahan bezieht sich auf diese bislang unveröffentlichte Vorlesungs-Mitschrift, die in der Bibliothek der Yale University eingesehen werden kann.

15 Cohen, LrE[1], 518–520; Cohen, ErW, 636 f.; Cohen, ÄrG II, 425–432.

16 Cohen, BR, 108.

17 Ebd. Zur religionsphilosophisch erschlossenen Bedeutung der Individualität im Denken Cohens vgl. den Beitrag von George Y. Kohler in diesem Band.

18 Cohen, BR, 109. Auf das so offene wie problematische Verhältnis zwischen Cohens Religionsphilosophie und seiner systematischen Psychologie geht der Beitrag von Kurt Walter Zeidler in diesem Band ein. Die engste Verknüpfung von System und Spätwerk findet sich von Jakob Gordin ausgearbeitet. Vgl. dazu den Beitrag von Heinrich Assel und die Edition eines von ihm aufgefundenen Textes von Gordin in diesem Band.

19 Hiervon gibt die metaphorische Sprache der Psalmen eine Vielzahl von Beispielen.

20 Cohen, BR, 108.

Es fällt nicht schwer, in dieser Bestimmung die Psychologie wiederzuerkennen, mit der in Gestalt der Werke von Herbart und Steinthal Cohen sich zu Beginn seines Denkweges in den 1860er Jahren auseinandergesetzt hat. Wie es scheint, bedurfte es der Ausarbeitung des eigenen philosophischen Systems ebenso wie der Religionsphilosophie, um zu klären, wie der Anspruch der „Einheit des Bewusstseins" zu dem andern einer „Einheit der Seele" ins Verhältnis gesetzt werden könnte.[21]

IV. Die Aktualität der Fragestellung und ihre Bearbeitung auf den Spuren Cohens

Die Frage nach Cohens Psychologie ist eingebettet in einen gegenwärtigen Diskurs-Kontext, der zu Beginn von Jörg Dierken ausgeleuchtet wird. Einerseits ist dieser Kontext durch ein tendenzielles Verschwinden des *Begriffs* der Seele vom Horizont des zeitgenössischen Bewusstseins gekennzeichnet. Andererseits aber ist auch eine neu erwachende Aufmerksamkeit auf das zu beobachten, was dieser *Name* einmal bedeutet hat – und heute wieder bedeuten könnte. Es sind nicht nur die Künste, in deren Bereich diese Frage gestellt wird, und hier insbesondere Roman und Film. Auch in der Theologie oder in der medizinischen Anthropologie werden Probleme bearbeitet, die das alte Thema des Verhältnisses von Seele, Geist und Leib (bzw. Körper) betreffen.

Das systematische Denken Cohens kann sich darin bewähren, dass es Zusammenhänge zwischen Bereichen des Wissens und Handelns herzustellen in der Lage ist, die vielleicht auf den ersten Blick noch nicht sehr viel miteinander zu tun haben. Wie dann auf den zweiten Blick per analogiam die auf Rechtsbegriffe hinauslaufende *Ethik des reinen Willens* auf Grundfragen der medizinischen Anthropologie mit Erkenntnisgewinn bezogen werden kann, zeigt Hartwig Wiedebach. Gesundheit ist „kein Ruhezustand, sondern muss ‚in jedem Augenblick des Lebens erzeugt' werden".

Derartige sachliche und historische Kontextualisierungen wie auch aktualisierende Anverwandlungen von Cohens Denken setzen aber ein Sich-Einlassen auf seinen Denkweg bis hin zum religionsphilosophischen Spätwerk voraus. Deshalb widmen sich weitere Beiträge der Grundlegung, Methode und Durchführung der systematischen Philosophie, in der die Psychologie ihren Platz hätte finden sollen – wie auch immer die Frage nach der Seele hier aufgenommen wor-

[21] Cohen, ErW, 233 vgl. RV, 440 und 222. Irene Kajon vertritt in ihrem Beitrag die These, dass die Transformation der Tugendlehre der *Ethik* in der *Religion der Vernunft aus den Quellen des Judentums* auch einen neuen Begriff der Seele impliziert, die erst in der Korrelation zu Gott zu ihrer Einheit und zum Frieden findet.

den wäre, und d.i. unter den Autoren der Beiträge in diesem Band durchaus umstritten.

Wie die *Logik* sich die theoretische Physik, die *Ethik* sich die Rechtswissenschaft und die *Ästhetik* sich die Kunst als ein Faktum voraussetzt, so hätte der vierte Systemteil auf die empirische Psychologie aufbauen müssen, argumentiert Hans-Dieter Klein. Als eine etablierte Wissenschaft in Gestalt von unterschiedlich arbeitenden Theorien der „Psychodynamik" liegt eine solche allerdings noch nicht in Cohens Zeitgenossenschaft, sondern erst heute vor, und diese Entwicklung ist nicht zuletzt durch die Psychoanalyse begünstigt worden.

In einem Durchgang durch die Schriften Cohens von den an Kant anschließenden Arbeiten bis hin zur eigenen Systemphilosophie zeigt Geert Edel sodann auf, dass Cohen in der Erkenntniskritik zunehmend den subjektiven Faktor von „Reizen", Anschauungen und Vorstellungen eliminiert, um das Erkennen einzig aus den vom Denken gesetzten „Grundsätzen"[22] zu verstehen. Vollends der Anspruch, „keine Dinge anders als in und aus Gedanken"[23] begreifen zu wollen, verleiht Cohens kritischem Idealismus seine geistigen Konturen. Die „selbsteigene Gegebenheit der Dinge außerhalb der menschlichen Gehirne" ist mit diesem Anspruch keineswegs aus, sondern vielmehr eingeschlossen. Folgt man dieser nachgezeichneten Entwicklung, so kann die „Einheit des Bewusstseins" weder etwas „Persönliches" noch etwas „Psychologisches" sein.[24] Nur nach wissenschaftlicher Methode ist sie zu gewinnen. Eine „spezifisch ‚subjektive' Perspektive", „die man dann auch als eine ‚psychologische' fixieren zu können glauben mag", bringe erst die Ästhetik ins Spiel.

Anders als in dieser strikt erkenntniskritischen Perspektive bleibt der Beitrag, den die späte Religionsphilosophie darüber hinaus zur „Einheit des Kulturbewusstseins" zu leisten vermag, in einem bislang unbekannten und noch nicht publizierten Aufsatz von Jakob Gordin keineswegs offen. Dieser in den Jahren zwischen 1929 und 1933 entstandene Text konfrontiert Cohens Logik der Denkgesetze kritisch mit Kants, Hegels und Salomon Maimons Logik des unendlichen Urteils, der eine „indirekt schöpfungstheoretische Bedeutung" zukomme. Wie es scheint, trägt diese Bedeutung die These Gordins, Cohen hätte ein fünfteiliges System vorlegt, in dem die Psychologie *als Übergang* zur Religionsphilosophie gedacht gewesen sei. Heinrich Assel hat diesen Text im Pariser Archiv der *Alliance Israélite Universelle* aufgefunden, ediert und kommentiert. Er ordnet ihn als ein zentrales Zwischenstück zwischen Cohens Spätwerk (1919) und der Maimonides-Interpretation ein, die Gordin 1934, und in seinem Gefolge Emmanuel Lévinas, vorgelegt haben.

---

22 Cohen, KBE[1], 27.

23 Cohen, PIM, 126.

24 Edel mit Bezug auf Cohen, KTE[3], 751.

Kurt Walter Zeidler ordnet dann den sich in der Mitte des 19. Jahrhunderts formierenden Neukantianismus im Spannungsfeld zwischen einer „spekulativ-idealistischen und anthropologisch-psychologischen Kantnachfolge“ wissenschaftsgeschichtlich ein. Dass beide „Problemkomplexionen […] um die *Logik* und die *Psychologie* und beider Verhältnis“ kreisen, nimmt er – in erhellendem Rückbezug auf Kant selbst – zum Ausgangspunkt für eine Rekonstruktion und Kritik des systematischen Anspruchs, unter dem das Projekt von Cohens Psychologie stand. Die *Psychologie* markiere „genau die Leerstelle, die aufgrund der Umbiegung der logischen Begründungsreflexion in eine methodologische Abschlussreflexion in Cohens System klafft.“

Erforderlich ist weiterhin die Erforschung der ethischen Dimension, in der Cohen nachweislich seine Psychologie ausgearbeitet hätte. In einem diffizilen Vergleich von Kants *Kritik der praktischen Vernunft* und Cohens *Kants Begründung der Ethik* arbeitet Andrea Poma heraus, wie Letzterer über Ersteren hinausgegangen ist, indem er die Grundlegung des Freiheitsgedankens über das Kausalitäts-Schema hinaus erweiterte und Autonomie als „Autotelie“ begriff. Als die Handlungspraxis durchweg regulierende Maxime zielt die Freiheit auf „Anthroponomie“.

Gregory Moynahan nähert sich dann dem Zusammenhang der Psychologie Cohens und seiner Ethik auf dem Umweg über Ernst Cassirers Schrift *Leibniz' System in seinen wissenschaftlichen Grundlagen* (1902) an, die Cohen gewidmet ist. Cassirer hat sie verfasst, nachdem er dessen Vorlesungen über Psychologie (1899) gehört hatte. Dass die Psychologie den „Makrokosmos der Menschheit im Mikrokosmos des Menschen der Kultur“[25] hätte darstellen sollen, deutet Moynahan vom Anspruch der Ethik Cohens her, „den kategorischen Imperativ Kants zur Grundlage einer neuen Form“ zu machen, enthalte dieser doch „das sittliche Programm der neuen Zeit und aller Zukunft der Weltgeschichte“.[26] Dieses Programm wirkt sich nicht zuletzt in der Weiterentwicklung des von Friedrich Albert Lange dargestellten Materialismusproblems in der Perspektive einer sich im Recht verwirklichenden Ethik aus, die bei Cohen auf eine „Metapolitik“ hinausläuft, „in der die grundlegenden Strukturen der Gesellschaft transformiert und neu definiert“ werden. Cassirers Leibniz-Interpretation schließt nun an das von Cohen in den Blick genommene Problem einer zukünftigen Menschheit an und sucht es im Rekurs auf die Monadologie mit der individuellen menschlichen Erfahrung zu verknüpfen. Dieser Umweg eröffnet im Gegenzug Ausblicke auf das unvollendet gebliebene Projekt Cohens, wenn man „Cassirers Leibniz-System […] als historischen Auftakt zu Cohens System“ liest.

---

[25] Cohen, ErW, 637.

[26] A.a.O., 320.

In einer Rekonstruktion des „Aufbaus des Bewusstseins“[27] zeigt Roy Amir, dass die „psychologische Aktivität des Individuums“ für die Begründung des reinen Bewusstseins notwendig ist, obwohl Cohen dessen psychologische Erklärung ablehnt. Zwar ist der Begriff des Bewusstseins systematisch streng unterschieden von den psychologischen Fakten der Repräsentation von Inhalten (Cohen gebraucht hierfür den Terminus der „Bewusstheit“), aber der Begriff des reinen Bewusstseins entsteht, beginnend in der *Logik*, am mathematisch-physikalischen Begriff der Bewegung, der in der *Ethik* als „Begehrung“ wiederkehrt, um die Grundlage für den Willen abzugeben. In der *Ästhetik* schließlich trägt die Bewegtheit des Gefühls als psychologischer Faktor der Aktivität sowohl die Produktion als auch die Rezeption von Kunst. Das ästhetische Gefühl als Modifikation der zuvor dargelegten Arten reiner mentaler Aktivität weist den Weg zur Entdeckung des Ursprungs des Bewusstseins im Sinne seiner psychologischen „Urform“,[28] mit Bezug auf die es auch sinnvoll ist, von „Denkgefühlen“[29] und „Willensgefühlen“[30] zu sprechen. Als eine reflektive Aktivität des Bewusstseins nimmt das ästhetische Gefühl eine relative Neubestimmung von Denken und Wollen vor, um so die „Einheit des Kulturbewusstseins“ zu tragen, deren vollständige Bestimmung Aufgabe der systematischen Psychologie gewesen wäre.

Drei weitere Beiträge lassen sich auf die Ästhetik ein. Mit Blick auf Cohens bislang wenig erforschte Theorie der Musik fragt Hans Martin Dober danach, welche spezifische Bestimmung das Selbst durch sie zu erfahren vermag – das Selbst, auf das bezogen der Name der Seele ein Stück seiner Bedeutung zurückgewinnen kann. Eine Voraussetzung hierfür ist die funktionale Deutung der harmonischen Struktur eines Stücks, die eine Analogie zum Seelenleben erlaubt. Asher Biemann schlägt dann eine sachliche Zuordnung von Cohens Ästhetik zur Philosophischen Anthropologie vor, die im ersten Drittel des 20. Jahrhunderts von Max Scheler, Bernhard Grothuysen, Helmuth Plessner u.a. entwickelt worden ist. In welcher Weise Cohen hierbei eine hoch reflektierte Stellung zum Bilderverbot einnimmt, diskutiert Ido ben Harush mit Bezug auf einen qualifizierten Begriff des Monotheismus. Die *Ästhetik des reinen Gefühls* integriert die prophetischen Vorbehalte, indem sie strikt zwischen Kunst und Religion unterscheidet.[31] So hält sie Bildern einen Platz frei, auf dem ihr Darstellungspotential zur Wiedergewinnung der Bedeutungsvielfalt im Namen der Seele beitragen kann.

Eine weitere Differenzierung erfährt die Unterscheidung von Kunst und Religion in einem von Dietrich Korsch durchgeführten Vergleich Cohens mit

---

27 Cohen, ÄrG I, 135.

28 A.a.O., 136.

29 A.a.O., 363.

30 Cohen, ErW, 195–200.

31 „Die Kunst kann niemals die Aufgabe der Religion zu übernehmen haben. Sie kann immer nur ihre eigene Aufgabe übernehmen.“ (Cohen, ÄrG II, 333)

Schleiermacher hinsichtlich des „reinen Gefühls". Unter steter „Mitwirkung des reinen Erkennens und des reinen Wollens in jedem Moment seiner Ausdrucksgestaltung" ordnet Cohen es der Ästhetik zu. Demgegenüber hat Schleiermacher zwar den frühen – auf Anschauung bezogenen – Begriff des Gefühls in den *Reden über die Religion* später so weiterentwickelt, dass es dem „reinen Gefühl" Cohens nahekommt. Anders als dieser hat er es aber an das „einheitsstiftende Phänomen der Religion" gebunden. Ob man hierin einen Vor- oder Nachteil für die jeweilige theoretische Stimmigkeit sehen möchte, hängt jedenfalls auch daran, welche positive Religion kraft ihrer Eigenart Orientierung für die Verhältnisbestimmung von Religion und Ästhetik gibt – die jüdische oder die christliche.

Pierfrancesco Fiorato zeigt sodann in einem „close reading" des der Unsterblichkeit der Seele im Spätwerk gewidmeten Kapitels der *Religion der Vernunft*, dass hier wie in einer Nussschale die ethische Dimension des Cohenschen Denkens mit der messianischen im Gespräch ist, um in steter impliziter Auseinandersetzung mit dem Christentum in der europäischen Kultur – und nicht zuletzt in den Werken der Kunst – von den Bedingungen eines *Bleibens* der Seele Rechenschaft zu geben.

Die Suche nach einer Konturierung des Begriffs der Seele in der Religionsphilosophie nimmt George Y. Kohler dann auf. Nicht schon in der Ethik kommt die Individualität des Menschen zur Bestimmung. Während sein Begriff hier im Bezug auf die Allgemeinheit gebildet wird, auf das, was allen Menschen gilt, tritt erst im Bereich der Religion die in der Fehlbarkeit des Menschen liegende Grenze dieser Bestimmung in den Fokus. Für diese Erweiterung des Blicks kommt dem Propheten Ezechiel eine Schlüsselbedeutung zu, dem zufolge „jeder zur Seele geworden [ist]"[32] dadurch, dass er seine Sünde als ihm selbst zurechenbar erkennt. Sie ist nicht mehr übertragbar wie im mythischen Denken. Doch nicht nur wird der Mensch in dieser Selbsterkenntnis zum Individuum, sondern auch der Begriff Gottes erfährt über seine ethische Bestimmung hinaus eine Erweiterung zu „meinem Gott"[33], bei dem Versöhnung ist. Die untrennbare Wechselbeziehung zwischen Mensch und Gott wird von Cohen methodisch als „Korrelation" gefasst, welche „das Leben der Seele auf die Schwebe mit dem Sein Gottes"[34] spannt, um so den gesamten Bereich der Religion zu umfassen.

Dass Cohen mit seinem Spätwerk zudem einen neuen Akzent im Systemanspruch seiner Philosophie gesetzt hat, macht Irene Kajon in ihrem diffizilen Vergleich der Tugendlehren der *Ethik des reinen Willens* und der *Religion der Vernunft aus den Quellen des Judentums* plausibel. An der Stellung der einzelnen Tugenden im jeweiligen Zusammenhang zeigt sie eine Transformation nach Maßgabe der Korrelation zwischen dem Menschen und dem einzigen Gott durch

---

32 Cohen, RV, 267.
33 Cohen, BR, 116.
34 A.a.O., 122.

den „Geist der Heiligkeit“ auf, und das meint eine „reine ethische Zuneigung der Liebe [affection of love]“. Diese Veränderungen, wie sie etwa an der Stellung der Humanität[35] in der *Ethik* und dem Frieden[36] in der *Religion der Vernunft* auffällig werden, implizieren, so die These, nicht nur eine Akzentverschiebung in der früheren Bestimmung des Verhältnisses von *Deutschtum und Judentum*, sondern auch einen Perspektivwandel mit Blick auf die Psychologie. Für den späten Cohen scheint es nicht mehr möglich, die „Idee der Einheit der menschlichen Seele“ „ohne die jüdische Idee von Gott“ zu denken. Wenn aber der „Geist der Heiligkeit“ an die Stelle des Geistes als produktiver Kraft tritt, wird ein *Cogito* sichtbar, das durch Frieden und Liebe bewegt wird.

Die vorliegenden Texte sind zu einem großen Teil auf einer Frankfurter Tagung zum Thema im September 2022 vorgetragen worden. Sie fügen sich zu einem Mosaik, in dem das individuell-Unterschiedene sich so zusammengesetzt findet, dass die Formen und Farben der Teile ein ästhetisch stimmiges Gesamtbild ergeben. Die ästhetische Metaphorik hat hier nur die Funktion, die Zusammenschau auf einen Punkt zu bringen: sachliche, begriffliche und methodische Verbindungen wie auch Differenzen müssen aber auf der Rückseite dieses Erscheinungsbildes gesucht werden.

Für die großzügige Förderung der Tagung und der Druckkosten dieses Bandes danken die Herausgeber insbesondere der Stiftung zur Förderung der internationalen wissenschaftlichen Beziehungen der Johann Wolfgang Goethe-Universität Frankfurt, dem Frankfurter Buber-Rosenzweig-Institut für jüdische Geistes- und Kulturgeschichte der Moderne und Gegenwart und dem Forschungsverbund „Dynamiken des Religiösen. Ambivalente Nachbarschaften zwischen Judentum, Christentum und Islam in historischen und gegenwärtigen Konstellationen“ an der Goethe-Universität. Unser Dank für die großzügige Förderung der Druckkosten gilt der Erich und Maria Russell-Stiftung.

Editorische Notiz

Die Formatierung der Beiträge ist weitgehend vereinheitlicht. Jeweils ist ein Verzeichnis der verwendeten Literatur hinzugefügt worden. Die Nachweise in den Fußnoten beziehen sich darauf. Soweit keine anderen Ausgaben verwendet wurden, kam das allgemeine Siglenverzeichnis der Werke Cohens zur Anwendung. Unterschiede in der Zitationsweise in deutsch- und englischsprachigen Texten wurden beibehalten.

---

[35] Cohen, ErW, 617–637.

[36] Cohen, RV, 515–533.

Literaturverzeichnis

Beiser, Frederick, *Hermann Cohen. An Intellectual Biography*, Oxford 2018.

Cohen, Hermann, *Platons Ideenlehre, psychologisch entwickelt*, in: Ders., Werke 12, 101–191.

Damböck, Christian, *Cohens Psychologie als politisches Projekt*, in: Heinrich Assel/Hartwig Wiedebach (Hg.), *Cohen im Kontext. Beiträge anlässlich seines hundertsten Todestags*, Tübingen 2021, 123–139.

Dober, Hans Martin, *Cohen-Studien im Horizont von Religion und Theologie*, Würzburg 2022.

–, *Hermann Cohen nach 100 Jahren. Neuere Forschungen*, in: PhR 69 (2022), 177–201.

Holzhey, Helmut, *Gott und Seele. Zum Verhältnis von Metaphysikkritik und Religionsphilosophie bei Hermann Cohen*, in: Stéphane Mosès/Hartwig Wiedebach (Hg.), *Hermann Cohen's Philosophy of Religion. International Conference in Jerusalem 1996*, Hildesheim/Zürich/New York 1997, 85–104.

Schmidt, Winrich de, *Psychologie und Transzendentalphilosophie. Zur Psychologie-Rezeption bei Hermann Cohen und Paul Natorp*, Bonn 1976.

Stangneth, Bettina, *Der Arzt des Philosophen*, in: Marcus Herz, *Versuch über den Schwindel*, hg.v. B. Stangneth, Hamburg 2019, VII–LXX.

A. Zur Aktualität der Fragestellung

Leben – Subjektivität – Sozialität

Probleme und Perspektiven des Begriffs der Seele im Zeitalter seiner Verflüchtigung*

Jörg Dierken

I. Die Unselbstverständlichkeit des Seelenbegriffs

Der Begriff der Seele versteht sich nicht mehr von selbst. Wenn zu ihm heute eine Konferenz abgehalten und gar noch nach einer ungeschriebenen Lehre gefragt wird, wird die Unselbstverständlichkeit verstärkt. Beim Begriff der Seele ist keineswegs klar, was damit gemeint ist. Geht es um etwas, was neben dem Körper besteht und zu ihm hinzukommt – oder gar im Jenseits des Körpers ein Verhältnis zum Absoluten bildet? Dann hätte man es mit einer gleichsam ätherischen Größe zu tun, die sich in solcher Abgesondertheit vom Körper schwerlich klar und distinkt fassen, erst recht nicht empirisch beobachten lässt. Wollte man im Gegenzug mit dem kognitionswissenschaftlichen Embodiment-Paradigma die Seele als ‚verkörpert' denken, dann stellt sich die Frage, ob sie ganz in körperlichen Funktionen, etwa der hirnphysiologisch fundierten Kognition, aufgeht – und wie sich der vom Verkörperungs-Begriff insinuierte *status quo ante* denken lassen kann.[1] Wechselt man von der objektivierenden Dritte-Person-Perspektive in die der ersten Person und spricht statt vom Körper-Haben vom Leib-Sein, so erhebt sich die Frage nach der Qualität solchen je eigenen, individuierten Leib-Erlebens und seiner Mitteilbarkeit. All dies gilt verstärkt, wenn der Begriff der Seele in ihrer Verbindung mit dem Leib noch mit dem Begriff des Bewusstseins kombiniert wird. Ist Bewusstsein etwas anderes als die Seele mit oder in ihrem Leib? Oder handelt es sich um Äquivokationen, vielleicht mit kleinen Bedeutungsverschiebungen? Den Begriff der Seele zum Fluchtpunkt eines philosophischen, kulturwissenschaftlichen und theologischen Erkundungsgangs zu erheben, evoziert die Frage, welcher Richtungssinn damit markiert sein soll.

Die schillernde Unbestimmtheit und Mehrsinnigkeit des Begriffs der Seele kann aber auch eine spezifische Pointe enthalten. Mit dem Begriff kann auf einen

---

* Dieser Beitrag greift Motive aus meiner Einleitung in den Band auf: Dierken/Krüger (Hg.), *Leibbezogene Seele?*, 1–12.

[1] Vgl. zum Verkörperungsdiskurs aus der Perspektive des Vf.s: Dierken, *Hegel, Schleiermacher und die Verkörperung*, 11–41.

hintergründigen Zusammenhang verwiesen sein, der sich nicht einfach identifizieren, gar fixieren lässt. In diesem Sinn lässt sich an die mitwandernde Offenheit des Horizonts erinnern, wenn unter dem Titel der Seele nach der ungeschriebenen Psychologie von Hermann Cohen gefragt wird. Der Begriff der Seele steht bei Cohen insbesondere für die Einheit des Bewusstseins, das die Verschiedenheit seiner Vermögen, also des Erkennens, des Wollens und des Fühlens, in ihrer Wechselwirkung umfasst.[2] Davon handelt das System der Philosophie in seinen drei, vielleicht zusammen mit der Psychologie als deren Zusammenhang, drei plus eins Teilen.[3] Diese Einheit des Bewusstseins kann von den verschiedenen Vermögen aus angepeilt werden, ist aber mit ihnen als solchen noch nicht präsent. Sie ist überdies nicht einfach gegeben, vielmehr ist sie, gemäß Cohens Primat des Praktischen, stets aufgegeben. Sie hat ihren Hintergrund in der Anthropologie, die wiederum mit der Biologie des Menschlichen und seiner geschichtlich-sozialen Lebenswelt verbunden ist und in der ästhetischen Kultur zur Darstellung gelangt.[4] Ihr Ziel hat die Einheit des Bewusstseins in der Einheit des Menschlichen im All der Individuen, welche durch die Emporläuterung des Menschen in Korrelation mit dem einen Gott religiös erhofft wird.[5] Was der Begriff der Seele meint, wird erahnbar im Vollzug des Bewusstseins, das sich erlebend auf sich selbst bezieht. Das impliziert, dass das Bewusstsein sich selbst, mithin selbsttätig vollziehen kann und kein bloßes Epiphänomen von etwas anderem ist, etwa der mechanisch und informationell beschreibbaren Funktionen des Körperorgans Gehirn.[6] Der Begriff der Seele hat also mit der Selbstbewegung des Bewusstseins zu tun. In der damit angezeigten Verbindung von Spontaneität und Reflexivität liegt seine Einheit begründet. ‚Seele' ist gleichsam ein Titel für Spontaneität als Boden von moralischer Freiheit und für Autonomie als Schlüssel zur Allgemeinheit des Sittlichen. Die Fähigkeit zu solcher Selbstbewegung eignet dem Bewusstsein als Inbegriff von Subjektivität überhaupt. Doch die Seele steht auch für das Individuelle, die je eigene Personalität. Damit erhebt sich die Frage nach dem *principium individuationis*. Es hat immer auch mit den Koordinaten des jeweiligen raum-zeitlichen Daseins zu tun, lässt sich aber von lebensgeschichtlichen Verläufen in sozialen Konstellationen nicht trennen. Das gilt mehr noch, wenn wie bei Cohen – in überraschender Nähe zu Schleiermacher – das Individuelle mit dem Thema Sünde verbunden wird, obgleich anders als bei

---

[2] Für diese Grundbestimmung gibt es mannigfache Belege im Oeuvre Cohens. Vgl. exemplarisch: Cohen, System der Philosophie, Teile 1–3: LrE[1], 15 ff.520; ErW[1], 603 ff.; ÄrG I, 85 f.; ÄrG II, 425 ff.; Ders., BR, 109 ff.; bereits früh: Ders., KBE[1], 15 ff. Zur Psychologie Cohens vgl. Dober, *Bewusstsein mit Leib und Seele*, 161–200; Holzhey, *Gott und Seele*, 85–104.

[3] Vgl. Cohen, BR, 109; Ders., ÄrG II, 429.

[4] Vgl. Cohen, Ethik des reinen Willens, 8–13; Ders., ÄrG I, 297.

[5] Vgl. Cohen, BR, 43–44.53–54.

[6] Bei allem Bezug zum Organischen des Leibes ist Cohen von der Eigenständigkeit der Seele überzeugt.

Schleiermachers Nachwirkung vergebener Sünde nun bei Cohen als Schmachten der Seele im Durst nach Rettung und Erlösung.[7] Der Begriff der Seele beschreibt offenbar eine Drift von der Struktur der Subjektivität in ihrer reflexiv zugänglichen Spontaneität über das in kommunikativen Wechselprozessen mit Anderen sich bildende Individuelle der Einzelnen bis hin zu Elementen von Negativität im Selbstverhältnis – die es freilich zugunsten des die Individuen vereinenden Menschheitlichen zu überwinden gilt. Wenngleich er primär für die Einheit des Bewusstseins in seinen verschiedenen Vermögen steht, kann der Begriff der Seele bei Cohen auch noch das psychisch-innerliche Teilmoment des Mentalen bezeichnen. Das ist insbesondere in ästhetischen Kontexten der Fall, wenn es um die verinnernde Aneignung von Ursprungsartikulationen geht, die zunächst in mythischer Form aufgekommen waren. Im Zusammenhang mit der Religion als der neben der ästhetischen Kultur weiteren Nachfolge- und Überwindungsgestalt des Mythischen wird die Seele in ein Korrelatverhältnis von Mensch und Gott eingezeichnet. Darin komme es gar zu einem „Leben der Seele auf der Schwebe mit dem Sein Gottes".[8] Dieses Sein ist nicht gegenständlich zu verstehen, vielmehr geht es um Gott als Garanten der natürlichen Welt als Ort und Material sittlichen Handelns, dessen Prinzip zugleich das mit Gottes Einzigkeit verbundene Gesetz ist, welches zugleich die innere Bestimmung des Menschen ausmacht. Von hier aus kann Cohen auch das Motiv von der Weltseele aufnehmen,[9] die mit der Selbstbewegung des Willens korrespondiert. Für diese scheint die messianisch von der Zukunft her gedeutete geschichtliche Welt als beseelt, wodurch sie zum Ort der Ewigkeit wird. Das Korrelatverhältnis von Gott und Mensch drängt mithin auf Einheit, genauer: die Einheit des Universal-Menschheitlichen durch realisierte Moralität in Einheit mit dem in der göttlichen Einzigkeit fundierten Sittengesetz.

Diese – leicht erweiterbare Liste – von unterschiedlichen Verwendungsweisen und Bedeutungsdimensionen des Begriffs der Seele bei Cohen lässt genauer nach dem Profil dieses Begriffs fragen – sei es im Sinn einer Integration von Mehrsinnigem, sei es im Sinne eines Grenzbegriffs für die Eigenart des Subjektiven oder des Individuellen. Die Differenzen von Beschreibungs- und Erlebensperspektive, die wiederum sowohl erlebt wie beschrieben werden wollen, kommen hinzu. Doch ist der Begriff der Seele überhaupt geeignet für solche Komplexionen? Und ist er überhaupt noch ein akademisch satisfaktionsfähiger Kandidat?

---

[7] Vgl. Cohen, BR, 99, Schleiermacher, *Der christliche Glaube*, §§ 123.3; 148.1. Das individualitätstheoretische Motiv der Nachwirkung der Sünde auch nach der Wiedergeburt ergänzt das Motiv eigentümlicher Mischungsverhältnisse von Naturkräften und von Differenzen im Mit- und Aufeinanderwirken von Christen.

[8] Cohen, BR, 122.

[9] So Holzhey, *Gott und Seele*, 96.

II. Gründe für das Verschwinden des Seelenbegriffs aus dem wissenschaftlichen Sprachgebrauch

Der Begriff der Seele[10] ist heute weitgehend aus dem wissenschaftlichen Sprachgebrauch verschwunden. Das gilt selbst für Disziplinen, die wie die Psychologie oder gar die theologische Seelsorgelehre den Begriff im eigenen Titel führen. An die Stelle des einstigen Schlüsselbegriffs der Anthropologie, insbesondere in religiöser oder metaphysischer Färbung, sind Begriffe wie Bewusstsein und Selbst, Geist und Denken, Identität und Person, Charakter und Empfinden, Erleben und Existenz getreten. Die Liste ließe sich leicht verlängern. Diese Entwicklung setzte in der frühen Neuzeit ein, erfuhr einen erheblichen Schub in der Aufklärung des 18. Jahrhunderts und beschleunigte sich massiv im 19. und mehr noch im 20. Jahrhundert bis auf wenige Ausnahmen. Aus dem Spektrum der Gründe stechen zumindest zwei besonders hervor.

Zum einen sind Bemühungen, eine besondere Materialität der Seele zu identifizieren, hoffnungslos in die Defensive geraten. Herkömmliche Versuche, die Seele in einem gleichsam empirisch-organologischen Modell zu verstehen, das jedoch nicht den Restriktionen des Organischen unterliegen soll, bergen unlösbare Widersprüche. Das zeigen verbreitete Vorstellungen von der Seele als körperähnliches, aber luftig-transparentes Gebilde, das gleichwohl kraft ihrer Unsterblichkeit ihren zeitlichen Leib verlassen können soll. Materielle Vorstellungen stehen auch hinter den archaischen Mustern für die Seele als ein zum Körper hinzutretendes, windhauchähnliches Lebensprinzip. Auch die älteren Vorstellungen von einem körperlichen Seelensitz rekurrieren auf organische Substrate – mag die Seele mit den auf Platon, Aristoteles oder Descartes zurückgehenden Traditionen im Gehirn, Herz oder in der Zirbeldrüse verortet sein, mag sie sich nach antikem Erbe gemäß ihren Elementen von Vernunft, Mut und Begierde über Gehirn, Brust und Unterleib erstrecken. Ein organisches Substrat der Seele lässt sich mit Mitteln der physiologisch-empirischen Forschung nicht zeigen. Das dokumentiert nach einer langen Geschichte der Seelenfahndung insbesondere auch die moderne Gehirnforschung. Zwar kartiert sie das Gehirn zur Lokalisierung intellektueller, voluntativer und emotiver Vermögen bis hin zu den Steuerzentren der Vitalfunktionen von Atmung und Kreislauf. Zudem können moderne bildgebende Verfahren die neuronalen Aktivitätsmuster bestimmter Hirnregionen in komplexer Wechselwirkung sichtbar machen, bis hin zu langfristigen plastischen Veränderungen des Gehirns in Korrelation mit entsprechenden Außenreizen von Sozialverhalten und Bildung. Aber sie können trotz aller naturalistischen Bestrebungen keine organische ‚Hardware' ausmachen, die als solche für mentale Vermögen wie Selbstvertrautheit, Identität oder das

[10] Vgl. allgemein: Ricken u.a.: *Art. Seele*, 1–89; Hasenfratz u.a., *Art. Seele*, 733–773; Hoheisel u.a., *Art. Seele*, 1090–1107; Rentsch u.a.: Art. *Leib-Seele-Verhältnis*, 185–206.

zum moralischen Charakter verstetigte Empfinden einsteht. Die Seele wird allenfalls zur Metapher für den Gesamtzustand des Gehirns, allerdings ohne eigenen Mehrwert an Erkenntnis. Das dürfte kaum auf Desiderate der Forschung zurückzuführen sein, sondern vielmehr kategoriale Gründe haben. Sie sind klassisch bereits in Kants Kritik der Paralogismen der reinen Vernunft expliziert worden. Diese Fehlschlüsse rühren nach Kant daher, dass die Vernunft den mentalen Vollzug des Ich, der zur einheitsstiftenden Ordnung des Mannigfaltigen der sinnlich-empirischen Anschauung im Erkenntnisprozess beansprucht wird, seinerseits reflexiv einzuholen versucht – dabei aber das Ich zu einem realen Gegenstand des auch hierbei beanspruchten Ich-Vollzugs macht. Das Ich möchte wissen, was es ist, wenn es tut, was es tut, und unterlegt sich unter dem Titel der Seele die unzutreffende Form einer gleichsam empirischen Dinglichkeit. Kants Kritik einer vergegenständlichenden Fassung von Subjektivität[11] hat mithin deutlich gemacht, dass eine Reifizierung des Vollzugs von Ich-Bewusstsein zu einer dinglich-substantialen Seele weder der Subjektstruktur noch den Bedingungen eines Gegenstands empirischer Erfahrung entspricht. Die Motive zu einer solchen Verdinglichung des Subjekts sind freilich aufhellbar. Der innere Sinn des mentalen Selbstvollzugs will eben auch seiner selbst gewärtig werden. Ähnliches mag für das Erleben des mentalen Ausdrucks somatischer Zustände gelten. Doch dafür kann das Subjekt gerade nicht auf eine empirische Anschauung seiner selbst als gleichsam äußeres Ding rekurrieren.

Der andere wichtige Grund für das Verschwinden des Seelen-Begriffs aus der wissenschaftlichen Terminologie dürfte mit der Mehrdimensionalität seines Bedeutungsspektrums zusammenhängen. Dieses klingt schon bei Fragen von Materialität oder Immaterialität der Seele sowie nach ihrem Sitz an, doch das Feld der unter dem Seelen-Begriff mitverhandelten Themen ist wesentlich komplexer. Das zeigt sich schon bei den Meisterdenkern der griechischen Antike. In Platons Theorie der Seele verbinden sich erkenntnistheoretische und moralische Grundprobleme, die zudem mit Fragen der inneren Struktur des Menschen und des Gemeinwesens verschränkt werden. Für Aristoteles gilt die Seele als Prinzip des Lebendigen. In der Stoa werden die verschiedenen Impulse zu einem Konzept feinstofflicher Durchwirkung des Kosmos ausgebaut. In den biblischen Traditionen korrespondiert die Seele mit dem von Gott gegebenen Lebensodem. Er umfasst für den beseelten Menschen zugleich soziale und religiöse Pflichten, deren jeweilige Internalisierung und Befolgung mit Ewigkeitsfolgen richterlich beurteilt wird. Die christliche Antike diskutiert, vielfach unter Aufnahme platonischer Motive, im Seelenbegriff die Nähe und Ausrichtung des inneren Menschen zu Gott als Inbegriff des Guten – wobei zugleich die Differenz von Schöpfer und Geschöpf zu wahren ist. Das Unsterblichkeitsmotiv wird daher

[11] Gemeint ist natürlich im zweiten Buch der Transzendentalen Dialektik das Kapitel über die Paralogismen der reinen Vernunft.

mit dem Auferweckungsgedanken verbunden. Im christlich gewendeten Aristotelismus des Mittelalters rückt das Thema des Lebens mit seinen Dimensionen wieder nach vorn. In dem auf Descartes folgenden neuzeitlichen Rationalismus werden die mentalen Akte des Denkens zum primären Erörterungshorizont der Seele. Der neuzeitliche Empirismus zeigt sich in erkenntnis- und subjekttheoretischer Hinsicht deutlich reservierter im Blick auf die Seele. Dennoch beansprucht seine kontraktualistische Sozialphilosophie etwa bei Locke die Seele als Vehikel zu einer postmortalen Sphäre, in der die Vertragstreue der Bürger des Gemeinwesens eine strafbewehrte Letztprüfung durch den himmlischen Richter erfährt und dadurch erst garantiert wird. In der Aufklärung wird die empirische Psychologie zu einem Korrektiv gegenüber metaphysischen Auffassungen von der Seele. Zu deren primärem Ort wird die poetisch-ästhetische Rede vom Menschlichen in seiner Steigerung zur Humanität – mit breiter Fernwirkung in der Romantik, hier freilich teils auch in düsterer Färbung. In Kants Philosophie kommt es nach der Ausscheidung einer materialisierten Seele aus der Erkenntnistheorie zur Restitution des Seelengedankens als moralisches Postulat. Da das moralische Verständnis des Subjekts durch Vernunft konzipiert ist, lässt sich über den Seelenbegriff eine kontrafaktische Proportionalität von Güte und Glück denken. Ebendies kritisiert der Neukantianer Cohen und fokussiert stattdessen eine rationalistische Ethik des reinen, vernunftgeleiteten Willens, dessen Härte allerdings in einer vieldimensionalen Psychologie, die sich einer über das Subjekt hinausgreifenden Seelenterminologie bedient, abgedämpft wird.[12] In der nachkantischen klassischen deutschen Philosophie versteht Schelling die Seele vor dem Hintergrund des Gesamtprogramms, die naturalen Bedingungen von Ichhaftigkeit aufzufinden. Sie repräsentiert die Einheit des Mentalen überhaupt und spiegelt den göttlichen Letztgrund des Zusammenhangs von Natur und Vernunft. Daher kommt es zu Verbindungen von Weltseele, Menschenseele und Gott. Auch bei Hegel steht die Seele für den Aufgang des Subjektiven, jedoch zurückbezogen auf die Naturalität des einzelnen Leibes. In der Psychologie des 19. und 20. Jahrhundert verschwindet der Seelenbegriff zunehmend; unter Anknüpfung an durchaus ältere Stränge werden Phänomene wie Gefühle, Gemütszustände und inneres Erleben bis hin zum Fungieren von Bewusstsein untersucht. Die Medizinische Anthropologie von Viktor von Weizsäcker beschreibt im 20. Jahrhundert unter dem Titel Seele eine zunächst innere, sodann auch äußerungsfähige und objektivierbare Darstellung somatischer Zustände in ihrem lebensgeschichtlichen Verlauf, die wiederum auf diese Zustände zurückwirkt und sie ärztlicher Behandlung zugänglich macht. Damit steht sie quer zu Tendenzen in der Medizin, das Erleben von somatischen Zuständen und Erkrankungen auf biophysikalische und -chemische Prozesse zurückzuführen und hierdurch für eine Beobachtungs- und Behandlungsperspektive zu erklären. Ein wesentliches

[12] Vgl. Cohen, KBE[1], 312ff.

Problem des Seelenbegriffs betrifft die Eigenart des Subjektiv-Mentalen in seinen verschiedenen Dimensionen. Es kann als unreduzierbar selbständige Größe angesehen, aber auch als Epiphänomen physischer Prozesse aufgefasst oder als Durchgangsmoment sozialer und sprachlicher Interaktion erörtert werden. In den letzteren beiden Fällen wird ein Selbstverständnis des Mentalen, das sich in einer eigenen Sphäre erlebt, als Illusion entlarvt.

Schon diese wenigen Hinweise zeigen das enorme Bedeutungsspektrum des Seelenbegriffs mit etlichen Überschneidungen in weitere Felder. Leben überhaupt und mehr noch leibliches, mithin empfindendes und selbsttätiges Leben von Menschen, Subjektivität und insbesondere ihr inneres Erleben, die innerliche Evidenz des Individuellen bis hin zur Hingabe im Gottesverhältnis, soziale Gemeinschaft mitsamt der lebensgeschichtlichen Internalisierung von moralischen Mustern zwischen Naturell und Charakter und schließlich die Gültigkeit normativer Orientierungen auch über dieses Leben hinaus seien aus diesem weiten Feld exemplarisch genannt. Diese Vieldimensionalität macht den Seelen-Begriff in wissenschaftlichen Kontexten sperrig – und verstärkt die Skepsis, die an der Frage aufbricht, ob es die Seele überhaupt gibt.

Gleichwohl stellt sich die Frage, ob mit der Preisgabe des Begriffs der Seele nicht etwas verloren geht. Sein breites Bedeutungsspektrum wird von keinem der Ersatz- und Nachfolgebegriffen abgedeckt. Der Seelen-Begriff hat offensichtlich eine integrative Funktion, komplementär zu seinen definitorischen Unschärfen und seinem Überschuss an Unbestimmtheit. Das zeigt insbesondere sein Gebrauch in alltagssprachlichen Kontexten, aber auch in poetischen und religiösen Zusammenhängen. Die Seele wird zum Ort von Affekten und Gefühlen zwischen Trauer und Freude, Hoffnung und Niedergeschlagenheit; sie kann trotz und in ihrer Unsichtbarkeit ästhetische Prädikate wie Schönheit tragen; ihr kann ein unendlicher Wert im Gottesverhältnis zukommen; sie kann gar tätig vorgesellt werden in Erhebung und Gesang. Trotz aller Kontextabhängigkeit der symbolisch-übertragenen Rede von der Seele lässt sich sogleich einigermaßen nachvollziehen, was gemeint ist und was nicht. Das zeigt sich in besonderer Weise in Modi der Abwesenheit und Negation der Seele. Einem seelenlosen Menschen mangelt es an Gewissen – wenn er nicht zum nurmehr funktionierenden Automaten degeneriert ist, was jedoch zumeist den äußeren Lebensverhältnissen angelastet wird. Als seelenlos werden gesellschaftliche Prozesse in Verwaltung und Recht beschrieben, denen es an elementarer Billigkeit in Abwägung besonderer Umstände fehlt. Geschlossene Funktionskreise in Wirtschaft und Politik, mehr noch im Gesundheits- und Sozialsystem, in denen der einzelne zur Nummer wird und seine jeweiligen Befindlichkeiten keine Beachtung finden, werden seelenlos genannt. Der Seelenterminologie eignet bis hin in Übertragung und Negation offenbar eine eigene, eigentümliche Evidenz. Sie lässt nach der Gewinn- und Verlustseite in den verschiedenen Bedeutungsdimensionen des Seelen-Begriffs fragen.

III. Bedeutungsdimensionen des Seelenbegriffs: Leben, Subjektivität, Sozialität

Die elementarste Bedeutungsdimension des Seelen-Begriffs dürfte in der Verbindung von Seele und Leben liegen. Sie steht im Hintergrund der archaischen Vorstellungen von einem Lebenshauch und -atem. Ein systematisch-begriffliches Konzept der Seele als Prinzip des Lebens hat bekanntlich Aristoteles entwickelt, mit mannigfachen Nachwirkungen in der abendländischen Geistes- und Kulturgeschichte. Als Prinzip von Lebewesen steht die leibbezogene Seele für den inneren Grund der basalen Phänomene von Bewegung und Wahrnehmung.[13] Bewegung schließt Wachsen und Schwinden ein und umfasst ein Kontinuum von räumlicher Veränderung, Ortsbewegung, Streben nach Gedeihen und Ernährung bis hin zu den komplexen Fähigkeiten des mit vernünftiger Abwägung einhergehenden zielgerichteten Strebens. Die Seele ist als Entelechie des Körpers sein Leben als Prinzip seiner Selbstbewegung.[14] Damit ist der entscheidende Unterschied zum Unbelebten markiert, das nur bewegt wird. Das Prinzip der Selbstbewegung ist freilich in der Antike mit einer Analogie zum Körper auch auf den Kosmos und die Physik der Planetenbewegung bezogen worden, schon bei Platon, sodann auch bei Aristoteles.[15] Die Vorstellung von einer kosmischen Weltseele verbleibt jedoch im Horizont antiker Metaphysik des Umlaufs der Himmelskörper. Der primäre Ort für die im Zeichen von Selbstbewegung verstandene Seele ist für Aristoteles jedoch das organische Leben. Als inneres Prinzip des Lebendigen ist die Seele nicht vom Körper ablösbar, so sehr sie auch fehlt, wenn das Lebewesen tot ist – mag sein Körper auch eine noch so große morphologische Ähnlichkeit mit dem Lebenszustand aufweisen. Die Seele geht demgegenüber mit den spezifischen Wahrnehmungsvermögen des Lebendigen einher. Sie reichen im stufenartigen Kontinuum des Lebens von den vegetativen und animalischen Vermögen der physischen Selbsterhaltung über die Dimensionen des Sinnlichen und seine Organe bis hin zu den Tätigkeiten des Denkens und Wollens im Schnittfeld von Affekten und Vernunft. Demzufolge gliedert sich der Begriff der Seele in Entsprechung zu den unterschiedlichen Stufen und Vermögen des Organischen. Die Seele verkörpert gleichsam die teleologische Grundstruktur des Lebendigen in der Vielfalt seiner Gestalten.

Darin liegen die Größe, aber auch die Grenze dieses Konzepts von Seele beschlossen. Die Größe dürfte darin bestehen, dass mit Wahrnehmung und Selbstbewegung entscheidende Merkmale des Lebendigen gegenüber dem Nichtlebendigen bezeichnet sind. Sie lassen sich noch in modernen Verständnissen des Lebendigen im Sinne von Selbstorganisation als einer durch innere Rückkopp-

---

[13] Vgl. Aristoteles, *De anima*, I.2.

[14] Vgl. a.a.O., I.3. II.4.

[15] Vgl. v.a. Platon, *Timaios*, bes. 27 ff.; *Nomoi*, X, bes. 891 ff.; Aristoteles, *De anima*, I.2.

lung ermöglichten Eigenregulierung des Umweltverhältnisses des Lebewesens greifen.[16] Dafür ist die innere Struktur vitaler Vermögen und ihrer organischen Bedingungen maßgeblich, für die freilich zumeist nicht auf einen integrativen Oberbegriff wie den antiken Seelenbegriff zurückgegriffen wird. Die Grenze dieses Begriffs für die komplexe Struktur des Lebendigen liegt darin, dass er einerseits in eine Vielzahl besonderer ‚Seelen' für Funktionen wie Wachstum, Ernährung usw. differenziert worden ist, während er andererseits in seiner Ganzheit einen konstruktiven Überschuss über das von ihm Befasste aufweist. Damit wird er zum Ausgang für Tendenzen zur Vergegenständlichung der rückbezüglich-teleologischen Grundstruktur, trotz Aristoteles' Insistieren auf der Leibbezogenheit der Seele.

Demgegenüber zeigt die neuzeitliche Biologie eine Grundtendenz zur Rückführung teleologischer Bestimmungen des Lebendigen auf kausale Strukturen in immer komplexerer Anreicherung. Leben in seiner elementaren zellulären Form fußt danach auf physikalisch-chemischen Prozessen, die über eine rekursive Verarbeitung von molekular codierten Informationen die Dynamik von Stoffwechsel und Reproduktion konstituieren.[17] Und die Evolution der komplexen Formen des Lebendigen mit ihren vielfältigen Vermögen basiert auf kausal beschreibbaren Vorgängen von Mutation und Selektion. Kontingenz und nicht Teleologie treibt die evolutive Hervorbringung komplexerer Lebensformen. Einer besonderen Seele bedarf es dafür nicht, trotz des unvermeidbaren Rekurses auf Selbsterhaltung. Das gilt selbst für die höchsten Vermögen des Lebendigen wie Bewusstsein, Wille oder gar den das Sozialverhalten regulierenden Geist – zumindest so lange, wie die organischen Korrelate von Selbstorganisation, innengesteuertem Außenverhältnis und der Dynamik des Mentalen nicht auf die mechanistischen Schemata newtonscher Körperphysik reduziert werden, wie dies in der auf Descartes zurückgehenden frühneuzeitlichen Tradition der Körpermaschine der Fall war. Auch wenn ihr Modell von Druck und Stoß inzwischen biologisch überholt ist, bleibt aber im Blick auf das Lebendige das Problem des kategorialen Übergangs von Kausalität und Teleologie bestehen.[18] Mit der modernen Biologie ist zwar der Seelenbegriff, aber nicht auch das unter ihm befasste Problem erledigt. Mit ihm umzugehen, bleibt auch einer Konzeption wie der Cohens aufgegeben, wenn sie Selbsttätigkeit mit dem Vollzug von Bewusstsein gesetzt sieht – ohne jedoch zu erklären, worin die biologischen Bedingungen für die Unerklärbarkeit dieses spontan-rekursiven Vollzugs liegen.

Dass mit der Hinfälligkeit des Seelenbegriffs nicht auch das unter ihm befasste Problem gelöst ist, zeigen übrigens sogar Streitfragen der modernen, natu-

---

[16] Vgl. etwa Plessner, *Die Stufen des Organischen und der Mensch.*

[17] Vgl. etwa Eigen, *Stufen zum Leben.*

[18] Vgl. Mayr, *The Growth of Biological Thought* (dt.: Die Entwicklung der biologischen Gedankenwelt. Vielfalt, Evolution und Vererbung, Berlin 1984); weitere Belege bei Dierken, *Art. Organismus*, 922–928.

ralistisch orientierten Medizin. So rekurriert die Transplantationsmedizin mit dem Hirntod als Unterscheidungskriterium gegenüber dem Lebendigsein eines Körpers mit basalen Vitalfunktionen auf organische Voraussetzungen für die Integration des Organismus mitsamt der hirnphysiologischen Prozesse, die für die innengesteuerte Selbstkontinuierung des Organismus als lebendigen erforderlich sind. Als lebendig lässt sich ein Körper, in dem durch die Herz-Lungen-Maschine Vitalfunktionen wie Blutkreislauf und Sauerstoffversorgung aufrechterhalten werden, eben nicht bestimmen, so sehr in diesem Körper zelluläre Lebensprozesse ablaufen. In dem ‚als' des Lebendigseins eines Körpers – oder eben nicht – steckt gleichsam die alte Unterscheidung von beseelt und nichtbeseelt. Im Blick auf die Streitfragen des Lebensschutzes zum Lebensbeginn operieren die Unterscheidungen verschiedener Stufen des Schutzes für embryonale und fetale Frühformen menschlichen Lebens mit dem Grad der Ausbildung spezifischer Voraussetzungen und Vermögen, die für die Lebensform des Menschlichen als Mensch im subjekthaften Dasein charakteristisch sind. Die Stufungen beim Lebensschutz erinnern kategorial an Figuren der – u.U. gar sukzessiven – Beseelung nach der Konzeption, unbeschadet der naturwissenschaftlich unabbildbaren Begründungen älterer Sukzessivbeseelungstheorien.

Mit den Hinweisen auf die Humanmedizin kommen sozialethische Probleme zum Umgang mit Unseresgleichen ins Spiel. Ihnen voraus liegen die Grundfragen nach dem Verständnis der spezifischen Lebensform des Menschen als subjekthaftes Wesen. Damit ist eine zweite Bedeutungsdimension des Seelenbegriffs markiert. Dazu ist zunächst die Eigenart des Subjekthaft-Menschlichen zu erkunden. Das ist ein Thema des Seelen-Denkens seit alters her. So zielt Platons vielschichtiges Seelenkonzept in aufklärender Auseinandersetzung mit älteren mythischen Vorstellungen auf die interne Struktur des Subjekts. Dieses in seinem Einfluss kaum überschätzbare Seelenverständnis beschreibt die Vermögen des Denkens, des Mutes zum Handeln und des affektbegleiteten Begehrens, und es stellt zugleich eine mit den Begriffen des Gerechten und des Guten verbundene normative Ordnung von *Logistikon*, *Timoeides* und *Epitymetikon* mit Parallelen zur Ordnung des Gemeinwesens auf.[19] Der Primat des Denkens im Zeichen einer ethischen Klugheit geht einher mit einem ideenontologischen Apriorismus, kraft dessen es eine programmatische Ähnlichkeit gibt oder wenigstens geben soll zwischen der Seele und dem Guten, dem Leit- und Ordnungsprinzip im Reich der Ideen. Fernwirkungen davon zeigen sich auch bei Cohen, wenn er das Phänomen der Selbsttätigkeit und damit Selbstursächlichkeit des Bewusstseins mitsamt seiner Einheit mit dem Begriff der Seele bezeichnet.[20] Die schwer erschütterbare Pointe des mit der Ideenlehre prägnant artikulierten Apriorismus dürfte darin bestehen, dass die gedankliche Struktur und das kategoriale Krite-

---

[19] Vgl. Platon, *Timaios*, bes. 69C ff.; Ders., *Politeia*, bes. 576C ff.

[20] Vgl. Cohen, *Die platonische Ideenlehre*, 102–191.104 u.ö.

rium eines vernünftigen Urteils über einen Sachverhalt nicht unmittelbar aus diesem selbst abgeleitet sein können. Das gilt schon von mathematischen Größenbestimmungen, erst recht bei komplexeren ästhetischen und gar ethischen Fragen. Mit diesem erkenntnistheoretischen Apriorismus geht zudem eine Differenz von Sein und Sollen, von Faktischem und Normativem einher. Sie spiegelt sich in einer Differenz zwischen der Seele in ihrer Verwandtschaft mit den Ideen – insbesondere der des Guten – und dem Leib als raumzeitlichem Ort ihrer dominanten Wirksamkeit. Diese kategoriale Differenz von Leib – besser: Körper – und Seele reflektiert sich in der Vorstellung von deren Unsterblichkeit durch Trennung vom Körper im Tod: Der Körper wird geradezu zum irdischen Gefängnis der Seele, die in seiner Überwindung zu sich gelangt.[21] Unbeschadet archaischer Vorstellungen von Seelenwanderungen der Ahnen und jenseits psychologischer Selbsterhaltungsmotive dürfte im erkenntnistheoretischen Apriorismus und der ethischen Parallele von Sollen und Sein ein rationaler Kern des Unsterblichkeitsgedankens stecken. Es geht um Geltung. Deren Allgemeinheit und Universalität kommt als Ewigkeitsanspruch zum Ausdruck, artikuliert im Unsterblichkeitsmotiv.

Damit sind natürlich die empirischen und genetischen Einwände sogleich auf dem Tisch. Eine leibtranszendente Seele wird zu einer ätherischen Substanz. Deren innere Widersprüchlichkeit untergräbt eben den Geltungsanspruch, den das Unsterblichkeitsmotiv gerade zu bekräftigen sucht. Damit ist kategorial die Gegenrechnung offen, in ihren ganzen Domänen von empiristischen, naturalistischen und materialistischen Argumentationsgefügen. Sie können zu radikaler Bestreitung des Seelenbegriffs führen oder seiner gänzlichen Einstellung in das Reich des Stofflich-Materiellen. Beide Positionen finden sich in der Antike wie der Moderne. Eine – freilich durch den Schöpfungsgedanken motivierte – Mittelposition dürfte Augustins Unterscheidung zwischen dem transzendenten Gott als Inbegriff des Guten und der Seele als dessen innerlichem Resonanzraum in der kreatürlichen Welt darstellen.[22] Bei aller Wesensähnlichkeit von Gott und Seele bleibt es für wichtige Stränge des älteren christlichen Denkens bei deren Differenz. Darin liegen die christlichen Reserven gegenüber dem Unsterblichkeitsglauben beschlossen.

In der Neuzeit büßt die Seelenthematik überdies ihre Funktion als Erörterungshorizont der Subjektstruktur zunehmend ein. Der Vollzug des *cogitare* als solcher, unterfüttert durch die Paradoxie seiner Beanspruchung auch in dessen zweifelnder Negation, wird in der cartesianischen Tradition zur Möglichkeitsbedingung von ideeller Geltung.[23] Die Seele verflüchtigt sich in der Schaltstelle

---

[21] Vgl. Platon, bes. die Dialoge *Phaidon* und *Kriton*.

[22] Vgl. Augustinus, *De quantitate animae* (dt.: Die Größe der Seele).

[23] Das Paradigma hierfür ist der methodische Zweifel bei Descartes. Vgl. Descartes, *Meditationes*, bes. Med. I u. II.

zur *res extensa*, deren erste Potenz der wahrnehmungs- und empfindungsfähige Körper ist. Zu ihrem anthropologischen Ort werden zunehmend die unteren, emotiv-affektiven Vermögen. Als Inbegriff des Subjektiven erhält der Seelenbegriff in der Aufklärung daneben eine ästhetisch-metaphorische Existenz. Bei Kant wird das Geltungsproblem im Zusammenspiel von apriorisch-kategorialer Formierung einerseits und anschaulicher Erfahrung des raum-zeitlich Gegebenen andererseits verortet. Damit entfällt die Ontologisierung des Subjekts unter dem metaphysischen Titel der Seele. Gleichwohl bleibt die Frage nach der im Eigenerleben zugänglichen inneren Welt, auch als Schlüssel zu allem Äußeren. Das betrifft auch somatische Zustände, die irgendwie, und sei es nur in Gebärden, ausgedrückt, dargestellt und geäußert werden wollen. Solches Eigenerleben ist nie unmittelbar gegeben, sondern immer nur in Für-Relationen zu mentalen Vollzügen und ihren inneren Zuständen fassbar. Sie lassen sich für eine moderne, kritizistisch aufgeklärte Psychologie freilich nicht von leiblichen Zuständen zwischen Empfinden und Intentionalität ablösen. Damit stehen sie in Wechselzusammenhängen mit der natürlichen und kulturellen Welt. Das eröffnet Übergänge von der Psychologie hin zur Anthropologie und Kulturgeschichte. Der Seelenthematik kann in diesem Übergangsfeld von Natürlichem und Kulturellem die vermittelnde Funktion zukommen, als metaphorischer Inbegriff des dynamischen Gesamtzustands des Subjekts zu fungieren. Damit geht in ihn die individuelle Färbung bis hin zu inneren Stimmungen, aber auch zu lebensgeschichtlich vermittelter ethischer Charakterbildung ein. Gleich, ob dies unter dem alten Titel der Seele beschrieben wird oder auch nicht: Das in der Subjektstruktur gründende Eigenrecht des Subjektiven wird nur greifbar in den leiblichen, individuierten, biographisch, sozial und kulturell vermittelten Prozessen des inneren Selbsterlebens und des darin sich formenden ethischen Gepräges der Person in eigener Identität. Der Begriff der Seele mag dafür als Platzhalter fungieren. Auch bei Cohen ist dieses Motivbündel greifbar, wenngleich Selbsterleben und sozial-kommunikativ gebildete Individualität ihren Fluchtpunkt in einem einheitlichen, noch alle Seinsmomente umfassenden Sollen des Menschheitlichen finden.

Damit rückt als dritte Dimension der Seelenterminologie der Bereich des Ethischen und Sozialen in den Blick: Kein Inneres der Seele ohne äußeren Ausdruck und soziale Kommunikation. Schon jedes Verstehen eines Anderen geschieht im Abgleich mit eigenen Befindlichkeiten – und *vice versa*. Austausch ist die Bedingung eigener Identität in lebensgeschichtlicher Veränderung. Implizit war der ethische Bereich der Seele bereits mit der Thematik des Guten und der Allgemeinheit von Geltung im Spiel. Platons Konzept der Seele greift zudem mit der Parallelisierung der Ordnung von Seelenvermögen mit der Ordnung der Stände im Staat explizit auf die Sphäre des Gemeinschaftlichen aus. Die auch in der christlichen Sozialethik wirkmächtige Lehre von der Hierarchie der drei Stände – Lehrstand, Wehrstand und Nährstand – ist freilich mit der aufklärerischen Balance von Gleichheit und Freiheit nicht vereinbar, mag die Frage nach der Institutionalisierbarkeit von Klugheit in der Leitung des Gemeinwesens auch jegliches politisches Denken begleiten. Einen klassischen Ankerpunkt für die sozial-ethische Dimension des Seelengedankens bilden die mythischen Vorstellungen einer Präsenz vor einem letzten Gericht.[24] Darin ist einmal die Würdigung des ethischen Charakters des Einzelnen in der vollendenden Perspektive eines Lebensganzen enthalten, auf das in der Vielzahl einzelner Vollzüge zumindest unthematisch immer schon ausgegriffen wird. Zum anderen integrieren Ewigkeitsperspektive und Gerichtsmotiv den kontrafaktischen Grundzug der Moral, und sei es in der Umkehrung der faktischen Disproportion von Tugend und Glück. Deren Korrespondenz kann nicht im Letzten wegrutschen, wenn Moral für Naturwesen wie uns, die wir immer auch nach Glück streben, angesichts tatsächlicher Missverhältnisse nicht untergraben werden soll. Bei Vorstellungen von der Ewigkeit der Seele werden subkutan Fragen von normativer Geltung im diesseitigen Leben mitverhandelt. Dabei ist es eher nebensächlich, ob die Kontinuitätsbasis für das Kontrafaktische – also die Geltung, die über den kontingenten Moment des Aufgehens der Moral hinausgreift – in Vorstellungen von der Unsterblichkeit der Seele, ihrer Auferstehung in Verbindung mit den leiblichen Identitätsmarkern oder in ihrem Eingehen in eine fortbestehende Gemeinschaft ausgedrückt wird. Cohens Konzept favorisiert die Aufhebung des an der ethischen Norm ausgerichteten Lebens in den Fortbestand der Gemeinschaft, wobei die Überführung von Eschatologie in Messianismus mit seinem Primat des Kommenden die Stelle des Gewesenen mitsamt seiner lebensgeschichtlich-kommunikativ gebildeten Eigenheiten einnimmt. Damit berücksichtigt Cohens Konzept das Problem, dass auch eine Einbettung der individuellen Eschatologie in das Gemeinschaftliche im Motiv der Fortdauer der Seele über den Tod hinaus die vergangene Person von ihrem nicht mehr seienden Selbstsein ablöst, dabei aber dieses zugleich quasi naturalistisch gegen ihren beendeten Subjektstatus fortschreibt. Wenn für Cohen die als Seele unsterblich gewordene Person in der Einheit mit dem sittlichen Ideal aufgeht, hat das allerdings den Preis, dass mit der Überführung des Personalen in die messianisch-monotheistisch kommende Einheit der Menschheit das Individuelle vergleichgültigt wird. Auch das ist ein Umgang mit der Widersprüchlichkeit, die trotz aller Plausibilität des eschatologisch akzentuierten Hintergrundmotivs mit dem Seelengedanken verbunden ist: Die Seele repräsentiert mitsamt ihren verschiedenen Zuständen den Menschen in einer Quasi-Naturalität, obwohl diese *post mortem* vergangen ist und zudem die ethische Dimension seines Lebens als bloße Naturalität nicht verkörpern kann. Der Begriff der Seele bleibt daher ein sozial-ethischer Grenzgedanke, ebenso unverzichtbar wie unausdenkbar.

---

[24] Klassisch dazu wieder Platon, *Politeia*, 608 ff.

Eine ähnliche Grenzwertfunktion mag er übrigens auch einnehmen, wenn es um den Umgang mit dem lebenden Körper unter Unseresgleichen zu tun ist. Die abstrakte Grundnorm der Unantastbarkeit der Menschenwürde und des Schutzes ihres Trägers muss in stets asymmetrischen Konstellationen umgesetzt werden – so sehr gerade das Verstehen von Zuständen des Anderen in Korrespondenz zu eigenem Selbsterleben erfolgt. Das spitzt sich in medizinischen Kontexten noch einmal zu. Hierin zeigen sich die mit dem Seelenbegriff angezeigten Verschränkungen von Biologie, Biographie und Soziologie in forcierter Weise. Schmerz etwa ist zunächst ein Zustand eigenen leiblichen Erlebens, der als solcher beschreibbar, aber nicht übertragbar und mitteilbar ist. Er mag in fehlerhaften Körperfunktionen seine Ursache haben, und seine Therapie mag u.U. riskante ärztliche Eingriffe in die Körpersphäre erfordern, die möglichst sachkompetent auszuführen sind. Dennoch ist der Körper keine Sache, und das Eigenleiberleben des Anderen als Patient ist Movens des ärztlichen Handelns. Es sinnt sich das Erleben des Anderen in irgendeiner Weise vor dem Hintergrund eigener erinnerter Erlebenszustände an. Für die komplexe und gegenläufige Struktur von Unübertragbarkeit des Leiberlebens und die Parallelisierung mit eigenen Zuständen im Fremdverstehen, das zudem zur Behandlung des Körpers durch den ärztlichen Anderen führt, könnte die stets auf den Leib bezogene Seele stehen, sozusagen als Grenzsymbol für den Respekt vor dem u.U. nicht handlungs- und artikulationsfähigen Patienten bei sachgemäßen Eingriffen in seine Körpersphäre. Alternativlos ist dieses Symbol im medizinischen Bereich forcierter intersubjektiver Asymmetrie allerdings nicht, so wenig sich das dahinterstehende Grenzproblem einfach entsorgen lassen dürfte.

IV. Alternativen zum Seelenbegriff?

Der knappe Durchgang durch verschiedene Bedeutungsdimensionen des Seelenbegriffs in den Bereichen von Leben, Subjektivität und Sozialität hat mehrfache Ambivalenzen, wenn nicht gar Antinomien von Größe und Grenze des Begriffs aufgezeigt. Eindeutig fassen und in ein einfaches Modell bringen lässt er sich nicht – doch auch seine Verabschiedung wirft ebenfalls Fragen ohne Antwort auf. Der Begriff der Seele kann zum Platzhalter dafür werden, all dies im kulturellen Bewusstsein zu halten. Im Optimalfall bildet er ein symbolisch-offenes Konzept von integrativer Mehrdimensionalität mit inneren Spannungen. Beliebig wird er damit aber nicht. Im Blick auf die Thematik des Lebens steht er sinnbildlich für dessen Prinzip, sogar noch im Blick auf seine Negation im Tod; im Blick auf die Thematik des Subjektiven repräsentiert die Seele die Eigenbedeutung einer rückbezüglichen, im Erleben präsenten Innendimension in Korrespondenz zur Selbsttätigkeit handelnder Äußerung; im Blick auf die Thematik des Sozialen wird die Seele im Optimalfall zum Ort des Ethisch-Allgemeinen im

Einzelnen, das seinerseits Respekt durch die Anderen findet. In allen Hinsichten ist die Seele auf den Körper, besser: die erlebensmäßige Binnenperspektive des Leibes als inneres Anderes in der gestuften Vielfalt sinnlicher Vermögen und affektiv geprägter Sinne bezogen. Wenn die Seele gleichwohl von der leiblichen Existenzform abgelöst wird, dürfte das dem stets mitschwingenden Bedeutungsfeld des Kontrafaktischen zuzurechnen sein. Leben im Horizont des Todes, letzter Ausgleich des hier und heute Unausgeglichenen, aber auch die Präsenz des Ethischen im Inneren trotz mangelnder Anerkennung von außen bis hin zum Widerspruchspotential des Prädikats der Seelenlosigkeit von Verhältnissen mögen das anzeigen. Wird dieses Bedeutungsfeld jedoch abstrakt verselbständigt, dann wird die Seele vom Leib abgehoben – und mit Körperlichkeit in höherem Chor ausgestattet. Es bedarf bleibender Erdung in Leibbezogenheit – deren abstrakte Verselbständigung jedoch umgekehrt zu naturalistischer Verdinglichung führt.

Ob der Begriff der Seele heute noch das Potential hat, kraft seiner Mehrdimensionalität im Hof von überschüssiger Unbestimmtheit eine bedeutende Rolle im kulturellen Narrativ des Menschlichen zu spielen, ist unausgemacht und bleibt zu diskutieren. Nachfolge- und Ersatzbegriffe dürften vermutlich in ähnlicher Weise eine Schwebelage angesichts der skizzierten Ambivalenzen und Antinomien ausdrücken und zu Balancierungen auffordern. Ob dies besser gelingt, sei dahingestellt. Wie für den Begriff der Seele dürfte für ihre Nachfolge- und Ersatzbegriffe eine Bewährungsprobe in der Eignung zur symbolischen Kommunikation bestehen. Doch selbst wenn dem Begriff der Seele angesichts seiner integrativen Kraft ein besonderer Kredit eingeräumt wird, bedarf es der Sensibilität für jene Spannungen. Das zeigt exemplarisch die Religion, gleichsam als eine ausgezeichnete kulturelle Form symbolischer Kommunikation. Sie hat, auch im Blick auf die Anthropologie der Seele, keine eigenen und anderen Bestände als sonstige kulturelle Formen, sondern nur deren eigentümliches Arrangement. Ihre Domäne ist die kommunizierbare Ordnung des Sinnhaft-Symbolischen. Wenn die Religion jedoch, gleichsam in permanenter Grenzverletzung ihrer Form, in einen pausbäckigen Realismus höherer Wesenheiten driftet, in dem Seelen zu fliegen beginnen und ätherische Körpergestalt annehmen, untergräbt sie ihre symbolische Kraft in deren Ausübung. Wenn aber von der Seele gar nicht mehr die Rede ist, dann schwindet die Erinnerung an ein Zentralsymbol des Menschlichen, und sein Platz wird leer – allerdings zumeist unbemerkt.

Literaturverzeichnis

Augustinus, *De quantitate animae, liber unus* (dt.: Die Größe der Seele), übers. v. Johann Carl Perl, Paderborn 1960.

Cohen, Hermann, *Werke*, hg.v. Helmut Holzhey u.a. Hildesheim u.a. 1977 ff.

–, *Die platonische Ideenlehre, psychologisch entwickelt*, in: Werke 12, 102–191.

Descartes, Renè, *Meditationes de prima philosophia*, hg. u. übers. v. Lüder Gäbe, Hamburg [2]1977.

Dierken, Jörg, *Art. Organismus*, in: Evangelisches Kirchenlexikon 3 (1992), 922–928.

–, *Hegel, Schleiermacher und die Verkörperung*, in: Philipp David u.a. (Hg.), Körper und Kirche. Symbolische Verkörperung und protestantische Ekklesiologie, Leipzig 2021, 59–84.

–, /Krüger, Malte Dominik (Hg.), *Leibbezogene Seele? Interdisziplinäre Erkundungen eines kaum noch fassbaren Begriffs* [Dogmatik in der Moderne 10], Tübingen 2015.

Dober, Hans Martin, *Bewusstsein mit Leib und Seele. Spuren einer nicht geschriebenen Psychologie*, in: Ders., Cohen-Studien im Horizont von Religion und Theologie, Würzburg 2022.

Eigen, Manfred, *Stufen zum Leben. Die frühe Evolution im Visier der Molekularbiologie*, München/Zürich 1987.

Hasenfratz, Hans-Peter u.a., *Art. Seele*, in: Theologische Realenzyklopädie 30 (1999), 733–773.

Hoheisel, Karl u.a., *Art. Seele*, in: RGG[4] 7 (2004), 1090–1107.

Holzhey, Helmut, *Gott und Seele. Zum Verhältnis von Metaphysikkritik und Religionsphilosophie bei Hermann Cohen*, in: Stéphane Moses/Hartwig Wiedebach (Hg.), Hermann Cohen's Philosophy of Religion. International Conference in Jerusalem 1996, Hildesheim/Zürich/New York 1997, 85–104.

Mayr, Ernst, *The Growth of Biological Thought. Diversity, Evolution and Inheritance*, Cambridge 1982.

Plessner, Helmuth, *Die Stufen des Organischen und der Mensch*, Berlin/New York [3]1975.

Rentsch, Thomas u.a., *Art. Leib-Seele-Verhältnis*, in: Historisches Wörterbuch der Philosophie 5 (1980), 185–206.

Ricken, Friedo u.a., *Art. Seele*, in: Historisches Wörterbuch der Philosophie 9 (1995), 1–89.

Schleiermacher, Friedrich, *Der christliche Glaube. Nach den Grundsätzen der evangelischen Kirche im Zusammenhange dargestellt*, Nachdruck der 2. Aufl. (1830), hg. v. Hermann Peiter, Berlin 1980.

Gesundheit als „Selbstwiedererzeugung"

Cohens Energiebegriff in einer medizinischen Anthropologie*

Hartwig Wiedebach

Gesundheit ist kein Ruhezustand, sondern muss „in jedem Augenblick des Lebens erzeugt" werden (Aaron Antonovsky/Viktor von Weizsäcker). Hierzu liefert Hermann Cohens Ethik einen Beitrag durch seine der physikalischen Energieerhaltung nachgebildete juristische Logik der „Selbsterhaltung". Das Strafrecht soll es dem Täter ermöglichen, die verlorene ethische Integrität durch „Selbstwiedererzeugung" neu zu gewinnen. In die Medizin übertragen ist das ein sich selbst wiedererzeugendes Erhalten des Menschen zwischen Erkranken und Gesunden. Der vermittelnde Begriff ist die „Energie". Cohen entnimmt ihn der quantitativen Naturwissenschaft und verknüpft sie dadurch mit der menschlichen Lebenswirklichkeit. Eben das ist die zentrale Herausforderung auch der Medizin.

I. Krankheit bei Cohen

Spätestens seit Antonovskys fast populär gewordener „Salutogenese"[1] bestreitet kaum jemand, dass Gesundheit kein Ruhezustand ist, sondern ein fortgesetztes Hervorbringen. Mit dem Arzt und Philosophen Viktor von Weizsäcker, auf den ich noch zurückkommen werde, gesagt: Gesundheit ist „nur dort vorhanden, wo sie in jedem Augenblick des Lebens erzeugt wird".[2] Das Folgende ist ein Beitrag zum Verständnis dieses ‚Erzeugens in jedem Augenblick'. Er kommt, für manchen wohl unerwartet, aus der Rechtsphilosophie des Kantianers und jüdischen Denkers Hermann Cohen. Medizin ist tatsächlich in keiner seiner Schriften zentral. Dennoch lohnt es sich, Linien in diese Richtung auszuziehen. Der

---

* Grundlegend revidierte Fassung meiner älteren Arbeit, *Médecine sociale et ‚reproduction de soi' énergétique. Hermann Cohen et l'anthropologie médicale*, in: Revue Germanique internationale 6 (2007), 177–191. – Ich danke Pierfrancesco Fiorato (Parma, Italien) für seine Kritik.

[1] Vgl. Antonovsky, *Unraveling the Mystery of Health.* Deutsch: *Salutogenese.*

[2] Weizsäcker, *Soziale Krankheit und soziale Gesundung* (1930), 94. Vgl. Rieger, *Gesundheit als Wandlungsfähigkeit.*

Grund ist ein ethisch-juristischer Begriff der Energie. Er stiftet im Strafrecht die Möglichkeit, dass ein Täter sich moralisch rehabilitiert: Er erfährt durch „Selbstwiedererzeugung" seine ethische „Selbsterhaltung". In die Medizin übertragen setzt er die Dynamik von Erkrankung und Gesundung in ein neues Licht.

Betrachten wir zunächst kurz, wie Hermann Cohen seinerseits über Krankheit und Gesundheit dachte. Ich wähle zwei Beispiele. Das erste findet sich in seinem frühen Aufsatz *Die dichterische Phantasie und der Mechanismus des Bewusstseins* von 1869.[3] Cohen erörtert die Dynamik des poetischen Schaffens und fragt nach dem Unterschied zwischen pathologischen Halluzinationen und der „künstlerischen Phantasieerregung".[4] Er zitiert Schillers Aufsatz *Über naive und sentimentalische Dichtung*. Dort heißt es: Das Genie „verfährt *nicht nach erkannten Principien*, sondern nach Einfällen und Gefühlen; aber seine Einfälle sind *Eingebungen eines Gottes*" –, woran Schiller die Bemerkung knüpft: „Alles, was die gesunde Natur thut, ist göttlich".[5] Cohen kommentiert: „Alles, was die gesunde Natur thut, ist göttlich! Also sind die Einfälle des Genies, als Eingebungen eines Gottes, Eingebungen der gesunden Natur". Und er fragt: „Was ist aber die ‚gesunde Natur'? Sollen wir bei der Physiologie die Antwort suchen?"[6]

Sein Aufsatz insgesamt ist in gewissem Sinn, jedoch ohne dies ausdrücklich an Gesundheit und Krankheit abzuhandeln, eine Antwort auf dieses Problem. Das würde im Augenblick jedoch zu weit führen. Nur eine allgemeine Äußerung über das Verhältnis zwischen pathologischer und gesunder Phantasie sei noch erwähnt. Für Cohen rücken – er orientiert sich an dem Württembergischen Psychiater Wilhelm Griesinger[7] – pathologische und poetisch-gesunde Phantasie eng zusammen; die pathologische Form ist von der gesunden nur „gradweise" unterschieden. Damit aber erhält die Wissenschaft ihre spezifische Aufgabe: „Die echte Forschung bleibt nicht stehen, wenn sie die zu erkennenden Dinge bis auf eine kleine Strecke einander genähert hat". Ihr „tieferes Interesse" ist nämlich zu erfragen, „weshalb und wodurch in jener kleinen Strecke die Macht liegt, jene Dinge in [...] so auseinander liegende psychologische Erscheinungen zu spalten".[8] – Unschwer erkennt man den Vorschein eines Interesses, das für Cohen leitend geblieben ist, etwa in seinen Erörterungen zur infinitesimalen Größe und deren Verhältnis zur sinnlich wahrgenommenen oder messbaren Verschiedenheit, durch die die Dinge jeweils füreinander andere werden.[9]

---

[3] Vgl. Cohen, *Werke* Bd. 12, 345–463.

[4] A.a.O., 390–393.

[5] A.a.O., 357; vgl. Schiller, *Nationalausgabe* Bd. 20, 424.

[6] Cohen, *Werke* Bd. 12, 357.

[7] Griesinger, *Die Pathologie und Therapie der psychischen Krankheiten*, 2. Aufl. § 54, 91 [fehlt in der 1. Aufl.].

[8] Cohen, *Werke* Bd. 12, 392.

[9] Vgl. Cohen, LrE^2, 147 f.

Von dieser frühen Andeutung zu Krankheit und Gesundheit gibt es Ausläufer bis in die *Ästhetik des reinen Gefühls* von 1912. Dort mündet Cohens Stellungnahme in einen Begriff des Genies. In der Monographie *Die dramatische Idee in Mozarts Operntexten* von 1916 wird Gesundheit ein Inbegriff für methodische Reinheit. Sie nimmt in einer moralischen oder ästhetischen Norm Gestalt an, so z.B. in „Mozarts methodischer Gesundheit als normale[m] Genie“.[10] Auch verdient es Beachtung, dass Cohen bei seinen Überlegungen zur Sprachhandlung, speziell in der *Ethik des reinen Willens*, auf pathologische Erscheinungen wie Aphasie Rücksicht nimmt.[11] Dennoch sind das nur einzelne Äußerungen. Auf das Ganze seines Werks hin betrachtet, werden Krankheit, Gesundheit, und mit ihnen das Problem des Todes, wenig beachtet.

Der Grund ist: Cohen fokussiert seine Lehre vom Menschen zunehmend auf die Ethik. In seinem System nennt er diese sogar das „Zentrum der Philosophie“.[12] Ihr Hauptthema ist das Problem des rechtlich-politisch tätig werdenden Willens. Und unter dieser Perspektive stehen für Cohen weder der Tod noch Krankheit oder Gesundheit an herausragender Stelle. Ethische Politik ist vor allem Sozialpolitik. Ihr Antrieb ist die geschichtliche Erfahrung der Ungerechtigkeit, so etwa – vor allem im Spätwerk wird das deutlich – angesichts der gesellschaftlichen Armut. Ganz frei von Zynismus, nur durch seine Leidenschaft für die sozialpolitische Aufgabe getrieben, fragt Cohen: „Was nützte es, wenn Krankheit und Tod aufhörten, nicht aber die Armut? Würde dadurch nicht nur das menschliche Elend durch Verewigung gesteigert?“[13]

Aber an genau dieser Stelle, fast paradox, kommt die Frage der Krankheit sehr pointiert ins Spiel, nämlich selber als soziales Problem. Das ist mein zweites Beispiel. Cohens Mentor Friedrich Albert Lange gehörte, zum Beispiel in seinem Buch *Die Arbeiterfrage* von 1865, zu denen, die mit Nachdruck angemahnt hatten, in welch erschreckendem Ausmaß Lohnarbeiter von Krankheit und frühem Tod bedroht waren, unter anderem schlicht deswegen, weil die Nahrung nicht ausreichte.[14] Ein langjähriger Vertrauter Cohens, der Statistiker und Arzt Salomon Neumann, stellte 1847 unmissverständlich fest: „Die *medizinische Wissenschaft* ist in ihrem innersten Kern und Wesen *eine sociale Wissenschaft*, und so lange ihr diese Bedeutung in der Wirklichkeit nicht vindicirt wird, wird man auch ihre Früchte nicht genießen, sondern sich mit der Schaale und dem Scheine begnügen müssen“.[15] Und so war für Cohen klar: Krankheit ist doch ein Problem

---

[10] Cohen, *Die dramatische Idee in Mozarts Operntexten* (1916), 38.

[11] Vgl. Fiorato, *Cohens Theorie der Sprachhandlung im Kontext*, bes. 253–257.

[12] Cohen, ErW, 1.

[13] Cohen, *Der Begriff der Religion im System der Philosophie* (1915), 72. Nur in einem innersten Kreis der religiösen Familien- und Gemeinschaftserfahrung erlaubt Cohen, dass „die Angst um das eigene Leben und seine Sicherung […] zur Pflicht“ wird (Cohen, RV, 439).

[14] Lange, *Die Arbeiterfrage* (1865), bes. 109–128.

[15] Neumann, *Die öffentliche Gesundheitspflege und das Eigenthum* (1847), 88 f. – Cohen

der Politik und damit auch der Ethik, denn sie „gehört in das Kapitel der sozialen Frage".[16] „Der Eudämonismus der Magenfrage", so schreibt er – und man muss wissen, wie nachdrücklich er sonst jeden Eudämonismus ablehnte –, „bedeutet nichts Geringeres als die Fürsorge der reinen Ethik für die Tatkraft des reinen Willens und für die Reinheit des Selbstbewußtseins".[17]

Fast meint man, eine Formulierung aus Cohens jüdischer Tradition im Hintergrund zu hören. Im Gesetzeskodex der *Mischna* heißt es: אם אין קמח אין תורה, „wenn es kein Mehl gibt, gibt es keine Lehre". Das entspricht Cohens „Eudämonismus der Magenfrage". Und es gehört dazu, mitunter vergessen, auch das Gegenstück: אם אין תורה אין קמח, „wenn es keine Lehre gibt, gibt es auch kein Mehl".[18] Das heißt bei Cohen: Die Ethik muss ein soziales Bewusstsein formen, denn sonst wird kein Gemeinwesen die Lebensgrundlagen der Bevölkerung in ausreichendem Maß tatsächlich erzeugen und/oder gerecht verteilen. Das ausdrückliche Streben nach Glück im Sinn leiblicher Gesundheit wird Teil des unbedingten Sollens.

Wechseln wir nun zu dem eingangs genannten Problem einer „Selbsterhaltung" durch „Selbstwiedererzeugung". Ich skizziere zunächst mein Ziel. Dafür greife ich, wie erwähnt, auf Viktor von Weizsäcker zurück.

II. Wegleitung im Unbestimmten (Viktor von Weizsäcker)

Weizsäcker hat das Problem, um das es geht, mehrfach angesprochen, besonders im Zusammenhang von Erkrankungen aus dem Formenkreis der (endogenen)[19] Psychosen. Im Prinzip stellt es sich jedoch bei jeder Erkrankung. Ausgangspunkt ist eine sowohl experimentell als auch klinisch gestützte Feststellung: Weder bei Erkrankung noch bei Gesundung kann man genau unterscheiden zwischen solchen Teilen eines Lebenszusammenhangs, die soeben erkranken bzw. gesunden, und solchen, die nicht betroffen sind.[20] Diese Feststellung ist prinzipiell. Sie widerspricht nicht der alltäglichen Praxis, wo wir häufig sehr wohl eine Grenze zwischen betroffenen und nicht betroffenen Teilen ziehen. So wird man sich bei einem Schnupfen in der Regel auf eine Behandlung der Atemwege oder bei einem Knochenbruch auf das Einrichten der Fraktur beschränken und keine Erwägungen über andere Teile des Organismus oder gar die Psyche anstellen.

---

hat mehrfach über Neumann geschrieben, vgl. bes. Cohen, *Salomon Neumann* (1908), zur angezogenen Stelle 291.

[16] Cohen, RV, 155.

[17] Cohen, ErW, 295.

[18] *Mischna, Traktat Avot* (Sprüche der Väter), Abschnitt III 18.

[19] Der Begriff „endogen" ist umstritten. Ich halte mich an Tellenbach, *Melancholie*, bes. Kap. II: „Endogenität als Ursprung", 16–51.

[20] Vgl. Wiedebach, *Hat Kranksein Ursachen?*

Eine ähnliche Pragmatik waltet dort, wo man z.B. aus versicherungsrechtlichen Gründen Gesundheit weitgehend mit Arbeitsfähigkeit gleichgesetzt. Sowohl Erkrankung als auch ‚Wiederherstellung' werden dann von der Leistungs- und Funktionsart her beurteilt, die für Arbeitsfähigkeit ausschlaggebend ist. Man denke an funktionsfähige Gliedmaßen bei einem manuellen Handwerk. Tatsächlich hat die (Re-) Integration in den beruflichen Alltag für viele, vor allem behinderte oder psychisch erkrankte Menschen, die Bedeutung von Gesundsein.

Indes zeigen, um nur die Spitze eines Eisberges zu benennen, die Schwierigkeiten vor allem bei chronischen Erkrankungen, aber auch vielen Akutfällen, unübersehbar die Nachteile solcher Grenzziehungen. Hier scheinen mehr Faktoren mitzuwirken als die, die das zunächst gewählte Fachgebiet ermittelt. Ein „Rückenschmerz" landet meist beim Orthopäden und gehört doch mitunter in die Psychotherapie. Scheitern aber unsere Abgrenzungen völlig, und die Mittel helfen nicht, dann kommt die Medizin ernsthaft auf den Prüfstand. Zwar werden wir in der Praxis auf eine dritte, vielleicht vierte Abteilung hoffen. All das aber führt in der Konsequenz nur auf die Frage nach einer neuen Einheit der Medizin zurück. Und da diese Frage dort ansetzt, wo unsere Grenzziehungen ins Unbestimmte entgleiten, gibt es nur einen Weg: Unbestimmtheit und Vielgestaltigkeit müssen im medizinischen Urteil *positive* Faktoren werden.[21]

Das bedeutet für Diagnose und Therapie eine schwerwiegende Unsicherheit, die es zu ertragen und gegebenenfalls dem Patienten mitzuteilen gilt. Wenn man sich nämlich auf Unbestimmtheit positiv einlässt, drohen das Kriterium und, bei quantitativen Unterscheidungen, der Maßstab für die Bemessung von krank und gesund verloren zu gehen. Denn zu Kriterium und Maßstab gehört es, dass sie eindeutig bestimmbar einem Phänomen gegenüberstehen, das selbst noch unbestimmt ist. Eben dieses klare Gegenüber gibt es nun nicht mehr. Unsere Urteils- und Handlungskraft steht grundlegend in Frage.

Bei dieser Sachlage kommt Hermann Cohen ins Spiel. Auch er beschäftigt sich mit dem Verlust sachlicher und praktischer Bestimmtheit und ihrer Wiederherstellung. Im Zentrum steht, wie gesagt, der Begriff „Energie".[22] Sie spielt in allen Teilen seines *Systems der Philosophie* eine unauffällige, aber erhebliche Rolle und betrifft auch die Idee des Menschen. In der erkenntnislogischen Grundlegung bezieht sich Cohen auf die Erhaltungssätze der zeitgenössischen Naturwissenschaft. Die Zuspitzung auf unsere Frage vollzieht jedoch die Theorie des Strafrechts in seiner *Ethik des reinen Willens*. Was, so fragt Cohen, ist Zweck der Rechtspraxis? Knapp geantwortet: Sie hat im Wechselspiel von Physiologie, Psychologie und einem juristischen Kausalbegriff die theoretischen Erhaltungs-

---

[21] Vgl. die ausführlichen Fallanalysen in: Weizsäcker, *Klinische Vorstellungen* (1941); Ders., *Fälle und Probleme* (1947); Ders., *Der kranke Mensch* (1951), bes. Teil I, 325–482.

[22] Vgl. Poma, *Yearning for Form*, bes. 344f., 348–358; zum Folgenden Wiedebach, *Physiology of the Pure Will.*

sätze der Energie erneut zu bewähren. Wo das gelingt, kommt das konkrete Ziel in den Blick: ein der Gerechtigkeit dienender, wohl begründeter Umgang mit dem Verlust menschlicher Unversehrtheit und deren Wiedergewinn.

Damit ich nicht missverstanden werde: Ich vermische Strafrecht und Medizin nicht. Nirgends geht es darum, gebietsspezifische Begriffe wie klagbare Handlung, Gerichtsprozess und Strafe einerseits, Krankheit, Diagnose und Therapie anderseits zu vermengen. Die Analogie, die ich behaupte, liegt in der Form menschlichen Urteilens unter Bedingungen von Unbestimmtheit und tiefem Zweifel. Hierin kann die Medizin von der Rechtsprechung profitieren – wie auch umgekehrt. Nur auf solche Grundelemente einer, wie ich zu zeigen hoffe, sich selbst wiedererzeugenden Urteilskraft überhaupt kommt es zuletzt an.[23]

III. Energie erkenntnislogisch

In seiner *Logik der reinen Erkenntnis* führt Cohen den Begriff der Energie dort ein, wo er den „Urteilen der mathematischen Naturwissenschaft" auf den Grund geht. In der Mitte steht das „Urteil des Gesetzes".[24] Nehmen wir an, man wolle mechanische Bewegung durch ein Gesetz erfassen, das quantitative Beobachtungen (Raumabmessungen, Zeitabstände, Gewichte usw.) unter die Einheit einer mathematischen Formel bringt. Das ist erreicht, wenn es gelingt, eine adäquate Funktion f(x) zu formulieren. Diese Funktion spannt einen Koordinatenraum von Relationen auf. Ihre Geltung für den Gesamtverlauf der fraglichen Bewegung tritt an die Stelle des alten Gedankens von der Erhaltung der Substanz. Die Form der Bewegung selbst unterliegt hier noch keinem Wandel.

Das ändert sich, wenn z.B. durch Reibung Wärme entsteht oder eine chemische Reaktion eintritt. Dann wandelt sich die physikalische Dynamik, und zwar mit Rückwirkung auf die mechanische Erscheinung (z.B. als positive oder negative Beschleunigung). Jedoch kann die bisherige, rein mechanische Bewegungsfunktion dies weder erfassen, noch lässt sie sich daraufhin erweitern. Ein Teil der Dynamis, der Kraft, die in dem mechanischen System waltete, scheint für etwas anderes nicht Mechanisches abgezweigt zu werden. Nun wieder einen gesetzbildenden Gesichtspunkt einzunehmen, sprich: erneut einen einheitlichen funktionalen Koordinatenraum aufzuspannen, verlangt einen neuen Begriff. Hier tritt die „Energie" ein, definiert als „Erhaltung der Bewegung […] trotz der Verschiedenheit ihrer Formen".[25] Physikalische Bewegung schließt nun Übergänge zwi-

[23] Vgl. allgemein Wiedebach, *Pathische Urteilskraft*.

[24] Cohen, LrE, 254–310, zur Energie bes. 288–299, zur ethischen Analogie 300–302. Vgl. auch Cohen, EGML, 68 und bes. 78–80.

[25] Cohen, LrE^2, 292.

schen bisher getrennten Gebieten der Physik (etwa Mechanik, Elektrik, Thermik, Optik) ein.

Durch diesen Schritt gelangt die Naturwissenschaft – der Problemsituation des 19. Jahrhunderts entsprechend – an ihr Ziel. „Und so gipfelt alle Methodik derselben in der Kategorie der Energie“.[26] Wo deren Erhaltungsformel gefunden wird, ist die dynamische Bilanz des Systems aller Bewegungselemente für einen bestimmten Zustand rechnerisch ausgeglichen.[27] Die konstante Energiemenge innerhalb eines Systems trotz sich ändernder Erscheinungsformen wird zum Ursprungsbegriff der Wirklichkeit.

IV. Energie rechtsethisch

Diesen Begriff der Energie überträgt Cohen in seine *Ethik des reinen Willens*. Das Verhältnis zwischen Wille und Handlung behandelt er analog zum Verhältnis zwischen Naturgesetz und Bewegung. Auch die dem Willen korrelierende Handlung gilt ihm als eine durch funktionale Koordinaten zu erfassende Bewegung. Das aber ist, ganz wie die bloße Mechanik es war, auf einer ersten Stufe unzureichend: Man „hält den Blick fixiert auf das Subjekt, das dabei in Gefahr gerät, wieder zur absoluten Substanz zu erstarren“.[28] Erst wenn der Wille wie die physikalische Energie ein Erhaltungsprinzip in der *Verschiedenheit* menschlicher Handlungsformen wird, ist die Gefahr gebannt. „Der Wille […] als Energie hält den Blick weit geöffnet für alle Mannigfaltigkeit und Verschiedenheit seiner Äußerungen, angesichts deren er dennoch die Erhaltung der Handlung behauptet“.[29] Dementsprechend bestimmt Cohen die Freiheit als „Erhaltung des Subjekts in der Erhaltung seiner Handlungen. Die Freiheit ist die Energie des Willens“.[30]

Auch hier braucht es ein methodisches Instrumentarium, um einen energetischen Koordinatenraum zu definieren. Diese Rolle übernimmt nun „vornehm-

---

26 A.a.O., 293.

27 Vgl. a.a.O., 295: „Man darf […] sagen, daß der Ausdruck der Realität für das Differential sich erst jetzt vollständig rechtfertigt“; erst die Kategorie der Energie „macht aus der infinitesimalen die intensive Realität“. – Zuletzt entfällt sogar die „Intensität“. Bei Cohen wird, so Jakob Gordin, „der Begriff der ‚intensiven Größe‘ überhaupt eliminiert“ (Gordin, *Untersuchungen zur Theorie des unendlichen Urteils*, 34). Vgl. Cohen, LrE², 494: „Die intensive Größe ist beseitigt durch das [Energie-] Aequivalent“; sowie die prägnante Formulierung „Die Empfindung *meldet* die *Energie des Gegebenen an*“, in: Cohen, KTE (2. Aufl. 1885, hier zit. nach 3. Aufl. 1918), 756.

28 Cohen, LrE², 301.

29 Ebd.

30 Cohen, LrE², 302.

lich für die Ethik" die Rechtswissenschaft, das „Analogon zur Mathematik" in den Geisteswissenschaften.[31] Handlung wird zur juristischen Funktion.

Für diese Funktionalisierung ist es wesentlich, naturalistisch-psychologische Vorstellungen von Wille, Verursachung und physischem Tun zurückzudrängen. Betrachten wir ein Beispiel. Cohen denkt sich einen Straftäter, der eine Bombe vorbereitet, es dann aber einem Automaten oder einem Berührungsmechanismus überlässt, die Explosion auszulösen.[32] Nach der Explosion lässt sich in Begriffen mechanischer Kausalität nicht sagen, diese Person habe die Bombe gezündet. Nicht einmal eine psychologische Kausalität kann eindeutig angenommen werden: Möglicherweise ist der Betreffende eingeschlafen oder hat gar ein Kind angewiesen, den Knopf zu drücken.

Besonders im letzteren Fall würde „die Unterbrechung des Bewusstseins noch flagranter sein, da sie scheinbar auf ein anderes Bewusstsein übergeht, während bei der mechanischen Vorrichtung die Unterbrechung verdeckt und vermittelt wird. Dennoch", so Cohen, „ist das alles nur Schein".[33] Die Handlung über derartige Kausalitäten zu bestimmen, wäre ein fehlgeleiteter Naturalismus. Es bedarf stattdessen des juristischen Koordinatenraumes, um die Einheit der Handlung zu definieren. Als „unterbrochen" erscheint das Denken nur „in seiner psychologischen Aktualität. Diese aber hat sich bereits in eine andere Energieform verwandelt; sie ist Vorsatz geworden".[34]

Der Vorsatz ist eine juristische Kategorie; er bezeichnet die funktionale Gestalt des Willens innerhalb eines rechtswissenschaftlichen Koordinatenraumes, und seine „Energie [...] ist keineswegs abhängig von der psychologischen Aktualität kausalen Denkens".[35] – Dabei bedeutet „keineswegs abhängig" nicht etwa ‚irrelevant'. Sofern man zur historischen Analyse die psychologische Aktualität „auch bei der willkürlichen Unterbrechung des Bewusstseins für unentbehrlich hält, so kann man übrigens darüber beruhigt sein; sie fehlt allerdings wohl auch im Schlafe desjenigen Menschen nicht, der sich mit solchem Vorsatz auf der Seele in den Schlaf begeben hat. Sie wühlt in seinem Traume. Und der *Traum* darf hier mit vollem Grund die psychologische Kontinuität des Bewusstseins vertreten".[36]

---

[31] Cohen, ErW, 66.

[32] A.a.O., 352–356. Vgl. Wiedebach, *Physiology of the Pure Will*, bes. Kap. III. – Interessant ist die Betrachtung zur scheinbaren Verletzung des physikalischen Energiebegriffs bei Weizsäcker, *Über das Nervensystem* (1943), 407, bzgl. eines Aufsatzes von Julius Robert Mayer „Über Auslösung".

[33] Cohen, ErW, 354.

[34] Ebd.

[35] Ebd.

[36] A.a.O., 354 f. Inwieweit sich Cohen mit Theorien der Traumdeutung befasst hat, wurde bislang nicht untersucht. – Das betrifft u.a. sein Verhältnis zu Sigmund Freud. Vgl. allgemein dazu Holzhey, *Gott, die Zukunft einer Illusion*; Dober, *Die kathartische Funktion des Gebets*; Ders., *Der Witz und seine Beziehung zum Bewusstsein*, bes. 154–158. Allge-

Für die juristische Einsicht in Vorsatz und Handlung ist das jedoch nicht konstitutiv.

Der Mittelbegriff nun, der die Handlungsbewegung und den zugrundeliegenden Vorsatz funktionalisiert, ist nach Cohen die sogenannte „Klagbarkeit“. Sie verleiht, indem sie ein Rechtsverfahren antizipiert, der Handlung ihre Bestimmtheit. Das Vorbild findet sich im römischen Recht. Dessen Begriff „actio“ meint, wie ähnlich im Französischen oder Englischen „action“, sowohl das Handeln im performativen Sinn, das ‚Vollführen eines Tuns‘, als auch die ‚Klage‘ im gerichtlichen Sinn: Der „Begriff der Handlung ist rechtlich an den Begriff der Klagbarkeit geknüpft“.[37] Das bedeutet vorliegend: Die Handlung ist durch ein Rechtssystem und dessen Bestimmungen über mögliche Rechtsverletzungen definiert.

So interpretiert, besteht kein Grund, den Vorgang, der in die Explosion der Bombe mündet, als eine „Handlung“ zu betrachten, solange er keine rechtlichen Bestimmungen über Erlaubtes oder Unerlaubtes berührt. Hieraus folgt, dass ein einzelner Handlungsstrang nur ex negativo überhaupt zur Bestimmung kommt, sprich: im Fall einer vermuteten und zur Klage führenden Rechtsverletzung. Dabei gilt für die Rechtsverletzung das Analoge wie bei der physikalischen Bewegung. Sie muss als eine messbare Dynamik konstruiert werden in Bezug auf eine bestimmte Funktion.

„Energie“ kommt nun dadurch ins Spiel, dass auch der judikative Koordinatenraum die Erhaltung einer einzigen Bewegungsform über verschiedene Erscheinungsweisen hinweg darstellen soll. Dabei sieht Cohen die entscheidende Aufgabe dort, wo die Dynamik der Kriminalität, hervortretend als Straftat, übergeht in eine Dynamik der Entkriminalisierung, hervortretend als Strafvollzug. Die Verwandlung des einen in das andere geschieht im Strafprozess. Er umfasst im wesentlichen drei Schritte.

Erstens wird der Täter ermittelt, d.h. die Quelle der Rechtsverletzung. Hierzu ist jene Funktion zu bilden und zu beschreiben, die das Vorkommnis über die Relationen zwischen den involvierten Personen und Institutionen als klagbare Handlung bestimmt.

Zweitens wird die Rechtsverletzung quantitativ bestimmt, sprich: eine Skala von möglichem Strafmaß auf den vorliegenden Fall angewandt. Insbesondere dieser Aspekt macht deutlich, warum Cohens Ethik den Straftäter braucht. Die Analogie zur Erkenntnislogik beruht nämlich wesentlich darauf, dass er einen quantifizierbaren Begriff der Handlung entwickelt.

Der dritte Schritt nun, der Straf-Vollzug, ermöglicht den Übergang von krimineller Bewegung zur Entkriminalisierung. Er ist nicht mehr über ein gleich-

---

mein psychoanalytisch argumentiert Strassberg, *Grundloser Hass?*, bes. 110–114. – S. auch u. Anm. 45.

[37] Cohen, ErW, 64. Vgl. Winter, *Ethik und Rechtswissenschaft*, bes. 288 f.

bleibendes Tätersubjekt begreifbar, denn das Subjekt selbst wandelt sich. Die im Begriff „Subjekt" noch naheliegende Substanzfunktion geht in die Reflexionsform der Energie über. Daher spricht Cohen vom „Selbst". Das Analogon zur physikalisch-chemischen Erhaltung der Energie ist nun die „Selbsterhaltung".[38]

Selbsterhaltung ist hier kein biologischer Zweck, etwa zum Schutz bei Gefahr, und ebensowenig eine metaphysisch unterlegte Gegenmacht zur Unausweichlichkeit des Todes. Ethische Selbsterhaltung ist ausschließlich eine Funktion in rechtlich organisierten Gemeinschaften. Psychologie spielt, wie gesagt, keine begründende Rolle. Das nach Cohen psychologische – und mythologische – Grundproblem in diesem Zusammenhang ist die Zuschreibung von Schuld. Aber gerade weil er Schuld an die Psychologie bindet und religiös konnotiert, schließt er sie von der Rechtsprechung aus. „Der Richter soll nicht über die Schuld erkennen dürfen; wohl aber über die Strafe, als ein logisches Merkmal im Begriffe des Verbrechens".

An die Stelle der Schuld tritt die „Schuldigkeit", d.h. ein ökonomisch gefasstes Quantum, welches der Täter „zu entrichten hat",[39] und zwar durch Begleichen oder Abbüßen einer Strafe. Der Übergang zum Entrichten der Strafe ist das Scharnier, das den Energiebegriff fordert und zugleich bestätigt: „Mit der Abbüssung der Strafe vollzieht sich ein Subjektswechsel. Das Subjekt des Verbrechers wird abgetan; das sittliche Selbstbewusstsein wird wiedergewonnen".[40] Damit, über die Selbsterhaltung als das „leitende Prinzip", wird die „Strafe als das exakte Mittel des Rechts festgehalten".[41]

Nicht die klagbare Tat und nicht der Strafvollzug sind je für sich Handlungen. Erst eine Erhaltungsformel des „Selbst", die den Wandel des einen ins andere begreift, stiftet die Einheit der Handlung. „Wie in allem, was geschieht, es nur die Substanz der Energie ist, welche sich erhält [...], so erhält sich auch das sittliche Selbst in allen den absonderlichen Wandlungen, in denen es bis schier zur Unkenntlichkeit sich darstellt".[42] – Wird „für den Verbrecher, für den Mörder die Selbsterhaltung nicht verworfen, so bleibt sie nicht nur die Grundlage für alle seine Energieformen überhaupt; sondern es tritt auch eine *Analogie zur chemischen Energie* in Kraft. Dem physiologischen Stoffwechsel entsprechend, kann sich nunmehr das Selbst des Verbrechers verwandeln".[43] Ein „bis schier zur Unkenntlichkeit" sich darstellendes Selbst wird – und ich wähle absichtlich einen dem Medizinischen nahestehenden Ausdruck – wieder heil. „Wir dürfen

---

38 ErW, 372 ff.

39 A.a.O., 374.

40 A.a.O., 378.

41 A.a.O., 384.

42 A.a.O., 382.

43 A.a.O., 383.

in diesem Sinne", so fasst Cohen zusammen, „die Selbsterhaltung vielleicht auch als *Selbstwiedererzeugung* uns gefallen lassen".[44]

V. Selbstwiedererzeugung als Schwebe

Dies ist die Schnittstelle zur medizinischen Anthropologie. Die Bewegungsformen, deren Übergehen ineinander nun verstanden werden soll, sind die Erkrankung einerseits – womit ebenfalls nicht selten ein „bis schier zur Unkenntlichkeit" verändertes Selbst einhergeht – sowie die Gesundung anderseits. Cohens Systematik lädt ein, diese Wandlungen in eine medizinische Energetik zusammenzufassen: Nicht etwa nur die Gesundung, sondern beide, Krankheit und Gesundheit als wechselnde Bewegungsformen des einheitlichen Menschseins, gehören zur Erhaltung des Selbst.[45] Weizsäcker spricht von „Schwebeexistenz": „Ganz gesund oder ganz krank ist niemand. Die Medizin trachtet, sich gerade dieser biologischen Mitte zu bemächtigen". [46]

Cohens juristische Energetik entwarf eine Schwebeexistenz des Menschen zwischen Verfehlung und „Selbstwiedererzeugung". Übertragen auf die Schwebe zwischen krank und gesund heißt das, ein Durchkommen suchen zwischen den zwei häufigsten Einseitigkeiten unseres stark medizinisch beeinflussten Alltagsdenkens: zwischen der Skylla einer übermäßigen Aufmerksamkeit auf alles Krankmachende; und der Charybdis eines ebenso fragwürdigen Trotzes, diese Ängstlichkeit auf ein angestrengtes Betonen des sogenannten Gesunden umzupolen. Unser Leben ist ein Wechsel zwischen beidem, und eben darin stellt sich unser Selbst dar und erhält sich.

Und noch zwei Vorteile machen es plausibel, von Cohen her Linien in eine medizinische Anthropologie auszuziehen. Zum einen wurzelt seine Energetik erkenntnislogisch in der mathematischen Naturwissenschaft, also in den „hard sciences", die auch aus der Medizin nicht wegzudenken sind und häufig deren Argumente beherrschen. Zwar geht er in der Betrachtung des Menschen darüber hinaus. Aber es bleibt – und er sah darin eine „mehr als interessante, im tiefsten Sinne belehrende" Konsequenz – bei der bezeichneten Analogie: Der naturgesetzliche und der sittengesetzliche Kausalitätsbegriff, beide in einen Energiebegriff mündend, haben „in demselben [erkenntnislogischen] Urteil ihr logisches Bett".[47]

Zum andern schließt Cohens Energetik eine Theorie der Bemessung ein. Medizinisch gelesen bedeutet das: Diese Energetik führt nicht nur zu einer Ver-

[44] A.a.O., 384.

[45] Mit diesem Energiebegriff wäre erneut die Diskussion um Freud aufzunehmen. Ich danke Prof. Hans-Dieter Klein für Hinweise, vgl. seinen Beitrag zum vorliegenden Band.

[46] Weizsäcker, *Kranker und Arzt* (1929), 233.

[47] Cohen, LrE^2, 302, über „das Urteil des Gesetzes".

knüpfung qualitativ verschiedener, ja entgegengesetzter pathologischer bzw. gesunder Erscheinungen, sondern auch zu einer quantitativen Auffassung: Wie sehr ist jemand krank, welches Maß an Behandlung braucht er? Das geschieht ebenfalls ex negativo. Im Verfolg der Rechtsprechung begann es mit der „Klagbarkeit“ und mündete in ein Strafmaß und das Entrichten einer „Schuldigkeit“. In der medizinischen Analogie beginnt es mit der Klage über eine Krankheit und mündet in die Maßbestimmung der anzuwendenden Therapie. Das heißt: Das Erkranken hat dann Aussicht, mit dem Gesundwerden zur erhofften Einheit der Selbsterhaltung zusammenzutreten, wenn es gelingt, mittels der Art und des Quantums der Therapie auch das Ausmaß der Erkrankung anzugeben. Hierzu dient die Energiefunktion.

Auch sie hat den Charakter einer Bilanz, diesmal der Energiequanta von Erkrankung und Gesundung. Ihr Ausgleich steht unter dem Leitbegriff der „Schwebeexistenz“. Nicht die Austilgung einer objektiv gedachten Krankheit ist die Idee, sondern ein offenes Sich-Verwandeln-Können von Erkranken in Gesunden. Diese Offenheit prägt unser Leben von Anbeginn, auch dann, wenn wir uns gar nicht „krank“ nennen. Sie ist selbst eine Gesundheit. Und nur, wenn die Offenheit des Sich-Wandelns einmal nicht mehr besteht, wenn es einen Stau gibt und wir Hilfe einleiten oder anfordern müssen, bedarf es therapeutischer Weisheit.

Der Wandel selbst liegt nicht in der Hand des Therapeuten. Niemals ist seine Intervention – ebensowenig wie der Strafvollzug – eine Art Energiezufuhr. Sie so zu verstehen, wäre eine Verletzung der Selbsterhaltung. Therapie ist im besten Fall ein Katalysator, welcher, der Selbsterhaltungslogik entsprechend, die maßgerechte Umwandlung der Erkrankungsenergie in die gewünschte Gesundungsenergie begünstigt. Strafe im juristischen Fall, Therapie im medizinischen sind steuernde Eingriffe. Für die Medizin ist die wissenschaftlich begründete Therapie das, was Cohens Rechtsphilosophie von der wissenschaftlich begründeten Strafe sagt: „das exakte Mittel“.

Das setzt, und damit führe ich Cohens Linie zu einer vorläufig letzten Konsequenz, eine Reflexion der äußeren Verhältnisse voraus, in die der Einzelfall eingebettet erscheint: zwischenmenschliche Beziehungen einschließlich derjenigen zwischen Patient und Therapeut, aber auch die Wechselwirkung mit Umwelt, Milieu usw.[48] Sozial- und Umweltmedizin werden zu Bestimmungsfaktoren des physiologischen Organismus. Diese Vielfalt koinzidiert im Energiesystem äquivalenter Formen. Wechselseitige Verwandlungen finden laufend statt, und doch bleiben die Dinge klar unterschieden.

---

[48] Bei Weizsäcker durch Begriffe wie „Umgang“ und „Gegenseitigkeit“ bezeichnet, vgl. z.B. Weizsäcker, *Der kranke Mensch* (1951), bes. 615–624. Zahlreiche Aspekte versammelt der Band: *Gegenseitigkeit. Grundfragen medizinischer Ethik*, hg.v. Klaus Gahl, Peter Achilles, Rainer-M. E. Jacobi (2008).

So ist die Physiologie von Erkrankung und Gesundung auch nicht entweder auf den Leib oder die Psyche beschränkt. Beide sind Erscheinungen von Energie, zwischen denen Übergänge und Vertretungen stattfinden. Nur dann lässt sich die Bilanz erstellen, d.h. der Einzelfall auf seine „Selbstwiedererzeugung“ hin orientieren. Eine solche Einheitsfunktion ist keine metaphysische Leib-Seele-Theorie. Sie verfährt rein teleologisch-operativ. Ziel ist, die Energiebilanz des Einzelfalls einem offenen Schweben zwischen krank und gesund näher zu bringen, als es vor der Therapie der Fall war. Selbsterhaltung ist Gesundheit, die das Kranksein in sich aufnimmt.

Literaturverzeichnis

Antonovsky, Aaron, *Salutogenese. Zur Entmystifizierung der Gesundheit.* Übers. von Alexa Franke und Nicola Schulte, Tübingen 1997.

–, *Unraveling the Mystery of Health. How People Manage Stress and Stay Well*, San Francisco 1987.

Cohen, Hermann, *Werke*, hg.v. Helmut Holzhey u.a. Hildesheim u.a. 1977 ff.

–, *Der Begriff der Religion im System der Philosophie* (1915), Werke 10.

–, *Die dichterische Phantasie und der Mechanismus des Bewusstseins* (1869), in: Werke 12, 345–463.

–, *Die dramatische Idee in Mozarts Operntexten* (1916), in: Werke 17, 1–108.

–, *Einleitung mit kritischem Nachtrag zu F. A. Langes ‚Geschichte des Materialismus‘* ([3]1914), Werke 5/II [= EGML].

–, *Salomon Neumann. Rede bei der Gedächtnisfeier der Lehranstalt für die Wissenschaft des Judentums* (1908), in: Werke 15, 282–304.

Dober, Hans Martin, *Der Witz und seine Beziehung zum Bewusstsein* (2021), in: Ders., Cohen-Studien im Horizont von Religion und Theologie, Würzburg 2022, 149–160.

–, *Die kathartische Funktion des Gebets* (2015), in: Ders., Cohen-Studien im Horizont von Religion und Theologie, Würzburg 2022, 105–116.

Fiorato, Pierfrancesco, *Cohens Theorie der Sprachhandlung im Kontext*, in: Heinrich Assel/Hartwig Wiedebach (Hg.), Cohen im Kontext, Tübingen 2021, 245–261.

Gahl, Klaus u.a. (Hg.), *Gegenseitigkeit. Grundfragen medizinischer Ethik*, Würzburg 2008.

Gordin, Jakob, *Untersuchungen zur Theorie des unendlichen Urteils*, Berlin 1929.

Griesinger, Wilhelm, *Die Pathologie und Therapie der psychischen Krankheiten, für Aerzte und Studirende dargestellt*, Stuttgart [2]1861.

Holzhey, Helmut, *Gott, die Zukunft einer Illusion. Religionskritik bei Freud und Cohen*, in: Gianna Gigliotti/Irene Kajon/Andrea Poma (Hg.), Man and God in Hermann Cohen's Philosophy, Padua 2003, 51–62.

Lange, Friedrich Albert, *Die Arbeiterfrage in ihrer Bedeutung für Gegenwart und Zukunft*, Duisburg 1865.

Neumann, Salomon, *Die öffentliche Gesundheitspflege und das Eigenthum* (1847), in: Karl-Heinz Karbe (Hg.), Salomon Neumann 1819–1908. Wegbereiter sozialmedizinischen Denkens und Handelns. Ausgewählte Texte, Leipzig 1983, 87–120.

Poma, Andrea, *Yearning for Form and Other Essays on Hermann Cohen's Thought*, Dordrecht 2006.

Rieger, Hans-Martin, *Gesundheit als Wandlungsfähigkeit. Viktor von Weizsäckers Beitrag zu einer kritischen Medizintheorie*, Berlin/Heidelberg 2023.

Schiller, Friedrich von, *Werke, Nationalausgabe*, hg. im Auftrag des Goethe- und Schiller-Archivs [u.a.], Weimar 1943 ff.

Strassberg, Daniel, *Grundloser Hass?*, in: Pierfrancesco Fiorato/Peter A. Schmid (Hg.), „Ich bestreite den Hass im Menschenherzen". Überlegungen zu Hermann Cohens Begriff des grundlosen Hasses, Basel 2015, 105–114.

Tellenbach, Hubertus, *Melancholie. Problemgeschichte, Endogenität, Typologie, Pathogenese, Klinik*, Berlin u.a. [2]1974.

Weizsäcker, Viktor von, *Gesammelte Schriften*, hg.v. Peter Achilles/Dieter Janz/Martin Schrenk/Carl Friedrich von Weizsäcker, Frankfurt am Main 1986 ff. [im folgenden GS I-X].

–, *Der kranke Mensch. Eine Einführung in die Medizinische Anthropologie* (1951), GS IX 311–641.

–, *Fälle und Probleme. Anthropologische Vorlesungen in der Medizinischen Klinik* (1947), GS IX 7–276.

–, *Klinische Vorstellungen* (1941), GS IX 277–309.

–, *Kranker und Arzt* (1929), GS V 221–244.

–, *Soziale Krankheit und soziale Gesundung* (1930), GS VIII 31–95.

–, *Über das Nervensystem* (1943), GS IV 405–419.

Wiedebach, Hartwig, *Hat Kranksein Ursachen? Kausalität im pathischen Denken Viktor von Weizsäckers*, in: Thomas Reuster/Peter Schönknecht (Hg.), Brücken zwischen Psychiatrie und Philosophie. Ein interdisziplinärer Dialog, Heidelberg/Berlin 2022, 163–173.

–, *Pathische Urteilskraft*, Freiburg u.a. 2014.

–, *Physiology of the Pure Will. Concepts of Moral Energy*, in: Robert Gibbs (Hg.), Hermann Cohen's Ethics, Leiden 2006, 85–103.

Winter, Eggert, *Ethik und Rechtswissenschaft. Eine historisch-systematische Untersuchung zur Ethik-Konzeption des Marburger Neukantianismus im Werke Hermann Cohens*, Berlin 1980.

B. Die Psychologie Cohens im System der Philosophie

„Hinüberziehen“

Transzendentalphilosophie und empirische Psychologie

Hans-Dieter Klein

> Es ist dir gesagt, Mensch, was gut sei, und was der HERR von dir fordert, nämlich Gottes Wort halten und Liebe üben und demütig sein vor deinem Gott. (Micha 6, 8)

Hans Wagner bezeichnet die Reflexion, welche sowohl Kant als auch Cohen beim Versuch, die Physik als Wissenschaft, als Noema zu legitimieren, vollziehen, als noematische Geltungsreflexion. Um das Noema nicht nur zu konstituieren, sondern um seine wissenschaftliche Gültigkeit zu legitimieren, um also die Frage *Quid juris?* zu beantworten, muss vom Noema aus auf die zugehörige Noesis zurückgegriffen werden und diese als setzend sich selbst und das Noema begriffen werden.[1]

Hier stellt sich nun die Frage: Wenn wir das tun, woher kommt unsere Kenntnis der Noesis und der verschiedenen Noesen? Die Wissenschaften Logik, Mathematik und Physik, die Noemata, liegen als historische Fakta vor uns und wir können uns davon beim Studium ihrer argumentativ gesicherten Ergebnisse und bei deren allfälliger Erweiterung durch eigene Beiträge zur gemeinsamen Forschungsarbeit überzeugen. Wir vollziehen dabei Denken, Anschauung usw. Woher stammt und welcher Art ist unsere Kenntnis dieser Vollzüge und warum und mit welchem Recht verleihen wir ihnen zusätzlich das Specificum „rein“?

I. Die methodische Relevanz des „Hinüberziehens“

Kant hat sich darüber Gedanken gemacht. An einer etwas verborgenen Stelle der *Kritik der Urteilskraft* hat er auch uns verraten, was er darüber dachte. Als Schlussabsatz des § 29 der KU schreibt er:

---

[1] Wagner, *Philosophie und Reflexion*.

In dieser Modalität der ästhetischen Urtheile, nämlich der angemaßten Nothwendigkeit derselben, liegt ein Hauptmoment für die Kritik der Urtheilskraft. Denn sie macht eben an ihnen ein Princip a priori kenntlich und erhebt sie aus der empirischen Psychologie, in welcher sie sonst unter den Gefühlen des Vergnügens und Schmerzens (nur mit dem nichtssagenden Beiwort eines feinern Gefühls) begraben bleiben würden, um sie und vermittels ihrer die Urtheilskraft in die Classe derer zu stellen, welche Principien a priori zum Grunde haben, als solche aber sie in die Transcendentalphilosophie hinüberzuziehen.[2]

Was wir hier sehen, ist Folgendes: Kant bezieht sich zunächst auf das wissenschaftsgeschichtliche empirische Faktum, dass gewisse Wissenschaften auf Grund von Methoden, die zu einer bestimmten Zeit eingeführt wurden, als Wissenschaften im angegebenen Sinne „funktionieren". Das ist ein Faktum der empirischen Wissenschaftsgeschichte. Stets ist der Grund für dieses Gelingen, dass die Sätze der betreffenden Disziplinen Sätze a priori sind. Dies ist bei den Formalwissenschaften Logik und Mathematik der Fall. Oder dass empirische Wissenschaften ihre Sätze unter Anwendung der Formalwissenschaften formulieren müssen, wie wir das bei der Physik sehen. Die nähere Beschreibung des Tuns all dieser Wissenschaften vollzieht Kant jedoch mit Begriffen, welche er zunächst aus der empirischen Psychologie, die er als Teil der empirischen Anthropologie sieht, bezieht. Kants Lehre von den von ihm so genannten „Vermögen" ist zunächst durchgängig der empirischen Psychologie entlehnt. Da diese „Vermögen" jedoch Noesen sind, welche zum Teil Noemata konstituieren, welche beweisbare Sätze a priori enthalten und daher für ihre Einsichten Allgemeingültigkeit und Notwendigkeit beanspruchen können, zeigt sich, dass die betreffenden Noesen einen Status haben, welcher über die empirische Psychologie hinausreicht. Sie erweisen sich durch die von ihnen geleisteten Noemata als „reine" Noesen, d.h. als solche, welche alle Erkenntnisse und alle Gegenstände a priori konstituieren. Zugleich zeigt sich durch diese noematische Geltungsreflexion, dass das Ichsubjekt über „reine" Noesen verfügt und somit nicht nur empirisches, sondern zugleich auch transzendentales Subjekt ist. Diese Noesen erweisen sich nämlich als integrierende Leistungen des sich selbst setzenden logischen Ich, weil ohne sie die als Wissenschaften a priori ausgewiesenen Wissenschaften Logik und Mathematik sowie deren Anwendung in der wissenschaftlichen Physik nicht möglich wären.

Übrigens zeigt der von Kant verwendete Ausdruck „Vermögen" deutlich den aristotelischen Ursprung auch der kantischen Psychologie: denn er ist eine Übersetzung der aristotelischen Wendung dynámeis tés psychés. Da weiters dýnamis und enérgeia bei Aristoteles korrespondierende Begriffe sind, kann man eine gewisse Übereinstimmung zwischen Kants Vermögenspsychologie und Brentanos Aktpsychologie feststellen. Freilich gibt es bei Brentano kein „Hinüberziehen".

---

[2] Kant, *Kritik der Urteilskraft*, 191 [= B (^{2}1793) 113].

Die oben erwähnte Konstellation hat für Kant jedoch auch Rückwirkungen auf die empirische Psychologie. Diese muss nämlich nun ihrerseits im Lichte der Transzendentalphilosophie gesehen werden. Da sich im Zuge der Transzendentalphilosophie durch die Kritik der praktischen Vernunft herausstellt, dass der kategorische Imperativ das zentrale Noema a priori überhaupt ist, worauf sich alle anderen Sätze a priori direkt oder indirekt beziehen, erweist sich die empirische Anthropologie als „Anthropologie in praktischer Absicht“, wie er zunächst sagte, bzw. als „Anthropologie in pragmatischer Absicht“, wie er schließlich formulierte.[3]

II. Eine Annäherung an Cohens systematische Psychologie

Überlegungen, was wir über Cohens nicht geschriebene Psychologie mutmaßen dürfen, haben eine grundsätzlich unüberwindbare Grenze: zwar können wir mit einigermaßen nachprüfbaren Argumenten rekonstruieren, welche Konsequenzen aus Cohens in seinen Publikationen oder Briefen und seinem Nachlass für die Ausarbeitung seiner Psychologie hinterlassenen Entwürfen von ihm hätten gezogen werden müssen. Diese Konsequenzen sind jedoch nur unter einer Bedingung schlüssig: der Bedingung nämlich, dass sich Cohen im Zuge der Ausarbeitung seiner Psychologie nicht veranlasst gesehen hätte, seine bisherige Grundposition zu modifizieren und sich selbst retrospektiv zu korrigieren. Darüber kann niemand etwas sagen, aber bei einem lebendigen Denker sind derlei Selbstkorrekturen durchaus möglich. Wir können jedoch Hypothesen formulieren, wie unter der Bedingung der Beibehaltung seiner bisherigen philosophischen Konzeptionen Cohen seine Psychologie etwa hätte gestalten müssen. Mit dieser reservatio mentalis versehen, möchte ich daher im folgenden den Versuch wagen, zu mutmaßen, welche Wege für Cohens Psychologie aus seinen bisherigen, für uns dokumentierten Gedanken meiner Meinung nach erschlossen werden dürfen.

Wir wissen, dass Cohen als vierten Band seines „Systems der Philosophie“ eine Wissenschaft plante, für deren Titel einer seiner Gesprächspartner die Formulierung „Psychologie des reinen Bewusstseins“ vorgeschlagen hat. Cohen selbst hat von „Psychologie als hodegetischer Enzyklopädie des Systems der Philosophie“ gesprochen.[4] Während die Abfolge der drei publizierten Systemteile sich gewissermaßen von außen ergibt, denn sie sind durch die wissens- bzw. geistesgeschichtlichen Fakten des „Funktionierens“ von theoretischer Physik, Rechtswissenschaft und Kunst vorgegeben, so muss deren systematische Ein-

---

[3] Kajon, From *anthropologia transcendentalis* to the Question on the Trancendental. Thinking of God in Kant‘s *Opus Postumum*.

[4] Ich verdanke diese Information einem Gespräch mit Hartwig Wiedebach.

heit erst durch eine nachträgliche Reflexion rekonstruiert werden, welche die „Einheit des Kulturbewusstseins“ erforschen sollte. Auch die Reihenfolge der drei ersten Systemteile ergibt sich aus Fakten: aus dem Faktum nämlich, dass die Rechtswissenschaft das bereits im ersten Systemteil durch eine noematische Geltungsreflexion legitimierte logische Denken und die physikalische Kausalität voraussetzen muss. Die Ästhetik muss durch das Faktum der Kunst einen eigenen, von den beiden ersten Systemteilen völlig unabhängigen Ansatz machen, der eben erst hinterher mit den beiden ersten Systemteilen in einen Zusammenhang gebracht werden kann: Dass diese transzendentalen Fakten die Einheit des Kulturbewusstseins, welche in einem reinen Bewusstsein konstituiert ist, bilden, muss erst durch eine besondere philosophische Disziplin herausgearbeitet werden. Durch diese wird aus der Abfolge der philosophischen Wissenschaften erst ein philosophisches System.

Der Begriff des Bewusstseins geht jedoch über den Begriff der reinen Noesen hinaus: das Bewusstsein ist die ursprüngliche Einheit der Noesen. Da aber die Logik der reinen Erkenntnis, anders als die Kritik der reinen Vernunft, das Urteil ohne Ichpol und ohne Istpol (um die Ausdrucksweise Hönigswalds zu gebrauchen) konzipiert, stellt sich die Frage, woher diese Einheit des Bewusstseins, die man eben auch – weniger verschämt – als Ich bezeichnen könnte, nun plötzlich herkommen soll. Nun sehen wir aber, dass sich der Begriff des Ich in der Ethik des reinen Willens und in der Ästhetik des reinen Gefühls sukzessive einschleicht.

Um die Rechtswissenschaft als Wissenschaft transzendental zu legitimieren, muss die Ethik des reinen Willens ja die Logik der Imperative im Sinne der Logik des reinen Denkens als Ursprung, Erzeugung, Identität und Widerspruchsfreiheit als schon legitimierte Voraussetzung aus der Logik der reinen Erkenntnis entlehnen. Anders als in Urteilen kommt jedoch in Imperativen der Begriff des Ich bereits zur Geltung: denn jeder Imperativ ist an ein Du gerichtet, welches sich aus seiner inneren Perspektive notwendigerweise als Ich denken muss. Das Sittengesetz a priori, welches nun im Anschluss an Kant in seiner Geltung noematisch legitimiert wird, verlangt ja nach Cohen in Übereinstimmung mit Kant, dass wir den Menschen niemals bloß als Mittel gebrauchen, sondern stets als Zweck an sich selbst respektieren sollen. Damit ist das Ich als Individuum durch die noematische Geltungsreflexion auf das Faktum der Rechtswissenschaft in seiner Eigenschaft als selbstbewusste Person, aber nur insofern sie gesetzlich definierte Rechte hat und von der als einer kraft gesetzlicher Definition selbstbewussten und selbstverantwortlichen zurechnungsfähigen Person Rechtspflichten eingefordert werden dürfen und sollen, bereits „erzeugt“, allerdings nicht durch eine Deduktion a priori im Sinne von Leibniz, sondern auf Grund einer noematischen Geltungsreflexion auf das geschichtliche Vorliegen der Rechtswissenschaft als funktionierender Wissenschaft. Da dieses Faktum jedoch erst in der Geschichte zustande gekommen ist und ohne die Religion und die Auffassung der moralischen und rechtlichen Gesetze als Gebote Gottes nicht zustande gekommen wäre, ist innerhalb der Ethik des reinen Willens auch die Religion noematisch als gültig legitimiert, allerdings nur, soweit sie Vernunftreligion ist und im Horizont der vom postulierten Gott ermöglichten Vernunfthoffnung, dass das, was sein soll, auch zur Realisierung kommen möge.

Die selbstbewusste und selbstverantwortliche Rechtsperson, definiert durch vernunftgebotene und in Gesetzen formulierte Rechte und Rechtspflichten (z.B. die Pflicht jedes zugelassenen Arztes, bei einem Unfall erste Hilfe und ärztliche Erstversorgung zu leisten) ist aber noch nicht noematisch als inkorporiert, als psychophysische individuelle Einheit transzendental legitimiert. Dies ist erst möglich durch das Faktum der Kunst, worin sich der individuelle Mensch, vermittelt z.B. durch die Figuren der griechischen Plastik, als leiblich realisiertes Ich erweist.[5] Um als philosophische Theorie das reine Gefühl als reines Gefühl erfassen zu können, setzt natürlich auch die Ästhetik des reinen Gefühls die Theorie von Ursprung und Erzeugung voraus, welche zu Beginn des systematischen Aufbaus in der Logik der reinen Erkenntnis die Möglichkeit von philosophischen Theorien a priori überhaupt für alles Weitere eröffnet.

Wenn man nun Cohens Versuch, in einem vierten Systemteil die transzendentale Notwendigkeit, diese drei Noesen (das reine Erkennen, den reinen Willen und das reine Gefühl) als Noesen des Ich als reines Kulturbewusstsein zu rekonstruieren, bedenkt, so darf man davon ausgehen, dass ihm auch für dieses Vorhaben das Faktum einer etablierten Wissenschaft hätte willkommen sein müssen. Zu diesem Zweck müssen wir erstens den Zustand der empirischen Psychologie zu seiner Zeit und seine Einschätzungen derselben heranziehen, andererseits die Entwicklung der empirischen Psychologie bis heute, die er nicht mehr miterleben konnte, ins Auge fassen, um zu erwägen, welche Konsequenzen er heute, in den ersten Jahrzehnten des 21. Jahrhunderts für sein Konzept einer Psychologie des reinen Bewusstseins als hodegetischer Enzyklopädie des Systems der Philosophie vermutlich hätte ziehen müssen.

---

[5] Wiedebach, *Psychosomatische Psalmen-Ethik*. – Manche Frage bleibt allerdings offen: Wie verwendet Cohen den Begriff „Ästhetik“ in Relation zum Gebrauch dieses Begriffs bei Kant und Baumgarten? Wie verhält sich Cohens Begriff des Gefühls zu dem Schleiermachers? Auch Schleiermacher sieht ja einen Hiatus zwischen Erkennen und Wollen und betrachtet das Gefühl als vorrationales Innewerden der eigenen Lebendigkeit und als eine Vereinigung von Erkennen und Wollen, aber nur subjektiv. Von daher ist ja Sinnlichkeit, um die es in der Ästhetik in der *Kritik der reinen Vernunft* ganz allgemein geht, zu verstehen. Auch Schleiermacher sieht im Gefühl, dem späten Fichte nicht ganz unähnlich, auch eine vorrationale Präsenz des Absoluten, sodass er hier – zum Missfallen Hegels – die Religion begründet sehen konnte. [Vgl. dazu den Beitrag von D. Korsch in diesem Band (Hinzufügung der Hg.)]

III. Das Faktum empirischer Psychologie

Zu Cohens Zeit lag die empirische Psychologie einerseits als deskriptive Psychologie vor. Methodisch hatte sich diese seit Aristoteles und Theophrast nicht grundsätzlich verändert. Allerdings muss man dabei auf die Grundlegung, welche die deskriptive Psychologie bei Aristoteles selbst in dessen Metaphysik findet, verzichten. Brentanos Begriff von Psychologie war z.B. in dieser Tradition verankert. Man könnte Cohens Sympathien für diesen Zweig der Psychologie erhöhen, wenn man den Unterschied zwischen der Bedeutung der psychologisch relevanten Wörter bei Homer einerseits und bei Platon bzw. Aristoteles andererseits vergleicht. Der Begriff noein z.B. wird etymologisch mit „schnuppern" in Verbindung gebracht und die alte Bedeutung kann etwa mit dem verglichen werden, was man im Wienerischen als „Riecher" bezeichnet. Jemand, der einen guten Riecher hat, hat gute Ahnungen über Gegenstände, die der gegenwärtigen sinnlichen Wahrnehmung nicht zugänglich sind, weil sie z.B. in einer anderen Stadt stattfinden. Dieser Begriff verwendet das Riechen mit der Nase im übertragenen Sinn auf die Ermittlung von Umständen, die wir erschließen, aber nicht unmittelbar wahrnehmen können. So sagt man auch von einem Detektiv, er habe eine gute Spürnase. Dass jedoch in dem Prozess der Ausbildung einer wissenschaftlichen deskriptiven Psychologie die psychologische Terminologie, die wir bei Aristoteles und Theophrast schließlich finden, resultiert, erklärt sich weitgehend daraus, dass die entstehenden Wissenschaften, z.B. beweisende Mathematik und formale Logik, durch noematische Konstitutionsreflexionen auf Noesen zurückgeführt wurden, deren Begriff erst in diesem Kontext entstand und definiert wurde. So ist also die deskriptive Psychologie in aristotelischer Tradition vielleicht mehr Wissenschaft im Sinne von Cohens Kriterien, als Cohen bereit war einzugestehen. Seine Begriffe Denken, Erkennen, Wollen, Fühlen sind jedoch de facto der empirischen Psychologie in aristotelischer Tradition entnommen, werden freilich in seine spezifische Form von Transzendentalphilosophie „hinübergezogen".

Im Laufe des 19. Jahrhunderts wurde die Methodologie der empirischen Psychologie von vielen verschiedenen Seiten, teilweise nach dem Muster des physikalischen Experiments sehr stark differenziert und ausgebaut. Im 20. Jahrhundert ging diese Entwicklung weiter. Inzwischen hat sich eine sehr differenzierte Methodologie der empirischen psychologischen Forschung etabliert, die auf ein ganzes Setting von unterschiedlichen Methoden, die auch institutionalisiert sind, zugreifen kann: das psychologische Experiment und seine Methodologie, Statistik, randomisierte evidenzbasierte Studien, die Neurowissenschaften mit ihren auch neuen Methodologien wie z.B. Magnetresonanztomographien und anderen bildgebenden Verfahren usw. sowie die Kooperation mit der Computerwissenschaft. Ebenso gibt es inzwischen ein breites Spektrum von praktischen Anwendungen wie z.B. Wirtschaftspsychologie, Schulpsychologie, klinische Psychologie, Gerichtspsychiatrie usw. usw. In all diesen Bereichen existieren ausgefeilte und institutionalisierte Spezialmethodologien. Das alles war zu Cohens Lebzeiten erst in den Anfängen und zu einem beträchtlichen Teil noch überhaupt nicht vorhanden.

IV. Die Entwicklung der Psychoanalyse zu einer Wissenschaft

Aus heutiger Sicht müssen wir auch die psychoanalytische Forschung als etablierte Wissenschaft anerkennen. Zwar waren Freud und Cohen Zeitgenossen, aber man kann sich schwer vorstellen, dass zwischen ihnen als empirischen Menschen beim damaligen Stand der Diskussion eine wirkliche Verständigung hätte stattfinden können. Auch bei Cassirer und Hönigswald vermisst man ein adäquates Verständnis dessen, was in der Psychoanalyse eigentlich geschieht. Wahrscheinlich wäre Freuds Kunstsammlung ein Gesprächsthema gewesen, das eine wirkliche Verbindung zwischen den beiden Gelehrten hätte herstellen können. Vielleicht auch, dass ihnen beiden die Gefahr des anwachsenden Antisemitismus frühzeitig deutlich wurde.

Vor allem ist es wichtig, die Psychoanalyse als Disziplin von Freuds persönlichen Ansichten über philosophische Fragen zu unterscheiden, z.B. von seiner Religionskritik. Die heutige wissenschaftliche Psychoanalyse hat längst den Konsens ausgebildet, dass die psychoanalytische Forschung nicht über das methodische Rüstzeug verfügt, um philosophische Fragen wie z.B. die Frage, ob Gott existiert oder nicht, zu beantworten. Daher ist man auch überzeugt, dass Freuds Ablehnung der Religion obsolet ist[6] und teilweise aus seiner Biographie verstanden werden muss,[7] wenngleich seine diesbezüglichen Studien gleichwohl wertvolle Erkenntnisse zur psychodynamischen Pathologie der religiösen Erfahrung beisteuern.

Weiters muss man die Psychoanalyse als wissenschaftliche Disziplin unterscheiden von der Bezeichnung von psychoanalytischen und anderen Vereinigungen, in welchen sich Psycho-therapeutinnen und Psychotherapeuten organisieren. Das Bestehen solcher Vereinigungen ist erforderlich, da Psychotherapie nur durch organisierte Zusammenarbeit möglich ist: es geht um die Organisa-

---

[6] Meissner, *Psychoanalysis and Religious Experience.* Ich verdanke Patrizia Giampieri-Deutsch den Hinweis auf dieses wichtige Buch. Es ist zu betonen, dass William W. Meissner ein bedeutender amerikanischer Psychoanalytiker und Professor für Psychiatrie an der Harvard University, zugleich aber gläubiges Mitglied der Societas Jesu war. Ähnliches gilt für viele Psychoanalytikerinnen und Psychoanalytiker, die zugleich gläubige und halachisch lebende Jüdinnen und Juden sind bzw. waren.

[7] Erlich, *Will Two Walk Together Accept They Have Agreed?*

tion und Kontrolle der Lehrtherapien, um Supervision,[8] um Ethikkommissionen usw. Hier haben sich nun verschiedene Zusammenschlüsse mit eigenen Traditionen gebildet, z.B. Psychoanalyse, Individualpsychologie, analytische Psychologie, Verhaltenstherapie u.a., die aber alle auf Freuds bahnbrechenden Einsichten aufbauen. Um für die psychoanalytische Forschung einen neutralen Terminus, der von der Bezeichnung solcher Vereine unabhängig ist, zu verwenden, spricht man gewöhnlich von Psychodynamik. Die wissenschaftliche Forschung muss ja allen gemeinsam sein. Diese Forderung nach allgemeinverbindlicher Wissenschaftlichkeit, welche nicht an Vereine gebunden und auch nicht an deren Vorgaben und Traditionen orientiert sein kann, ist auch im Sinne von Freuds Streben nach reiner Wissenschaftlichkeit. Seinem wissenschaftlichen Denken war jede Sektiererei fremd.

Da auf diesem Wege der Vereinsbildung auch Methoden und Vereine entstehen und entstanden sind, deren Verfahren und Annahmen keine wissenschaftliche Grundlage hat, finden wir am „Markt" ein Kontinuum von sicher wissenschaftsbasierten Verfahren zu pseudowissenschaftlichen und abergläubischen sektenartigen Vereinigungen. Aus diesem Grund ist es erforderlich, dass die zur Diskussion stehenden Verfahren auf ihre heilende Wirkung in wissenschaftlichen Effizienzstudien, welche den Standards medizinischer evidenzbasierter Forschung entsprechen, kontrolliert werden.

Falls sich nun durch Effizienzstudien, die allen methodischen Anforderungen, die heute auch sonst an medizinische Forschung gestellt werden, herausstellt, dass ein bestimmtes Verfahren tatsächlich und nachweisbar heilende Wirksamkeit hat, dann ist in einem zweiten, davon getrennten Schritt zu erforschen, wie diese Wirksamkeit erklärt werden kann. Denn es ist nicht garantiert, dass die Annahmen und Meinungen, welche das therapeutische Handeln in Verhaltenstherapie, Psychoanalyse, analytischer Psychologie traditioneller Weise leiten, auch tatsächlich wissenschaftlich bewiesen werden können und dass die nachweisbaren Ursachen der Effizienz eines Verfahrens auch mit den Annahmen übereinstimmen, von welchen die Therapeutinnen und Therapeuten, die dieses Verfahren anwenden, geleitet werden.

Was nun die Psychoanalyse im engeren Sinn betrifft, so konnte deren Wirksamkeit durch viele Studien eindeutig nachgewiesen werden. Nicht alle Verfahren, die am Markt angeboten werden, wurden so gründlich geprüft und bei

[8] Diese organisierte wechselseitige Kontrolle ist unerlässlich. Denn sonst droht die Gefahr, dass Menschen, die zunächst durchaus seriös, brav und wissenschaftsgeleitet, eine Ordination eröffnen, in andauernder Isolierung mit der Zeit an progressiver Selbstanbetung leiden, was dann auch zum Missbrauch an den ihnen anvertrauten kranken Menschen führt. Zugleich sind Vereine Vereine und die Tradition eines Vereins als solche ist noch kein Garant wissenschaftlicher Wahrheit. Daher muss die wissenschaftliche Community und ihre Universalität davon streng unterschieden werden. Wir dürfen die wissenschaftliche Wahrheitsfindung nicht nach dem Vorbild der ökumenischen Konzilien denken!

manchen konnte sogar deren Unwirksamkeit bzw. Gefährlichkeit nachgewiesen werden.

Weiters konnte auch nachgewiesen werden, dass viele Annahmen der psychoanalytischen Theorie auch im Experiment und in der objektivierenden Forschung bestätigt werden können. Giampieri-Deutsch hat in den Jahren 2000 bis 2002 an der Österreichischen Akademie der Wissenschaften drei Symposien eingerichtet, bei welchen man nahezu alle international führenden Psychoanalyseforscher und -forscherinnen hören konnte.[9] Es ist hier nicht der Ort, die heutige Psychoanalyseforschung darzustellen, dies liegt auch nicht in meiner Kompetenz, jedoch möchte ich die jahrzehntelangen Forschungen der Menninger-Klinik erwähnen, sowie auf die Disziplin der Neuropsychoanalyse und auf die diesbezüglichen Arbeiten von Mark Solms und Fred Levin hinweisen. Eindrucksvoll ist auch z.B. die Tatsache, dass Howard Shevrin durch besonders sinnreich angeordnete Subliminalversuche, unbewusste mentale Prozesse und psychodynamische „Mechanismen", z.B. Verdrängung, neurowissenschaftlich nachweisen konnte.[10]

Psychoanalyse präsentiert sich so „as an empirical, interdisciplinary science".[11] Die psychoanalytische Metapsychologie benötigt auch die interdisziplinäre Zusammenarbeit mit Wissenschaftstheorie und Philosophie. Wie gesagt, sind Freuds persönliche diesbezügliche Ansichten kein für die Psychoanalyse als Wissenschaft essentieller Bestandteil. Vielmehr sind sie teilweise obsolet und aus ihrer Zeit verständlich. Giampieri-Deutsch hat in dieser Hinsicht Studien zur analytischen philosophy of mind vorgelegt, aber auch zu Leibniz[12] und Spinoza[13] sowie zur Frage der phänomenologischen Fundierung der Psychoanalyse. Gemeint ist hier vor allem Husserl, Giampieri-Deutsch verweist in diesem Zusammenhang besonders auf Paul Ricoeur,[14] nicht gemeint ist jedoch Heidegger. Bezüglich Heideggers teile ich persönlich Hönigswalds vernichtende Kritik in philosophischer und in menschlicher Hinsicht.[15] Heideggers willkürliche Ablehnung sowohl der griechischen Aufklärung als auch der radikal monotheistischen Reform in Israel und Juda sowie sein Versuch, die Differenz zwischen Dichtung und Philosophie aufzuheben, erscheint mir nicht nachvollziehbar. Sein daraus resultierender

---

[9] Giampieri-Deutsch, *Psychoanalyse im Dialog der Wissenschaften. Europäische Perspektiven*; Dies., *Psychoanalyse im Dialog der Wissenschaften. Anglo-amerikanische Perspektiven*; Dies., *Psychoanalysis as an Empirical, Interdisciplinary Science.*

[10] Dies., *Approaching Contemporary Psychoanalytic Research.*

[11] Dies., *Psychoanalysis as an Empirical, Interdisciplinary Science.*

[12] Dies., *Nach Leibniz: Die Entwicklung der Auffassung eines nicht-bewussten Denkens bei Freud.*

[13] Dies., *„Der Philosoph der Psychoanalyse". Zu den Verwandtschaften zwischen Spinoza und Freud.*

[14] Dies., *Psychoanalysis and Phenomenology*; Dies., *Einführung in Freuds Schriften „Das Ich und das Es" und „Die Zerlegung der psychischen Persönlichkeit".*

[15] Aschenberg, *Ent-Subjektivierung des Menschen.*

Antijudaismus und seine Antiwissenschaftlichkeit machen ihn auch wirkungsgeschichtlich zu einem eigentlichen Antipoden Cohens in der Geschichte des Philosophierens in deutscher Sprache bis heute. Diese sehr differenzierte Thematik aber auch argumentativ hinreichend differenziert zu erörtern, ist hier nicht der Ort.

Zusammengefasst: anders als zu Cohens Lebzeiten liegt die empirische Psychologie, die psychoanalytische Psychodynamik eingeschlossen, heute als wohl etablierte und erfolgreiche Wissenschaft vor. Experimentelle und empirische objektivierende Psychologie und psychoanalytische Psychodynamik haben also den sicheren Gang der Wissenschaft gefunden: sie sind ein Faktum im Sinne Kants und Cohens. Daher muss man aus heutiger Sicht sagen, dass das Faktum der empirischen Psychologie, auf dessen Möglichkeit eine Psychologie des reinen Bewusstseins transzendental zu reflektieren hätte, existiert. Cohen selbst hat ein solches Faktum anerkannt bezüglich der von ihm so genannten physiologischen Psychologie. Aber es ist nachvollziehbar, dass er den damaligen Forschungsstand dieser Wissenschaft für dermaßen dürftig einstufte, dass er daraus für die von ihm auszuarbeitende philosophische Psychologie wenig Hilfe erwartete.

V. Die wissenschaftliche Psychoanalyse als potentielle Gesprächspartnerin Cohens

Es ist anzunehmen, dass aus heutiger Sicht für Cohens Vorhaben vor allem die wissenschaftliche Psychoanalyse relevant sein müsste. Auch wenn dies weder für Freud, noch für Cohen erkennbar sein konnte, muss man nämlich sagen, dass Cohens Philosophie und Freuds Psychoanalyse zentrale Anliegen gemeinsam haben, sodass hier eine Verbindung sehr nahe liegt. Im Sinne der methodischen Prinzipien, welche Cohen aus dem Vorwort zur Kritik der reinen Vernunft (2. Aufl.) und aus den Prolegomena gewinnt, hätte Cohen nicht in erster Linie nach den Ergebnissen der Psychoanalyse fragen müssen, sondern nach ihrer Methode. Er hätte vor allem die Frage stellen müssen, wie man philosophisch begreifen kann, dass gerade diese Methode erfolgreich ist.

Nun präsentiert sich die psychoanalytische Psychodynamik als empirische Wissenschaft. Durch ihr methodisches Vorgehen gewinnt die Psychoanalyse Zugang zu Erfahrungen, die auf anderem Wege nicht gewonnen werden können. Wenn man dies der Einfachheit halber an Freuds später Schrift Abriss der Psychoanalyse illustriert, so will ich damit sagen: für die transzendentale Kritik im Sinne Cohens sind hier nicht der erste Teil, der die Überschrift „Die Natur des Psychischen“ trägt, primär relevant, sondern der zweite Teil mit der Überschrift „Die praktische Aufgabe“, und hier besonders der Abschnitt „Die psychoanalytische Technik“. Denn in diesem Abschnitt wird die Methode beschrieben, wie die Psychoanalyse zu den empirischen Fakten gelangt, welche dann in die Fallgeschichten eingehen und welche die empirische Basis bilden, auf welchen die Hypothesen der Psychodynamik errichtet werden. Natürlich stützt sich die psychodynamische Theoriebildung dann zusätzlich auf andere empirische Daten, welche von Neurowissenschaften, experimenteller Psychologie usw. beigesteuert werden können. Jedoch ist das, was im Ordinationszimmer zwischen zwei Menschen geschieht, die den sogenannten psychoanalytischen Vertrag miteinander geschlossen haben und die sich an dessen Regeln auch strikt halten, die Quelle der empirischen Daten, welche nur auf psychoanalytischem Wege gewonnen werden können.

Da sich jedoch in dem Ordinationszimmer alles auf einen Vertrag gründet und da die Stringenz der Regeln, welche in diesem Vertrag gelten, begründet und abgeleitet werden können aus dem Respekt, welchen die beiden Menschen einander kraft des Vertrages, wenn sie ihn streng einhalten, de facto entgegenbringen müssen, befinden wir uns im Herzstück der Philosophie Hermann Cohens, nämlich mitten in der Zuständigkeit der *Ethik des reinen Willens.*[16] Selbstverständlich ist dann bei der Beschreibung einzelner Vorgänge auch die *Logik der reinen Erkenntnis* der sinnvolle Bezugspunkt, insbesondere, wenn natürlich untergeordnet auf jede zwischenmenschliche Handlung auch die Kategorie der Kausalität angewendet werden kann und muss. Das Wesentliche bei der psychoanalytischen Kur, innerhalb welcher die spezifisch psychoanalytische Empirie gewonnen wird, ist jedoch ein durch den kategorischen Imperativ bestimmter Vertrag zwischen zwei Menschen, die einander nicht bloß als Mittel behandeln, sondern einander stets als Zweck an sich selbst respektieren (achten!) sollen.

VI. Unterwegs zu einem vorurteilsfreien Verhältnis von Philosophie und Psychoanalyse

Vor einem philosophischen Publikum ist es vielleicht nützlich darauf hinzuweisen, dass in weiten Bereichen der philosophischen Community zwar vielerlei Vormeinungen zur Psychoanalyse herumgeistern – fast alle unsere Kolleginnen und Kollegen haben dazu irgendwelche Meinungen – aber nur wenig solide Information. Da ich aus eigener Erfahrung weiß, welche Missdeutungen der Psychoanalyse für die Philosophierenden naheliegen, erlaube ich mir hier eine

---

[16] In seinem Buch *The Fundamentals of Psychoanalytic Technique* sagt der Psychoanalytiker Horacio Etchegoyen: „Es kann sogar gesagt werden, dass die Ethik ein Teil der Technik ist, oder anders ausgedrückt, dass das, was den technischen Regeln der Psychoanalyse ihren Sinn und ihre Kohärenz gibt, ihre ethischen Wurzeln sind.“ Zitiert nach Giampieri-Deutsch, *Einfühlung: Perspektiven der Psychoanalyse. Einblicke in die psychoanalytische Behandlung und in die empirische Forschung*, 94.

kleine Spezialdarstellung, speziell für diejenigen, die von der Transzendentalphilosophie herkommen.[17] Auf Grund ihrer sehr theorieorientierten Veranlagung neigen Philosophinnen und Philosophen nicht selten dazu, sich den Fortgang und Erfolg einer Psychoanalyse oder psychodynamisch orientierten Therapie hauptsächlich kognitiv vorzustellen. Dem ist zu widersprechen: es geht nicht primär darum, zu wissen, was in meiner frühen Kindheit vielleicht vor sich gegangen ist. Es geht darum, mein Leben innen und außen ab jetzt und nachhaltig so zu verändern, dass für mich und meine Umgebung der krankheitsspezifische Leidensdruck signifikant und anhaltend beseitigt wird, dass also meine neurotische oder psychotische Störung geheilt wird.

Es ist nicht so, dass ich mein Wissen über mich erweitere, z.B. in der Analyse über unbewusste Inhalte informiert werde, und auf Grund dieses neuen Wissens dann in der Folge auch mein Verhalten verändere: vielmehr ändert sich durch das psychoanalytische Setting, welches dem psychoanalytischen Vertrag gemäß durchgeführt wird, insbesondere durch die emotionale Dynamik der Beziehung der beiden an dem Vertrag beteiligten Personen, Schritt für Schritt meine Lebensweise. Im Lichte einer dadurch allmählich veränderten Lebensführung ändert sich auch mein Selbstbild und mein Blick auf meine Vergangenheit und da kann es bisweilen sein, dass verdrängte Gefühle, Erinnerungen und Phantasien auf einmal wieder zu Bewusstsein kommen.

Menschen, die an einer neurotischen oder psychotischen Störung leiden, haben oft in ihrem bisherigen Leben vorwiegend Nichtachtung, Missbrauch sowie Hass oder Unverlässlichkeit erlebt. Das psychoanalytische Setting auf Grund des Vertrags führt sie dazu, dass sie nun in ihrem Leben eine Insel gefunden haben, wo sie nicht als Mittel zu diesem oder jenem Zweck missbraucht werden, sondern als Zweck an sich anerkannt und geachtet werden. Diese zumeist neue Erfahrung kann allmählich – wie gesagt – zu einem veränderten Leben, welches von Achtung und Liebe geleitet wird, führen und in der Folge auch zu einer veränderten Sicht auf das Leben insgesamt und auf das eigene Leben und die eigene Geschichte im besonderen. Die therapeutische Beziehung zwischen diesen beiden Personen im Ordinationszimmer, die aber sonst, auch nach Abschluss der Behandlung, keine privaten und schon gar keine in-

[17] Zwar bin ich weder Psychoanalytiker, noch habe ich selbst eine Analyse gemacht. Jedoch bin ich seit vielen Jahrzehnten mit vielen Psychoanalytikerinnen und Psychoanalytikern befreundet und zugleich in wissenschaftlicher Kooperation. Befreundet bin ich auch mit mehreren Menschen, die selbst eine Analyse durchgemacht haben. So wurde mir von allen Seiten vieles erzählt. Andererseits bin ich selbst nahezu Kantianer und mit vielen, die ununterbrochen zustimmend oder auch skeptisch Kant und die kritischen Idealisten lesen, ebenfalls befreundet und in Kooperation. So hoffe ich, wenn auch nicht eigentlich kompetent, vielleicht zum gegenseitigen Verständnis in einer Weise beitragen zu können, zu welcher die eigentlichen Fachleute vielleicht weniger gut die Erfahrungen mit allen Seiten, den geeigneten „point de vue“, haben. Natürlich kann man diese Hoffnung nur seufzend aussprechen. Die eigentlichen Fachleute bitte ich um gütige Nachsicht!

timen Kontakte haben dürfen, lässt aber auch den Psychoanalytiker oder die Psychoanalytikerin die andere Person im Raum, vor allem auch emotional, erfahren. Erst dadurch wird die Person hinter der Couch in die Lage versetzt, das Verhalten der Person, die auf der Couch liegt, psychoanalytisch zu erfassen und bei Bedarf auch zu deuten.

1. Psychologie als Wissenschaft von der Bildung des reinen Kulturbewusstseins

Soweit zum Faktum Psychoanalyse als Teilfaktum des Faktums empirische Psychologie. Nun vermute ich, dass Cohens philosophische Psychologie eine philosophische Wissenschaft von der Bildung des unter dem Sittengesetz stehenden und auf Grund der Einsichten der Ästhetik des reinen Gefühls auch als psychophysisches Individuum konstituierten und transzendental legitimierten Ich von einem Naturzustand der Barbarei hin zu einem durch das Sittengesetz geleiteten Kulturzustand hätte werden sollen, eine Wissenschaft von der Bildung des reinen Kulturbewusstseins. Denn das Ziel der hodegetischen Betrachtung sollte ja sein der transzendentale Nachweis der Einheit des Kulturbewusstseins, nicht einfach nur des Bewusstseins, welches auch pervers und barbarisch sein kann. Im höchsten Ziel sind sich Freud und Cohen eins: es ist das Gelingen der „Kulturarbeit“, welche Freud ja in einer vielzitierten Stelle mit der „Trockenlegung der Zuydersee“ vergleicht.

Diese Stelle steht in Zusammenhang mit dem berühmten Prinzip „Wo Es war, soll Ich werden“. Man beachte, dass dieser Satz nicht deskriptiv, sondern normativ ist. Er ist kein Urteil, sondern ein Imperativ. Also steht er im Zuständigkeitsbereich der Ethik des reinen Willens. Um die Psychoanalyse mit dem Philosophen Hermann Cohen ins Gespräch zu bringen, muss man dabei jedoch folgendes beherzigen: Zwar will Freud von Gewissen nur dort sprechen, wo sich auch das ausgebildet hat, was er Über-Ich nennt. Aber man darf dabei nicht übersehen, dass Freud als Ziel vorgibt, dass das Ich die Freiheit erwirbt nicht nur gegenüber dem triebhaften Druck des Es, sondern auch gegenüber dem Über-Ich. Das Ich soll auch Freiheit gewinnen gegenüber dem Über-Ich und eine autonome Ich-Moral[18] ausbilden, in welcher nicht mehr der innere Druck der internalisierten elterlichen Autorität herrscht, sondern die selbständige vernunftgeleitete Einsicht in das, was gut und böse ist. Man könnte also sagen: das Bildungsziel, welches Freud vorgibt, ist das Erwerben der inneren Freiheit nicht nur von den Trieben, sondern auch vom Über-Ich hin zur vernunftgeleiteten und der eigenen Einsicht entspringenden Erfüllung des kategorischen Imperativs. Und wenn diese Interpretation richtig ist, dann besteht hier eine völlige und vielleicht

[18] Giampieri-Deutsch, *Aggression und Normengenese.* Dieser Aufsatz ist für die philosophische Erfassung der Psychoanalyse von unverzichtbarer und bleibender Bedeutung!

manche überraschende Übereinstimmung zwischen Cohen und Freud in Hinblick auf das Ziel der Kulturarbeit.

2. Wie hält es der Philosoph des Bewusstseins mit dem Unbewussten?

Freud hat auf Grund der persönlichen Erfahrungen, die er mit der Philosophie gemacht hat, geglaubt, dass Philosophen nicht bereit sind, die Existenz eines unbewusst Psychischen zu akzeptieren.[19] Dies trifft freilich nicht auf Leibniz und Spinoza, auch nicht auf Kant, Schelling und Hegel, aber auch nicht auf Hermann Cohen zu. Insbesondere muss betont werden, dass der Ichbegriff der Transzendentalphilosophie seit Kant ein Zusammenwirken zwischen Bewusstsein und Unbewusstem nicht nur zulässt, sondern sogar fordert. Denn die Einheit des Ich, welches gemäß Kant alle unsere Vorstellungen begleiten können muss, ist nicht ein vorgegebener fertiger Behälter, sondern muss durch permanente Verstandeshandlung stets erst hergestellt werden: das Ich ist sich erst dann gegeben, wenn es sich und die logischen Formen zuvor selbst gesetzt hat. Betrachtet man nun diese selbstsetzende Tätigkeit als eingepflanzt in ein tierisches Lebewesen, wie ja nicht nur Platon, Aristoteles (*thyrathen*!) und Leibniz, sondern auch der Autor der Anthropologie in pragmatischer Absicht und auch der Autor der Ästhetik des reinen Gefühls stets berücksichtigt haben, dann bedeutet dies, dass das Ich die Heterogenität der Vorstellungen und die Widersprüchlichkeit der Triebansprüche erst durch seine Tätigkeit kohärent machen muss. Es leuchtet ein, dass in einem tierischen Organismus diese innere Kohärenz stiftende Tätigkeit auch auf innere Widerstände stößt. Dabei ist zu berücksichtigen, dass das Ich seine Kohärenz stiftende Tätigkeit ausüben kann, wenn es einmal da ist. Aber das Ich bestimmt sich erst dann selbst, wenn es da ist. Jedoch das primäre Dasein des Ich geht nicht vom Ich aus, sondern ist ein psychischer Prozess vor der Existenz von Ich und Bewusstsein, für den Freud den von Groddeck übernommenen Terminus „Es“ gewählt hat. Ebenso ist es ein unbewusster Vorgang, dass Bewusstsein überhaupt zustande kommt. Dabei ist es zusätzlich wichtig, zu beachten, dass die Differenz von Es und Ich mit der Differenz von Bewusstsein und Unbewusstem nicht identisch ist. Leider wird auch die von Freud entdeckte fundamentale Differenz von Vorbewusstem und Unbewusstem übersehen. Wenn das Ich nun da ist und sich um Kohärenzstiftung bemüht, so wird ihm diese nicht einfach in den Schoß gelegt, sondern muss dem inneren Chaos erst mit Anstrengung abgerungen werden.

Es leuchtet nun weiters ein, dass dem empirischen Ich diese Kohärenzstiftung nicht immer vollständig gelingt. Es gibt z.B. in den Triebansprüchen manches, was sich dem Imperativ der Kohärenzstiftung nicht so recht fügen will. Solche Inhalte aber gefährden die Kohärenz des Ich. Aber schon zuvor gibt es auch im

---

[19] Giampieri-Deutsch, *Einführung in Freuds Schriften*, 13 ff.

Es Tendenzen, die der Ichgenese widerstreben. Das Ich muss nun seine Existenz verteidigen und zu diesem Zweck entstehen in einem vernunftgeleiteten Tier verschiedene unbewusste Strategien z.B. der Verdrängung, durch welche widerspenstige Inhalte vorerst gewissermaßen scheinbar unschädlich gemacht werden, zusätzlich natürlich auch bewusste Strategien. Daraus können freilich pathologische Folgen, nämlich neurotische oder psychotische Störungen, hervorgehen. Was ich aber mit diesen Überlegungen zeigen will, ist folgendes: gerade, wenn man mit Kant oder auch Fichte der Meinung ist, dass das Ich durch Anwendung der logischen Regeln sich selbst als kohärente Einheit erst herstellt und nicht einfach wie ein angeborener Instinkt da ist, wird man die Konsequenz ziehen müssen, dass Bewusstsein und Unbewusstes sowie auch Es und Ich aufeinander angewiesen sind und einander wechselseitig voraussetzen. Platon, Aristoteles, Leibniz, Kant und Schelling haben das gesehen, wenn auch mit unterschiedlicher Klarheit, und ohne die Unterstützung durch das Faktum einer bereits etablierten empirischen Wissenschaft.

3. *Der Aufbau des Realitätsbewusstseins durch das Ich bei Freud und Kant*

Kants Grundannahmen eröffnen jedoch noch eine weitere Übereinstimmung mit Freuds Strukturmodellen: das Ich ist bei Freud Garant des Realitätsprinzips. Bei Kant ist, wie die sogenannte transzendentale Deduktion der Kategorien zeigt, das Ich nicht nur subjektive Einheit der Apperzeption, sondern objektive Einheit der transzendentalen Apperzeption. Nur durch diese Verstandeshandlungen des Ich haben wir nach Kant eine objektive Welt, die in uns nicht hineinfliegt wie die Tauben in einen Taubenschlag, sondern die wir durch Aussondern von untauglichen Hypothesen durch Anwendung methodischer Regeln und durch Bildung von tauglichen Hypothesen, die untereinander und mit dem Gegebenen kohärent gemacht werden müssen, erst herstellen müssen. So gibt Kants transzendentale Kategoriendeduktion erst eine angemessene philosophische Legitimation für Freuds empirisch gut fundierte These, dass das Ich jene Instanz des Psychischen ist, durch die wir das Realitätsbewusstsein aufbauen können und in der Lage sind, zu unterscheiden, ob wir träumen oder ob wir bei klarem Wachbewusstsein imstande sind, uns in der objektiven Welt zu orientieren.

4. *Triebenergie und ihre Erhaltung*

In einem bemerkenswerten Aufsatz[20] eröffnet Hartwig Wiedebach den Blick auf eine weitere überraschende Übereinstimmung zwischen Cohen und Freud. Freud hat ja bekanntlich von Triebenergie gesprochen. Das Konzept der Psychodynamik als Prozess der Wechselwirkung von psychischen Energien ist ein Ana-

---

20 Wiedebach, *Médecine sociale et ‚reproduction de soi‘ énergétique.*

logon, welches vom Energiebegriff der theoretischen Physik ausgeht. Bei Cohen wird ebenfalls die Selbsterhaltung des sittlichen Willens nach Analogie des physikalischen Prinzips der Energieerhaltung gedacht, wobei Cohen keinen Zweifel darüber lässt, dass es sich hier nicht um eine unmittelbare Anwendung handeln kann, sondern dass hier eine Analogiebildung vorliegt. Natürlich ist auch bei Freud das Konzept der psychischen Energiedynamik letztlich nicht naturalistisch, sondern: wenn es darum geht, dass das Ich sich selbst als Herrscher sowohl über die Triebenergien, als auch über die heteronomen Ansprüche des Über-Ich konstituiert und sich dann selbst erhält, dann ist auch hier die Selbsterhaltung der praktischen Vernunft im autonomen Ich das eigentliche Thema.

Ich muss mir versagen, auf dieses faszinierende Thema an dieser Stelle näher einzugehen. Die heutige wissenschaftliche und philosophische Problemlage steht hier vor zu großen Aufgaben. Zunächst müssen wir berücksichtigen, dass sich die Konzepte der Energieerhaltung und der Erhaltungssätze bzw. Invarianzen insgesamt in der heutigen theoretischen Physik weit über den Stand zu Ende des 19. Jahrhunderts hinausentwickelt haben, welchen Freud und Cohen als Paradigma heranzogen. Erst 1927 hat Heisenberg die Unschärferelation formuliert. Und allmählich erst sind im 20. Jahrhundert immer weitere Symmetrien und auch Symmetriebrechungen entdeckt worden. Zudem steht die theoretische Physik immer noch vor dem Problem, dass eine Theorie, welche allgemeine Relativitätstheorie und Quantentheorie vereinigen könnte, aussteht. Wenn sie einmal existieren sollte: Wer weiß, welche Form der Energieerhaltungssatz dann haben und in welchem theoretischen Kontext er stehen wird?

Zudem geht es in den für Cohen und Freud interessanten Analogiefällen ja vor allem um die Selbsterhaltung von Systemen bzw. von Systemzuständen und nicht um einzelne, physikalisch zu untersuchende Wechselwirkungen innerhalb eines Systems. Andererseits ist der Systembegriff nicht nur in Biologie und Soziologie, sondern vor allem auch in der Quantentheorie selbst methodisch konstitutiv. Denn Quanten können ja nur detektiert werden als Effekte der Wechselwirkungen von Systemen, u. zw. von Wechselwirkungen, die nicht einfach festgestellt, sondern durch den Messungsvorgang erst hergestellt werden, wobei die Messung des Messinstruments, des messenden Systems, selbst ja eine konventionelle und nicht eine quantentheoretische Messung sein muss. Es handelt sich hier also bei der Analogie, welche sowohl Freud als auch Cohen intendieren, um ein äußerst komplexes Problem.

Verwendet man den Energiebegriff analog, so zieht man sich eigentlich zurück auf das Konzept von *dynamis* und *energeia* bei Aristoteles. Die dynamische Selbsterhaltung, welche Aristoteles als *entelecheia* und als *ti en einai* konzipiert, setzt jedoch das *eidos* voraus, d.h. also die species. Das macht im biologischen Bereich keine Schwierigkeiten. Da jedoch sowohl Freud als auch Cohen bei ihren Konzepten der Dynamik die Ethik als Zentrum vorsehen, so ergibt sich hier eine Grundfrage, welche für die neuzeitliche Philosophie seit Leibniz und vor allem seit Kant zentral ist: Wie verhält sich die Selbsterhaltung der sittlich bestimmten Freiheit zur Selbsterhaltung des *eidos* in der Dynamik der *entelecheia* und wie verhalten sich beide zu den hier relevanten Grundkonzepten der theoretischen Physik? Beim Bedenken dieser Frage greife ich immer wieder gerne auf die kleine, aber äußerst wichtige Schrift *Specimen dynamicum* von Leibniz zurück.

Das alles sprengt das Thema, welches dieser Aufsatz sich stellt, aber es ist doch bemerkenswert, in welch weitreichende und tiefe Fragen ein gründlicher Vergleich der Theorien von Cohen und Freud führen müsste. Große Denker!

5. Zwei kurze Bemerkungen zur weiteren Geschichte des Gesprächs von Transzendentalphilosophie und empirischer Psychologie

Folgendes wäre meiner Meinung nach ein lohnendes Thema für eine weitere Untersuchung: Obwohl Cassirers *An Essay on Man. An Introduction to a Philosophy of Human Culture* nicht die systematische Strenge beansprucht, welche Cohen von seiner Psychologie verlangt hätte, so decken seine Untersuchungen doch mehr oder weniger einiges ab, was auch Cohen für seine projektierte hodegetische Enzyklopädie ins Auge gefasst haben könnte. Wieweit dies zutrifft, wäre jedenfalls zu überlegen.

Der Linguist Henry Hoenigswald berichtet über seinen Vater Richard folgendes:

> Er sträubte sich dagegen, Freuds Begriffe in die Sphäre einer alles beherrschenden Allgemeingültigkeit erhoben zu sehen, wo sie, wie er glaubte, willkürliche und phantastische Formen annahmen. Dabei war es jedoch hochinteressant zu beobachten, in welch ärztlichem Sinne ihn in zwangloser Unterhaltung Berichte von Freuds therapeutischen Erfolgen beschäftigten. Wie erklärten sich diese Erfolge? Binswanger, der Kliniker, und auch der Zürcher Philosoph und Freund Fritz Medicus standen der Psychoanalyse freundlicher gegenüber; sie werden sich bei Gelegenheit bemüht haben, meinem Vater diese Frage zu beantworten.[21]

Für mich bestätigt diese Anekdote, dass das Gespräch zwischen Transzendentalphilosophie und empirischer Psychologie, einschließlich vor allem der Psychoanalyse, bei der Methodenfrage einsetzen muss. Empirische Psychologie im allgemeinen und Psychoanalyse im besonderen haben den sicheren Gang einer Wissenschaft eingeschlagen. Wie ist dieses Faktum möglich?

---

[21] Hoenigswald, *Zu Leben und Werk von Richard Hönigswald*, 427.

VII. Danksagung

Zunächst ist diese Arbeit für mich ein Grund, mit großer Dankbarkeit meiner verstorbenen Freunde Wolfgang Marx und Konrad Cramer zu gedenken. Von ihnen beiden habe ich im Gespräch über den kritischen Idealismus im 20. Jahrhundert wichtige und unverzichtbare Anregungen und Belehrungen empfangen. Durch Wolfgang Marx lernte ich auch Helmut Holzhey kennen. 1988 nahm ich gemeinsam mit Wolfgang Marx an jenem von Holzhey eingerichteten Symposion in Zürich teil, welches Holzhey später unter dem Titel „Ethischer Sozialismus“[22] publizierte. Seither habe ich mich in Bezug auf Cohen stets an Helmut Holzhey orientiert. Durch Konrad Cramer wurde Jürgen Stolzenberg für mich ein wichtiger Gesprächspartner. Dankbar bin ich auch Kurt Walter Zeidler, der mir viele wichtige Hinweise in diesem Bereich gegeben hat.

Wolfgang Marx und Konrad Cramer sind beide aus der Schule von Dieter Henrich hervorgegangen. Auch für mich war Henrich seit den 60er Jahren ein zentraler Orientierungspunkt und Gesprächspartner.

Cohen und Hönigswald wurden mir auch nahegebracht durch meinen Studienfreund Wolfdietrich Schmied-Kowarzik, dem ich in diesem Bereich Entscheidendes verdanke. Wir sind als Studenten gemeinsam aus der von Robert Reininger begründeten und von Erich Heintel energisch weitergeführten Tradition des kritischen Idealismus an der Universität Wien hervorgegangen. Wenn anderswo nach 1933 der Neukantianismus zusammengebrochen ist, so war das jedenfalls in Wien nicht der Fall. Durch Heintel konnte ich auch Hans Wagner persönlich und im philosophischen Gespräch kennenlernen.[23] Ebenso gewann ich durch ihn meinen verstorbenen Freund Joachim Christian Horn (Regensburg), Philosoph und analytischer Psychologe, der mir einige Jahrzehnte hindurch ein wichtiger Gesprächspartner war.

Besonderen Dank möchte ich Hartwig Wiedebach aussprechen. Er hat mich insbesondere bei der Ausarbeitung dieses Aufsatzes unermüdlich und selbstlos beraten und unterstützt. Seine umfassende und unvergleichliche Kenntnis der Philosophie Hermann Cohens, sein philosophisches Urteil insgesamt und seine selbstlose Hilfsbereitschaft bewundere ich restlos. Ohne seine Hilfe hätte ich diesen Text gar nicht verfassen können.

Seit 1975 hatte ich die Möglichkeit, kontinuierlich mit Psychoanalytikern und Psychoanalytikerinnen interdisziplinär zusammenzuarbeiten. Der Individualpsychologe und Kinderpsychiater Walter Spiel lud mich ein, gemeinsam mit dem Psychoanalytiker Alois M. Becker und dem Psychologen Giselher Guttmann ein „Medizinisch-psychologisch-philosophisches Konversatorium“ an der Universität Wien abzuhalten. Dieses fand von 1976 bis 1990 ohne Unterbrechung je-

[22] Holzhey, *Ethischer Sozialismus. Zur politischen Philosophie des Neukantianismus.*
[23] Klein, *Transzendentale Systeme im Wien des 20. Jahrhunderts.*

des Semester statt. Regelmäßig wirkten auch der Kinderpsychiater Ernst Berger sowie gelegentlich der Psychoanalytiker Rudolf Ekstein mit. In den Neunziger Jahren lernte ich die Philosophin und Psychoanalytikerin Patrizia Giampieri-Deutsch kennen, mit der ich seither intensiv zusammenarbeite.

Patrizia Giampieri-Deutsch bin ich besonders zu Dank verpflichtet. Sie ist meiner Meinung nach die eigentliche Begründerin einer heute aktuellen wissenschaftlichen Philosophie der Psychoanalyse.[24] Insbesondere sind es folgende Positionen, welche in diesem Gebiet nicht nur für mich und andere Philosophinnen und Philosophen, sondern auch in der internationalen Psychoanalyseforschung wegweisend geworden sind:

Zunächst erwähne ich eine philosophisch wichtige Klärung zur Position von Sigmund Freud. Giampieri-Deutsch zeigt auf, dass der „Materialismus“ Freuds nicht reduktiv ist und dass sein nichtreduktiver Physikalismus zusammengeht mit der These von der Irreduzibilität des Psychischen. Weiters betont sie, dass Freud sehr von seinem philosophischen Lehrer Brentano bestimmt war und daher naturphilosophisch auch in der Tradition des Aristotelismus und Thomismus steht. Ebenso steht er in der Wirkungsgeschichte des in Österreich, besonders durch die Vermittlung des Herbartianismus stets sehr bedeutenden Leibniz. Die *petites perceptions* können als Vorläufer des Unbewussten bei Freud angesehen werden. Allerdings betreffen die von Leibniz hier verwendeten Beispiele vor allem vorbewusste Ereignisse. Jedoch setzt die von Leibniz angenommene Kontinuität von *perceptio* und *appetitus* vom Anorganischen bis zum Menschen die Existenz unbewusster Perzeptionen und Strebungen voraus. Immerhin stellt Freud im Abriss der Psychoanalyse die Dualität von Negentropie und Entropie in einen evolutionären Zusammenhang mit den beiden Grundtrieben Eros und Thanatos. Würde man also die nicht ausgearbeiteten und nur sporadisch angedeuteten philosophischen Intuitionen Freuds ausarbeiten wollen, so müsste man nicht nur an die rezente Naturwissenschaft, sondern auch sehr stark sowohl an Aristoteles als auch an Leibniz anknüpfen.

Wie andere psychoanalytische Autoren und Autorinnen zeigt auch Giampieri-Deutsch, dass die Psychoanalyse nicht über die methodischen Mittel verfügt, um Fragen wie die der Existenz Gottes oder der Unsterblichkeit zu klären. Insofern kritisiert sie Freuds dogmatische atheistische Religionskritik.

Weiters ist entscheidend, dass Giampieri-Deutsch darauf hinweist, dass die im linguistic turn zeitweise vorgenommene Reduktion der Philosophie auf Sprachanalyse und der Versuch, das Bewusstsein zu leugnen, nicht geeignet sind, eine Philosophie der Psychoanalyse zu begründen. Daher hat sie jene Positionen der analytischen Philosophie besonders beachtet, die den linguistic turn durch

---

[24] Vgl. besonders auch Giampieri-Deutsch, *Approaching Contemporary Psychoanalytic Research.*

einen mentalistic turn kritisieren bzw. ergänzen, z.B. die Position von Thomas Nagel.

Am wichtigsten ist jedoch, dass Giampieri-Deutsch zeigt, dass die nur der Psychoanalyse zugänglichen Erfahrungen, nämlich im Ordinationszimmer, Erfahrungen aus der Erste-Person-Perspektive sind. Selbstverständlich ergänzt die wissenschaftliche psychoanalytische Theorie diese Erfahrungen durch Erfahrungen in der Dritte-Person-Perspektive, z.B. in der Neuropsychoanalyse. So steht für sie die Icherfahrung im Zentrum der Psychoanalyse, sowohl deskriptiv, als auch normativ im Sinne des Satzes „Wo Es war, soll Ich werden" und im Sinne des Zieles, dass die Über-Ich-Moral kontrolliert und beherrscht werden soll durch eine autonome Ichmoral.[25]

Im Zentrum der Psychoanalysetheorie steht für Giampieri-Deutsch daher die Subjektivitätstheorie, die ihrer Meinung nach nur durch interdisziplinäre Zusammenarbeit mit der wissenschaftlichen Philosophie betrieben werden kann und muss. Diese Einsicht begründet ihr Interesse an der Phänomenologie, vor allem an Husserl, aber auch an Cohen, wobei sie besonders die *Religion der Vernunft aus den Quellen des Judentums* ins Herz geschlossen hat.

Denn es wurde vielfach darauf hingewiesen, dass Husserl zwar den Psychologismus kritisiert und für die Phänomenologie, insbesondere die transzendentale Phänomenologie, den Anspruch der Apriorität erhebt, dass er mit seiner Methode der Evidenz, auch mit der sogenannten apodiktischen Evidenz, diesen Anspruch nicht einlösen kann. Mit Hans Wagner könnte man sagen: Husserl leistet noematische Konstitutionsreflexion, wir vermissen bei ihm aber weitgehend noematische Geltungsreflexion, welche bei Kant und im Neukantianismus im Zentrum der Bemühungen stand.

Dies hat zur Folge, dass – entgegen Husserls Intentionen – die phänomenologische Methode in den Dienst einer absolut gesetzten Geschichtlichkeit gestellt wird, wie wir dies beim späten Heidegger sehen, oder in der Postmoderne. In all diesen Fällen versuchte man, vielfach mit Hilfe der gegenüber Husserl geradezu ins Gegenteil verkehrten phänomenologischen Methode und mit Hilfe der Hermeneutik die alten Positionen des Protagoras, Gorgias und Thrasymachos (Nietzsche) in modernem Gewande wieder zu beleben. Auch Gadamer erinnert mehr an den hochgebildeten Isokrates im Stadtzentrum von Athen als an den Inhaber eines Grundstücks im Hain des Akademos außerhalb der Stadtmauer.

Auch wenn Freud in der Gegenwart häufig modisch für derlei postmoderne neosophistische Positionen instrumentalisiert wird, ist er mit seinem Glauben an strenge Wissenschaftlichkeit und mit seinem strikten Moralismus recht verstanden ein wahrer Antipode des postmodernen Relativismus, und das gleiche gilt für die wissenschaftliche Psychoanalyse bis heute. Daher sind aber Kants Argumente und methodische Mittel zur Frage *Quid juris?*, also Kants Methode der

[25] Giampieri-Deutsch, *Aggression und Normengenese.*

noematischen Geltungsreflexion, welche von Cohen und Hönigswald und anderen Neukantianern weitergebildet wurde, für eine philosophische Fundierung der Psychoanalyse unverzichtbar. Husserl ist hier zwar reich an sehr wichtigen Differenzierungen in der Subjektivitätstheorie, aber seine Abwehr der Neosophistik ist ohne Kants an der Frage *Quid juris?* orientierte Argumente und den daran anschließenden Neukantianismus zu schwach, um die erwähnten Intentionen Freuds gegen jeden postmodernen Relativismus wirklich überzeugend philosophisch zu verteidigen.

Daher nochmals die Frage: Experimentelle Psychologie und Psychoanalyse haben in den letzten hundert Jahren den sicheren Gang der Wissenschaft gefunden und sind daher ein Faktum. Wie aber ist dieses Faktum möglich?

Literaturverzeichnis

Aschenberg, Reinhold, *Ent-Subjektivierung des Menschen. Lager und Shoah in philosophischer Reflexion*, Würzburg 2003.

Blau, Ulrich, *Zenon*, in: H.-D. Klein (Hg.), *Wiener Jahrbuch für Philosophie*, Band XXII/1990, Wien, 1991.

–, *Die Logik der Unbestimmtheiten und Paradoxien*, Heidelberg 2008.

Erlich, Shmuel, *Will Two Walk Together Accept They Have Agreed? On the Encounter between Psychoanalysis and Religion*, Keynote-Lecture beim 4. Symposion der „Maimonides Lectures“, ÖAW, 2015.

Giampieri-Deutsch, Patrizia: *Einfühlung: Perspektiven der Psychoanalyse. Einblicke in die psychoanalytische Behandlung und in die empirische Forschung*, in: *Bollettino Filosofico XXXVII (2022)*, Napoli, 2022.

–, *Endliche und unendliche Befreiung: Säkularisierte Interpretationen des Exodus – aus Anlass des 80. Geburtstags von em. o. Univ.-Prof. Dr. Hans-Dieter Klein*, in: Konzert-Symposion Kunst – Kritik – Gesellschaft 14.12.2021, Wien 2021.

–, *Psychoanalysis and Phenomenology*, in: D. De Santis u.a. (Hg.), *The Routledge Handbook of Phenomenological Philosophy and Phenomenology*, London 2020, 718–730.

–, *Einführung* in Freuds Schriften „Das Ich und das Es“ und „Die Zerlegung der psychischen Persönlichkeit“, in: P. Giampieri-Deutsch (hg. und kommentiert): Freuds dynamisches Strukturmodell des Mentalen im 21. Jahrhundert, Göttingen 2020, 9–82.

–, *Das Problem des Fremdpsychischen: Wittgenstein's Beitrag und die wissenschaftliche Forschung, insbesondere der Psychoanalyse*, in: *Bollettino Filosofico XXXIV (2019)*, Napoli 2019.

–, *Einleitende Präsentation: Endliche und unendliche Befreiung: Säkularisierte Interpretation des Exodus*, Vorsitz und Moderation der Enddiskussion sowie Schlussworte. In 8. Maimonides Lectures: Der Weg ins Freie Emanzipatorische Narrative des Auszugs aus Ägypten in der Abrahamitischen Tradition 28.-29.11.2018, KL Krems, ÖAW, Österreich 2018.

–, *Nach Leibniz: Die Entwicklung der Auffassung eines nicht-bewussten Denkens bei Freud*, in: *Studia Leibnitiana Supplementa*, Band 39, Stuttgart 2017, 237–254.

–, *Towards Living Subjective Experience*, in: D. Schoeller/V. Saller *Thinking Thinking: Practicing Radical Reflectivity*, Freiburg im Breisgau/München 2016, 226–237.
–, *Neuro-Psychoanalyse*, in: W. Mertens (Hg.), *Handbuch psychoanalytischer Grundbegriffe*, Stuttgart [4]2014, 617–626.
–, *Bewusste Gründe, nicht-bewusste Gründe*, in: J. Nida-Rümelin/E. Özmen (Hg.), *Deutsches Jahrbuch für Philosophie. Welt der Gründe*, Bd. 4, Hamburg 2012, 406–416.
–, *Psychoanalysis: philosophy and/or science of subjectivity? Prospects for a dialogue between phenomenology, philosophy of mind, and psychoanalysis*, in: D. Lohmar/J. Brudzinska (Hg.): *Founding Psychoanalysis Phenomenologically. Phenomenological Theory of Subjectivity and the Psychoanalytic Experience*, Dordrecht 2012, 83–103.
–, *„Der Philosoph der Psychoanalyse". Zu den Verwandtschaften zwischen Spinoza und Freud*, in: V. L. Waibel, *Affektenlehre und amor Dei intellectualis. Die Rezeption Spinozas im Deutschen Idealismus in der Frühromantik und in der Gegenwart*, Hamburg 2012, 91–120.
–, (Hg.), *Sensory Perception. Mind and Matter*, Wien/New York 2012 [mit F. Barth u. H.-D. Klein].
–, *Ethik in der österreichischen Philosophie*, in: K. Acham (Hg.), *Geschichte der österreichischen Humanwissenschaften*, 6/2, Wien 2006, 441–498.
–, (Hg.), *Psychoanalysis as an Empirical, Interdisciplinary Science. Collected Papers on Contemporary Psychoanalytic Research*, Wien 2005.
–, *Approaching Contemporary Psychoanalytic Research*, in: Dies. (Hg.), *Psychoanalysis as an Empirical, Interdisciplinary Science. Collected Papers on Contemporary Psychoanalytic Research*, Wien 2005, 15–53.
–, (Hg.), *Psychoanalyse im Dialog der Wissenschaften. Anglo-amerikanische Perspektiven*. Bd. 2. Stuttgart 2004.
–, *Auswirkungen der Kooperation zwischen der analytischen Philosophie des Geistes und der Psychoanalyse auf die empirische psychoanalytische Forschung*, in: Dies. (Hg.), *Psychoanalyse im Dialog der Wissenschaften. Anglo-amerikanische Perspektiven, Bd. 2*, Stuttgart 2004, 80–91.
–, (Hg.), *Psychoanalyse im Dialog der Wissenschaften. Europäische Perspektiven*. Bd. 1. Stuttgart 2002.
–, *Die psychoanalytische Theorie des Mentalen und analytische Philosophie des Geistes*, in: Dies. (Hg.), *Psychoanalyse im Dialog der Wissenschaften. Europäische Perspektiven*, Bd. 1, Stuttgart 2002, 58–75.
–, *Aggression und Normengenese. Zum ethischen Subjekt in der Psychoanalyse*, in: *Geschichte und Gegenwart* 18/4 (1999), 227–244.
–, *Nota sulla recezione di Kant in Austria*, in: A. Fabris/L. Baccelli (Hg.), *A partire da Kant. L'eredità della „Critica della ragion pratica"*, Milano 1988, 161–166.
–, *Krise des Subjekts, Krise der Rationalität: Freud und die Philosophen in der italienischen Spätmoderne*, in: H. Vetter/L. Nagl (Hg.), *Die Philosophen und Freud*, Wien/München 1988, 58–80.
Henrich, Dieter, *Hegel im Kontext*, Frankfurt am Main 1971.
Hoenigswald, Henry, *Zu Leben und Werk von Richard Hönigswald*, in: W. Schmied-Kowarzik (Hg.), *Erkennen – Monas – Sprache. Internationales Richard-Hönigswald-Symposion, Kassel 1995*, Würzburg 1997.
Holzhey, Helmut, *Cohen und Natorp*, 2 Bände, Basel/Stuttgart 1986.
–, (Hg.), *Ethischer Sozialismus. Zur politischen Philosophie des Neukantianismus*, Frankfurt am Main 1994.

–, *Gott: Die Zukunft einer Illusion. Religionskritik bei Freud und Cohen*, in: Gianna Gigliotti u.a. (Hg.), *Man and God in Hermann Cohen's Philosophy*, Padova 2003.

Kajon, Irene, From *anthropologia transcendentalis* to the Question on the Trancendental. Thinking of God in Kant‘s *Opus Postumum*, in: Francesco Valerio Tommasi (Hg.), *Der Zyklop in der Wissenschaft. Kant und die anthropologia transcendentalis*, Hamburg 2018.

Kant, Immanuel, *Kritik der Urteilskraft* [1793], Werkausgabe Bd. X, hg.v. W. Weischedel, Frankfurt am Main 1974.

Klein, Hans-Dieter, *Zur Philosophie der Psychologie*, in: P. Giampieri-Deutsch, (Hg.), *Psychoanalyse im Dialog der Wissenschaften. Europäische Perspektiven*. Bd. 1, Stuttgart 2002.

–, *Analogia entis und absolute Dialektik*, in: M. Hofer u.a. (Hg.), Der Endzweck der Schöpfung, München 2013.

–, *Transzendentale Systeme im Wien des 20. Jahrhunderts*, in: R. Meer/G. Motta (Hg.), *Kant in Österreich. Alois Riehl und der Weg zum kritischen Realismus*, Berlin 2021.

Kraft, Viktor, *Erkenntnislehre*, Wien 1960.

Langthaler, Rudolf, *Geschichte, Ethik und Religion im Anschluss an Kant. Philosophische Perspektiven zwischen „skeptischer Hoffnungslosigkeit und dogmatischem Trotz“*, 2 Bde., in: *Deutsche Zeitschrift für Philosophie*, Sonderband 19, Berlin 2014.

Meissner, William W., *Psychoanalysis and Religious Experience*, London 1984.

Schmied-Kowarzik, Wolfdietrich (Hg.), *Erkennen – Monas – Sprache. Internationales Richard-Hönigswald-Symposion Kassel 1995*, Würzburg 1997.

Stolzenberg, Jürgen, *Ursprung und System. Probleme der Begründung systematischer Philosophie im Werk Hermann Cohens, Paul Natorps und beim frühen Martin Heidegger*, Göttingen 1995.

Wagner, Hans, *Philosophie und Reflexion*, München und Basel 1959.

Wiedebach, Hartwig, *Médecine sociale et ‚reproduction de soi‘ énergétique. Hermann Cohen et l'anthropologie médicale*, in: Revue Germanique internationale 6 (2007), 177–191.

–, *Psychosomatische Psalmen-Ethik. Hermann Cohen und Hajm Steinthals Sprachwissenschaft*, in: *Freiburger Zeitschrift für Philosophie und Theologie* 6 (2022), 253–268.

Zeidler, Kurt Walter, *Kritische Dialektik und Transzendentalontologie. Der Ausgang des Neukantianismus und die post-neukantianische Systematik R. Hönigswalds, W. Cramers, B. Bauchs, H. Wagners, R. Reiningers und E. Heintels*, Bonn 1995.

Cohens Kritik der Psychologie in der Erkenntnistheorie

Geert Edel

I. Bemerkungen aus der Frankfurter Schule zum Neukantianismus und zu Cohen

Im Blick auf die jüngere, strikt und wörtlich lokale, also Frankfurter Philosophiegeschichte, erscheint es als keineswegs selbstverständlich, dass Cohen in den Räumen der hiesigen Universität thematisch gemacht wird.* Genannt sei hier eben die ziemlich rigorose Ablehnung des Neukantianismus oder, nein besser, sogar der Spott über diesen, seitens der Gründer der Frankfurter Schule, Horkheimer und Adorno. Letzterer schreibt:

> Birgt der idealistisch gewonnene Begriff der Dialektik nicht Erfahrungen, die, entgegen der Hegelschen Emphase, unabhängig sind von der idealistischen Apparatur, so bleibt der Philosophie eine Entsagung unausweichlich, die inhaltliche Einsicht sich verwehrt, sich auf die *Methodik der Wissenschaften* einschränkt, diese für Philosophie erklärt und sich *virtuell durchstreicht*.[1]

Sehr viel deutlicher noch und offenbar sogar direkt gegen Cohen gezielt:

> [...] Heidegger [...] schauderte aber vorm Übergang in die Sachhaltigkeit tiefer als je ein *Marburger Neukantianer*, dem die *Infinitesimalmethode* zu solchem Übergang verhelfen mochte.[2]

Deren Kronprinz Jürgen Habermas hat sich, in einem Kontext, in dem er die Zeit nach dem ersten Weltkrieg, mehr oder minder beifällig, als „Ära des zerfallenden Neukantianismus" bezeichnet, immerhin dazu durchgerungen, zuzugestehen, dass der Neukantianismus seinerzeit „die einzige Philosophie von Weltgeltung" gewesen ist,[3] – womit er es dann aber auch belässt. Denn in seiner ferneren Darstellung des philosophischen Diskurses der Moderne kommt der Neukantia-

---

* Herrn Dober möchte ich ganz herzlich für die Mühe danken, die er sich gemacht hat, damit diese Tagung überhaupt zustande kommen konnte, und Herrn Wiese nicht minder herzlich dafür, dass sie hier stattfinden kann.

[1] Adorno, *Negative Dialektik*, 19 (Hvg. G.E.).

[2] A.a.O., 85; Hvg. G.E.

[3] Habermas, *Der philosophische Diskurs der Moderne*, 170.

nismus, von einem negativen Seitenhieb abgesehen,[4] nicht weiter vor, gehört diesem Diskurs also eigentlich gar nicht mehr an.

Vielleicht darf man dennoch denken und hoffen, dass die Philosophie, bei allen inhaltlichen Differenzen, im Stande und bereit ist, der anderen, als gegnerisch eingestuften Seite zuzuhören, ihr sogar das Wort zu geben.

Mag sein, dass das in den Wind gesprochen ist, weil sich kaum einer mehr dessen bewusst ist, und kaum einer mehr heute an die Verdrängung des Neukantianismus im Nationalsozialismus wegen seiner an prominenter Stelle jüdischen Vertreter (die sich bis ins Detail der deutschen Philosophiegeschichtsschreibung hinein belegen lässt[5]) und die daran anschließende, ja, diese Verdrängung in gewisser Weise sogar fortsetzende Vergessenheit des Neukantianismus in der Nachkriegszeit bis in die Mitte der 1960er Jahre hinein (und darüber hinaus[6]) erinnert werden möchte. Denn bevor Werner Flach und Helmut Holzhey in der Sache der Philosophie Cohens tätig geworden sind,[7] wäre sie ja, seien wir so ehrlich, in den Bibliotheks-Archiven vergessen worden und verstaubt.

---

[4] Habermas springt dabei ausgerechnet Heideggers „ontologisierende[r] Einfärbung der Transzendentalphilosophie" bei. Sie werde verständlich, „wenn man in Betracht zieht, daß die Wissenschaften selbst nicht, wie der Neukantianismus behauptet hatte, auf freischwebende kognitive Leistungen zurückgehen, sondern in konkreten Lebenszusammenhängen angesiedelt sind". (A.a.O. 171) Man fragt sich, wo im Neukantianismus so etwas jemals behauptet bzw. bestritten worden ist. Cohen jedenfalls lässt sich eine solche Position selbst im Blick auf gewisse Passagen der *Logik der reinen Erkenntnis*, die bei oberflächlicher Betrachtung ein derartiges Missverständnis nahe zu legen scheinen, nicht unterstellen. Vgl. dazu unten Anm. 37.

[5] So etwa bei Lehmann, *Die deutsche Philosophie der Gegenwart*. Vgl. besonders IX–XII, 6. Hier kommt zwar noch Paul Natorp vor, auch Bruno Bauch, aber weder Hermann Cohen noch Ernst Cassirer, noch auch Emil Lask. In seinen späteren, in den 50er Jahren in Westdeutschland im populären Format der „Sammlung Göschen" erschienenen Darstellungen der Geschichte der Philosophie hat Lehmann Cohen aus der Philosophie des 20. Jahrhunderts eliminiert, indem er ihn ins 19. Jahrhundert rückdatiert, und dort, wo er ihn behandelt, zugleich auch denunziert. Vgl. Lehmann, *Geschichte der Philosophie, Band X*, 52, sowie Ders.: *Geschichte der Philosophie, Band IX*, 81.

[6] So etwa in: Coreth u.a. (Hg.), *Philosophie des 20. Jahrhunderts*. In dieser 1986 erschienenen Darstellung, die der Verlag als Band 10 seines ‚Grundkurses Philosophie' herausgebracht hat, kommt der Terminus ‚Neukantianismus' nur ein einziges Mal vor, und zwar auf Seite 13 im Zusammenhang einer Kurzdarstellung der Phänomenologie und Abgrenzung von dieser, jedoch ohne jede weitere Erklärung oder Klarstellung.

[7] Flach mit der Initiierung der Neuauflage der Schrift zum Prinzip der Infinitesimal-Methode 1968, Holzhey mit der Gründung des Cohen-Archivs in Zürich 1969.

II. Neuerliche Aktualität

Heute gibt es, nach all der Zeit der Ignoranz, über deren allseits bekannte Gründe ich mich hier aus Zeitgründen nicht weiter im Detail äußern kann, und nun doch schon früher gewesenen Bemühungen um die Philosophie Cohens, diesen unseren Band. Was soll der denn aber erbringen?

Zurück also zum Thema. Der Band soll eine ‚Rekonstruktion' der zwar vielfach angekündigten, aber zuletzt doch nicht geschriebenen Cohen'schen Psychologie erbringen oder einer solchen doch zumindest vorarbeiten. Dieses Vorhaben hat mich erstaunt und verblüfft. Warum? Weil es diese Cohen'sche Psychologie nicht gibt. Na klar: Wie soll man etwas rekonstruieren, das es nicht gibt? Das geht doch eigentlich gar nicht.

Es gibt wohl Versuche, die ungeschriebene Lehre Platons zu rekonstruieren. Sicher doch einige (insbesondere das sogenannte „Tübinger Paradigma"), aber ob sie als irgendwie ‚erfolgreich' einzustufen sind und wie man dies überhaupt bewerten können soll, vermag ich nicht zu sagen. Ich bin diesbezüglich kein Spezialist.

III. Hauptabschnitte der Theorieentwicklung Cohens

Was Cohen betrifft, so ist die Lage viel klarer. Wir müssen uns hier nur den objektiven Sachverhalt des Gesamtwerks und seiner inhaltlichen Zusammenhänge vor Augen führen, um zu ermessen, was unser philosophisches Interesse am Thema und demzufolge dieser Band eigentlich fordert, und inwieweit dies Geforderte einzulösen ist bzw. sein kann. Denn es gibt bei Cohen einen massiven Wandel hinsichtlich dessen, was der Begriff der Psychologie denn eigentlich meint und bezeichnet.

Ich komme also nicht umhin, Sie mit Altbekanntem, nämlich der Entwicklung der Philosophie Cohens in ihren wichtigsten Stationen, behelligen zu müssen, doch es geht nicht anders. Denn die angekündigte und eben ungeschriebene Psychologie sollte den Abschluss seines *Systems der Philosophie* erbringen. Dieses liegt ausgeführt in drei Teilen vor: *Logik der reinen Erkenntnis*, *Ethik des reinen Willens*, *Ästhetik des reinen Gefühls*; hinzu kommt die Schrift über den *Begriff der Religion im System der Philosophie*. Das nachgelassene Werk *Religion der Vernunft aus den Quellen des Judentums* ist nicht als Teil des Systems konzipiert, sondern steht für sich. Der geforderten Kürze halber gehe ich den Entwicklungsgang, der zu diesem System hinführt, einmal quasi tabellarisch durch. Denn dieser ist wesentlich durch eine Auseinandersetzung mit der Psychologie bestimmt. Und diese Auseinandersetzung bedingt wiederum ihrerseits die Gesamtanlage des Systems.

1. Kants Theorie der Erfahrung, 1. Auflage 1871

In der ersten Auflage von *Kants Theorie der Erfahrung* aus dem Jahr 1871, die Cohen in der damaligen deutschsprachigen philosophischen Welt bekannt machen sollte, hatte er die *Kritik der reinen Vernunft* mit Anleihen bei der Psychologie von Johann Friedrich Herbart interpretiert und, wichtiger noch, dabei Kant, dessen „Autorität" er in diesem Buch doch wieder aufrichten wollte,[8] sogar ausdrücklich kritisiert.

Es gibt innerhalb der Theorie der Erfahrung, die Cohen hier im interpretativen Durchgang durch den Kant'schen Text gewinnt, aus ihm herauslöst und als diejenige Kants darstellt, eine ganz explizit *psychologische* Schicht. Sie betrifft die wichtigsten Grundbegriffe: Zunächst Raum und Zeit, die man mit Cohen kurz als ‚Formen' der Sinnlichkeit, sodann die Kategorien, die man, wiederum mit Cohen, kurz als ‚Formen' des Denkens bezeichnen kann, und dann auch den Begriff der Empfindung, der bei Kant den Faktor des Empirischen schlechthin bezeichnet (denn die Begriffe der Wahrnehmung und der empirischen Anschauung implizieren und gehen insofern zuletzt zurück auf den der Empfindung). Jede dieser ‚Formen' ist „eine Form im psychischen Gesammtgeschehen";[9] die Empfindung gar, in der die „Materialien der höheren psychischen Prozesse durcheinander"[10] treiben, wird dann nicht nur hinsichtlich ihres Grades, sondern geradezu in der „*Reizeinheit* […] *objektivir*[t]" .[11] Und schließlich wird, darüber hinaus, der Zentralbegriff der *Kritik der reinen Vernunft*, der Begriff der transzendentalen Apperzeption, nicht nur psychologisch interpretiert, sondern Cohen formuliert mit Beziehung darauf sogar eine massive Kant-Kritik:

> Ob nun die von Kant geleistete Lösung des Problems – in seiner Sprache, der Untersuchung des Verstandes ‚in *subjectiver* Beziehung' […] – die richtige, dasselbe *erledigende* sei, ist eine Frage der Psychologie. Und diese Frage nehme ich keinen Anstand zu verneinen. Ich muss dies, weil ich von dem Gedanken, als einem methodischen, geleitet werde: das Bewusstsein sei als Mechanismus aufzufassen, um erklärt werden zu *können*. Dass der Kantische Versuch, die Entstehung der Formen des Bewusstseins verständlich zu machen, auf jenen Weg hinführe, dass besonders die transscendentale Apperception […] dem Herbart'schen Ich […] nahe verwandt sei, habe ich mehrfach angedeutet, zugleich aber auch ausgesprochen, dass ohne den controlirenden Gedanken mechanischer Prozesse in dieser Wissenschaft sich nichts ausrichten lasse. Vielleicht ist dieser Gedanke […] das […] fruchtbarste Princip jener Wissenschaft! Sofern es in der Kantischen Deduction sich lebendig macht, erkennen wir in derselben die Keime einer gesunden Psychologie. Sofern Kant aber die Synthesis und ihre Formen in Vermögen zusammenfasst, entgleist ihm jener bahnbrechende Gedanke und fördert nicht, was er fördern könnte.[12]

---

[8] Cohen, KTE[1], IV.
[9] A.a.O., 162.
[10] A.a.O., 42.
[11] A.a.O., 216.
[12] A.a.O., 164.

Man muss sich das doch in aller Schärfe klar machen. Was ist hier eigentlich gesagt? Zunächst, dass die Entscheidung über die Validität von Kants Untersuchung des Verstandes in subjektiver Beziehung eine Frage der *Psychologie* sei; sodann, dass es sich in der *Kritik der reinen Vernunft* um einen Versuch handele, die Entstehung der ‚Formen des Bewusstseins' verständlich zu machen. Ferner, nimmt man dies an, dass Kant lediglich auf Herbart hinführe und ferner noch, dass die transzendentale Apperzeption Kants (also das, was bei Kant mit diesem Begriff gemeint ist) dem Herbart'schen ‚Ich' nahekomme. Und schließlich, kulminierend, dass bei Kant die Keime einer gesunden Psychologie zu erkennen seien, sofern darin der Herbart'sche Gedanke vom Mechanismus des Bewusstseins wirke – und sofern nicht, entgleise Kant eben dieser ‚bahnbrechende' Gedanke. Das aber heißt: Die Psychologie, als Disziplin, und als deren damals prominentester Vertreter namentlich Herbart, wird hier also zum *Zensor*, der über den Erfolg von Kants transzendentaler Deduktion entscheidet.

Dies erzwingt – im Vorblick auf das Weitere – die sehr drastische, aber unausweichliche Frage: Ist die Psychologie die letzte, die oberste, die höchste Instanz *innerhalb* der menschlichen Selbst- und Weltorientierung, welche die Philosophie ist? Wird also die Psychologie philosophie-intern der Logik vorgeordnet? Oder ist sie gar nicht innerhalb der Philosophie als eine ihrer Teildisziplinen zu sistieren, sondern ihr womöglich sogar insgesamt übergeordnet?

Das ist die Frage – die Frage also nach der Stellung und dem Rang der Psychologie innerhalb aller Disziplinen, in denen sich die menschliche Erkenntnis artikuliert –, die man im Blick haben muss, wenn man die weitere Theorieentwicklung Cohens überhaupt verstehen will, und dann auch, danach, nach dieser Theorieentwicklung, verstehen will, was Cohens nicht geschriebene Psychologie hätte sein sollen, sein können. Denn, ein Vorgriff, diese Frage treibt Cohen in seinem System beständig um, und er spricht sie darin mehrfach an.

Das Votum Cohens für die Herbart'sche Psychologie, das im obigen Zitat vorgestellt wurde, ist jedoch nur ein erstes,[13] keineswegs aber sein letztes Wort in Sachen Psychologie. Im Gegenteil: Schon am Ende der Arbeit an *Kants Theorie der Erfahrung* beginnt ein durchaus radikales Umdenken, das dem eigenen Bemühen um eine Verständigung über Kant, seine Aprioritätstheorie und dem resultierenden Begriff der Erfahrung geschuldet ist und entspringt. Man kann das bis in Einzelheiten hinein (der Monate des Erscheinungsjahres 1871) dokumentieren.[14]

---

[13] Von den frühen, vor 1871 erschienenen Abhandlungen, die sich bereits in ihren Titeln als psychologisch instrumentiert zu erkennen geben (etwa: *Die platonische Ideenlehre, psychologisch entwickelt* (1867) oder *Mythologische Vorstellungen von Gott und Seele, psychologisch entwickelt* (1868/69) etc.) kann man hier durchaus absehen. Vgl. zu dem dort zugrunde liegenden Psychologie-Begriff: de Schmidt, *Psychologie und Transzendentalphilosophie*, 30 f.

[14] Vgl. v. Vf.: *Von der Vernunftkritik zur Erkenntnislogik* [= VzE[1]], 26 Anm. 1; VzE[2], 23 Anm. 1.

Der Focal Point, um den es hier geht, ist genau die während des ganzen Buches vorher immer *gesuchte*, aber doch *nicht* gegebene *Definition* des Begriffs der Erfahrung, die dann erst im letzten Drittel des Buches, nämlich auf S. 206 erfolgt. Dort heißt es:

Das Ziel ist: die Erklärung der Möglichkeit synthetischer Urteile *a priori*. Diese bilden den echten und ganzen Inhalt der Erfahrung. Und dieser in der Mathematik und der reinen Naturwissenschaft gegebene Inhalt der Erfahrung, welcher *Hume* als apriorischer Besitz entgegengehalten wird, soll nach seiner Möglichkeit erklärt werden.

Wohlgemerkt: Dieser *neue* Begriff der Erfahrung – und man muss hier durchaus davon absehen und natürlich auch konzedieren, dass das *nicht mehr* der Kant'sche Begriff der Erfahrung ist, sofern er ja nun genau das spezifisch Empirische = nicht Apriorische exkludiert: und diesbezügliche Einwände sollte man sich, weil sie doch angesichts der ausdrücklich erklärten *systematischen* Absicht Cohens[15] letztlich kindisch sind, besser schenken – wurde während der ersten zwei Drittel des Buches lediglich gesucht, hatte aber den konkreten Gang der Auslegung der *Kritik der reinen Vernunft* weder organisiert noch strukturiert. Er wird der Auslegung nicht vorausgesetzt, sondern erst in ihrem Verlauf gewonnen.

2. *Kants Begründung der Ethik*, 1. Auflage 1877

Schon 1877, in der ersten Auflage von *Kants Begründung der Ethik*, legt Cohen einen systematischen Neuansatz vor, und zwar in deren erstem Teil, der die „Ergebnisse der Erfahrungslehre in ihrem Verhältnis zur Ethik" zusammenfassend präsentiert.[16] Und eben hier, in dieser synoptischen Gesamtdarstellung, wird der soeben genannte neue Erfahrungsbegriff in der Tat vorausgesetzt; sie ist von ihm her gedacht und organisiert.

Die wichtigsten Konsequenzen, die sich aus dem neuen Erfahrungsbegriff im Blick auf eine in dessen Licht erfolgende neuerliche Verständigung über die *Kritik der reinen Vernunft* ergeben, sind hier bereits in aller Deutlichkeit ausgesprochen. Ich gebe Ihnen hier nur zwei entscheidende, in unserem Zusammenhang wichtige Zitate. So heißt es zunächst:

---

[15] In der Vorrede zur ersten Auflage von Kants Begründung der Ethik widerspricht Cohen der Einstufung seiner Arbeiten als bloßer „Kant-Philologie" so: „Mir aber bedeutet Kantische Philosophie nichts Anderes, denn Philosophie als Wissenschaft. Und Wissenschaft muss zwar Dogmatik sein; ist aber nicht Dogma, und bleibt nicht Urkundenlesen. Wissenschaft ist Ideal des Systems auf Grund stetiger methodischer Arbeit." (Cohen, KBE[1], III; Hvg. G.E.).

[16] Cohen, KBE[1], 18–77.

Nicht die einfachsten und deshalb etwa apriorischen Elemente unseres Denkens – *wer möchte sie verbürgen* – sondern die reifsten und ausgebildetsten Gundsätze des Erkennens enthalten die Gewissheit der Erfahrung, bilden die Gewähr der Realität.[17]

Und danach:

Jene etwaigen letzten Formelemente unseres Denkens sucht die transscendentale Methode nicht; dafür aber die obersten Grundsätze einer in gedruckten Büchern wirklich gewordenen Erfahrung.[18]

3. Das Prinzip der Infinitesimalmethode (1883)

Nicht minder wichtig als dieser systematische Neuansatz oder, sogar viel wichtiger noch, ist jedoch die sieben Jahre später erschienene Schrift über *Das Prinzip der Infinitesimal-Methode und seine Geschichte.* Sie wurde vielfach (insbesondere von Gottlob Frege und Bertrand Russell) ob ihrer Überschätzung der mathematischen Bedeutung der Infinitesimalrechnung kritisiert, worauf ich hier nicht näher eingehen kann und muss.[19] Denn diese Kritik und dieser Aspekt ändern nichts an der Bedeutung, welche diese Schrift innerhalb der Cohen'schen Theorieentwicklung tatsächlich gehabt hat: Hier wird in einer von Fragen der Auslegung der Philosophie Kants und seiner Terminologie freien und den diesbezüglichen Rücksichtnahmen unbelasteten Weise der Begriff des Idealismus (d.h. hier natürlich: des Cohen'schen Idealismus) unzweideutig definiert und, in Verbindung damit, eine massive *Psychologie-Kritik* vorgetragen, ohne welche die gesamte weitere Entwicklung der Philosophie Cohens nicht verstanden werden kann.

Es gibt keinen Weg von der *Kritik der reinen Vernunft* und ihrer ersten Interpretation seitens Cohens in *Kants Theorie der Erfahrung*, der zu seinem systematischem Hauptwerk, der *Logik der reinen Erkenntnis*, und dann auch zu dem mit ihr einhergehenden und an sie anschließenden *System der Philosophie* insgesamt hinführt, der nicht über den Begriff des Idealismus und die Psychologie-Kritik von 1883 liefe. Und deshalb gibt es auch keinen anderen Weg, der eine Verständigung darüber ermöglichte, was Cohens ungeschriebene Psychologie hätte sein und erbringen sollen.

Dieser Begriff des Idealismus besagt zunächst in seinem ersten Teil:

Das ist das bestimmende der *Idee* im Idealismus: Keine Dinge anders als in und aus Gedanken. Aber daraus entsteht der Schein des Subjektivismus: dass die Dinge *nur* Ideen, nicht ausserhalb der menschlichen Gehirne in selbsteigener Gegebenheit ihres Daseins mächtig wären.[20]

---

[17] A.a.O., 27.

[18] Ebd.

[19] Vgl. dazu v. Vf.: VzE^1, 361–366; VzE^2, 284–288.

[20] Cohen, PIM, 126.

Es handelt sich hier um eine *methodische Vorgabe* für die philosophische Verständigung über das Denken und die Erkenntnis, die durchaus nicht in irgendeinem ontologischen Sinne gemeint oder zu verstehen ist. Schon in der hier eben angeführten ersten Hälfte der Bestimmung wird *nicht* und keineswegs die objektive Realität und Existenz der materiellen Außenwelt bestritten, was zu postulieren Cohen mangels genauerer Kenntnisnahme vielfach unterstellt worden ist.[21] Behauptet ist vielmehr, im Gegenteil, via negationis, gerade die *selbsteigene Gegebenheit der Dinge außerhalb der menschlichen Gehirne*. Klarer kann man dem Vorwurf eines subjektiven Idealismus' eigentlich kaum entgegen treten.

Zumal die zweite Hälfte noch hinzu kommt, die überdies auch eine Abgrenzung von Kant ausspricht:

> Die Hinzunahme des *sinnlichen* Bewusstseins bezeichnet nicht hinreichend den Unterschied des kritischen vom dogmatischen Idealismus: die differencia spezifica liegt erst und ausschließlich in dem *Hinweis auf die Wissenschaft*, in welcher allein *Dinge gegeben* und für die philosophischen Fragen angreifbar vorhanden sind: nicht am Himmel sind Sterne *gegeben*, sondern in der Wissenschaft der *Astronomie* bezeichnen wir diejenigen Gegenstände als gegebene, welche wir von, wenngleich ernst gemeinten, Erzeugungen und Bearbeitungen des *Denkens* als in der Sinnlichkeit gegründet unterscheiden. Nicht im Auge liegt die Sinnlichkeit, sondern in den raisons de l'astronomie.[22]

Hier kommt nun also der berühmte und viel kritisierte Ausgang vom ‚Faktum Wissenschaft' ins Spiel, den Cohen immer wieder propagiert.[23] Man wird doch nicht ernsthaft glauben, dass die moderne Wissenschaft sich mit bloßen Hirngespinsten beschäftigt. In dieser ist ja vielmehr die *subjektunabhängige* Existenz und Realität der materiellen Welt ganz fraglos vorausgesetzt und immer impliziert. Also kann doch eigentlich einer Philosophie, die den Ausgang vom ‚Faktum Wissenschaft' postuliert, kein subjektiver Idealismus unterstellt werden. Doch, wenn das nicht geht, kann man diesen Ausgang eben entweder als Philosophieverzicht denunzieren oder in hartleibiger Verständnisverweigerung des im obigen Zitat Intendierten (d.h. der Rede von dem, was für die Philosophie, die bekanntlich nicht mit Teleskopen operiert, „angreifbar vorhanden" ist), darauf beharren, dass die Sterne doch sehr wohl nicht in der Astronomie, sondern als für das bloße Auge sichtbare Lichtpunkte am Firmament gegeben sind. Was doch gar nicht bestritten wurde.

---

[21] So etwa noch bei Herbert Schnädelbach, indem er schreibt: „Wenn der Marburger Neukantianismus aus der Tatsache, das alles, was ist, nur *durch* das Denken ist, schließt, dass dann – streng genommen – auch *nur* Denken sei, dann ist dieser ‚logische Idealismus' näher bei Fichte als bei Kant" (Schnädelbach, *Philosophie in Deutschland 1831–1933*, 242). Diese Auskunft ist in allen Bestandteilen schlicht falsch.

[22] Cohen, PIM, 127.

[23] Vgl. z.B. Cohen, ErW, 65.

Die Kehrseite dieses Ausgangs vom ‚Faktum Wissenschaft' betrifft nun gerade die Frage, inwieweit denn die *Kritik der reinen Vernunft* psychologisch auszudeuten sei. Cohen formuliert hier eine massive Psychologie-Kritik, die noch einmal erheblich über das schon in *Kants Begründung der Ethik* Gesagte hinausgeht. Sie betrifft sogar den damals erst seit geraumer Zeit allgemein eingebürgerten Namen für das Gebiet der Philosophie, das sich mit dem Thema ‚Erkenntnis' befasst.

Cohen formuliert diese Kritik unter der Überschrift: „*Bedenken gegen den Titel Erkenntnisstheorie*." Ob ihrer grundlegenden Bedeutung für die Philosophie Cohens insgesamt ist sie hier in einiger Länge zu zitieren:

> Deshalb muss ich an dem Namen Erkenntnisstheorie Anstand nehmen: weil er die Vorstellung erweckt, dass die Erkenntniss *als ein psychischer Vorgang* den Gegenstand dieser Untersuchung bilde, welche als psychologische Zerlegung des Erkenntnissapparates sich zur Theorie abzurunden vermöge. *Diese Ansicht ist grundfalsch* [Hvg. G.E.], denn auf dem Wege psychologischer Analysen kann man nicht zu derjenigen *Gewissheit* gelangen, welche für die auf diesem Gebiete behandelten Fragen erforderlich ist. Psychologie entwirft die *Beschreibung des Bewusstseins* aus seinen Elementen. Diese Elemente müssen daher hypothetische sein – und bleiben, dieweil dasjenige, womit in Wahrheit das Bewusstsein beginnt und worin es entspringt, kein mit Bewusstsein Operierender auszugraben und festzustellen vermag. Nehme ich hingegen die Erkenntniss nicht als eine Art und Weise des Bewusstseins, sondern als ein *Factum*, welches in der *Wissenschaft* sich vollzogen hat und *auf gegebenen Grundlagen* sich zu vollziehen fortfährt, so bezieht sich die Untersuchung nicht mehr auf eine immerhin subjective Thatsache, sondern auf einen wie sehr auch immer sich vermehrenden, so doch objectiv gegebenen *und in Principien gegründeten* Thatbestand, nicht auf den Vorgang und Apparat des Erkennens, sondern auf das Ergebniss desselben, die Wissenschaft. Alsdann wird die Frage nahegelegt und unzweideutig: aus *welchen Voraussetzungen* dieser Thatbestand der Wissenschaft seine Gewissheit ableite […] Ich möchte daher anstatt Erkenntnisstheorie den weniger missverständlichen Namen der *Erkenntnisskritik* setzen, und gedenke denselben fortan zu gebrauchen.[24]

Man muss zunächst konstatieren und festhalten, dass diese Psychologie-Kritik auch eine klare und rigorose *Selbstkritik* ist. Der systematische, in einer Schicht eben auch psychologistische Ansatz, von dem her die Interpretation der *Kritik der reinen Vernunft* in der ersten Auflage von *Kants Theorie der Erfahrung* erfolgte, ist damit als unzulänglich bezeichnet und widerrufen. Und das hat nun wiederum, durchaus konsequent, erhebliche Auswirkungen auf die Neuauflage von *Kants Theorie der Erfahrung*, also die 2. Auflage des Buches, die, um mehr als das Doppelte erweitert (von 271 auf 616 Seiten), 1885 erscheint.

---

[24] Cohen, PIM, 5 f.

4. Kants Theorie der Erfahrung, 2. Auflage 1885

In dieser ist, der soeben zitierten Ankündigung gemäß, in allen aus der 1. Auflage übernommenen Passagen, welche den Term ‚Erkenntnistheorie' verwendet hatten, dieser nunmehr durch den der ‚Erkenntniskritik' ersetzt. Das kann man in allen Einzelheiten belegen, Stelle für Stelle und Seite für Seite. Doch dies ist zunächst nur ein ganz äußerlicher Befund.

Inhaltlich, bezogen auf Raum und Zeit und die Kategorien, die 1871 als ‚Formen des Bewusstseins' interpretiert worden waren, ergibt sich zunächst eine Korrektur, welche diese, der spezifisch erkenntniskritischen Vorgabe entsprechend, als *wissenschaftliche Methoden* deutet bzw. in solche umdeutet:

> Die Träger des *a priori* im Kantischen Lehrgebäude, Raum und Zeit wie die Kategorieen sind als Methoden zu verstehen, nicht als Geistesformen. Diese Auffassung ist lediglich die Consequenz der transscendentalen Methode, des transscendentalen *a priori.* Das *a priori* bedeutet im transscendentalen Sinne nur den Erkenntnisswerth. Dieser aber vollzieht sich und bethätigt sich in einem wissenschaftlichen Verfahren. Demgemäss unterscheiden sich die beiden Hauptarten des *a priori*, die der Anschauung und die des Denkens als Methoden von einander. Und zwar bedeutet die Methode der Anschauung die Methode der Mathematik und die des Denkens die Methode der Mechanik.[25]

Die Empfindung wiederum, bei Kant die Instanz des schlechthin Empirischen, zugleich aber auch des schlechthin Subjektiven, von Cohen 1871 noch in der psychologischen „Reizeinheit" objektiviert, kann das Reale in der Erkenntnis nicht garantieren, sondern vielmehr muss *für sie*, für ihren Beitrag zur Erkenntnis, strikt erkenntniskritisch, erkenntnis-intern allererst Realität gesichert werden, wofür Cohen dann die Infinitesimalmethode in Ansatz bringt. Auf die diesbezüglichen Einzelheiten kann und muss ich hier nicht eingehen.[26]

Denn wichtiger ist die Frage: Was aber bedeutet nun die transzendentale Apperzeption, die Einheit des Bewusstseins, nach diesem Neuansatz? Diese Frage betrifft ja doch den Titel unserer Tagung „Bewusstsein mit Leib und Seele" ganz direkt. Was also ist denn, auf dieser Stufe der Cohen'schen Theorieentwicklung, unter ‚Bewusstsein' zu verstehen?

Ich gebe Ihnen hier nur zwei wichtige Kernthesen. Die erste besagt:

> Die Einheit des Bewusstseins ist nicht Einheit der Kategorieen, noch Einheit der Anschauungen, sondern die Einheit der Synthesis des Mannichfaltigen der Anschauung, sie ist die Verbindung jener beiden Methoden. Und da dieselben ihren Ausdruck finden in den *synthetischen Grundsätzen*, so ist sie die *Einheit der Grundsätze.*[27]

---

[25] Cohen, KTE², 584.

[26] Vgl. dazu v. Vf.: VzE¹, 300–311, VzE², 237–246.

[27] Cohen, KTE², 589; Hvg. G.E.

Während der erste Teil dieser These noch mit der kantischen Terminologie operiert und nur Kant'sche Lehre zu referieren scheint, schlägt die Cohen'sche Uminterpretation im zweiten Teil voll durch. Er dokumentiert geradezu paradigmatisch die Umdeutung der *Kritik der reinen Vernunft* insgesamt zu einem ‚System von Grundsätzen'. Diese spricht sich in dem fast lapidaren Satz aus:

Die synthetischen Grundsätze sind die Hebel der Erfahrung. Man könnte daher die Reconstruction derselben mit ihnen beginnen; denn sie allein sind es, welche in letzter Instanz die Möglichkeit der Erfahrung bedingen.[28] Nur zwei Seiten später heißt es zugespitzt: „Das System der Erfahrung beruht auf der Deduction der Grundsätze."[29]

Und noch erheblich schärfer formuliert die zweite These:

Die wissenschaftlich fixirte, unzweideutige Geltung der Objectivität verlangt die Einheit des Bewusstseins *allein* in der Bedeutung als Einheit der Grundsätze. Denn unter diesem Ausdruck kann sich nichts *Persönliches*, also auch *nichts Psychologisches* mehr verbergen.[30]

Der Begriff der Einheit des Bewusstseins bezeichnet nach oder für Cohen zu dieser Zeit also nicht die Einheit des personalen Bewusstseins, nicht die „durchgängige Identität des Selbstbewusstseins",[31] die Kant auch die analytische Einheit des Bewusstseins nennt. Er bezeichnet aber offenbar auch nicht die transzendentale, die ursprünglich-synthetische Einheit der Apperzeption, die jene analytische Einheit erst möglich macht und den „höchste[n] Punkt" bildet, an den man nach Kant allen Verstandesgebrauch „heften" muss.[32]

Cohens Formulierung ist eindeutig: die Einheit des Bewusstseins *allein* – also ausschließlich! – in der Bedeutung als Einheit der Grundsätze. Und sie verweist zugleich auf den Kern der Begründung, den systematisch entscheidenden Grund für seine Uminterpretation der Kant'schen Theorie insgesamt: Die Abkehr von einer psychologistischen oder zumindest in Teilen psychologisierenden Auslegung der *Kritik der reinen Vernunft*, die dann eben auch, ganz ausdrücklich ausgesprochen, die Einheit des Bewusstseins *nicht* in irgend-einem ‚psychologischen' Sinne genommen wissen will.

5. *System der Philosophie*

Wir kommen nun zum nächsten, abschließenden Schritt innerhalb der Cohen'schen Theorieentwicklung, der *Logik der reinen Erkenntnis*, die dann Grundlage seines ganzen Systems der Philosophie sein wird. Diese folgt nicht mehr, wie

---

[28] A.a.O., 406.

[29] A.a.O., 409.

[30] A.a.O., 590; Hvg. G.E.

[31] Immanuel Kant, *Gesammelte Schriften* (Akademie-Ausgabe) Bd. 3: *Kritik der reinen Vernunft* (2. Aufl. 1787). In der Paginierung der zweiten Originalausgabe: S. 135.

[32] A.a.O., 134, Anm.

noch die zweite Auflage von *Kants Theorie der Erfahrung*, dem Kant'schen Vorgang. Sie wird nicht psychologisch in eine Lehre von Sinnlichkeit und Verstand gegliedert, wie die *Kritik der reinen Vernunft*, sondern entfaltet sich, streng *erkenntnis*kritisch, als eine Lehre von Urteilen und Begriffen.

Und demgemäß steht eine Auseinandersetzung mit der Psychologie bereits in ihrer Einleitung, die ihre „Disposition" expliziert. Cohen entwickelt hier zunächst einen, seinen eigenen, auf die *Einheit des Kulturbewusstseins* abzielenden Begriff der Psychologie, welche dann als später zu schreiben gedacht war.[33] Dabei grenzt er sich zugleich aber auch, und das ist hier durchaus zu beachten, gegen die *Übergriffe* der Psychologie ab.

Im Zusammenhang der Frage nach dem Einheitswert der Erkenntnis, und ob sie sich psychologisch, durch Analyse des Vorgangs des Erkennens beantworten lasse, schreibt er:

> Gibt es denn aber eine solche Einheitlichkeit des Erkenntnisvorgangs? Darüber müßte dann wohl die *Psychologie* zu entscheiden haben. So wird das Schicksal des Wissens und der Erkenntnis an die Psychologie überwiesen. Die Erkenntnis aber verliert somit alle Bedeutung eines Inhalts […]."[34]

Man muss auch dies in aller Deutlichkeit zur Kenntnis nehmen: Das Schicksal des Wissens und der Erkenntnis darf nicht der Psychologie überlassen werden, wenn denn die Erkenntnis nicht allen Inhalt, alle „Bedeutung eines Inhalts" verlieren soll.

In der zweiten hier anzuführenden Passage, die zwischen seinem eigenen Psychologie-begriff und -konzept und dem Begriff einer empirischen, der Physiologie einzurechnenden Psychologie doch hin und her changiert, formuliert er:

> Das System der Philosophie kommt nicht ins Gleichgewicht, wenn es nicht dieses Problem einer wahrhaften Einheit des Bewußtseins bewältigt hat. Aus der Ahnung eines solchen philosophischen Eigenwerts der *Psychologie* erklären sich die sich stets wiederholenden Ansprüche derselben. Der Wert der Psychologie besteht nicht in dem Abschnitt, den sie innerhalb der Physiologie bildet. Und wenn sie dadurch allein Wissenschaft werden könnte, so würde sie damit aufhören, zur Philosophie zu gehören, geschweige die Philosophie zu sein.[35]

Es bedarf hier kaum besonderer hermeneutischer Interpretationskunst. Denn was gesagt wird, ist doch eigentlich ganz klar. Wenn man die Psychologie als physiologische versteht, dann gehört sie nicht mehr zur Philosophie, und dann darf sie sich folglich eben auch nicht anmaßen, Zensor über die Philosophie zu sein. Die Verständigung über das Problem der Einheit des Bewusstseins erheischt einen *anderen* Begriff der Psychologie, der ihr nicht die Analyse des Erkenntnis-

---

[33] Vgl. Cohen, LrE², „Einleitung IV: Das Problem der Psychologie", 17 f.

[34] Cohen, LrE², 3.

[35] A.a.O., 17.

vorgangs als Aufgabe zuweist. Was ist, diesem anderen Begriff der Psychologie zufolge, ihre Aufgabe, was ist ihr Thema?

Diesbezüglich ist, im Rahmen einer Vorverständigung, eine Passage aus der *Ethik des reinen Willens* anzuführen, in der Cohen, mit Beziehung auf deren Gegenstand und deren Thema, seine Abgrenzung von einer auf die Analyse des Bewusstseinsvorgangs abstellenden Psychologie erneuernd, unzweideutig klarstellt: „Nicht sowohl um das Seelensubjekt der Psychologie handelt es sich, als vielmehr um das Rechtssubjekt, die Person der Ethik."[36]

Es ist also, in Cohens *System der Philosophie* und speziell der Ethik darin, nicht vom „Seelensubjekt" die Rede. So wenig, wie in seiner Logik vom menschlichen Denken die Rede ist. Denn er sagt es in dieser Logik ja doch sehr deutlich: „Das Denken gilt uns hier nicht als menschliches Denken."[37]

Aber was heißt das? *„Das Denken der Logik ist das Denken der Wissenschaft."*[38] Das Denken ist hier also nicht als ein physio-psychologischer Vorgang aufgefasst und thematisiert, zu begreifen womöglich sogar noch in einer vermeintlichen Innenwendung, sondern greifbar für die Philosophie nur im Resultat, dem Gedachten, „angreifbar vorhanden", welches eben in den Urteilen und Begriffen der Wissenschaft vorliegt, sich dort manifestiert und für die Philosophie alsdann auch analysierbar ist. Die spezifisch ‚subjektive' Perspektive, die man dann auch als eine ‚psychologische' fixieren zu können glauben mag, kommt erst in der *Ästhetik des reinen Gefühls* ins Spiel.[39]

IV. Die nicht geschriebene Psychologie

Nun kommen wir endlich zur Frage der nicht geschriebenen Psychologie Cohens. Sollte darin etwa von der *Seele* die Rede sein? Kann man das ernsthaft annehmen? Wenn schon, im Rahmen der Kant-Interpretation, die Kant'sche Einheit des Bewusstseins in die Einheit der Grundsätze aufgelöst ist, in dieser objektiviert wird? Wenn in der Logik, wie eben gesehen, das Denken nicht als menschliches Denken gilt? Wenn die Ethik nicht vom „Seelensubjekt", sondern vom „Rechtssubjekt" handelt und, um es noch schärfer zuzuspitzen, die Objektivierung der Erkenntnis in der Wissenschaft und damit zugleich, im Grunde,

---

36 Cohen, ErW, 95.

37 Cohen, LrE, 43. Man kann das missverstehen, wie Habermas (s.o. Anm. 4). Aber gemeint ist doch nicht, dass die Wissenschaft in einem luftleeren außergesellschaftlichen Raum existierte, sondern schlicht nur, dass die Geltung wissenschaftlicher Erkenntnis in der philosophischen Verständigung nicht von der spezifischen Organisation des menschlichen Erkenntnisapparats abhängig gemacht werden darf.

38 Cohen, LrE, 19.

39 Vgl. zur Sonderstellung der Ästhetik im System v. Vf.: *„Es gibt hier keinen definitiven Abschluss"*, 51–65, hier 59 ff.

auch aller anderen Kulturerzeugnisse *in* eben *denselben*, zu einer methodischen Ausblendung des diese erzeugenden menschlichen Subjekts führt? Heißt das, wie Habermas insinuiert, es sei hier nur von „freischwebende[n] kognitive[n] Leistungen" die Rede, wobei ignoriert werde, dass sie „in konkreten Lebenszusammenhängen angesiedelt" sind? (s.o. Anm. 4)

Die Abwegigkeit solcher Insinuation lässt sich einfach und doch eigentlich ganz klar verdeutlichen. Denn die Rede von „Rechtssubjekten", von denen die Ethik handelt, impliziert das Institut des Rechts. Und das Institut des Rechts ist doch wohl kein bloßes Abstraktum. Es wurzelt nicht nur in „konkreten Lebenszusammenhängen" der Menschen unter- und miteinander, die seiner im Konfliktfall zu friedlicher Lösung bedürfen, sondern es greift auch in sie ein.

Was also ist denn nun die Aufgabe der Cohen'schen Psychologie, dieses ungeschriebenen letzten Systemteiles, den Cohen in allen geschriebenen Teilen als den Abschluss und Höhepunkt des Gesamtsystems ankündigt hatte? Am Schluss der *Ästhetik des reinen Gefühls*, auf die er ja folgen sollte, beschreibt er sie in aller wünschenswerten Klarheit und Ausführlichkeit.

Zunächst erklärt er:

Wir fragten: um welches Bewußtsein handelt es sich? Wir kommen zur Antwort: *Das Bewußtsein ist das der Kultur.*

Und dann, nur ein paar Zeilen später:

Die Psychologie ist *die Psychologie der Einheit des Bewußtseins der einheitlichen Kultur.*[40]

Schon damit ist, nach und in Ergänzung zu allen Abgrenzungen, erneut klargestellt, dass es sich hier weder um Physio-Psychologie noch auch um irgendetwas handelt, das heutzutage als Individualpsychologie angesprochen werden mag. Was Cohen danach ausführt, muss und darf hier hoffentlich wieder in der erforderlichen Länglichkeit zitiert werden. Denn wenn es um die Philosophie Cohens geht, muss man ihm doch schon des letzte Wort geben, auch wenn es das, was man sich recht kenntnislos irgendwie zusammengereimt hatte, nicht mehr legitimiert.

Die Kultur stellt dieses Rätsel der Einheit des Bewußtseins, und die Psychologie hat die Lösung zu bringen. Die wahrhafte Einheit des Bewußtseins liegt so wenig im ästhetischen, wie im ethischen, wie im logischen Bewußtsein. Sie liegt allein in der einheitlichen Durchdringung jener drei Vorstufen. Diese Durchdringung stellt die Kultur als Problem dar: sie hat die Psychologie zu vollziehen [...] durch die durchsichtige Einheitlichkeit, mit welcher sie ihr eigenes Problem der Einheit des Bewußtseins der Kultur zu formulieren, zu durchforschen, zu lösen hat.[41]

---

40 Cohen, ÄrG II, 428 f.

41 A.a.O., 431.

Diese Sätze bieten zunächst nur einen quasi propädeutischen Vorgeschmack. Denn die nur wenige Zeilen später, auf der gleichen Seite, erfolgende Konkretion entzieht doch allen eventuell noch verbleibenden Missverständnissen jeden Boden:

Die Einheit des Kulturbewußtseins ist nicht die Identität von Leib und Seele, von Materie und Bewußtsein, sondern die Vereinigung, die Vereinheitlichung von Stufen im Entwicklungsgang der Kultur, die selbst schon eine jede für sich eine Art der Einheit des Bewußtseins ausmachen. Die Psychologie nimmt die neue Aufgabe auf sich: alle jene Arten, wie sie im Bewußtsein der Kultur, im einzelnen Menschen, in den einzelnen Völkern sich darstellen, wie sie dort sich durchdringen und in *Wechselwirkung* stehen, nicht nur etwa zu isolieren, sondern ebenso auch in ihrer Wechselwirkung zu verfolgen und zu durchleuchten. Das ist die höhere Aufgabe der *Entwicklung*, welche die systematische Psychologie anzustreben hat, und welche ihr von ihrem Problem der Einheit ausgestellt wird. Das Problem der Einheit der Kultur ist es, von dem aus das Problem der Einheit des Bewußtseins der Kultur für die systematische Psychologie sich erhebt. Und wie auch für das Problem der Entwicklung der theoretische Begriff der Psychologie durch diesen Begriff der Einheit vertieft wird, so erweitert sich, dem systematischen Begriffe gemäß, die Aufgabe der Psychologie zu einer *hodegetischen Enzyklopädie des Systems der Philosophie.*[42]

Man muss das doch eigentlich kaum noch kommentieren oder näher erläutern, es sei denn dahingehend: Die ungeschriebene Psychologie hätte die Einheit des Kulturbewusstseins explizieren und darstellen sollen, welche alle Leistungen, alle Erzeugnisse des menschlichen Geistes auf allen Gebieten, in denen er sich entäußert und manifestiert, betrifft und, bestenfalls, dann auch durchdringt und erfasst. Sie wäre aber nicht eine Analyse des Bewusstseinsvorgangs im Erkennen gewesen.

Das ist auch das, was man dem ‚Supplementband' zum System, der Schrift *Der Begriff der Religion im System der Philosophie* entnehmen kann. Die Abgrenzung gegen einen konventionellen Psychologiebegriff steht hier nur kurz im ersten Absatz des Kapitels, welches das Verhältnis der Religion zur Psychologie bespricht.[43] Cohen erklärt:

Indessen, diese Art der Psychologie meinen wir selbst nicht mehr, insofern wir die Psychologie als das *vierte* Glied des Systems der Philosophie aufstellen […] Die Psychologie bedeutet uns das Problem der Einheit des Bewußtseins für alle Hauptrichtungen und Seitenwege, die das Kulturbewußtsein einschlägt.[44]

Und was Cohen dann hier gegen eine angemaßte Vorherrschaft der Religion über die Philosophie ausführt, kann und sollte man bruchlos in eine Argumentation gegen eine arrogierte Vorherrschaft der Psychologie über die Philosophie lesen bzw. übersetzen:

---

42 Ebd.

43 Cohen, BR, 108.

44 A.a.O., 108 f.

Bei keiner Frage der Erkenntnis darf die Beherrschung, die Unterordnung der Wissenschaft unter die Probleme der Religion zulässig sein. Die Freiheit der Wissenschaft muß die unverletzliche Voraussetzung sein für die Religion, sofern sie ein systematisches Glied der Einheit des Bewußtseins ist.[45]

Es bleibt nun doch eine, die letzte Frage: Warum hat Cohen die angekündigte Psychologie als vierten Teil seines Systems der Philosophie nicht geschrieben? Man kann hier nur mutmaßen. Dass er dazu eventuell nicht im Stande gewesen sein könnte, ist ziemlich abwegig. Denn natürlich hätte er die Enzyklopädie seines eigenen Systems der Philosophie schreiben können. Als Erklärung bleibt hier deshalb vielleicht nur der Hinweis auf die nach der Emeritierung in Marburg und dem Wechsel an die Berliner Lehranstalt für die Wissenschaft des Judentums veränderte Interessenlage, deren Resultat dann das nachgelassene Werk war. Aber das ist nicht mehr als eine Erklärungsvermutung.

Davon unabhängig gilt aber doch: Anders als Adorno meinte, streicht die Philosophie sich nicht „virtuell durch", wenn sie das ‚Faktum Wissenschaft' als Ausgangspunkt für ihre Verständigung über die ihr obliegende Selbst- und Weltverständigung der Menschen nimmt und sich in diesem Sinne, zwecks Verständigung über die Menschen und ihr Leben, an ihren Kulturleistungen orientiert, sondern stellt sich, ganz nüchtern, der Realität. Denn, was ist denn eine Welterkenntnis, welche die moderne Wissenschaft und alle anderen Kulturerzeugnisse nicht zur Kenntnis nimmt oder gar bewusst ignoriert?

Literaturverzeichnis

Adorno, Theodor W., *Negative Dialektik*, Frankfurt am Main 1975.
Cohen, Hermann, *Werke*, hg.v. Helmut Holzhey u.a. Hildesheim u.a. 1977 ff.
Coreth, Emmerich u.a. (Hg.), *Philosophie des 20. Jahrhunderts*, Stuttgart 1986.
Edel, Geert, *Von der Vernunftkritik zur Erkenntnislogik*, Freiburg im Breisgau/München 1988, (= VzE^1), Waldkirch ^{2}2010 (= VzE^2).
–, *Es gibt hier keinen definitiven Abschluss". Cohens System – ein Torso oder wohlbegründet offen?*" In: Hans-Friedrich Fulda/Christian Krijnen (Hg.), *Systemphilosophie als Selbsterkenntnis, Hegel und der Neukantianismus*, Würzburg 2006.
Habermas, Jürgen, *Der philosophische Diskurs der Moderne*, Frankfurt am Main 1988.
Kant, Immanuel, *Kritik der reinen Vernunft*, 2. Auflage, Riga 1787.
Lehmann, Gerhard, *Die deutsche Philosophie der Gegenwart*, Stuttgart 1943.
–, *Geschichte der Philosophie, Band IX*, Berlin 1953
–, *Geschichte der Philosophie, Band X*, Berlin 1957.
Schmidt, Winrich de, *Psychologie und Transzendentalphilosophie. Zur Psychologie-Rezeption bei Hermann Cohen und Paul Natorp*, Bonn 1976.
Schnädelbach, Herbert, *Philosophie in Deutschland 1831–1933*, Frankfurt am Main 1983.

[45] A.a.O., 111.

Von der Kulturpsychologie zur Schöpfungstheorie *via negativa*

Jakob Gordin als Interpret der System-Philosophie Hermann Cohens 1922–1934

Heinrich Assel

I. Jakob Gordin 1927–1933

Jakob (französisch Jacob, russisch Jakov Isaakowitsch) Gordin (*1896, Lettland; †1947, Portugal) ist in der Forschung zu Hermann Cohens Philosophie bekannt als Autor der *Untersuchungen zur Theorie des unendlichen Urteils*, die der Stipendiat der Berliner Hermann-Cohen-Stiftung 1927 als Dissertation fertigstellte und 1929 in den *Veröffentlichungen der Hermann-Cohen-Stiftung bei der Akademie für die Wissenschaft des Judentums* publizierte.[1] Er setzt in diesem Werk Cohens Logik der reinen Erkenntnis, insbesondere Cohens Erste Klasse der Urteile, die *Urteile der Denkgesetze*[2], kritisch ins Verhältnis zu Kants, Hegels und Maimons Logik des unendlichen Urteils.[3] Bis heute gelten die *Untersuchungen* als eine maßgebliche Analyse der Urteile der Denkgesetze, der Urteile der Identität und des Widerspruchs (Zweiter Teil, 33–81) sowie des Urteils des Ursprungs als unendliches Urteil (Dritter Teil 82–136), hinzielend auf die Frage nach der genuin Cohen'schen ‚Dialektik der transzendentalen Methode' insbesondere im Unterschied zur hegelschen.[4] Die indirekt *schöpfungstheoretische* Bedeutung der Analyse des unendlichen Urteils und insbesondere des Urteils des Widerspruchs in Gordins *Untersuchungen* kann als gesichert gelten.[5]

---

[1] Gordin, *Untersuchungen zur Theorie des unendlichen Urteils.*

[2] Cohen, LrE², 79–120.

[3] Gordin, *Untersuchungen*, Erster Teil Historisch-kritische Einleitung, 1–37. Zur Publikation angefügt ist der Anhang zur Auseinandersetzung mit R. Kroners Interpretation des limitativen Urteils bei Hegel.

[4] Zur Diskussion von Gordins Untersuchungen exemplarisch: Holzhey, *Ursprung und Einheit*; Fiorato, *Geschichtliche Ewigkeit*; Wiedebach, *Wissenschaftslogik versus Schöpfungstheorie*; s.a. Assel, *Via negativa? Hermann Cohen, Franz Rosenzweig und Jakob Gordin über ‚Dialektische Theologie'.*

[5] Das hat insbesondere Wiedebach, *Wissenschaftslogik*, 47–66 gezeigt.

Bekannt ist auch, dass Jakob Gordin als Philosoph über die in der Cohen-Forschung einschlägigen *Untersuchungen* hinaus wirkte. Die Kreise seiner Rezeption und seiner Rezipienten unterscheiden sich charakteristisch, entsprechend der russischen (1896–1923), der deutschen (1923–1933) und der französischen (1933–1947) Lebens- und Emigrationsgeschichte dieses so brillanten wie eindringlichen, mehrsprachigen und mehrschichtigen Denkers, dessen Texte auf Russisch, Deutsch und Französisch, schließlich in einzelnen (unpublizierten) Fällen auf Hebräisch vorliegen.

Mit dem unpublizierten Aufsatz *Der Gegenwartsbegriff im Verhältnis zur Philosophie Cohens* haben wir eindeutig den ‚Berliner' Gordin der Jahre 1927 bis 1933 vor uns, wie zu zeigen sein wird, allerdings mit Reminiszenzen an den ‚Petrograder' Gordin und mit Antizipationen des ‚Pariser' Gordin, wie ebenfalls zu zeigen sein wird.

Die ‚Berliner' Texte Gordins sind – ausgenommen der hier vorzustellende Aufsatz – zum größten Teil von ihm selbst publiziert, neben den *Untersuchungen* vor allem die überaus profunden neun Artikel, die er 1930 bis1934 für die Bände 5–10 der *Encyclopaedia Judaica* beitrug, u.a. zu Jehuda Halevi, Hasdai Crescas, Immanuel Kant, Moritz Lazarus, Hermann Cohen[6]; allen voran aber der Artikel *Gott: Mittelalter. In der Religionsphilosophie* und *In der Philosophie der Neuzeit.*[7] Cohens Abhandlung über *Die Charakteristik der Ethik Maimunis* (1908) und die *via negativa* seiner Attributenlehre und Schöpfungstheologie[8] erweist sich schon in diesem Artikel als Schlüssel zu Gordins kritischer Rekonstruktion der jüdischen Religionsphilosophie in Mittelalter und Moderne (s.u. Abschnitt 4).

Anders verhält es sich mit den ‚Pariser' Texten Gordins, die nur zu einem kleineren Teil von ihm selbst und nur teilweise (posthum) von anderen publiziert wurden, was die Sicherung seines Nachlasses so bedeutend macht.

Dieser Nachlass Gordins befindet sich im Pariser Archiv der Bibliothek *Alliance Israélite Universelle France* unter *Fonds Jacob et Rachel Gordin* (AP13 in der Bibliothek der AIU).[9]

[6] Gordin, *Cohen, Hermann*; Ders., *Crescas, Hasdaï*; Ders., *Jehuda Halevi als Religionsphilosoph*; Ders., *Kant, Immanuel*; Ders., *Lazarus, Moritz.*

[7] Gordin, *Gott: Mittelalter. In der Religionsphilosophie. In der Philosophie der Neuzeit*, Wiederabdruck in: *Encyclopaedia Haiwrit*, Jerusalem 1955.

[8] Cohen, *Charakteristik der Ethik Maimunis.* Gordin fertigte von dieser Abhandlung ein 24-seitiges Exzerpt an (Box 2 Nr. XXXVI), das sich auf die einschlägigen Kapitel 3 und 4 der Abhandlung Cohens (S. 81–103 im Erstdruck aus dem Maimonides-Jubiläumsband der Gesellschaft zur Förderung der Wissenschaft des Judentums von 1908) konzentriert.

[9] Dem Direktor des Archivs der AIU, Jean-Claude Kuperminc (Paris), danke ich für die überaus großzügige Überlassung des Inventarverzeichnisses sowie digitalisierter Nachlass-Archivalien Gordins, darunter das digitalisierte Autograph des hier edierten Aufsatzes von Gordin. Zur Geschichte des Fonds Jacob et Rachel Gordin schreibt Kuperminc: „The Fonds Jacob and Rachel Gordin was given to the library of the AIU by Naomi Gordin, the daughter of Jacob and Rachel, and her husband, Ascher Segall. […] The Fonds Jacob and

Eine knappe und aktuelle, biographisch kommentierende und kontextualisierende Einführung in den seit 2013 digital erschlossenen Nachlass und in Leben und Werke Gordins bietet Céline Trautmann-Waller.[10] Ich wähle aus dieser Biographie-Skizze Gordins jene Aspekte aus, welche den hier edierten Nachlass-Aufsatz erhellen und kontextualisieren.

Der Kreis der französischen Freunde Gordins, gegründet nach Gordins frühem krankheitsbedingtem Tod 1947 unter der Präsidentschaft Emmanuel Levinas',[11] publizierte 1995 *Jacob Gordin, Écrits. Le renouveau de la pensée juive en France.*[12] Diese Schriften zeigen Gordin als überaus profunden Kenner der jüdischen Philosophie des Mittelalters, exemplarisch in den beiden Aufsätzen zur ‚Aktualität von Maimonides', sowie als Senior der ‚Pariser Schule jüdischen Denkens'[13] anhand ausgewählter und übersetzter Texte seiner Berliner und Pariser Epoche, verbunden mit Zeugnissen u.a. von L. Askénazi, M. Goldmann, A. und R. Néher und E. Levinas, die für einen größeren Kreis von Freunden stehen, die Gordin aus seiner Untergrund-Lehrtätigkeit im nicht besetzten Frankreich bei den französisch-jüdischen *Èclaires israélites de France* erwuchsen.[14]

Rachel Gordin AP13 is composed of papers for Jacob, of various documents and photographs for Rachel. Please note that we also preserve the remains of the Jacob Gordin private Library, included in our AIU Library." (Jean-Claude Kuperminc an den Vf., 23.3.2022). Das sehr hilfreiche, kommentierte Inventarverzeichnis Gordins (zugänglich über den Katalog der Bibliothek der AIU) wurde erstellt von Cyril Aslanoff auf der Basis von Diktaten Naomi Gordins. S. Aslanoff, Cyril, *Jacob Gordin en France.*

[10] Trautmann-Waller, *Jacob Gordin ou le judaïsme d'un philosophe européen.* Dieses Biogramm ergänzt die biographischen Daten in Gordin, *Écrits*, 329–333 (s. Anm. 12) erheblich. Siehe auch die audio-visuelle Dokumentation des Kolloquiums: *Aux sources de l'universel dans le judaïsme. L'enseignement de Rachel et Jacob Gordin, Boulogne-Billancourt,* http://www.akadem.org/sommaire/themes/histoire/leschefsspirituels/racheletjacobgordin/l-enseignement-de-rachel-etjacob-gordin-15-05-2013-52592_4476.php (28.04.2023).

[11] Zu Levinas' Bemühungen, als *President* des *Cercle des Amis de Jacob Gordin* bereits im Jahr 1948 nach Nachlass-Texten Gordins bei G. Scholem zu forschen, s. Werdiger, *On the Possibility of and Justification for a Philosophical Interpretation of Kabbalah* (s. Anm. 24), 147.

[12] Gordin, *Écrits. Le renouveau de la pensée juive en France.* Wichtig darin fünf erneut publizierte französische Aufsätze (1934–1937) u.a. zu Maimonides, zur Maimonides-Rezeption des 19. Jahrhunderts, zur Spinoza-Kritik und zur Geschichtsphilosophie Dubnows, sowie sechs französische Lehrvorträge 1944–1947 (1995 erstmals franz. publiziert). Der späte Aufsatz (1946) *Les crises religieuses dans 1a pensée juive*, Lumiére: EIF – Périodique pour les Chefs, Paris, 2–3, juillet 1946, 10–18 ist jetzt in Ori Werdigers kommentierter Übersetzung auf Englisch zugänglich: Jacob Gordin, *The Religious Crisis in Jewish Thought.*

[13] Die exemplarische Bedeutung der (von Cohen geprägten) Spinoza-Kritik Gordins für Levinas u.a. dokumentiert: Gordin, *Compagnons éternels Benedictus ou maledictus: Le cas Spinoza.* Die Wirkungen dieses Aufsatzes für die Gordin nahestehenden Philosophen wie Levinas zeigt: Werdiger, *Jacob Gordin and the Anti-Spinozist Legacy of Hermann Cohen in France.*

[14] Zur Untergrundlehrtätigkeit Gordins s. Lehr, *La Thora dans la Cité. L'émergence d'un nouveau judaïsme religieux après la Seconde Guerre mondiale.*

Jakob und Rachel Gordin emigrierten im Mai 1933 aus Berlin nach Paris (Rachel Gordin zunächst nach Litauen). Versehen mit einem Empfehlungsschreiben Julius Guttmanns, versuchte Gordin (erfolglos), sich als Dozent am Séminaire Israélite de France Rue Vauqelin, Paris zu etablieren. Er hielt dazu 1934 am Séminaire elf *Lectures* über *Introduction à la philosophie juive du Moyen Age.*[15] Alexandre Kojève war Hörer dieser Vorlesungen wie umgekehrt Gordin in Paris an Kojève's Hegel-Seminaren teilnahm.[16] Diese Vorlesungen behandeln, nach Gordins eigener summarischer Angabe: Die Lehre von Gottes Eigenschaften mit Maimonides als Höhepunkt und Zentrum, die Beweise der Existenz Gottes, Probleme der Logos-Lehre und der Angelologie, Probleme der Schöpfungstheorie und Vorsehungslehre, Fragen des freien Willens Gottes und des Menschen, Probleme der Geschichte und Geschichtlichkeit (eingeschlossen der jüdischen Erwählungstopik), Probleme des Verhältnisses von *fides et ratio.* Die Pariser Vorlesungen umfassen 212 Typoskript-Seiten, die allerdings mühsam aus Vorlesungsfragmenten zu rekonstruieren sind. Die Vorlesungsreihe *Introduction à la philosophie juive du Moyen Age* kann als zweites Hauptwerk Gordins nach den *Untersuchungen* von 1929 gelten. Sie wurde von ihm 1934 als Monographie angekündigt – die dann nie publiziert wurde. Von 1934 bis 1940 hatte Gordin zusammen mit und neben Levinas eine Stelle an der Bibliothek der AIU Paris inne. Worin beide in dieser Zeit symphilosophierten ist eine so fruchtbare wie offene Frage der Gordin- und Levinas-Forschung.[17] Es soll hier an beider *Maimonides-Texten aus dem Jahr 1934* exemplifiziert werden.[18] Gordin stand in diesen Jahren in engem Kontakt u.a. mit E. Levinas, L. Poliakov, L. Brunschwicg, L. Lévy-Bruhl, J. Wahl. Die Jahre 1940–45 widmete Gordin der Erhaltung und Rettung jüdischer Kultur und Erziehung in der Untergrund-Lehrtätigkeit bei den *Èclaires israélites de France*, um 1945 nach Paris auf seine Position bei der AIU zurückzukehren und am Aufbau eines *Centre de Documentation juive contemporaine* mitzuwirken.[19]

Zu einem nicht unerheblichen Teil, ja in einem (dem?) sachlichen Hauptwerk *Introduction à la philosophie juive du Moyen Age* blieben Nachlass-Texte des ‚Pariser Gordin' trotz der Bemühungen des Freundeskreise unpubliziert, wenn

[15] Umfang: Elf Vorlesungen in 212 Seiten, verteilt auf 26 Typoskripte unter verschiedenen Archivnummern und Boxen. In Box 5, Nr. 123D S. 5–8 findet sich ein Rapport Gordins an die Leitung des Seminaire („Comite des Sages") über Disposition und Methode der Vorlesungen, die dem Inhaltsreferat im Text zugrundeliegt. Tatsächlich sind die Themen im Umfang unterschiedlich gewichtig. Der Rapport nennt auch als Umfang 275 S. Bisher konnte ich eine Typoskriptfassung von 212 S. und laufender Nummerierung rekonstruieren. Die Edition dieser Vorlesungsreihe ist ein Desiderat.

[16] Werdiger, *On the Possibility of and Justification for a Philosophical Interpretation of Kabbalah* (s. Anm. 24), 301 Anm. 15.

[17] Die digital publizierte Dissertationsschrift von Tomokazu Baba: *Emmanuel Levinas et l'Histoire de la philosophie: génèse d'une éthique* (*1929–1955*)*/ Emmanuel Levinas and the history of philosophy: genesis of an ethics* (*1929–1955*), verteidigt am 12.9.2013 (Paris, Sorbonne) war mir trotz verschiedener Versuche nicht zugänglich.

[18] Gordin, *Actualité de Maïmonide*, Wiederabdruck (1972.1979) 1995 in: Gordin, *Écrits*, 123–144, 133. Levinas, *L'actualité de Maïmonide*, in: *Paix et Droit* 4 (1935), 6–7. S.a. Baba, *L'actualité de Maïmonide chez Jacob Gordin.*

[19] Lehr; Trautmann-Waller, 48–50.

auch sorgsam archiviert. Sie kommen erst nach der archivalischen Erschließung jüngst und vereinzelt zur Publikation.

So sehr diese posthumen Einzel-Publikationen durch bestimmte Forschungsfragen bestimmt sind – im vorliegenden Fall: der Edition von *Der Gegenwartsbegriff im Verhältnis zur Philosophie Cohens* durch Fragen der system-philosophischen Werk-Interpretation der Logik und (ungeschriebenen) Kulturpsychologie Cohens sowie seiner Religionsphilosophie und Schöpfungstheorie *via negativa* in Gordins originärer Interpretation und Fortschreibung –, so reduktiv wäre es, diesen Nachlass-Text Gordins nur im Horizont der im Aufsatztitel präzise formulierten Problematik zu interpretieren und ihn ausschließlich in den Berliner Kontext der Akademie für die Wissenschaft des Judentums und in den Zusammenhang der Marburger Schule zu rücken, obgleich er alle Merkmale einer akademischen Abhandlung dieser Provenienzen trägt.

Andere Problemstränge aus früheren und späteren Kontexten müssen zumindest angedeutet werden, um bestimmte Passagen des Aufsatzes aus der Epoche 1927 bis 1933 nicht eindimensional zu interpretieren. Ja, der besondere Reiz dieses Textes von Gordin ist es, dass Probleme der späten Petrograder Zeit von 1922 in ihm fortwirken und dass neue Positionen Gordins des ersten Pariser Jahrs 1933 f. antizipiert werden (zu letzterem Abschnitt 4).

Dies sei zunächst an einem Topos erläutert, der im edierten Aufsatz an zentralen Argumentations-Stellen pünktlich erscheint, stets mit akribischen interpretativen Bezügen auf Texte Cohens: Die Korrelation von ‚Gott als einzigem Sein und Menschheit als Werden'. Gerade weil die zeit(lichkeits-)philosophische Interpretation dieses Topos anhand der Dialektik von ‚Gegenwart als *vermeintlichem Sein* und ewiger Zukünftigkeit' alle Aufmerksamkeit beansprucht, sei erwähnt, dass sich die mit diesem Topos aufgerufene Problematik in anderen Strängen von Gordins Denken vorbereitet. Wenn diese hintergründigen Kontexte im Blick sind, wird noch klarer, was sich Gordin davon versprach, den genannten Topos und seine Probleme in die systematische Problematik des *Gegenwartsbegriffs* im *System der Philosophie Cohens* zu stellen.

Gordin (am 22. Oktober 1896 in Dvinsk bzw. Dunaburg, heute Daugavpils in Lettland geboren) aus bürgerlicher Familie mit talmudischer Bildung (des Vaters wie des Sohnes) studierte 1915–1917 und 1921 an der Fakultät für orientalische Sprachen und simultan an der historisch-philologischen Fakultät in St. Petersburg. Prägungen durch Cohen und den Marburger Neukantianismus gehen schon auf diese Frühzeit zurück. Weitere Prägungen u.a. durch etwa durch A. Blok, A. Biély, V. Rozanov und V. Solov'ev werden von Freunden und Schülern Gordins berichtet.[20] Gordin beteiligte sich an der Revolution 1917[21], wich aber nach dem bolschewistischen Sieg mit Teilen seiner Familie im Herbst 1917 auf die Krim aus. Er trat während dieser Reise durch die

---

[20] Emmanuel Raïs, in: Gordin, *Écrits*, 315–327, 316 f.

[21] Trautmann-Waller, 35 (ideologisch war Gordin durch Kropotkins Anarchismus bestimmt).

Ukraine (und während einer zweiten Reise 1920 f., auf der er sich seine Typhus-Erkrankung zuzog) mit einer kabbalistischen Gemeinde chassidisch-lurianischer Traditionen in Kontakt.

Lektüre und Beschäftigung mit lurianischen Texten gehen auf diese Begegnung und den Krim-Aufenhalt 1917 f. zurück.[22] Sie bilden einen früh angelegten Strang seines Denkens, der publizistisch erst im Artikel *Herrera, Abraham Cohen*, in der Encyclopaedia Judaica 7 von 1931 öffentlich greifbar wird.[23] Gordins Interpretation Herreras fand Scholems Aufmerksamkeit.[24] Sie zeigt Gordin als eigengeprägten Kabbala-Interpreten, und zwar bereits um 1930. „Besonderes Interesse", so Gordin 1931, biete Herreras „Begründung der kabbalistischen Lehre von ‚Adam Kadmon'".

Denn Herrera komme zur „Aufstellung einer spezifischen Korrelation zwischen Gott (En-Sof) und dem Bereich des Adam Kadmon als der Korrelation von ‚principium' und ‚primum principitum' (sic!) … Diese Korrelation ist im Sinne einer eigenartigen Logos-Lehre zu verstehen. … Dieses vollkommene Wesen: Prototyp der ganzen Kreatur, dient als Medium des göttlichen Wirkens und hat die größte Ähnlichkeit mit der Herrlichkeit Gottes, ist aber im Unterschiede zu Gott endlich … Die kabbalistische These von der ‚Selbstkontraktion' (hebr. *zimzum*) Gottes wird von H. im Zusammenhang mit der Begründung der Lehre von der ‚zeitlichen' Schöpfung der Welt aus einem freien Entschluß Gottes entwickelt."[25]

Nina Dmitrieva, die beste Kennerin Gordins in seiner russischen Lebensphase[26], weist zudem auf drei Vorlesungen hin, die Gordins Auseinandersetzung mit zeitgenössischen russisch-philosophischen Philosophen und Debattenlagen um 1921 f. dokumentieren, und zwar als Mitglied des ‚Philosophischen Arbeitskreises' und der ‚Freien Philosophischen Assoziation' in St. Petersburg[27]. Die Vortrags-Themen lauten: ‚*Anthropodicea*' (*Antropodizeja*) sowie ‚*Der Maximalismus und die Idee des Endes* ' und ‚*Der Begriff der Gegenwart*'.[28] Gordin setze sich im

---

[22] Trautmann-Waller, 35 f. Zur russischen Lebensepoche ebd. 31–37.

[23] Gordin, *Herrera, Abraham Cohen*.

[24] Werdiger, *On the Possibility of and Justification for a Philosophical Interpretation of Kabbalah; Addendum: Scholem on Meeting Gordin in Paris in 1946*. Über *Abraham Herrera* war Gordin 1931 und nochmals 1947 im Austausch mit G. Scholem. Sechs französische Lehrvorträge aus den Jahren 1944–1947 (1995 in *Écrits* erstmals publiziert), lassen auf eine intensivierte Kabbala-Rezeption Gordins nach 1939 schließen.

[25] Gordin, *Herrera*, 1208 f.

[26] Dmitrieva, *Geschichtskonzepte im russischen Neukantianismus*; Dies., *Hermann Cohens Konzept der Anthropodizee in der Sicht Jacob Gordins*; Dies., *On the cross-road of traditions*.

[27] Zu dieser Assoziation: Dmitrieva, *Hermann Cohens Konzept der Anthropodizee*, 80 Anm. 7; Trautmann-Waller, 36.

[28] Dmitrieva, *Geschichtskonzepte im russischen Neukantianismus*, 189, datiert diese Vorträge (1) auf den 22. und 29. Dezember 1921; (2) auf den 30. April 1922 sowie (3) auf den 26. November 1922, kurz vor der Ausreise.

ersten Vortrag, inspiriert durch Cohens Formel von der Anthroponomie[29] und Anthropodizee[30] sowie dem theodizee'ischen Sinn seiner Ethiko-Theologie und dem anthropodizee'ischen Sinn seiner Versöhnungsphilosophie, mit der Idee der ‚Gottmenschheit' aus der russisch-religiösen Philosophie Solovjews kritisch auseinander. Er plädiere, kritisch gegenüber diesem religiösen Mythologem, für die kritisch-kulturphilosophische Idee der ‚Menschgottheit', „die er als Aufgabe der Menschheit, als eine ewige und unendliche Idee begreift." Nach Dmitrieva, die Gordins Anthropodicea-Vortrag referiert, eröffnet Gordin den Vortrag programmatisch als Kulturphilosoph: „Anthropodizee ist die Rechtfertigung der Menschheit. Die Rechtfertigung der Menschheit ist gleich der Rechtfertigung der Kultur. Es gibt keine Kultur ausser der Menschheit, aber es gibt keine Menschheit als Menschheit ausser in der Kultur."[31] Und die Frage: „Was ist Kultur?" beantworte er mit der These: „Kultur in ihrem dynamischen Aspekt ist der bewusste Prozeß der Entfaltung von Sinngestalten, anders gesagt, der Verwirklichung von Sinngestalten."[32] Gegenüber Cohen betone Gordin den Anteil des konkret-geschichtlichen Menschen „an der kulturschöpferischen Leistung."[33] Der Vortrag über ethischen *Maximalismus und seine Idee des Endes* zeigt folgerichtig eine Geschichtstheologie, erneut profiliert in zeitgenössischen russischen Debattenlagen, die das Ideal der praktischen Vernunft in seiner geschichtlichen Realisierbarkeit als sozialistische Politik propagiere.[34]

II. Ausgangsproblem: ‚Geschichtliche Ewigkeit' und Schöpfungstheorie *via negativa*

Wie anders nimmt sich vor diesem Hintergrund der Passus aus dem jetzt edierten Aufsatz (werkgenetisch zwischen 1927 und 1933) aus! Dies zeigt sofort die Schlüsselstelle seiner Problemexposition:

Die Grund-Korrelation ist folglich: ‚Werden–Sein'. Diese Korrelation wird sachlich und religiös-weltanschaulich als die Korrelation zwischen der Menschheitsidee und der Gottesidee gedeutet. *Die Identität der Seinsidee und der Gottesidee* wird in der ‚Religion [der Vernunft]' Cohens durch die Setzung Gottes als *des einzigen Seins* verwirklicht: ‚Gott ist dieses *einzige* Sein. Gott ist der Einzige' (RV, 48; auch BR, 20.23.26.45;

[29] Cohen, KBE², 310.

[30] Zum Vorkommen und zum Sinn von Anthropodizee in Cohens ErW, 558 sowie in den *Reflexionen und Notizen*, Nachweise bei: Dmitrieva, *Hermann Cohens Konzept der Anthropodizee*, 79 f.

[31] A.a.O., 82.

[32] Ebd.

[33] Dmitrieva, *Hermann Cohens Konzept der Anthropodizee*, 85 (Zusammenfassung).

[34] Dmitrieva, *Geschichtskonzepte im russischen Neukantianismus*, 192 f., die Gordins Kritik an Eschatologie und Schöpfungsmythologie betont.

‚Deutschtum und Judentum', 10[35]]. Ebenso ist in der allgemeinen Disposition der Problematik *das Verbundensein des Begriffs des Werdens mit dem Begriffe der Menschheit zu ersehen*; eine Verbindung, die ganz besonders eindeutig fixiert ist, z.B.: „[Auch von Gott aus betrachtet, ist die Vernunft die Bedingung, vermöge welche Gott in Korrelation treten kann zum Menschen.] Und diese Korrelation ist begründet in dem Begriffe des einzigen Seins. Denn dieses bedeutet die Voraussetzung zum Werden. Wie das Sein die Voraussetzung der Grundlage ist, so ist das Werden für die Entfaltung der Grundlage die Voraussetzung, *also der Mensch*." Auch „[So wird es verständlich, wie der Geist zum Grundbegriffe der Religion wird, zum Vermittlungsbegriffe zwischen Gott und Mensch, zum vollziehenden Begriffe der Korrelation.] [Gott ist Geist, dieser Satz bedeutet aufgrund der] Korrelation, die zwischen Sein und Werden besteht [, auch: der Mensch ist Geist.].[36]

Analysiert man den genannten Topos in seiner jetzt *systematisch* exponierten Problematik im Aufsatz über den *Gegenwartsbegriff*, so wird deutlich: Erst jetzt wird das Problem kritisch-transzendental und konsequent erzeugungslogisch, also im Horizont der *Logik der reinen Erkenntnis* Cohens, insbesondere im Rahmen der *Urteile der Denkgesetze* und *Der Urteile der Mathematik*, von Realität und Kontinuität, von Mehrheit und Allheit und darin als *kritische Frage nach der transzendentalen Kategorialität von Zeit und Raum* als *Aporie* der Urteile der Mathematik exponiert. In den Texten vor 1923 spielt die Logik der reinen Erkenntnis keine (tragende) Rolle. Offenbar stellte Gordin Cohens Logik erst von der 3. Auflage an, also von 1923 an (mithin mit dem Wechsel nach Berlin) und während seiner Arbeit an den *Untersuchungen* 1923 bis 1927 ins Zentrum seiner eigenen Philosophie. In den frühen Texten dominiert die *Ethik des reinen Willens* und führt zu einer Kulturphilosophie und anthropodizee'ischen Korrelation von Gottesidee und Menschheitsidee, die eine eher geschichts-*ideologische* Gestalt annimmt (sensu der *Deutschen Ideologie*, wie sie Marx und Engels bei Feuerbach konstatieren[37]).

Dass der Berliner Gordin der Jahre 1927 bis 1933 in seinem Aufsatz den Bezug des Gegenwartsbegriffs auf Cohens Philosophie konsequent system-philosophisch und Cohens System als fünfteiliges aus Logik, Ethik, Ästhetik, Kulturpsychologie und Religionsphilosophie begreift, wobei die Kulturpsychologie Übergangsfunktion zwischen Ästhetik und Religionsphilosophie habe, ist bemerkenswert. Und es wird noch bemerkenswerter angesichts seiner manifesten Kenntnis von und Anerkennung für Franz Rosenzweig als Schüler Cohens.[38]

---

[35] Cohen, *Deutschtum und Judentum*. 477 f. Gordin zitiert nach der Erst-Ausgabe Gießen 1915, 10 f.: „*Gott offenbart sich als der Seiende*. ‚Ich bin, der ich bin' [Ex 3,14]. So offenbart sich, und zwar in der Zeitform der Zukunft, der *Einzige* Gott im Dornbusch. Und die Einzigkeit wird jetzt zum Kennzeichen des Seins für Gott. *Das ist der Sinn der Einzigkeit Gottes: daß sein Sein das einzige Sein ist*".

[36] Cohen, RV, 102 u. 103 (Hervorhebung im Original).

[37] Bohlender, *Die Herrschaft der Gedanken*.

[38] Die Kenntnis und Anerkenntnis Rosenzweigs durch Gordin wird in der Regel be-

Steht es doch im flagranten Widerspruch zu Rosenzweigs (und Levinas') bekannter Deutung der Religionsphilosophie und jüdischen Religion Cohens als die transzendentale Logik der Systemphilosophie schlechterdings sprengend oder existentiell alterierend. Nur *darin* stimmt Gordin mit Rosenzweig überein, dass die *schöpfungstheologische* Darstellung des Ursprungs als des göttlichen ‚Rätsels' der tiefste Sinn der späten Religionsphilosophie Cohen sei.[39] Eben dies ist die *höchst ironische* und *skeptische* Funktion[40] der Frage nach dem *Gegenwartsbegriff*, bezogen auf die *Prolegomena* des Systems (nach Gordins Verständnis: die *vorinhaltliche* Logik der *Urteile der Denkgesetze*). Erst wenn die Frage an diesem System-Ort als *Aporie* der Logik der Denkgesetze analysiert ist, kann danach gefragt werden, inwiefern die Religionsphilosophie, als abschließender fünfter Teil des Systems, dieses kritische Rätsel als ‚göttliches Rätsel' tatsächlich exponiert, und zwar weder ‚metaphysisch' (sensu der aristotelischen Metaphysik) noch ‚onto-theologisch' (sensu des *Averroismus* christlich-thomistischer und jüdisch-nachmaimonideischer Theologien), sondern *via negativa*.[41]

---

hauptet, weil sie im Berliner Milieu der 20er Jahre naheliegt. Aber sie wird selten belegt und präzisiert. Forscht man nach expliziten Referenzen Gordins auf Rosenzweig, so finden sie sich in Gordin, *Maimonide dans la Pensée du XIXe Siècle*. Gordin setzt hier ein mit der von Rosenzweig berichteten Anekdote über Cohens Gespräch mit einem ‚alten Marburger Juden', dem Cohen die Gottesidee seiner Ethik auseinandergesetzt habe, und der Cohen nach dem Vortrag gefragt haben soll: „‚Und wo bleibt der Baure Aulom?' Da antwortete Cohen nichts und brach in Tränen aus." (s. Rosenzweig, *Jehuda Halevi*, 73). Der Sinn *dort* ist des fernen Schöpfers Nähe im ‚zerschlagenen Herzen', allerdings eine in sich dialektische, ferne Nähe und nahe Ferne. Das Weinen Cohens angesichts der ‚naiven' Frage nach dem Weltschöpfer ist also nicht primär denkerische Resignation vor der Frage, sondern das zerschlagene Herz der Buße aus Ps 51. Gordin geht 1935 von da aus direkt über auf die Verleumdung und Bannung Maimonides wegen dessen vermeintlich fehlendem Bekenntnis zur Unsterblichkeit der Seele und zur leiblichen Auferstehung der Toten. Maimonides Selbst-Verteidigung zeige einerseits die bleibende Inkohärenz seines Systems in den fundamentalen Spannungen zwischen denkerischer Rechtfertigung gegenüber der aristotelischen Wissenschaft und Metaphysik und Schöpfungsmonotheismus. Andererseits eröffne gerade diese Spannung seine ‚Denkbuße', „contrition théorique ou ‚retour' (comme l'exprime le terme juive de *Teshouwah*)" (ebd. 118). Hier ist also der Einfluss Rosenzweigs aus seinem Vorwort zu den *Jüdischen Schriften* Cohens greifbar. Der Topos *Teshouwah* wird eingeführt, um ihn (118 f.) auf Cohen zu übertragen.

[39] Holzhey, *Cassirers Kritik des mythischen Bewußtseins*, 202; Fiorato, *Geschichtliche Ewigkeit*, 22. Dort auch Fioratos insistierender Hinweis (9.123): *Religiöse Schöpfungsgewissheit* erfordere ‚Abstraction als Schicksal', *sacrificio del sentimento* (Brief Cohens an Munk, Nr. 77, 27.3.1907).

[40] Zum Topos der ‚höchsten Ironie' (LrE^2, 125; ErW, 429, strukturell zugeordnet der Selbsterkenntnis, ErW, 530, 551) und zur Tugend der *Skepsis* (ErW, 531) bzw. des skeptischen, bescheidenen Denk-Stils (ErW, 534–536): Fiorato, *Geschichtliche Ewigkeit*, 9.31.66.176.

[41] Die kritische Analyse der averroïstischen Aristotelismus-Rezeption der nach-maimonideischen jüdischen Philosophie des Mittelalters wird dann ein Hauptthema der Vorlesungen *Introduction à la philosophie juive du Moyen Age* von 1934. Das Ausgangsproblem dieser Analysen umreißt treffend Fiorato: „Wenn aber die herkömmliche Schöpfungstheologie in diesem Sinne für Cohen eins der hauptsächlichen Instrumente der metaphysischen Ver-

Es zeigt sich jetzt, dass Gordins *Untersuchungen* sich deshalb den Urteilen der Denkgesetze widmeten, weil er sie als logisches, vorinhaltliches *Prolegomenon* zum fünfteiligen System begreift. Er interpretiert sie aber jetzt nicht mehr nur vorrangig epistemologisch als Grundlegung des Urteils der Realität und mathematischer Kontinuität (wie in den *Untersuchungen*), sondern wendet sie kritisch gegen Cohens und Cassirers epistemologische Logik des Urteils der Realität, um strukturelle Gründe der Reduktion von *Gegenwart* auf das *Beisammen des Raums* namhaft zu machen; und um Cohens Ästhetik und Religionsphilosophie *vollständigere* Begriffe von Sein und Werden, von Erhaltung, Bewegung und Beharrung, von Gegenwart und Zukunft, von geschichtlicher und messianischer Einzigkeit abzugewinnen.

Zeigt der Aufsatz über den *Gegenwartsbegriff* also das originäre Eigenständige der Ausgangsproblematik in Gordins Denken von 1927 bis 1933 gegenüber Rosenzweigs ‚Sprachdenken' und ‚Offenbarungsphilosophie', so zeigt er klarer noch das Eigenständige seines Denkens gegenüber Ernst Cassirer, dem Mentor der *Untersuchungen* zusammen mit Albrecht Görland und Julius Guttmann[42], und auch gegenüber einem so bedeutenden Cohen- und Cassirer-Schüler wie Dimitry Gawronsky[43]. Obgleich oder gerade weil Gordin die beiden Motti seines Aufsatzes Cohens *Ästhetik* und Cassirers *Zur Einstein'schen Relativitätstheorie. Erkenntnistheoretische Betrachtungen* (1921) entnimmt, folgt er doch nicht dem Verständnis von Logik als allgemeine Wissenschaft der Relationen und der Reihenfunktionen, die in der Marburger Schule seit Cassirers *Substanzbegriff und Funktionsbegriff* prägend wird. Gordins umfangreiche Exzerpte zu Cassirers Hauptschriften, etwa *Substanzbegriff und Funktionsbegriff* (1910) und *Philosophie der symbolischen Formen* (1923.1924.1929), und Gawronskys *Das Urteil der Realität* (1910) zeigen, wie genau er deren epistemologische Logiken studierte und kannte.[44] Die Schlüs-

deckung und Verdrängung des Ursprungs bildet, werden die Vollendung und radikalsten Ergebnisse der kritischen Auseinandersetzung mit der Metaphysik, die sich in der LE nur anbahnt, gerade aus der schöpfungstheologischen Auslegung des Ursprungs zu erwarten sein, die von Cohens selbst in der späten Religionsphilosophie unternommen wird." (Fiorato, *Geschichtliche Ewigkeit*, 20).

[42] S. die Danksagung im Vorwort der *Untersuchungen* VI., die zudem Jakob (Jacob) Klein (1899–1978) bedankt, den jüdisch-litauischen, deutsch-amerikanischen Philosophen, Mathematiker und Zahlen-Theoretiker sowie Freund Leo Strauss'. Korrespondenz zwischen Jacob Klein und Leo Strauss in: Strauss, *Hobbes' politische Wissenschaft und zugehörige Schriften – Briefe*, 455–605.

[43] Gawronsky, *Das Urteil der Realität und seine mathematischen Voraussetzungen, Inauguraldissertation Marburg 1910*, ungedruckt (geplant Bd. V der Reihe: Philosophische Arbeiten). S.a. Gawronsky, *Ernst Cassirer.*

[44] Im Nachlass Gordins finden sich u.a. Exzerpte zu: Ernst Cassirer, *Substanzbegriff und Funktionsbegriff* (2. Auflage 1923), Box 2 Nr. 38 (1): 10 Seiten; *Philosophie der symbolischen Formen* Bd. 1: *Die Sprache*, Bd. 2: *Das mythische Denken*, Box 3 Nr. 69: 91 Seiten. Seine Cassirer-Studien fasst Gordin in den Entwurf eines enzyklopädischen Artikels über „Cassirer, Ernst" zusammen, der 16 Seiten umfasst und auf den wichtigsten philosophiehistorischen

selbedeutung von Cassirers *Zur Einstein'schen Relativitätstheorie* (1921) für die Kulturphilosophie der *Philosophie der symbolischen Formen* war ihm vollständig klar. Er folgte gleichwohl in dieser Hinsicht nicht Cassirer, sondern fragte zurück nach offenen Aporien in der Grundlegung der Urteile der Mathematik und der reduktiven Kategorialisierung von Zeit *als Gegenwart* und von Antizipation *als Zukünftigkeit* in Cohens *Logik der reinen Erkenntnis.*[45]

P. Fiorato hat dieses zwischen Cohen und Cassirer verhandelte Grundproblem prägnant formuliert: Durch die Grundlegung dieser ‚allgemeinen Wissenschaft der Relationen' in den Urteilen des Ursprungs in Cohens Logik bleibe der abgründige Bezug der epistemologischen Urteile auf Urakte der Diskursivität *als Problem* erhalten. Wenn der Umschlag des Nichts die Urzelle des Urteils sei und wenn Urteilen sich nur in der Korrelation von Vereinigung und Sonderung vollziehe und erhalte, dann müsse dieser Gattungscharakter des Urteils sich im Urteil des Ursprungs bewähren (s. LrE, 93). Zugleich kann der Umschlag des Nichts nicht in die in ihm erst erzeugte Kontinuität der Realität der Relationalität eingeordnet werden. „Indem der Ursprung keinen positiven Grund, sondern das un-endliche Vonwoher der Diskursivität darstellt, entzieht er sich nämlich seiner Natur gemäß dem Diskurs: und zwar nicht im Sinne der metaphysischen Unkennbarkeit des höchsten Wesens, sondern als Grenze der Diskursivität selbst."[46] In der Tat: Es geht Gordin gerade nicht um eine negative Theologie der Schöpfung, sondern um die Darstellung der Grundlegung von (noch vor-inhaltlicher) Diskursivität (als reiner Tätigkeit des Urteilens), und zwar anhand *der Darstellung des genuinen Zugleich von Gegenwärtigkeit und Zukünftigkeit im Vollzug des Ursprungs-Urteils,* darstellbar nur *via negativa* in der *‚Unmerklichkeit' diskontinuierlicher Kontinuität* erzeugter Realität.

P. Fiorato übt – im Horizont dieser Problemstellung – Kritik an Gordins Interpretation des Urteils des Widerspruchs und des Urteils der Erzeugung in den *Untersuchungen* sowie an Gordins Interpretament der ‚dialektischen Korrelation von Hinwendung und Abwendung' (Untersuchungen, 104). Diese Kritik ist triftig. Sie trifft nämlich ein Motiv, das Gordin *selbst* nach 1927 zu jener denkerischen Neuinitiative motiviert, die sich in seinem *Aufsatz* über das Gegenwartsproblem niederschlägt.

---

und systematischen Werken Cassirers bis 1929 fußt. Er bricht ab mit der Darstellung der Religionsphilosophie Cassirers (anhand: Ernst Cassirer, Die Idee der Religion bei Lessing und Mendelssohn 1923) in ihrem Verhältnis zu Cohen (Box 5 Nr. 127). – Zu Gawronskys *Das Urteil der Realität* findet sich in Box 1 Nr. 16 ein Exzerpt von 40 Seiten.

[45] Siehe zu diesem zwischen Cohen und Cassirer 1910 verhandelten Grund-Problem den Brief Nr. 45 Cohen an Cassirer vom 24. August 1910: Cassirer, Davoser Vorträge, 268–273, v.a. 269.

[46] Fiorato, *Geschichtliche Ewigkeit*, 58

Gordin analysiert 1927 im § *27* der *Untersuchungen* das *Urteil der Erzeugung als Urteil des Ursprungs und seine Struktur,* und zwar unter dem Titel: *Der Ursprung und die Kontinuität als die Methode der Erzeugung. Das relative Nichts, das Etwas und die Struktur der Kontinuität.* Das Urteil des Ursprungs sei bestimmt durch „zwei Themata: das Thema der unendlichen Abkehr von A als des unendlichen Durchgangs durch das relative Nichts und das Thema des Ursprungs als der Umkehr dieser unendlichen Abkehr." (Untersuchungen, 104) Dieses Doppelthema problematisiere das Verhältnis des Ursprungs der Erzeugung zur Methode der Erzeugung. Und es gelte: Das Thema des relativen Nichts „deckt sich völlig seinem logischen Sinne und seiner methodischen Funktion nach mit dem Thema der Kontinuität." (105) In der Tat kann man Gordins Konzept der erzeugenden Methode der Kontinuierung von Kontinuität als Erzeugung im Ursprung aus einer *Dialektik von Abwendung von A zum relativen Nichts, Abkehr der Abkehr, und Hinwendung zu A* und insofern als *Grenzdurchgang durch das relative Nichts* verstehen. § *28 Das Primat des Ursprungs und Urform der Dialektik* führt dies weiter aus: Betont wird, dass der Primat des Ursprungs der Erzeugung „nur durch die Methode der Erzeugung wirksam wird" (108). Gordin versucht die Zirkularität in dieser These zu widerlegen und verwendet schon hier die Begriffe „Ur-Korrelation", „Urteil des dialektischen Werdens der Dialektik selbst" (111). Er beginnt dann diese Ur-Dialektik durch Nähe und Ferne zu interpretieren: „Der Ursprung und die Kontinuität befinden sich in einem Verhältnis maximal-unendlicher Nähe. Andererseits aber enthüllt sich diese unendliche Nähe ihrem Wesen nach auch als maximal-unendliche Ferne. Eben die Tatsache, daß es zwischen dem Ursprung der Erzeugung und der Methode der Erzeugung kein ‚Zwischen', kein Vermittelndes gibt, verleiht ihrer ‚Gegenüberstellung' den Charakter der Polarität, bildet zwischen ihnen eine Kluft, über die eigentlich kein Uebergang führt, die man nur ‚überspringen' kann, so daß der Uebergang hier eben einen Sprung bedeutet." (114). Dies sei ein Sprung innerhalb der Erzeugungssphäre selbst – „die Sphäre des ‚Etwas von A' entspringt, die ihrerseits im Identitätsgesetz festhalten und festgemacht wird." (114) Nachdruck liege auf dem Moment der Ferne. Die Ur-Korrelation sei auf Absonderung aufgebaut, absolute Er-Sonderung: „eine Ur-Sonderung" (114). Dies sei keine schlechte Transzendenz, sondern die „schöpferische Absolutheit der Erzeugungskorrelation, die überhaupt erst jene relative Vereinigung und Sonderung begründet. Analogerweise ist die Isoliertheit des Ursprungs – die Isoliertheit als Ausdruck des Primats des Ursprungs – eine erzeugende Isoliertheit, genau so, wie es mit dem Thema der absoluten Isoliertheit des A der Fall war, die überhaupt erst dessen relative Isoliertheit von B begründet." (114) Diese Dialektik erzeuge „eine so hohe Spannung, eine an Denkenergie derart überquellende und gleichsam nie zu erschöpfende Ladung, daß das Denken […] imstande ist, eine unendliche Reihe von Inhalten hervorzubringen, die die Inhalte der Wissenschaft und der Kultur darstellen." (114 f.)

Fioratos Kritik an dieser Interpretation trifft zu: Gordin reduziere in § 27 das Urteil des Ursprungs auf seine wissenschaftstheoretische Funktion, der Methode der Erzeugung von Kontinuität, müsse dann aber in § 28 seinerseits den Vorbehalt des Primats des Ursprungs etc. erheben. Richtig sei Gordins Frage nach der *Umkehr der Abkehr, in welcher selbst schon die Abkehr ermöglicht sei,* also die Methode der Erzeugung von jeweiliger Bestimmbarkeit des absolut isolierten x aus seinem jeweils relativen Nichts mitsamt der Erzeugung seiner Kontinuität, also seiner erzeugten Relativität im System der Urteile und Kategorien mitsamt seiner relativen Isoliertheit.

Lässt Gordin also 1927 das Problem des miterzeugten Gegensatzes von Identität A und Mehrheit A+ im Urteil des Ursprungs ungedacht? Fragt er deshalb neu nach Gegenwart und Zukunft nicht (nur) als zeitliche Dimensionen, sondern als logisch verschiedene Sinnhorizonte oder Seinsformen des Denkinhalts? Die *ursprüngliche Zeitlichkeit*, die so zum Vorschein kommt, verbindet die Idealität des Erkenntnisinhalts mit dem zeitlichem Bewusstseinsvorgang. Geht es also um die transzendental-logische Funktion von ‚Gegenwärtigkeit' *als* Aufgabe, als Sein der Zukunft? Und setzt hier nach 1927 die erneute Frage nach der ursprünglichen Korrelation von Gegenwart und ewiger Zukünftigkeit ein?

Wenn dies die Richtung der neuen Denkinitiative anzeigte, in der Gordin die Logik Cohens erneut durchdachte, so wäre allerdings der Gegenwartsbegriff genauer auf seine *Augenblicklichkeit* und darin auf das ‚*Rätsel*' seiner *diskontinuierlichen Kontinuität* hin zu befragen.

Auch Fiorato befragt in diesem Sinn zunächst Cohens Lösung: „Gerade die Anerkennung der prinzipiellen Undenkbarkeit des Ursprungs und das Bekenntnis der grundsätzlichen Unlösbarkeit des Problems, die im *metaxy* des Nichts ihren Ausdruck finden, müssen aber als radikale Übernahme des Problems zugleich den Keim seiner ‚Lösung' enthalten." (Fiorato, *Geschichtliche Ewigkeit*, 62) Der Ursprung übernehme die Funktion des (parmenideischen) *exaiphnes* in Platons Parmenides. Dem Einen werde, um das Zugleich widersprüchlicher Attribute zu vermeiden „sogar ein eigentümliches ‚Werden' zugeschrieben. Als Prinzip eines solchen Werdens und als (Nicht-)Ort des un-zeitlichen *metaballein* der Gegensätze tritt das paradoxe *exaiphnes* auf den Plan." (ebd., 63)

„In der dialektischen Struktur der *metabole* lassen sich nämlich die Züge der Reflexion-in-sich erkennen, durch die die (Denk-)Bewegung erst reflexiv wird und sich so [...] als ‚ursprüngliche' (unbegründete) ‚Selbst-Bewegung' entdeckt." (ebd., 64) In der LrE werde diese Reflexion-in-sich ironisch auf das Denken als Urteils-Struktur angewandt: Der plötzliche, aber für das Denken unauflösbare, unerkennbare Umschlag. Platon thematisiere nämlich den ‚diskontinuierlichen Ursprung' von Kontinuität (ebd., 65). Gerade die „Unauffälligkeit" sei für den ‚diskontinuierlichen Ursprung' von Kontinuität konstitutiv. Er entziehe sich positiver Bestimmung, *trete eigentlich nur als ungebrochene Kontinuität in Erscheinung* (ebd., 65) „Gerade wie der einzige Gott von RV, ist in der Tat das *exaiphnes* ‚nur aus dem, was aus seinem Wesen folgt [...], nicht aber aus seinem Wesen selbst' erkennbar (vgl. RV, 93); die absolute Gleichsetzung des *exaiphnes* mit dem Kontinuitätsgesetz versetzt aber die Kontinuität in den Ursprung selbst und läßt sie nicht als die Wirkung eines Unvermittelten erscheinen. Erst die Anerkennung, daß das Vermittelnde sich ‚ursprünglich' als das ‚Plötzlich-Unvermittelte' ereignet, kann das Verhältnis zwischen dem ‚absoluten' Ursprung und der Korrelation der gegensätzlichen Bestimmungen angemessen verstehen lassen. Das Vermittelnde [...] vollzieht die Vermittlung der Differenz als derjenige In-differenzpunkt, der an sich ‚Nichts' (d.h. doppelte Negation [...]) ist, aber gerade deshalb die ‚Möglichkeit zu allem gegeneinander Gegensätzlichen' erschließt." (ebd., 65)

„Durch die Betonung, daß etwas Un-Vermitteltes Ursprung aller Vermittlung bzw. daß ein Dis-Kontinuierliches Ursprung der Kontinuität ist, wird die Methode des *me on* eigentlich auf sich selbst angewandt." (ebd., 66) Daher die Ironie Cohens, die bei P. Natorp und N. Hartmann fehle.

Mir scheint, dass die reine Frage nach dem ‚Werden‘ als ‚vermeintliches Sein‘ aus dem begreifbar unbegreifbaren Ursprung (das einzige Sein Gottes), das unauffällig, weil absolut unvermittelt, im Werden der Schöpfung wirkt (in der Kontinuität des Denkens des Seienden als je Erzeugtes und darin als *verborgen*, *unauffällig* Geschaffenes) – dass also diese Frage es ist, die Gordin an dem Schlüsseltext aus Cohens RV, 74 f. beschäftigt, den er in seinem Aufsatz nahezu Wort für Wort kommentiert und ihn an der Schlüsselstelle seiner Problemexposition S. IXf. einführt (um danach immer wieder darauf zurückzukommen):

> […] die Gegenwart kann gedeutet werden als ein Moment, das die Vergangenheit mit der Zukunft verbindet. Folglich gibt uns die Gegenwart, die – in ihrer maximalen Bestimmtheit – als ‚Zeit-Moment‘, als ‚Augenblicklichkeit‘ aufgefasst wird, indem sie in einer einheitlichen Kontinuität die Vergangenheit mit der Zukunft verbindet, – die Möglichkeit einer konkreten zeitlichen Orientierung. Diese ‚prinzipielle Augenblicklichkeit‘, ‚Nunc-hafigkeit‘ der Gegenwart, die sie des Charakters der Dauer beraubt, wirft scheinbar die Gegenwart aus der Sphäre des zeitlichen ‚Fliessens‘ heraus […]. Eben daher ‚ist‘ die Gegenwart nicht, – sie ist ein ‚Nichtseiendes‘ und zu gleicher Zeit, indem sie diese, oben genannte, Funktion innehat, prätendiert die Gegenwart dennoch auf eine Seinsgültigkeit oder m.a.W., sie kann vorläufig durch den Begriff des ‚nichtseienden Seins‘, wie auch (im anderen Sinne) ‚des seienden Nichtseins‘, d.h. vollständig eindeutig *durch den Korrelationsbegriff des Seins und Nichtseins* charakterisiert werden. Freilich die Vergangenheit und die Zukunft können ebenso gut durch das Merkmal des Mä-on charakterisiert werden, aber *gerade hier in der Sphäre der Gegenwart bekommt diese Mäeonalität besondere, unvergleichbare Aktualität*, eine bevorzugte [privative] Akzentuierung, kraft derer die Urteile über dies Mä-on (μὴ ὄν) der Zukunft und der Vergangenheit zu allererst möglich werden, *weil dies letztere eben unter den Sehwinkel der Gegenwart gesetzt wird. Hier kommt folglich eine Einheit zustande, ein Zusammenfallen des Ausgangs- und Schlusspunktes der Orientierung und mit ihnen der Orientierung selbst.* Die Mäeonalität oder m.a.W. das ‚vermeintliche Sein‘*[47] der **/X/**

[47] * […] Das Werden, das „vermeintliche Sein“ muss erklärt werden […]“ Cohen RV, 74. [Cohen RV, 73 f. (Gordin zitiert die 1. Auflage 1919)] „Die Schöpfung kann jetzt keinen Widerspruch mehr gegen die Vernunft bilden. In dieser Logik (sc. des unendlichen Urteils, der negierten Privation) ist die Religion der Schöpfung selbst zur Vernunft geworden. Gott ist nicht träge, das heißt: Gott /74/ ist der Urgrund der Tätigkeit, Gott ist Schöpfer. Sein Sein kann nicht anders bestimmt werden als durch diese Immanenz der Schöpfung in seiner *Einzigkeit.* Die Schöpfung ist kein heterogener Begriff in oder zu seinem (sc. Gottes) Sein, sondern dies gerade bedeutet sein Sein als Einzigkeit: daß das Werden in ihm mitgedacht ist, mithin aus ihm hervorgehen, aus seinem Begriffe hergeleitet werden muß. Dieselbe Bedeutung, welche die kritische Philosophie an der *Substanzgrundlage der Bewegung* herausgestellt hat (sc. Denkgesetze der Kontinuität, Realität, Kategorien Zeit und Raum, Infinitesimal, Beharrung), wir finden sie auch wieder in dem Vernunftanteil, den Maimonides in dem monotheistischen Problem der Schöpfung zur Bestimmung gebracht hat. Er leistet auch hier daher keine blinde Nachfolge dem Aristoteles, sondern er führt nur den Rationalismus seiner Gotteslehre durch. (10.) Die Unterscheidung des Monotheismus vom *Pantheismus* hängt vom genauen Begriffe der Schöpfung ab. Die *Emanation* ist bedingt durch Immanenz. Das Werden, das vermeintliche Sein muß erklärt werden.“ Das vollständige Zitat s. S. 122 f. Anm. 6.

der Gegenwart als einer Zeit-stufe, die Tatsache, dass sie als Einheit des ‚ist' und ‚nicht ist', ist und nicht ist, gleichzeitig ‚ist' wie auch ‚nicht ist' (wobei wir mit Worten ‚gleichzeitig' das Zusammenfallen der Orientierung mit den Orientierungspunkten meinen; so dass der zustande kommende Zirkel nur ein scheinbarer Zirkel ist oder m.a.W. es ist der einheitlich in sich geschlossene Kreis der dialektische Bewegung – ‚Erzeugungsprozess') – all dies ist ein quasi sich selbst Herauswerfen der Gegenwart aus der Sphäre der zeitlichen Spannung; und eben dies gab Cohen den Grund überhaupt die Bedeutung der Gegenwart als einer zeitlichen Modifikation abzulehnen und ihr nur eine räumliche Bedeutung zuzuschreiben.

Die je urteilserzeugte Kontinuität, gerade in der denkgesetzlich und kategorial vermittelnden Methode der Realität, ist diskontinuierlichen Ursprungs; in der Augenblickshaftigkeit der Gegenwart als unauffälliges Von-Woher im ‚schöpferischen' und ‚neuschöpferischen' Erhalten-Werden als Sich-Selbst-Erhalten des Denkens folgewirksam; doch darstellbar einzig *via negativa* am vermeintlichen Sein des Werdens als logische Korrelation zum einzigen Sein Gottes als ‚Schöpfer', seiner *ewigen Zukünftigkeit.*

III. Der werkgenetische Ort des Aufsatzes: Zeit als Kategorie der Antizipation

Nach allem Gesagten ist die werkgenetische Verortung des Aufsatzes kurz zu halten: Der Aufsatz setzt nach meiner Einschätzung Gordins *Untersuchungen zur Theorie des unendlichen Urteils* von 1927 (publiziert 1929) voraus. Seine Ausarbeitung zur heutigen Text-Gestalt gehört also in die Zeitspanne vor Gordins Zwangsemigration nach Paris im Frühjahr 1933. Er gehört in die Jahre 1927 bis 1933, in denen sich Gordin in der Berliner Akademie und als Autor der *Encyclopædia Judaica* einen Namen als epistemologisch versierter, originärer Schüler Cohens und Cassirers und vor allem als Experte jüdischer Religionsphilosophie des Mittelalters und der Neuzeit machte, begleitet von Studien zur Kabbala in Person Abraham Herreras.

Das schließt nicht aus, dass bestimmte Passagen oder zumindest Problemstellungen des ‚Aufsatzes' (s. die Selbstcharakteristik Gordins auf S. I) auf einen Vortrag Gordins fast gleichen Titels zurück gehen könnten, den Gordin im Petrograd des November 1922 hielt (s.o.) Der an einem kulturpsychologisch vollständigen, ‚historiosophischen' Begriff von Gegenwart (und Messianismus) eminent interessierte Gordin der frühen 20er Jahre stellt seinem Text das Zitat Cassirers aus dem Jahr 1921 voran: „Was Raum und Zeit wahrhaft *sind* – das wäre für uns im philosophischen Sinne erst dann bestimmt, wenn es uns gelänge, diese Fülle ihrer geistigen *Bedeutungsnuancen* vollständig zu überblicken und uns in ihr des durchgreifenden und übergreifenden Formgesetzes zu versichern, dem sie unterstehen und gehorchen."[48]

N. Dmitrieva erwähnt[49] diesen dritten und letzten Vortrag Gordins in der Petrograder Freien Philosophischen Assoziation vom 26. November 1922 mit dem Titel: *Was heißt Gegenwart?*, der sich dem „logischen Geist der Geschichte", d.h. dem Problem der Zeit, Gegenwart und Zukunft widme. Sie gibt weder Archivnummer noch Umfang an und schließt diesen Vortrag auch aus ihrer Analyse aus. Wie verhält sich also dieser *Vortrag 1922*, von dem vorerst nur Titel und Datum bekannt sind, zum vorliegenden *Aufsatz*?

An einer markanten Stelle auf S. XVIIf. gibt Gordin eine Problemexposition des zweiten Motto-Zitats aus Cassirers Untersuchung zur Einstein'schein Relativitätstheorie von 1921: „*Die verschiedenen systematischen Aspekte der Zeit unterscheiden sich von einander dadurch, dass in jedem von ihnen eine gewisse Modifikation der Zeitlichkeit primativ zum Ausdruck kommt**, m.a.W. dadurch, dass in jedem von ihren [jeder ihrer] logischen, ethischen u.s.w. [Bedeutungen] – beziehungsweise – die Vergangenheit, die Gegenwart und die Zukunft eine besondere Akzentuation bekommt.* Cassirer hat die Unterscheidung der mathematischen Zeit von der historischen erwähnt, hat aber nicht die Frage über das Wesen ihres Unterschiedes ausführlich behandelt.*" Gordin bezieht sich in diesem (sprachlich nicht völlig eindeutigen) Passus mit dem dreifachen * auf eine Fußnote im Autograph: „diesen Gedanken hat zuerst Dr. A. Steinberg in seinem Vortrag ‚Zukunft in der Gegenwart' ausgesprochen und angedeutet." Am Rand vermerkt er mit doppelter Anstreichung: „wichtig". Dies könnte eine Referenz auf Diskussionen schon in Petrograd sein, exemplarisch in der Referenz auf Aaron Steinberg. Aaron (Zakharovich) Steinberg (1891–1975), orthodox-jüdischer Prägung, studierte in Heidelberg, wurde 1913 bei Emil Lask und Wilhelm Windelband promoviert und studierte 1909–1917 auch in Marburg bei Cohen und in St. Petersburg. Nach seiner Rückkehr nach Russland 1918 (sein Bruder Isaac war kurzzeitig Justizminister in Lenins Regierung), unterrichtete er 1919 bis 1922 an der Jüdischen Universität in Petrograd, rezipierte Rosenzweigs *Stern der Erlösung* und war Mitglied der *Freien Philosophischen Assoziation* in Petrograd. Er war mit Gordin befreundet. Auch Steinberg emigrierte 1922 nach Berlin und war Mitarbeiter S. Dubnows, dessen zweibändige *Geschichte des Chassidismus* (1931) und dessen zehnbändige *Weltgeschichte des jüdischen Volkes* (1925–1929) er aus dem Russischen ins Deutsche übersetzte.[50] Die Referenz auf Steinberg kann auf die Petrograder Freundschaft zurückverweisen, aber ebensogut in die Berliner Zeit gehören.[51]

---

[48] Cassirer, *Zur Einstein'schen Relativitätstheorie.* Kursive Cassirers von Gordin nicht übernommen.

[49] Dmitrieva, *Geschichtskonzepte*, 173–193, 189.

[50] Steinberg floh 1934 nach London, wurde 1941 *director of the deparment of culture for the World Jewish Congress* und vertrat den Congress 1945–1967 bei der Unesco. S. zu Steinberg: Rubin, *Holy Russia, Sacred Israel*, 360–420, s. Steinberg, *Druzya moikh rannikh let* (1911–1928). Noch 1960 organisiert er zum Gedenken an Dubnows 100. Geburtstag eine Festschrift. Gordins kritische Nähe zum Berliner Dubnow-Kreis dokumentiert der Aufsatz: Gordin, *Simon Doubnov et la philosophie de l'histoire.*

[51] Steinberg blieb lebenslang ein Freund Gordins und legte noch 1960 eine eidesstattliche Erklärung ab, dass Gordin sein St. Petersburger Studium mit einem Universitäts-Di-

Entscheidender für die Verortung nach 1927 ist aber, dass der Aufsatz im Titel und im Ausarbeitungsgrad von einem Vortrag entschieden abweicht, zumal die beiden anderen Petrograder Vorträge Gordins von 1921 *Anthropodicea* und 1922 *Der Maximalismus und die Idee des Endes* nur auf Russisch vorliegen. In der Beherrschung des Deutschen und in der originären Durchdringung des gesamten Systems Cohens, v.a. der *Logik der reinen Erkenntnis* (die durchgängig in der 3. Auflage von 1922 zitiert wird) und der *Ästhetik des reinen Gefühls*, setzt der Aufsatz die *Untersuchungen* Gordins voraus. Auf Seite XVIII werden bestimmte Passagen der *Untersuchungen* zu Hegels Trias von ‚Sein, Nichts, Werden' explizit re-zitiert. Vor allem *Untersuchungen* S. 26 und die lange Anmerkung 70 der *Untersuchungen* S. 105–113 (eine gedrängte Problematik, die der Aufsatz ausführlicher darstellt und durcharbeitet) zeigen die werkgenetische und biographische Nähe und Abfolge von *Untersuchungen* und *Aufsatz*. Auch wenn die anderen Literaturhinweise des Textes vor 1922 liegen, dürfte es sich also mutmaßlich um eine völlig neu ansetzende Ausarbeitung bestimmter Probleme des früheren Vortrags 1922 aus der Zeit nach 1927 handeln.

Nach meiner Einschätzung stellt sich der ‚Berliner Gordin' genau jener Problematik, die 70 Jahre später Pierfrancesco Fiorato unter dem Titel: *Geschichtliche Ewigkeit. Ursprung und Zeitlichkeit in der Philosophie Hermann Cohens* verhandelt. Worauf Fioratos Analyse hinzielt, auf Cohens Messianismus-Theorie als Frage nach der Realisierung des Idealen und nach dem Paradoxon der erfüllten Zeit (Fiorato, *Geschichtliche Ewigkeit*, 166–178), wird zwar im Aufsatz Gordins nicht explizit. Die seinslogische und ursprungslogische Frage nach dem Primat der ‚ewigen Zukünftigkeit' in der Erzeugung der ‚Gegenwart' als Problem, das im gesamten System der Philosophie Cohens und an jedem Systemort seine genuine kategoriale Funktion und begriffliche Bestimmung erhält, zieht sich aber durch den gesamten Aufsatz. An einer ganzen Reihe von Argumentationsstellen des Aufsatzes lassen sich daher sachliche Koinzidenzen zwischen Gordins und Fioratos Analysen zeigen (wie im Voranstehenden angedeutet).

Abschließend sei dies an einer weiteren Koinzidenz beschrieben: An der Analyse der *Zeit als Kategorie der Antizipation*[52] bei Fiorato und Gordin, die jeweils beide der Verräumlichung der Zeit in Cohens LrE entgegenarbeiten. Hier konstatiert Fiorato:

Der ‚Einklang' zwischen der Antizipation und dem ursprünglichen ‚Hinausschreiten' der Realität läßt zum Vorschein kommen, daß es die Urbewegung der Realität selbst ist, die als ‚realer Zeitfortschritt' in der ‚ursprünglichen Tat der Zukunft' thematisch ist. Die Zukunft ‚enthält und enthüllt' also in der Tat den ‚Charakter der Zeit'; aber das hat eine viel tiefere Bedeutung und muß in einem grundsätzlicheren Sinn als üblich verstanden werden. Nämlich in dem ‚logischen' Sinne, in dem schon für Plotin das Sein der Zeit von der Zukunft bestimmt war: weil die Zeit sich im Sein nur zu erhalten vermag, indem sie immerfort etwas ‚hinzuerwirbt' […] Das ursprüngliche Element jedoch, das einem

---

plom der Philosophie abgeschlossen hatte (Dmitrieva, *Hermann Cohens Konzept der Anthropodizee*, 79 Anm. 2).

[52] Fiorato, *Geschichtliche Ewigkeit*, 142, Überschrift von Abschnitt 3.3, 142–165.

solchen Prozeß zugrundeliegt, ist wieder das Jetzt, das ‚gerade durch seine Zeitlichkeit, zeitloses Movens der Zeit zu sein, ‚Übergang in das Künftige (ist), indem es sich selbst dem Vergangenen anheimgibt'[53].

Man vergleiche hierzu Gordins Aufsatz S. XXII–XIV:

Hier aber entsteht die Frage über das Prinzip der Korrelativität dieser Korrelation selbst, m.a.W., die Frage über das [nach dem] Moment, das die Einheit des ‚Noch-Nicht' mit dem **/XXII/** ‚schon-Nicht', genauer, [das] den Übergang von dem ‚schon-Nicht' zu dem ‚Noch-Nicht'[54], die Prozessualität selbst dieses Übergangs bildet. Diese Funktion übt das ‚Plus-Zeichen', das mit dem Moment der Antizipation eindeutig ist, aus. *Aber das ‚Plus' die Antizipation ist noch nicht die Zukunft selbst, sondern eine Vorwegnahme der Zukunft, die doch selbst nicht die Zukunft ist.* Das Zukünftige in bezug auf A ist nicht das ‚Plus', sondern ein ‚B', da die [A]ufgabe der Deduction in der Festsetzung des Überganges von A zu B, von ‚Einem' zu ‚Anderen', besteht: „als das Andere müssen wir das B suchen; als das Andere zum A … als das Andere suchen wir B zu seinem anderen." (LrE, 147). Wenn A, das ‚Eine' als Vergangenheit figuriert, und B (*nicht aber ‚Plus'*) als Zukunft, *so folgt mit unmittelbarer Evidenz, daß das Plus, als die Antizipation der Zukunft nichts anderes ist als die Gegenwart selbst.* Hier ist nämlich die Stelle der Gegenwart, die als ‚Durchgangspunkt' dient, als ein Prinzip de[s] Überganges von der Zukunft zur Vergangenheit, als die Verknüpfung der Vergangenheit mit der Zukunft. Darin besteht die funktionelle Bedeutung der Gegenwart als einer Grundmodifikation der Zeit; und darin, unter anderem, zeigt sich auch die Richtigkeit des von uns angenommenen unmittelbaren Zusammenhangs der Gegenwart mit dem Werden, als dem Prinzip der Korrelation ‚Sein-Nichts'. Nun aber, und hier beginnt die weitere Entwicklung des Problems, ist die Gegenwart nicht im Stande, selbstständig diese kardinale Aufgabe der Zeit-erzeugung zu erfüllen. Sie ist nicht imstande es selbstständig zu erfüllen, weil sie selbst nicht selbstständig ist, da sie nur in Vorwegnahme der Zukunft, nur eine ‚Vermeintlichkeit', in dem **/XXIII/** oben dargelegten Sinne, ist. Freilich, ist die Gegenwart keine schlechte, sondern wertvolle ‚Vermeintlichkeit'; aber diesen Wert, der die Vermeintlichkeit schöpferisch macht, erhält die Gegenwart nicht aus sich heraus, sondern von dem, worin sie ausschließlich ihre(n) Grund hat und auf dessen Boden sie selbst zuerst entsteht: eben von ihrer Verbundenheit mit der Zukunft, da sie mit der Zukunft als die Vorwegnahme ihrer verbunden ist und aus ihr herauswächst.

Solch subtilen Analysen zeigen: In Gordins Aufsatz über den Gegenwartsbegriff bereitet sich jene religionsphilosophische Problematik des ‚Pariser Gordin' vor, die seine Gesamtinterpretation jüdisch-mittelalterlicher Philosophie in Berlin 1930 bis 1933 und in Paris 1934 veranlasst, perspektiviert durch die maimonideische *via negativa* als Höhepunkt und Maßstab kritischer Schöpfungsphilosophie des Judentums.

---

[53] Fiorato, *Geschichtliche Ewigkeit*, 158 f. mit Zitat aus Plotin, *Über Ewigkeit und Zeit. Einleitung und Kommentar* (*Enneade III 7*). Übersetzt, eingeleitet und kommentiert von Werner Beierwaltes, Frankfurt am Main [3]1981, 273.66.

[54] Gordin korrigiert nachträglich die Folge von schon-Nicht und Noch-Nicht im obigen Sinn.

IV. Schöpfungstheorie *via negativa* – Von Levinas zurück zu Gordin

Wer von Levinas Werken zu Gordins Texten zurückkehrt, wird zunächst Differenzen wahrnehmen. Tatsächlich ist es aber die von Cohens Maimonides-Interpretation von 1908 geprägte Schöpfungstheorie *via negativa*, die Levinas 1934 von Gordin lernte. Schöpfungstheorie *via negativa* darf allerdings nicht mit negativer Schöpfungstheologie verwechselt werden.[55]

Levinas (1974) widerruft namentliche Referenz und objektiven Bedeutungsgehalt des Wortes oder Namens ‚Gott'. Er widerruft die genuinen Geltungs- und Verifikationsansprüche *theologischer* Sätze und Satzzusammenhänge *skeptisch*, *ohne* für eine Form von *negativer Theologie* zu votieren. Skepsis vollzieht sich als *diskursive* Kritik theologischer Verwendungen von ‚Gott' als ‚Wort'.[56] „Verstehbarkeit [sc. des Unendlichen], deren Ungewohntes sich nicht auf eine negative Theologie reduzieren lässt: Die Transzendenz des *Unendlichen* wird nicht in Aussagesätzen eingeholt, und seien diese auch negativ."[57]

Diese Abgrenzung der *via negativa* von negativer Theologie zehrt allerdings von Voraussetzungen.[58] Levinas' *Skepsis* setzt einerseits die Analysen zur Dia-

---

[55] Mit *Via negativa* betitelt Dirk Westerkamp seine Untersuchung über *Via Negativa. Sprache und Methode der negativen Theologie.* Im Schlusskapitel *Der durchkreuzte Name: Negative Theologie im Diskurs der Moderne: Levinas, Derrida, Marion, Putnam* mutmaßt Westerkamp zu Recht: Die zeitgenössische Erneuerung der maimonideischen Theorie der infiniten Negation in der Attribuierung Gottes gehe in der Moderne von Hermann Cohens Abhandlung *Charakteristik der Ethik Maimunis* (1908) aus, zuerst publiziert im *Erinnerungsband* der *Gesellschaft zur Förderung der Wissenschaft des Judentums* zu Maimonides' 700. Todestag. Mit dieser Abhandlung setzt in der Tat Cohens erneute Arbeit an seiner posthum publizierten Religionsphilosophie ein, die ihn im letzten Jahrzehnt seines Lebens beschäftigt (1908 bis 1918). Ihr Resultat ist die Gottes- und Schöpfungstheorie der *Religion der Vernunft aus den Quellen des Judentums*, konzentriert in Cohens Logik des unendlichen Urteils als genuiner *via negativa*, deren Kehrseite eine scharfe Kritik am Logos-Mythos christlicher Schöpfungslehre und an der Großen Logik Hegels ist. Westerkamp überspringt aber vollständig die Epoche 1908 bis 1945. Seine Darstellung der *via negativa* springt, nach kurzem Einsatz beim Cohen des Jahres 1908, unvermittelt zu Levinas und dessen ethischer und religionsphilosophischer *via negativa* nach 1960. Dies markiert exakt die Forschungslücke, in die Gordins *Aufsatz* und seine *Pariser Vorlesungen über mittelalterliche jüdische Philosophie* eintritt. Wenn ich also nach dem *Dialektik-Konzept*, *nach Sprachskepsis und nach der Korrelation von Gegenwart als Augenblicklichkeit und ewiger Zukünftigkeit* in der Schöpfungsphilosophie von *Hermann Cohen 1908 bis Jakob Gordin 1935* frage, so um diese Epoche als eigenständigen Diskurs zu würdigen. Wie *anders* würde sich *das Dialektische in Aussage und Urteil sowie im ethisch-appellativen Sagen* im Spiegel dieser *via negativa ausmachen?* Was sind die intellektuellen Kontexte dieser genuinen Sprachskepsis gegenüber der Analogie-Lehre (Pariser Neuthomismus) und der Logik Hegels (in der Version von Cassirers Philosophie der Symbolischen Formen Band 3)?

[56] Levinas, *Jenseits des Seins oder anders als Sein geschieht*, 331 f.

[57] Levinas, *Wenn Gott ins Denken einfällt*, 168.

[58] Westerkamp, *Via negativa*, 200.

lektik des unendlichen Urteils von Gordin und seine Maimonides-Interpretation voraus. Sie setzt andererseits Rosenzweigs ‚Grammatik und Logik' voraus: die Gewissheit sprachlicher Bedeutsamkeit in den ‚Zeitekstasen' von Schöpfung, Offenbarung und Erlösung. Die Positivität gesprochener Sprache ist das (schöpfungstheoretische) Organon des beanspruchten *‚neuen erfahrenden Denkens'*.[59]

Levinas beansprucht also zwar, sich von der Urteilslogik und Ethik Cohens zu lösen, die er als Konstruktionsplan für die ethische Erfahrung von Heiligkeit diskreditiert. Genau hier setzt sein Anspruch genuiner Skepsis an: Die unvermeidbare Wiedereinführung des Wortes ‚Gott' ins Aussagengefüge von Philosophie und in die Ordnung der Aussage und ihrer Ermöglichungsbedingungen müsse jederzeit von Skepsis widerrufen werden können. Die Unmöglichkeit der Aussage wird behauptet, und diese Unmöglichkeit wird realisiert durch eben die Aussage dieser Unmöglichkeit (gegen die übliche Anti-Skepsis).[60]

Le scepticisme conteste donc la thèse selon laquelle *entre le dire et le dit* se répète la *relation qui rattache* dans la synchronie *condition à conditionné.* Comme si au scepticisme était sensible la *différence* entre *mon exposition* – sans réverse – à l'autre, qu' est le Dire et l'exposition ou l'énoncé du Dit, dans son équlibre et son justice.[61]

Levinas' skeptische Nicht-Theologie zehrt vom sprachlogischen Sinn der ‚Verunendlichung des Unendlichen'. Die Positivität der ethischen Verstrickung in Heiligkeit und Güte des Unendlichen, die Levinas als genuin *zeitliche, messianische* Erfahrung behauptet, setzt eine logische Lehre von der Attribuierung Gottes *via negativa* voraus, die Gordin formuliert: Verunendlichung der Unendlichkeit affirmiert nicht die positiven Attribute Gottes theologisch. Heiligkeit und Herrlichkeit, Liebe und Gerechtigkeit sind vielmehr nur vermittels der Operation des unendlichen Urteils dem schlechterdings Unbezüglichen, Fremden attribuierbar. Affirmiert sind diese nur in sich selbst als ethische Un-Grundlegungen der Herrlichkeit, der Heiligkeit, der Liebe und der Gerechtigkeit. Levinas' skeptischer Widerruf von Theologie vollzieht sich selbst mittels jener Schöpfungs-Philosophie, für die Hermann Cohen und Jakob Gordin zwischen 1908 und 1935 die Vor-Arbeit leisten.

Wie ist also das Verhältnis von Skepsis und *via negativa* zu bestimmen? Dazu sollten zwei Schlüsseltexte Gordins – neben dem *Aufsatz* über den Gegenwartsbegriff – im Blick sein, die ins Jahrfünft zwischen 1930 und 1935 gehören.

---

59 Assel, *Name und Negativität.*

60 Levinas, *Jenseits des Seins*, 34.

61 Levinas, *Autrement*, 213; dt. *Jenseits des Seins*, 364: „Der Skeptizismus bestreitet also die These, nach der die *Beziehung, die* in der Synchronie *Bedingung an Bedingtes* knüpft, sich zwischen *Sagen und Gesagtem* wiederholt. Als hätte der Skeptizismus ein Gespür für die *Differenz* zwischen *meiner* – rückhaltlosen – *Ausgesetztheit* gegenüber dem Anderen, die das Sagen ist, und der Exposition oder der Aussage des Gesagten, in ihrer Ausgewogenheit und Gerechtigkeit."

Charakteristisch für Gordins Sicht der *Via negativa* bei Maimonides (und für seine Rezeption von Cohens Charakteristik der Ethik Maimunis) ist folgender Schlüsselpassus von 1931:

Maimonides kommt, „indem er von der bereits vorliegenden Formel: Gott ist einer nicht durch die Einheit, seiend nicht durch das Sein usw., ausgeht, zu der eigenartigen Theorie der ‚Negation' der privativen Attribute (שלילת העדרים), welche Operation er sowohl von der der ‚doppelten Negation' als auch von der der ‚totalen Negation' scharf unterscheidet. Wenn weiterhin Maimonides die von ihm zuerst getroffene Unterscheidung zwischen den ‚negativen' Attributen und den Wirkungsattributen (die ebenfalls nicht analogisch zu verstehen sind) fallen läßt und beide Arten einander angleicht, so bedeutet dies, daß die Eigenschaften Gottes ‚Gottes Wege' sind (I, c. 54). Der adäquate Sinn der ‚Negation der Privation' erweist sich lediglich als das Bekenntnis zu Gott als dem Schöpfer der Welt bzw. zu Gott als dem Urbild der ethischen Handlungen, dem Wegweiser zum Guten. Durch diese Synthese beider Momente: der Transzendenz Gottes und der ethischen (im weiteren Sinne geschichtsphilosophischen) Orientierung des Gottesbegriffs, überwindet Maimonides prinzipiell sowohl den neuplatonischen als auch den aristotelischen Gottesbegriff.[62]

Ins Zentrum von Gordins Denken nach seinem *Aufsatz* über den Gegenwartsbegriff tritt die *via negativa* erzeugte, genuin dialektische Korrelation des individuellen Menschen in der Allheit messianischer Menschheit *als Schöpfung* mit Gott als einzigem Sein und *als Schöpfer* unter dem Primat des einzigen Seins als ewige Zukünftigkeit im ‚messianischen' Augenblick. Diese Korrelation wird 1934 – also inmitten der Erfahrung des ‚Hitlerismus'[63] – eine *kulturkritische* Fundamentalunterscheidung so Gordins wie dann auch Levinas'.

Bereits Cohen notiert 1915 im Kapitel *Das Verhältnis der Religion zur Psychologie*: Die kritische Eigenart der Religion für den Menschen in seiner lebensweltlich unthematischen Kulturalität, also für den Menschen „gleichsam ohne alle Kultur" (BR, 138), bestehe in dem „Verlangen nach einem Wesen außer dem Menschen, aber für den Menschen" (BR, 138). Und noch der Philosoph, der seine Kultur-Psychologie als vierten Systemteil geschrieben haben würde, stünde vor der einfachen Frage: „‚Und wo bleibt der Baure Aulom?'"[64]

Der *kulturkritische* Sinn dieser Frage wird durch Gordin im Jahr 1934 enorm zugespitzt. In seinem Aufsatz *L'Actualité de Maïmonide* (1934) zieht Gordin daraus nun Folgerungen, die weit über den *Aufsatz* hinaus gehen; die allerdings als mögliche Folgerungen dem Argument des *Aufsatzes* keineswegs inkommensurabel sind. Gordin greift manchen Spitzenformeln aus Levinas' *Jenseits des Seins* (1974) zur *messianischen Subjektivität und Substitution* weit voraus.

---

62 Gordin, *Gott*, 586.

63 Levinas, *Quelques réflexions sur la philosophie de l'hitlérisme.*

64 Rosenzweig, *Jehuda Halevi*, 73. S.o. S. 94f. Anm. 37.

La singularité unique des destinées du peuple juif qui, en dépit de toutes les lois naturelles et des lois dites historiques, a conservé son existence individuelle et qui ‚campe solitaire et n'est pas compté parmi les autres peuples' (*Moreh* IV,9; Nombres 23,9), tout en demeurant de tout temps et en tout lieu le compagnon éternel de l'histoire – cette singularité témoigne qu' ici, et seulement ici, nous touchons au véritable esprit de l'histoire.

Le martyrologue de ce peuple devient un exemple palpable, une projection complète du calvaire de toute l'humanité souffrante. Cet ‚esclave de Dieu, endolori' qui condense dans son destin la torture mondiale devient un symbole concret de l'humanité qui apprend à se connaître, et une préfiguration providentielle de la future humanité messianique. […] *La doctrine de Maimonïde relative à la création apporte à ses conceptions la base théorique indispensable.*[65]

Es ist genau dieser Passus des Aufsatzes von 1934, den Levinas noch 1972 als die entscheidende Erkenntnis Gordins rezitiert und hervorhebt.[66] Und dies völlig zurecht. In dem einzigen publizierten Text über Maimonides aus Levinas' Feder: *L'actualité de Maïmonide* (1935) findet sich wie ein Echo zum Schluss-Satz des Gordin-Textes folgender Passus über den *Paganismus* (Levinas' Chiffre des *Hitlerismus*):

La perfection de Dieu n'est qu'un *homonym* de la perfection des choses. Son action n'a avec l'action d'ici bas qu' une communauté de nom. Elles sont éloignées l'un de l'autre par tout l'abîme qui sépare la *création* de la *fabrication*. La portée de cette découverte est incalculable […] *Le paganisme est une impuissance radicale de sortir du monde* […] Le sentiment d' Israël à l'egard du monde est tout différent. Il est empreint de suspicion.[67]

Das Unbehagen in der Kultur reiner Immanenz und ihrer fundamentalen Unfähigkeit, das Unendliche als Abgrund und als sich selbst im Denken orientierendes und erhaltendes In-der-Welt-Seins zu exponieren und also der messia-

---

[65] Gordin, *Actualité de Maïmonide*, 136f. (Kursive HA); übersetzt: The uniqueness of the destiny of the Jewish people who, despite all natural laws and so-called historical laws, has retained its individual existence, and who 'dwells apart, and will not be reckoned among the nations' (Moreh IV,9; Numbers 23,9), while remaining in any time and place the eternal companion of history - this uniqueness testifies to the fact that here, and only here, do we touch the true spirit of history. The martyrology of this people becomes a tangible example, a perfect representation of the calvary of all human sufferings. This grieved 'slave of God', who condenses in his destiny the torture of the world, becomes a concrete symbol of humanity that tries to know itself, and a providential prefiguration of the future messianic humanity. [...] *Maimonides' doctrine of creation provides the indispensable theoretical basis for his conceptions.*

[66] Rezitiert von Levinas, *Jacob Gordin*, in: Gordin, *Écrits*, 291–296, 295f.; zuvor publiziert als: „Jacob Gordin", in: *Les Nouveaux Cahiers* 31 (1972–1973), 22–27; und in: Levinas, *Difficile Liberté*, 219–224.

[67] Levinas, *L'actualité de Maïmonide*, 6–7*, übersetzt: The perfection of God is only a *homonym* of the perfection of all things. His action has with the action here below only in common a name. They are separated from each other by the abyss that separates the creation from the production. This discovery was of incalculable importance [...] Paganism is a fundamental incapacity to get out of the world [...] Israel's feeling towards the world is quite different. It is marked by suspicion.

nische Menschheit im Einzigen-für-den-Anderen im messianischen Augenblick gerecht zu werden oder standzuhalten, markiert das Existential skeptischen Verdachts, das nach dem *unauffälligen Rätsel im Begriff der Gegenwart* fragen lässt.

V. Der Argumentationsgang und seine Zusammenfassung

Diese Gesamtsicht erlaubt abschließend, die Argumentation Gordins durch Abschnittsmarkierungen und Abschnittsüberschriften seines fortlaufenden Textes zu strukturieren, also einen Verstehensvorschlag zu unterbreiten:

Einleitung I–V: Philosophologie – Logik des unendlichen Urteils als (Un-)Grundlegung systematischer Philosophie und als philosophie-historische ‚Erfahrungsbasis' des transzendentalen Problems der Gegenwart.

Abschnitt 1, V–XI: Gegenwart als vermeintliches Sein, als zu erklärendes Werden, als logisches Beisammen von ‚ist' und ‚ist-nicht', als logisch legitime Unendlichkeit; ihre kategoriale Reduktion auf den Raum, das räumliche Beisammen in der Logik Cohens.

Exkurs XI–XVI: Unauflösbarkeit von Gegenwärtigkeit in räumliches Beisammen, in Bewegung und in Beharrung. Gegenwart als kategorial zeitliches Zugleichsein aus der Korrelation von einzigem Sein und Werden als Korrelativität von Korrelation. Werden und Denkgesetz der Kontinuität. Schlüsselfunktion von ‚Erhaltung'. Kernaporie von Schöpfung *via negativa* ist Erhaltung, noch vor *creatio ex nihilo.*

Abschnitt 2, XX–XXV: Zusammenführung: Die Ursprungs-Korrelation Sein-Werden und die Idee des Werdens als Korrelativität von Korrelation, eingeschlossen die erzeugungslogische Korrelation Sein-Nichts, fortbestimmt zum seinslogischen Sinn der Korrelation Gegenwart-Ewigkeit/Zukünftigkeit. Von daher erst die dimensionale Korrelation Zukunft-Vergangenheit und die Korrelation Innen-Außen, Gleichzeitigkeit-Beisammen.

Abschnitt 3, XXV–XXXI: Zwischenüberlegung: Warum ist die Idee der Ewigkeit, obwohl sie latent in der Cohenschen Logik steckt, in ihr nicht explizit dargelegt?

Abschnitt 4, XXXI–XXXVII: Der systematische Ort und die Bedeutung von Gegenwart als Epoche-Gegenwart in der Ästhetik und seine Problematik.

Abschnitt 5, Zusammenfassung der Abschnitte 1–4, XXXVII: „Die Gegenwart hat eine selbstständige, systematische Zeit-Bedeutung: dabei hat sie auch eine zentrale Bedeutung im Verhältnis zu den anderen Zeitmodifikationen; der Rolle des ‚Werdens' (Kontinuität) in der Korrelation ‚Sein-Nichts' entspricht in der Korrelation der Zeit die Rolle der Gegenwart als eines Prinzips der zeitlichen

Dialektik; die Gegenwart befindet sich in einer unmittelbaren Korrelation mit dem ‚Ewig-Zukünftigen'. Dies wird auch durch Cohen selbst angedeutet: ‚Das Sein wird nicht in der Gegenwart festgelegt, sondern es schwebt über sie hinaus. *Gegenwart und Zukunft werden in diesem Sein Gottes verbunden*' (BR, 22). Das heißt aber, dass die Gegenwart den Focus der zeitlichen Bewegung und seiner dialektischen Erzeugung ausmacht."

Anhang (XXIX–XXXV)
Mythische Ur-Zeit? Das ‚Immer-Vergangene' ist keineswegs der Ewigkeits-Zukunft ebenbürtig; es ist noch in viel höheren Maße vermeintlich, als das ‚vermeintliche Sein' des Werdens oder des ‚immer-Gegenwärtigen'. – Aporie der Psychologie als Übergangsort von Ästhetik zu Religionsphilosophie: Fühlen als Ursprung des Bewußtseins und Tendenz des Bewegungsgefühls in der Ästhetik; religiöse Liebe als genuine Erkenntnis Gottes, deren logischer Ausdruck die Korrelation von Gott und Mensch ist. Schluss-Aporie: „Die in diesem Zusammenhange auftretende Frage über den Ort der Psychologie als der Einheit des Kulturbewusstseins müssen wir hier beiseite lassen. Wir wollen bloss bemerken, dass wir für möglich halten, sie als den ‚Übergangsort' von Ästhetik zu der Religion zu deuten." (XL)

‚Bedeutungsnuancen' von ‚Gegenwart' im Verhältnis zur Philosophie Cohens betrachtet, entsprechend der fünfteiligen Struktur des Systems und ihrem ‚Vorinhalt' (LrE 56) in den Urteilen der Denkgesetze:[68]

(1) Gegenwart als Zugleich und *exaiphnes*, Augenblicklichkeit in der ursprungslogischen Erzeugung von Kontinuität und aus der Korrelativität-Korrelation Sein–Werden, dem abenteuerlichen Umweg der Abkehr/Umkehr via *nihil privativum*: Geschaffen-Erzeugtes Jetzt des Werdens;

(2) Gegenwart als geometrisiertes Beisammen, als geometrisierte Zeit der mathematischen Naturwissenschaften in der Logik der mathematischen Urteile;

(3) Gegenwart als Willens-Antizipation unabschließbarer Realisierungs-Zukunft der Ethik des reinen Willens;

(4) das Immer-Gegenwärtige oder die Epoche-Gegenwart der Individuelles typisierenden Ästhetik des reinen Gefühls;

---

[68] S. Fiorato, *Geschichtliche Ewigkeit*, 119–128: Die Grundstruktur der LE: Ein Auslegungsversuch, v.a. Struktur-Schema 126: Urteile der Denkgesetze (vorinhaltliche Erkenntnisse: reine Tätigkeit), Urteile der Mathematik (erste Bestimmungsformen der Inhalte: höchste Übereinstimmung zwischen Tätigkeit und Inhalt), *Wendepunkt:* Bestimmung von Mehrheit; Urteile der mathematischen Naturwissenschaft (Hervorhebung des Inhalts).

(5) das Immer Vergangene, die potenziert vermeintliche Urzeit des kulturpsychologisch mythischen Bewusstseins;

(6) Geschichtliche Ewigkeit oder erfülltes Jetzt aus ewiger Zukünftigkeit in der Einheit von Gegenwärtigkeit-Zukünftigkeit des einzigen Seins oder ‚Gottes' der Religion der Vernunft.

Literaturverzeichnis

Aslanoff, Cyril, *Jacob Gordin en France: Transfert de savoir ou malentendu culturel?*, in: *Archives juives* 38/1 (2005), 107–122.

Assel, Heinrich, *Name und Negativität. Der göttliche Name als selbstbezügliches Zeichen bei Franz Rosenzweig*, in: Ingolf U. Dalferth/Philipp Stoellger (Hg.), *Krisen der Subjektivität. Problemfelder eines strittigen Paradigmas* [Religion in Philosophy and Theology 18], Tübingen 2005, 333–359.

–, *Via negativa? Sprachskepsis und Schöpfungs-Philosophie bei Hermann Cohen, Franz Rosenzweig, Jakob Gordin und Emmanuel Lévinas*, in: Michael Moxter/Anna Smith (Hg.), *Theologie und Religionsphilosophie in der frühen Weimarer Republik* [Christentum in der modernen Welt 4], Tübingen 2023, 83–101.

Aux sources de l'universel dans le judaïsme. L'enseignement de Rachel et Jacob Gordin, Boulogne-Billancourt, http://www.akadem.org/sommaire/themes/histoire/leschefsspirituels/racheletjacobgordin/l-enseignement-de-rachel-etjacob-gordin-15-05-2013-52592_4476.php (28.04.2023).

Baba, Tomokazu, *Emmanuel Lévinas et l'Histoire de la philosophie: génèse d'une éthique (1929–1955)/ Emmanuel Levinas and the history of philosophy: genesis of an ethics (1929–1955)*, verteidigt am 12.9.2013 (Paris, Sorbonne).

–, *L'actualité de Maïmonide chez Jacob Gordin. Notes de lectures pour l'étude de la genèse de la vision de l'histoire de la philosophie occidentale chez le jeune Levinas*, http://hermes-ir.lib.hit-u.ac.jp/rs/bitstream/10086/19020/2/jinbun0000503800.pdf. (28.04.2023).

Plotin, *Über Ewigkeit und Zeit. Einleitung und Kommentar (Enneade III 7)*. Übersetzt, eingeleitet und kommentiert von Werner Beierwaltes, Frankfurt am Main [3]1981.

Bohlender, Matthias, *Die Herrschaft der Gedanken. Über Funktionsweise, Effekt und die Produktionsbedingungen von Ideologie*, in: Harald Bluhm (Hg.), *Karl Marx, Friedrich Engels: Die deutsche Ideologie* [Klassiker Auslegen 36], Berlin 2010, 41–58.

Cassirer, Ernst, *Zur Einstein'schen Relativitätstheorie. Erkenntnistheoretische Betrachtungen*, Berlin 1921.

–, *Davoser Vorträge. Vorträge über Hermann Cohen. Mit einem Anhang: Briefe Hermann und Martha Cohens an Ernst und Toni Cassirer (1901–1929)*, Ernst Cassirer. Nachgelassene Manuskripte und Texte 17, Hamburg 2014.

Cohen, Hermann, *Werke*, hg.v. Helmut Holzhey u.a. Hildesheim u.a. 1977 ff.

–, *Die Religion der Vernunft aus den Quellen des Judentums*, Leipzig 1919.

–, *Deutschtum und Judentum. Mit grundlegenden Betrachtungen über Staat und Internationalismus*, in: Werke 16, 465–560.

–, *Charakteristik der Ethik Maimunis*, in: Werke 15, 161–269.

Dmitrieva, Nina: *Geschichtskonzepte im russischen Neukantianismus: Nikolai Boldyrew und Jakob Gordin*, in: Christian Krijnen/Marc de Launay (Hg.), *Der Begriff der Geschichte im Marburger und südwestdeutschen Neukantianismus*, Königstein/Würzburg 2013, 173–193.

–, *On the cross-road of traditions. The neo-kantian anthropodicy of Jacob Gordin. Part Two. Supplement. J. Gordin. Anthropodicy (only lecture)*, in: Rossijskij Gosudarstvennyj Gumanitarnyj Universitet Bulletin 3 (5), Moskau: Rossijskij Gosudarstvennyj Gumanitarnyj Universitet 2016, 99–146 (russisch).

–, *Hermann Cohens Konzept der Anthropodizee in der Sicht Jacob Gordins*, in: *Kantovsky Sbornik/Kant Studies Journal Neo-Kantianism*, Kaliningrad 2015, 78–86.

Fiorato, Pierfrancesco, *Geschichtliche Ewigkeit. Ursprung und Zeitlichkeit in der Philosophie Hermann Cohens*, Studien und Materialien zum Neukantianismus 2, Würzburg 1993.

Gawronsky, Dimitry, *Das Urteil der Realität und seine mathematischen Voraussetzungen, Inauguraldissertation Marburg 1910*, ungedruckt.

–, *Ernst Cassirer. His Life and Work*, in: Paul A. Schilpp (Hg.), *The Philosophy of Ernst Cassirer*, Library of Living Philosophers 6, Evanston 1949, 1–37.

Gordin, Jakob, *Untersuchungen zur Theorie des unendlichen Urteils*, Berlin 1929.

–, *Cohen, Hermann*, *Encyclopaedia Judaica* 5 (1930), 604–614.

–, *Crescas, Hasdaï*, *Encyclopaedia Judaica* 5 (1930), 696–708.

–, *Gott: Mittelalter. In der Religionsphilosophie. In der Philosophie der Neuzeit*, *Encyclopaedia Judaica* 7 (1931), 577–590.590–596, Wiederabdruck in: *Encyclopaedia Haiwrit*, Jerusalem 1955.

–, *Herrera, Abraham Cohen*, *Encyclopaedia Judaica* 7 (1931), 1206–1210 (Wiederabdruck: *Encyclopaedia Judaica* 8 (1971), 391–392).

–, *Jehuda Halevi: Jehuda Halevi als Religionsphilosoph*, *Encyclopaedia Judaica* 8 (1931), 976–990.

–, *Kant, Immanuel*, *Encyclopaedia Judaica* 9 (1932), 882–885.

–, *Lazarus, Moritz*, *Encyclopaedia Judaica* 10 (1934), 708–709.

–, *Actualité de Maïmonide*, in: *Les Cahiers juifs* 10 (1934), 6–18, Wiederabdruck (1972.1979) 1995 in: Gordin, Écrits, 123–144.

–, *Simon Doubnov et la philosophie de l'histoire*, in: *Cahiers juifs* 11–12 (1934), 116–127, Wiederabdruck in: Écrits, 273–290.

–, *Maimonide dans la Pensée du XIXe Siècle* 1935, Wiederabdruck in: Gordin, Écrits, 105–122.

–, *Compagnons éternels Benedictus ou maledictus: Le cas Spinoza*, in: *Cahiers juifs* 14 (1935), 104–115, Wiederabdruck in: *Evidences* 42 (1954), 20–27; Wiederabdruck in: Gordin, Écrits 1995, 145–164.

–, *Écrits. Le renouveau de la pensée juive en France*, hg. v. Marcel Goldmann, Paris 1995.

–, *The Religious Crisis in Jewish Thought*, Religion 13 (44) 2022, eingeleitet und übersetzt von Ori Werdiger, https://www.mdpi.com/2077-1444/13/1/44 (28.04.2023).

Holzhey, Helmut, *Ursprung und Einheit. Die Geschichte der ‚Marburger Schule' als Auseinandersetzung um die Logik des Denkens*, Cohen und Natorp 1, Basel/Stuttgart 1986.

–, *Cassirers Kritik des mythischen Bewußtseins*, in: Hans-Jürg Braun/Helmut Holzhey/Ernst W. Orth (Hg.), *Über Ernst Cassirers Philosophie der symbolischen Formen*, Frankfurt am Main 1988, 191–205.

Lehr, Johanna: *La Thora dans la Cité. L'émergence d'un nouveau judaïsme religieux après la Seconde Guerre mondiale*, Lormont 2013.

Levinas, Emmanuel, *Quelques réflexions sur la philosophie de l'hitlérisme*, in: *Esprit* 26 (1934), 199–208.
–, *L'actualité de Maïmonide*, in: *Paix et Droit* 4 (1935), 6–7.
–, *Jacob Gordin*, in: *Les Nouveaux Cahiers* 31 (1972–1973), 22–27.
–, *Jenseits des Seins oder anders als Sein geschieht* [1974], Freiburg/München 1992.
–, *Difficile Liberté*, Paris [2]1976.
–, *Wenn Gott ins Denken einfällt. Diskurse über die Betroffenheit von Transzendenz* [1982], Freiburg/München 1985.
Rosenzweig, Franz, *Jehuda Halevi. Fünfundneunzig Hymnen und Gedichte. Deutsch und Hebräisch*, Der Mensch und sein Werk. Gesammelte Schriften IV,1, Den Haag u.a. 1983.
Rubin, Dominic, *Holy Russia, Sacred Israel. Jewish-Christian Encounters in Russian Religious Thought*, Brighton 2010.
Steinberg, Aaron, *Druzya moikh rannikh let* (1911–1928), Paris 1991.
Strauss, Leo: *Hobbes´ politische Wissenschaft und zugehörige Schriften – Briefe*, Gesammelte Schriften 3, hg. v. Heinrich und Wiebke Meier, Stuttgart/Weimar 2001, 455–605.
Trautmann-Waller, Céline: *Jacob Gordin ou le judaïsme d'un philosophe européen*, in: *Archives Juives* 46 (2013/2), 30–58.
Werdiger, Ori: *On the Possibility of and Justification for a Philosophical Interpretation of Kabbalah: The Scholem-Gordin Correspondence*, in: *Naharaim* 14/2 (2020), 297–312.
–, *Addendum: Scholem on Meeting Gordin in Paris in 1946*, in: *Naharaim* 2021 15(1), 147–149.
–, *Jacob Gordin and the Anti-Spinozist Legacy of Hermann Cohen in France*, in: *Modern Intellectual History* 19/3 (2022), online 2021, 783–806.
Westerkamp, Dirk, *Via Negativa. Sprache und Methode der negativen Theologie*, München 2006.
Wiedebach, Hartwig, *Wissenschaftslogik versus Schöpfungstheorie. Die Rolle der Vernichtung in Cohens Ursprungslogik*, in: Pierfrancesco Fiorato (Hg.), *Verneinung, Andersheit und Unendlichkeit im Neukantianismus* [Studien zum Neukantianismus 26], Würzburg 2009, 47–67.

Jakob Gordin

Die philosophisch-systematische Bedeutung des Gegenwartsbegriffes im Verhältnis zur Philosophie Cohens betrachtet

Ediert und kommentiert von *Heinrich Assel*

Editorische Vorbemerkung

Archivalischer Ort: Archiv der AIU, Paris, Fonds Gordin, Boîte 4, Dossier Nr. 97, 46 handschriftliche Seiten mit vielfachen handschriftlichen Korrekturen, nummeriert mit römischen Ziffern und ein unnummeriertes Titeldeckblatt.

Gordin setzt reine Belegnachweise v.a. aus Cohens Schriften mit /…/ direkt in den Text (mit Werksigle Cohens und Seitenzahl). Diese Nachweise sind mit (…) vom Editor im Text mit den Siglen des Siglenverzeichnisses in diesem Band dargestellt.

Gordin 1929 = Untersuchungen zur Theorie des unendlichen Urteils, Berlin (Akademie) 1929.

Gordin übernimmt bei Zitaten die Sperrungen in zitierten Texten (häufig in H. Cohens Texten) nur teilweise als Unterstreichungen. Er setzt stattdessen gelegentlich eigene, abweichende Hervorhebungen in den zitierten Texten durch Unterstreichungen. Gordins Hervorhebungen wurden als *Kursive* übernommen und nicht an das Original angepasst. Gelegentliche Rektifikationen in Zitaten sind durch [ ] ausgewiesen.

[ ]	Ergänzung des Editors: Emendationen des Textes oder sinnbetreffende Korrekturen des Editors
[-] [--]	Nicht entzifferte Worte
[?]	Das voranstehende Wort ist fraglich
//	Beginn einer neuen Seite in der Handschrift, in Klammern die (römische) Seitenzahl der Handschrift
*	Seitenbezogene Original-Fußnote Gordins, von ihm bei Querverweisen mit: ‚Seitenzahl *' abgekürzt.

Anmerkungsziffer ohne * in [ ]: Fußnote des Editors.

Um der Lesbarkeit willen sind geringfügige orthographische Korrekturen (Kommata, korrigierte Buchstaben) nicht ausgewiesen. Von der damaligen und heutigen deutschen Orthographie abweichende Schreibweise Gordins (z.B. Groß- und Kleinschreibung, Kommasetzung) wurde nicht verändert.

Dem Direktor des Archivs der AIU Paris, Jean-Claude Kuperminc, danke ich für die großzügige Überlassung des Inventarverzeichnisses sowie digitalisierter Nachlass-Archivalien Gordins, darunter den digitalisierten Autographen des hier edierten Aufsatzes von Gordin. Nina Dmitrieva danke ich für wichtige Hinweise auf den Gordin-Nachlass. Wilm Grunwaldt, Lena Nkechi Eke, Lennert Thomas und Antje Arens (Greifswald) arbeiteten an Transkription und Korrektur mit, wofür ich ihnen danke. Ein Fellowship am Maimonides-Center for Advanced Studies (DFG-FOR 2311) in Hamburg gewährte mir Freiraum für Archivrecherche und Forschung zu Gordin sowie die Gelegenheit, erste Ergebnisse im Diskurs zu prüfen, wofür stellvertretend Guiseppe Veltri gedankt sei.

„Philosophie ist nur systematische Philosophie. Es gibt nur *eine* Art von Philosophie; das ist die systematische, die aus Gliedern eines Systems bestehende, aus diesen Gliedern zu einem System sich zusammenschließende Philosophie."
(H. Cohen, Ästhetik des reinen Gefühls 1,16)

„Was Raum und Zeit wahrhaft *sind* – das wäre für uns im philosophischen Sinne erst dann bestimmt, wenn es uns gelänge, diese Fülle ihrer geistigen *Bedeutungsnuancen* vollständig zu überblicken und uns in ihr des durchgreifenden und übergreifenden Formgesetzes zu versichern, dem sie unterstehen und gehorchen."

(E. Cassirer, Zur Einstein'schen Relativitätstheorie, 129[1])

/I/ [2]Der vorliegende Aufsatz hat die Aufgabe, die Idee der Gegenwart überhaupt philosophisch zu klären, zu bestimmen, was die Gegenwart als solche – nicht irgendeine konkrete, besondere, sondern als Gegenwärtigkeit überhaupt sei. Das kann einzig und allein dadurch erreicht werden, dass sie zum *Problem* erhoben wird.

Als Problem irgendwas aufstellen heißt in der Aufeinanderfolge der Überlegungen, im Fortgange des Wachstums der Philosophemata den Sinn dieses Etwas erzeugen; mit anderen Worten: die Bedingungen der Möglichkeit jenes zum Problem gewordenen Sinnes finden. Die Frage: wie ist die Gegenwart möglich? – bedeutet folglich, dass wir uns noch in der Sphäre des Nichtwissens des zu behandelnden Gegenstandes befinden, mit anderen Worten: dass der Gegenstand uns entgegentritt, als das zunächst nicht als bestimmt, sondern als bestimmbar, d.h. als das ‚Nichts seiner Selbst' und uns bewegt auf den Bahnen von dem ‚Nichts' des gegebenen Problems zu seinem ‚Alles', um uns sodann auf den Weg zu setzen zum Erkennen dieses bewussten Nichtwissens, zu[r] Aktualisierung des vorweggenommenen, antizipierten Sinnes.

Anfangen kann man doch (und das gilt für jedes Problem) nur vom ‚Anfang', d.h. vom ‚Nichts' des gegebenen Problems. Freilich, die Frage: wie ist die Gegenwart möglich? setzt bereits die Antwort auf die allgemeinste Frage voraus: wie ist das Fragen überhaupt möglich? Wie ist überhaupt eine Problemstellung möglich? Mit a.W. diese besondere Frage setzt bereits das Problem des philosophischen Problems überhaupt voraus, oder der Frage: wie die Möglichkeit **/II/**

---

[1] E. Cassirer, *Zur Einstein'schen Relativitätstheorie. Erkenntnistheoretische Betrachtungen*, Berlin (Cassirer) 1921, Schluss.

[2] [Einleitung I-V: Philosophologie – Logik des unendlichen Urteils als (Un-)Grundlegung systematischer Philosophie und als philosophie-historische ‚Erfahrungsbasis' des transzendentalen Problems der Gegenwart.]

der Probleme selbst möglich ist. Dieses Thema ist das Thema von der Möglichkeit der Philosophie selbst, das Thema mit dem die Philosophie überhaupt begonnen hat, mit dem sie auch einzig und allein beginnen kann: das Thema des Ursprungs, des principium – ‚ἀρχή' – aber natürlich der kritisch, transzendental-dialektisch verstandenen ἀρχή: der ἀρχή, als Prinzip der Philosophie selbst. Der kantischen transzendentalen Frage: wie ist die Naturwissenschaft (d.h. die Natur) möglich?, muss die Frage vorangehen: wie die ‚Kritik der reinen Vernunft', so wie auch die ‚Kritik der praktischen Vernunft' und die ‚Kritik der Urteilskraft' möglich sind?; vielleicht sind die ‚Kritiken' überhaupt unmöglich? Vielleicht teilen sie mit der ‚Metaphysik' das gleiche Schicksal (ist doch in Bezug auf die Metaphysik die Frage gestellt worden: wie sie möglich sei.) *Allen Kritiken muss das Thema der Kritik der Kritiken vorausgehen.* So ist verständlich, dass die weitere Vertiefung der *transzendentalen* Methode in derselben Richtung sich bewegte: indem die transzendentale Methode auf die transzendentale Methode selbst angewandt wurde; d.h. es wurde das Thema der Dialektik verwirklicht. In dieser Weise entwickelte sich die philosophische Problematik in Cohens System (in der Lehre vom Ursprung) (in der Logik Hegels: „womit muss der Anfang der Wissenschaft gemacht werden"); und z.B. auch bei Salomon Maimon: „Die Frage ist also: wie ist Philosophie, als eine reine Erkenntnis a priori möglich"[3].

So stellen sich die umgehenden Schwierigkeiten heraus, die mit jener besonderen Problemstellung verbunden sind. Irgendetwas als Problem hinstellen bedeutet im Grunde, es in die Sphäre /III/ der philosophischen Problematik einzufügen; und jeder *Ansatz* zu einer Bestimmung des Sinnes eines Problems ist nichts anderes als das Aufsuchen seines Ortes in der Sphäre der Problematik, als Einordnung. Das Problem richtig hinstellen bedeutet ja, es schon zu einem gewissen Grade lösen; und alle Fehler des unsystematischen Philosophierens sind das Ergebnis einer mangelhaften Einstellung und des Nicht Findens des ‚Ortes' der ‚zu behandelnden Frage'. Nun aber setzt die Einstellung des einzelnen Problems das Wissen um ‚das Prinzip der Einstellung' überhaupt voraus, d.h., es setzt das Vorhandensein der System(s)struktur voraus. Es ist also notwendig, von dieser primären Aufgabe des Philosophierens auszugehen; konkret: von der Verwirklichung des ersten Teils des Systems – des Themas der ἀρχή, des Ursprunges –, dessen Name Dialektik ist.

Selbstverständlich liegen solche struktursystematischen, mit a.W. philosophologischen Elemente auch dieser Betrachtung über das Problem der Gegenwart zu Grunde. Andererseits aber kann man nicht ohne eine Systemlehre begründet zu haben, sich auf sie stützen. Darum muss das Problem der Gegenwart aufgedeckt werden, freilich entwickelt aus sich selbst heraus.

---

[3] [G.W.F. Hegel, *Wissenschaft der Logik I.* Erster Teil Die objektive Logik. Erstes Buch Die Lehre vom Sein 1812.1831, Werke Bd. 5 (stw 605), Frankfurt am Main 1986, 65.] S. Maimon, *Versuch über die transzendentale Philosophie* [Berlin] 1790, 3 [zitiert auch: Gordin 1929, 5 Anm. 7].

Es kommt noch hinzu, dass insofern es sich um eine systematische Untersuchung des Problems handelt, man doch immer diejenigen Momente im Auge hat, die aus dem Begriff des Systems der Philosophie selbst kommen, d.h., dass jede **/IV/** Sphäre, jedes Element in sich die Systemhaftigkeit birgt und ganz durchdrungen ist von ihr, dass jede Kategorie im Fortgang ihrer Entwicklung sich um die Axe des Systems dreht; m.a.W. dass jede Kategorie insofern sie nur im System der Kategorien gedacht werden kann, in sich selbst, in nuce, die Systemhaftigkeit der Kategorien in sich birgt. Und auch umgekehrt, die Deutung eines bestimmten Problems ergibt Denkinhalte, die das allgemeine Strukturthema bestätigen; sie bringt es mikrokosmisch zum Vorschein; eben deshalb, weil systematische Behandlung jeder Kategorie eine allgemeine Geltung für das System hat. Wir haben hier ersichtlich mit einem Zirkel zu tun und daher ist es möglich, dass die Behauptungen, man könne von einem beliebigen Punkt aus philosophieren, wobei der Anfang eben willkürlich sei, bis zu einem gewissen Grade berechtigt sind. Aber der Fehler dieser Ansicht besteht darin, dass irgendein willkürlicher Anfang uns nicht verbürgt, dass das Problem nicht entstellt werde – eine unvermeidliche Folge des Fehlens einer Kontrollinstanz. Eine solche Kontrollinstanz kann nur die Lehre vom System sein und nur eine solche Rolle wird sie in unserer Betrachtung spielen.

Die Ergebnisse einer freien, voraussetzungslosen Behandlung des Problems werden nur als partielle Bestätigungen der Prämissen, die heimlich die Bewegung des Gedankens regeln, herangezogen werden. Diese Sachlage hat auch an sich eine besonders entscheidende Bedeutung, da letzten Endes alle philosophologischen Urteile eine Hilfsrolle spielen. Alle haben nur eine Bedeutung – ‚für', nur insofern sie zur Lösung konkreter Probleme angewandt werden können. Die philosophologischen Urteile – ein Resultat der Anwendung der transzendentalen Methode auf die transzendentale Methode selbst – **/V/** haben mit ihnen und mit dem durch sie gewonnenen ein gemeinsames Schicksal. Die Kategorien gelten doch nur insofern sie letzten Endes, Bedingungen der Möglichkeit des Gegenstandes in seiner ‚konkreten Wirklichkeit' sind. Dadurch wird ihre Rolle und ihre Sinngestaltung erschöpft.

Aber das soeben gesagte, wie auch die ihm vorangehende Behauptung hinsichtlich der Systemhaftigkeit der Probleme, stellt eine durch nichts gerechtfertigte Prämisse dar (die die Möglichkeit für die besondere Beurteilung jedes speziellen Problems bietet). Es ist ja selbstverständlich, dass die Betrachtung eines speziellen Problems, eben darum weil es ganz und gar nicht gleichgültig ist womit begonnen wird, gewisse Prämissen voraussetzt, was keinesfalls und in keiner Weise statthat wenn man mit dem Problem des Ursprungs überhaupt beginnt. Solche Voraussetzungen müssen natürlich verstanden werden als ungerechtfertigter ‚Ursprung', als ein ‚Abenteuer'. Dem ist auch so. Und Cohen hat auch Recht, wenn er über ‚Abenteuer des Denkens' spricht (s. LrE[2] 84, 90). Die Aufgabe desjenigen der über ein spezielles Problem philosophiert besteht darin, den ‚abenteuerlichen' Charakter seiner Unternehmung zu mildern. Das kann er machen indem er sich immer auf die ihm und allen andern zugängliche philosophische Erfahrung stützt, d.h. auf jene philosophische Aporetik, die in der Geschichte der Philosophie ihren Ausdruck findet. Diese philosophische Erfahrung dient als ‚Sprungbrett' für das jeweilige Philosophieren, wobei wir das Recht haben uns auf sie zu stützen, aber soweit wir schon auf eigenem Boden stehen, das abzulehnen oder anzunehmen, worauf wir uns früher stützten. Die vorliegende Betrachtung **/VI/** benutzt als eine solche Erfahrungsbasis hauptsächlich die Gedankengänge der Marburgischen Schule, besonders aber, natürlich, die Cohens, in vorläufig freilich durch nichts begründeter Annahme, dass das System Cohens am besten die grundlegenden Momente jedes richtigen Philosophierens überhaupt zum Ausdruck bringt. Wir nehmen ohne weiteres auf diese Sphäre der philosophischen Erfahrung Bezug, indem wir keineswegs diese Bezugnahme dogmatisch auffassen, sondern betonen, dass sie jetzt für uns nur eine Hilfsbedeutung hat und dass nur die Selbstbeurteilung des Problems sie bestätigen oder verneinen kann. Eine Bezugnahme auf irgendeine Erfahrung ist aber notwendig, weil wir, natürlich, im Rahmen dieser Arbeit nicht vom ‚Anfang' als solchen beginnen können.[4]

Also wir treten unmittelbar an das Problem heran. Unsere erste Aufgabe ist im Begriff der Gegenwart solche Momente zu erfassen, die die Möglichkeit geben den Ort zu finden, an welchem dieses Problem sachgemäß und unentstellt gedacht werden könnte. Ohne ein eigenes Schema des Systems zu geben, werden wir uns auf die Momente der systematischen Lehre, die in der Systemdisposition Kants und des sie kritisch vertiefenden Cohens sich findet, beziehen als auf eine hypothetische Hilfskonstruktion. Diese Disposition kann vorläufig charakterisiert werden als die Setzung eines Systems, das im Grunde aus drei Teilen, drei Formen, Richtungen besteht – aus der Logik, Ethik und Ästhetik – deren jedes von auf der ihr einzig und allein zugehörenden Eigenart des Erzeugens und der Formierung des Kultur- und Bewusstseinsinhalts sich gründet. Wir berühren jetzt nicht die Frage der Richtigkeit einer solchen schematischen Disposition. Wir wollen bloß bemerken, dass in **/VII/** ihr selbst das Kriterium der Notwendigkeit und des Genügens dieser Teile oder Richtungen nicht gegeben ist. Mit anderen Worten [:] es ist nicht gegeben, das Prinzip ihrer Setzung, ihrer Deduktion aus der Idee des Systems. Kant hat diese Disposition der psychologisch-phänomenologischen Vorstellungen von der dreigliedrigen Struktur des Bewusstseins – (Verstand, Wille, Gefühl) – entnommen, sie aber auf eine Einheit zurückzuführen, hält er für unmöglich. Cohen entnimmt sie wiederum der phänomeno-

[4] [Ende der Einleitung. Abschnitt 1, V-XI: Gegenwart als vermeintliches Sein, als zu erklärendes Werden, als logisches Beisammen von ‚ist' und ‚ist-nicht', als logisch legitime Unendlichkeit; ihre kategoriale Reduktion auf den Raum, das räumliche Beisammen in der Logik Cohens.]

logisch angedeuteten dreigliedrigen Struktur der Kultur: der Tatsache der mathematischen Naturwissenschaft und des sozial-rechtlichen, im weiteren Sinne historischen Wissens und endlich, infolge der Undifferenziertheit und Unentwickeltheit der Kunstwissenschaften, der Tatsache des Vorhandenseins der ästhetischen Kunstphänomene. Aber innerhalb des kantischen Systems entsteht die prinzipielle Frage über die Rechtfertigung oder über die objektive Geltung eines einzelnen Faktums der Kultur: im Rahmen des Problems des Rechts der Metaphysik als einer Sphäre des objektiven Wissens. Insofern aber die Metaphysik eben nicht rechtfertigt wird, hat die erwähnte Gültigkeitsfrage die Tendenz auch auf andere Kulturtatsachen überzugehen. Und innerhalb der Marburger Schule entstand die Frage der philosophischen Psychologie, als des letzten abschließenden Teils des Systems, welches das Gebiet der Kultureinheit oder Einheit des Kulturbewusstseins darstellt. Dem entsprechend entstand auch im Thema des Ursprungs, obwohl es in die Logik einbegriffen wurde, ein besonders prinzipielles Systemgebiet, das *durchaus nicht nur ein Teil der Logik sein kann.* Von derselben /VIII/ Bedeutung sind die Schwierigkeiten auf die Cohen (wie auch Natorp) in seinen Versuchen den Ort der Religion im System der Philosophie zu bestimmen, gestoßen ist. Diese unvollständigen Bemerkungen sollen zeigen, dass wir die Kant-Cohensche Disposition unabhängig von ihrer Richtigkeit oder Unrichtigkeit übernehmen (obwohl wir sie im großen Maße und insbesondere in den für unser Thema wichtigsten Punkten als richtig ansehen), sondern nur als eine rein technische Hilfskonstruktion, die als Zugang zum Problem der Gegenwart, d.h. für die Bestimmung ihres Ortes in den Sphären der philosophischen Problematik notwendig ist.

Das Problem der Zeitlichkeit fassen wir, selbstverständlich, nicht in einem partikulär-systematischen Sinne, nicht als mathematische oder historische Zeit auf, sondern als allgemeine Systemkategorie und nicht als eine nur logische (im Sinne der Logik der mathematischen Naturwissenschaften) oder als nur ethische Kategorie. Ebenso wird auch die Gegenwart von uns vorläufig nicht in irgendeiner ihrer spezifischen Sinnnuancen aufgefasst, sondern wiederum nur im hypothetischen und notwendigerweise unbestimmten Sinne, dessen Inhalt noch aufgehellt werden muss. Von welcher Beschaffenheit ist nun die Gegenwart? Die Antwort darauf können wir bekommen durch die Verdeutlichung der Funktion, die die Gegenwart innerhalb der zeitlichen Bestimmungen hat, d.h. durch die Klarstellung derjenigen Verhältnisse, die die Gegenwart mit den anderen ‚gewöhnlichen' Zeitmodifikationen – der Vergangenheit und der Zukunft – verbinden. Als einen Ausgangspunkt wollen wir die Tatsache nehmen, die unmittelbar aus der Problemlage hervorgeht und die deshalb schwerlich bestritten werden kann. Nämlich: **/IX/** die Gegenwart kann gedeutet werden als ein Moment, das die Vergangenheit mit der Zukunft verbindet. Folglich gibt uns die Gegenwart, die – in ihrer maximalen Bestimmtheit – als ‚Zeit-Moment', als ‚Augenblicklichkeit' aufgefasst wird, indem sie in einer einheitlichen Kontinuität die Vergangenheit mit der Zukunft verbindet, – die Möglichkeit einer konkreten zeitlichen Orientierung. Diese ‚prinzipielle Augenblicklichkeit', ‚Nunc-hafigkeit' der Gegenwart, die sie des Charakters der Dauer beraubt, wirft scheinbar die Gegenwart aus der Sphäre des zeitlichen ‚Fliessens' heraus (sieh unten s. 34–37[5]). Eben daher ‚ist' die Gegenwart nicht, – sie ist ein ‚Nichtseiendes' und zu gleicher Zeit, indem sie diese, oben genannte, Funktion innehat, prätendiert die Gegenwart dennoch auf eine Seinsgültigkeit oder m.a.W., sie kann vorläufig durch den Begriff des ‚nichtseienden Seins', wie auch (im anderen Sinne) ‚des seienden Nichtseins', d.h. vollständig eindeutig *durch den Korrelationsbegriff des Seins und Nichtseins* charakterisiert werden. Freilich die Vergangenheit und die Zukunft können ebenso gut durch das Merkmal des Mä-on charakterisiert werden, aber *gerade hier in der Sphäre der Gegenwart bekommt diese Mäeonalität besondere, unvergleichbare Aktualität*, eine bevorzugte [privative] Akzentuierung, kraft derer die Urteile über dies Mä-on (μὴ ὄν) der Zukunft und der Vergangenheit zu allererst möglich werden, *weil dies letztere eben unter den Sehwinkel der Gegenwart gesetzt wird. Hier kommt folglich eine Einheit zustande, ein Zusammenfallen des Ausgangs- und Schlusspunktes der Orientierung und mit ihnen der Orientierung selbst.* Die Mäeonalität oder m.a.W. das „vermeintliche Sein"*[6] der **/X/** der Gegenwart als

---

[5] [S. XXXIV–XXXVII des Autographen].

[6] *„… Das Werden, das ‚vermeintliche Sein' muss erklärt werden …" Cohen RV, 74. [Gordin referiert damit auf einen Schlüsselpassus aus Cohens RV, 73 f. (Seitenzahl der 1. Auflage 1919), der durch seine folgenden Ausführungen gleichsam Wort für Wort kommentiert wird und hier vollständig wiedergegeben sei.

Cohen setzt (RV, 73) an bei der maimonideischen Rationalisierung des Gottesnamens *el shaddaj*. „Gott ist nicht träge, das heißt: er ist der Ursprung der Aktivität. Maimonides erklärt so den ursprünglichen Gottesnamen, der von Anfang an in der Bedeutung der Allmacht gefaßt wurde: ‚Es ist in ihm Genugsamkeit zur Hervorbringung von Dingen außer seiner selbst.' Mit diesen Worten hat die Allmacht den Sinn eines richtigen Attributes, einer die Privation negierenden Negation erlangt und der Sinn dieser Negation hat sich an dem Sinne der Privation klargestellt. Die Schöpfung kann jetzt keinen Widerspruch mehr gegen die Vernunft bilden. In dieser Logik (sc. des unendlichen Urteils, der negierten Privation) ist die Religion der Schöpfung selbst zur Vernunft geworden. Gott ist nicht träge, das heißt: Gott /74/ ist der Urgund der Tätigkeit, Gott ist Schöpfer. Sein Sein kann nicht anders bestimmt werden als durch diese Immanenz der Schöpfung in seiner *Einzigkeit*. Die Schöpfung ist kein heterogener Begriff in oder zu seinem (sc. Gottes) Sein, sondern dies gerade bedeutet sein Sein als Einzigkeit: daß das Werden in ihm mitgedacht ist, mithin aus ihm hervorgehen, aus seinem Begriffe hergeleitet werden muß.

Dieselbe Bedeutung, welche die kritische Philosophie an der *Substanzgrundlage der Bewegung* herausgestellt hat (sc. Denkgesetze der Kontinuität, Realität, Kategorien Zeit und Raum, Infinitesimal, Beharrung), wir finden sie auch wieder in dem Vernunftanteil, den Maimonides in dem monotheistischen Problem der Schöpfung zur Bestimmung gebracht hat. Er leistet auch hier daher keine blinde Nachfolge dem Aristoteles, sondern er führt nur den Rationalismus seiner Gotteslehre durch.

(10.) Die Unterscheidung des Monotheismus vom *Pantheismus* hängt vom genauen Begriffe der Schöpfung ab. Die *Emanation* ist bedingt durch Immanenz. Das Werden, das vermeintliche Sein muß erklärt werden. Woraus aber könnte seine Entstehung hergeleitet

einer Zeit-stufe, die Tatsache, dass sie als Einheit des ‚ist' und ‚nicht ist', ist und nicht ist, gleichzeitig ‚ist' wie auch ‚nicht ist' (wobei wir mit Worten ‚gleichzeitig' das Zusammenfallen der Orientierung mit den Orientierungspunkten meinen; so dass der zustande kommende Zirkel nur ein scheinbarer Zirkel ist oder m.a.W. es ist der einheitlich in sich geschlossene Kreis der dialektische Bewegung – ‚Erzeugungsprozess') – all dies ist ein quasi sich selbst Herauswerfen der Gegenwart aus der Sphäre der zeitlichen Spannung; und eben dies gab Cohen den Grund überhaupt die Bedeutung der Gegenwart als einer zeitlichen Modifikation abzulehnen und ihr nur eine räumliche Bedeutung zuzuschreiben. So meint Cohen: „Gegenwart ist ein Moment des Raumes. Gegenwart ist die Feststellung dessen, was ohne sie in Vergangenheit versinken müsste. Diese Festhaltung vollzieht das Beisammen, zunächst das Zusammen des Raumes. [...] Die Gegenwart und das Beisammen sind zwei Ausdrücke für denselben Inhalt" (LrE², 228) und „Das Beisammen selbst ist das Außen; die Erhaltung des Beisammen selbst ist das Werfen nach Außen. Es gibt kein anderes Beisammen und keine andere Erhaltung des Beisammen als im Raume und durch den Raum. Es ist nur Übertragung vom Raume, wenn man der Zeit unter dem Titel eines Modus des Zugleichseins das Beisammen zuschreibt. In der Zeit gibt es nur und ausschließlich Wechsel und Wandel; nur eine Vorbei, kein Beisammen [...]" (LrE², 196) Und eben darum hat Cohen das Recht zu fragen: „Wo bleibt denn aber die Gegenwart, die man als den festen Punkt anzusehen pflegt? Sie ist nichts weniger als dieses; sie schwebt in der Reihe, welche von jenen Punkten lediglich gebildet wird, sie besteht in dem Schweben zwischen der antizipierten Zukunft **/XI/** und deren Nachholung, deren Abklang, der Vergangenheit. Wir werden später sehen, daß sie in der Zeit allein überhaupt gar nicht zustande kommt" (LrE², 155). Da aber das ‚beisammen' mit ihrem [seinem] Charakter der Äusserlichkeit eben jene Aufgabe ist, die die Kategorie des Raumes erfüllt um derentwillen sie auch dialektisch deduziert wird, so ist das Ergebnis diese, schon zitierte, Behauptung: „Gegenwart ist ein Moment des Raumes" (LrE², 228, 195 [...]).

Aber eine solche Identifizierung der Gegenwart mit der Räumlichkeit stellt schon eine übermäßige Überspannung der richtigen Entwicklung des Problems dar, eine Überspannung, welche die von uns schon erwähnte eminent-zeitliche Bedeutung der Gegenwart unklar macht. Dass unsere Auffassung richtig ist und dass bei Cohen wirklich eine Undeutlichkeit in diesem Punkt vorliegt, die letzten

---

werden, wenn nicht aus dem wahrhaften Sein? Daß dieses das einzige Sein ist, kann den Gedanken nicht einschließen, daß das falsche Sein durch das wahre keine Erklärung finden dürfe. Wenn freilich diese Erklärung materiell gefaßt wird, so daß die Bedingtheit als Emanation gedacht wird, so ist mit dieser die materielle Immanenz gegeben, und mit ihr der Pantheismus.

Die Bedingtheit muß daher logisch so gedacht werden, daß das materielle Hervorgehen des Werdens aus dem Sein ausgeschlossen wird. Der Prozeß des Werdens gehört dem Werden selbst an, darf aber nicht in das Sein verlegt werden."]

Endes dadurch bedingt ist, dass in seiner Logik nicht scharf genug – in manchen Momenten – die systematische Orientierung durchgeführt wird, – das kann bewiesen werden durch eine ausführliche Betrachtung des ganzen Komplexes der kategoriellen Elemente, die mit diesem Thema verbunden sind. [7]

[8]Ein kleiner Exkurs auf dieses Gebiet wird uns zeigen, dass das Ergebnis der Cohenschen Problemdisposition eben unsere Auffassung bestätigen muss. So sagt Cohen: „*Die Zeit erschafft aus dem Chaos* der Empfindungen und der Vorstellungen *einen Kosmos des reinen Denkens in Zahlen*; aber der Inhalt, der darin entsteht, ist durchaus ein *Innen-Gehalt* [...]. *Das Problem der Natur fordert aber die Korrelation eines Äußern zu diesem Inneren.* Der Begriff der reinen Erzeugung beruht auf dieser Korrelation. [...] *Diese Potenz der Entgegenstellung zu allem Inneren des Denkens wohnt dem Raume inne.* Dies bedeutet das Wort von der *Projektion* nach Außen. Ohne dieses Außen **/XII/** gibt es keine Natur [...]. *Der Raum ist Kategorie.*“ (LrE^2, 187–188) Dieses Hinausgehen, dieses dialektische Hervorgehen des Raumes aus der Zeit findet statt in den Urteilen der Allheit: „(D)iese neue Leistung vollzieht das Urteil der Allheit.“ (LrE^2, 180) und weiter: „(D)ieser abschlußlosen Relativität kommt die Allheit zu Hilfe. Sie bringt den Zusammenschluß. Sie befreit auch von dem Verhängnis des unaufhörlichen *Wechsels*, dem die Zeit unterworfen ist, und der es ihr versagt, bleibenden Inhalt zu schaffen. Der Zeit stellt sie sich als Raum entgegen. Jetzt rauschen Zukunft und Vergangenheit nicht in einem wechselnden Vorbei. Der Raum hält diese Einheiten fest; [...] denn seine Allheit schließt sie alle zusammen. Das *Beisammen*, vielmehr *das Zusammen ist die neue Leistung*, die dem Raume obliegt; die der Raum vollführt.“ (LrE^2, 194) *Eben in der Gegenwartbestimmtheit mit ihrem ‚Zugleichsein‘* (welches mit Unrecht, wie ich unterstreichen möchte, mit dem ‚Beisammen‘ identifiziert wird) vollzieht sich dieses ‚Hervorgehen‘. Ferner: insofern die Räumlichkeit sich herausgelö(s)st und als Äußerlichkeit der Innerlichkeit der Zeitlichkeit sich entgegengesetzt hat, entsteht die Aufgabe der Vollendung ihrer Beziehung durch die Vereinigung dieser Gegensätzlichkeiten, welche, da die Zeit in dem Erzeugnisprozess den Primat hat, in der Auflösung der Räumlichkeit sich vollziehen muss (analog der ‚Aufhebung‘ bei Hegel. Vgl. auch über die wechselseitige *Aufhebung* (bei S. Maimon ‚Hebung‘) des Raumes und der Zeit bei S. Maimon, *Versuch über die Transzendentalphilosophie* (Berlin [Voß]) 1790, S. 16–18; 344; bei ihm finden wir auch ‚Zugleichsein‘ als Hebung der Zeit (idem 17, 344) s. auch über ‚Bewegung‘ idem S. 50–51).

---

[7] [Ende Abschnitt 1, V-XI, Beginn Exkurs XI-XX].

[8] [Exkurs XI-XX: Unauflösbarkeit von Gegenwärtigkeit in räumliches Beisammen, in Bewegung und in Beharrung. Gegenwart als kategorial zeitliches Zugleichsein aus der Korrelation von (einzigem) Sein und Werden als Korrelativität von Korrelation. Werden und Denkgesetz der Kontinuität. Schlüsselfunktion von ‚Erhaltung‘. Kernaporie von Schöpfung *via negativa* ist Erhaltung, noch vor *creatio ex nihilo*.]

Zur Erfüllung dieser Aufgabe und zugleich mit der Aufgabenstellung selbst wird die Kategorie der Bewegung erzeugt: „[Wir scheinen nun aber das Ansehen und] die Bedeutung der Bewegung [noch mehr in das Negative herabzudrücken, wenn wir nunmehr die Vollziehung dieses Verhältnis von Zeit und Raum, welcher der Bewegung obliegt, zu bestimmen versuchen.] Es wird jedoch *nicht sowohl die Vollziehung dieses Verhältnisses, als vielmehr die Auflösung desselben* **/XIII/** dabei herauskommen. Und in dieser Auflösung besteht die Vollziehung". (LrE², 230) „Und so ist dies die neue, die *eigentliche* Tat der Bewegung: *daß sie das Beisammen des Raumes auflöst* [...] Also geht die Auflösung des Beisammen, als die Auflösung des Raumes, in die Zeit zurück. [...] So lässt sich die Bewegung erkennen als die *Verbindung der mathematischen Grundmethoden*, die nach Raum und Zeit unterschieden und verbunden werden." (LrE², 231)

Wir müssen betonen, dass es sich hier um die ‚mathematische Grundmethoden', d.h. um die mathematische Zeit und den mathematischen Raum handelt und, dass die Bewegung hier auch nur eine mathematische oder physikalische Kategorie ist, nämlich Proronomie oder Kinematik. Darin liegt aber der Hauptfehler bei der Cohenschen Problemstellung, denn das Problem der Gegenwart (wir wollen das schon vorausschicken) kann nicht in der Logik, als Logik der mathematischen Naturwissenschaft gelöst werden, ihrer geometrisierenden und spationisierenden (verräumlichenden) Tendenz wegen. Cohen hat das Thema der Gegenwart deshalb verräumlicht, weil er es nur in der Sphäre der Logik behandelt hatte. Das kam aber so zustande. Die Bewegung obwohl sie die Räumlichkeit auflöst, benötigt dennoch die Erhaltung des Raumes, als eines Projektionsfeldes (die Bewegung ist doch immer Bewegung im Raume, obwohl sie ihn (den Raum) selbst erzeugt.) Dazu zieht Cohen die Kategorie der Erhaltung hinzu (LrE², 232). Im Grunde wird die Erzeugung des Raumes durch das Thema der Erhaltung vollzogen: „Das Beisammen selbst ist das Außen; *die Erhaltung des Beisammen selbst ist das Werfen nach Außen.* [*Es gibt kein anderes Beisammen und keine andere Erhaltung des Beisammen als im Raume und durch den Raum.*]" (LrE², 196) Das Thema und die Aufgabe der Erhaltung fallen also mit dem Thema und der Aufgabe der Gegenwart zusammen. *Aber ‚die Erhaltung' als ein Wurf nach Außen, ist noch* **/XIV/** *nicht die Äußerlichkeit selbst, die Räumlichkeit selbst.* In der Behandlung des Themas der ‚Erhaltung' zeigt Cohen Schwankungen, die wieder durch die Erörterung dieses Themas bloß in der Ebene der Logik bedingt sind: „Nicht der Raum ist es, der die Erhaltung darstellt; noch auch das Sein schlechthin, geschweige das absolute Sein; sondern die Erhaltung selbst, als Kategorie, ist mit der Bewegung nicht nur vereinbar, sondern ihr immanent, oder *vielmehr nicht immanent, sondern eben ihr nur korrelativ.*" (LrE², 236 [Hervorhebung von Gordin]) Nämlich: zwischen der ‚Erhaltung' und der ‚Bewegung' ist eine *Korrelationsbeziehung* vorhanden. Es kommt noch hinzu, dass die Erhaltung als solche selbst nicht in das Gebiet der Bewegung hineingeht, sondern nur in ihrer besonderen kategorialen Modifikation in der Form der Beharrung. Der Unterschied der ‚Beharrung', als einer physikalischen Kategorie, von der Erhaltung besteht eben darin, dass die Erhaltung in ihrer systematisch-kategorialen Fülle nicht ganz in die Logik hineingeht. Cohens Deutung des Sinnes der Erhaltung in seiner Logik ist daher unbestimmt, weil er in der Tat ihn mit dem der Beharrung identifiziert (obwohl er selbst das nicht beabsichtigte) und eben damit hat Cohen die ‚Erhaltung' und folglich auch die Gegenwart verräumlicht. Das geht klar aus der Betrachtung der Rolle, die die Erhaltung in den anderen Teilen des Systems spielt hervor. So im ‚Begriff der Religion (im System der Philosophie)' zum Thema der Schöpfung sagt Cohen: „Aber über die Schöpfung hinaus steigert der Zweck die Korrelation von Gott und Welt; *er steigert die Schöpfung zur Erhaltung.* Die Erhaltung ist eine neue Schöpfung. Und die Schöpfung bedeutet daher vielleicht im Grunde nichts anderes als die *Erneuerung der Erhaltung.*" (BR, 47 f.)[9] **/XV/**

So in der ‚Ethik [des reinen Willens]' erscheint das Thema der ethischen Selbsterhaltung und ihrer Verbindung mit der in der Logik so genannten Erhaltung als der ‚Erhaltung der Energie': „[Wie auch die Bewegungsformen sich verwandeln mögen,] die Erhaltung der Substanz [...] bedeutet uns jetzt zugleich den *Zusammenhang der Erhaltungen*; der ethischen Selbsterhaltung mit der Erhaltung der Energie." (ErW, 421)[10]

Die ‚Erhaltung' löst sich folglich keineswegs in der Räumlichkeit auf; das bedeutet aber die Unauflösbarkeit auch der Gegenwart in der Räumlichkeit und beweist damit den Charakter der Gegenwart als einer Zeitmodifikation in der Form des ‚Zugleichseins', das mit dem ‚Beisammen' durchaus nicht identisch ist. Der Zusammenhang des Begriffs der Erhaltung mit dem der Gegenwart ist schon durch Cohen selbst gezeigt worden: „Man kann die Beharrung daher auch von der Erhaltung unterscheiden. [...] Die Erhaltung der Koordinatenaxen können wir jetzt auch so auffassen, daß auf Grund derselben *das einzelne Zeitelement*, das sonst verrauschen müsste, zur Erhaltung gelangt." (LrE^2, 245) Und ebenso ist die ‚Erhaltung', obwohl der ‚Bewegung' korrelativ doch selbst keineswegs der ‚Bewegung' immanent (anders aber wenn sie in ihrer Modifikation als Beharrung betrachtet wird). Die Erhaltung und dementsprechend die uns interessierende Gegenwart ist nicht der ‚Bewegung' immanent, sondern dem ‚Werden'.

Hier wird ein neues Moment im Problem der Gegenwart aufgedeckt, eben: – die Gegenwart als Korrelation des ‚Seins' und ‚Nichtseins' –, ein Moment auf das wir in den, diesem Exkurs vorhergehenden Betrachtungen hingewiesen haben und das wir in einer noch unvollendeten Form bei Cohen selbst finden. Cohen unterscheidet nämlich die ‚Bewegung' vom ‚Werden', und überhaupt, **/XVI/** kommt in der Cohenschen Logik die Rolle des Werdens der Kontinuität zu. Wir stellen

---

[9] [Fortsetzung des Cohen-Zitats: „Sie bildet das eigentliche Problem; nicht, wie man oft meint, vornehmlich oder gar ausschließlich die Schöpfung *aus dem Nichts.*"]

[10] [Fortsetzung des Cohen-Zitats: „*Diese Wahrheit nennen wir Gott.*" Gordin zitiert die *Ethik des reinen Willens* nach der 1. Auflage 1905.]

uns jetzt nicht die Aufgabe erschöpfende Textbeweise aus seiner Logik über die Identität des Werdens und der Kontinuität anzuführen; wir wollen bloß darauf hinweisen, dass jedenfalls schon in der ‚Logik' auf die Annäherung der ‚Erhaltung' zur ‚Kontinuität' angespielt wurde, wo doch die Beharrung von der Erhaltung unterschieden wird „wie von aller Kontinuität." (LrE², 246) Aber indem Cohen die Bewegung vom Werden unterscheidet, vermengt er oft dennoch diese Begriffe. In der Ethik und der Ästhetik nimmt er die Bewegung des Willens und des Gefühls an; in der ‚Ästhetik [des reinen Gefühls]' spricht er von der Identität des Bewusstseins in seiner [?] [gestrichen: Prozessualität] mit der Bewegung.[11] Dieser Vermengung liegt aber eine gesunde Tendenz zu Grunde: den Primat der Logik, als des ersten Teils des Systems und eben dadurch die allgemein-systematische Bedeutung des ‚Ursprungs' und der Kontinuität zu zeigen. Jedoch liegt hier eine Überspannung vor und die Bewegung verliert dadurch ihre Eindeutigkeit als eine Kategorie der Mathematischen Naturwissenschaften, und indem ihr Umfang sich erweitert, geht sie im Grunde, in das Werden über, d.h. in das auf dessen Boden sie zuerst entstanden ist und dessen Manifestation sie selbst darstellt. Bedeutend voller, schärfer und selbstständiger entsteht das Thema des Werdens in der ‚Religion der Vernunft [aus den Quellen des Judentums]'. Es wird die Aufgabe gestellt: „*Das Werden, das vermeintliche Sein*, muss erklärt werden" (RV, 74).[12] (I)ch unterstreiche das Wort ‚vermeintliche', das einen ungeheuren systematischen Wert hat. Diese Aufgabe wird mit Hilfe der ‚logischen' Lösung des ‚Schöpfungs-Rätsel' erreicht: „Logisch bildet die Schöpfung **/XVII/** kein Rätsel mehr" (RV, 75 f.). Und wenn wir uns zu den Setzungen wenden, die in der ‚Logik' die Kontinuität, als „ein Gesetz der Operationen", als ein „*Denkgesetz der Erkenntnis*"*[13], begleiten,

---

[11] [Fonds Gordin Boite 2 Nr. XXV enthält ein Exzerpt Gordins zu Cohen, ÄrG I, 143–146 Das Bewegungsgefühl u.a. mit folgendem Zitat-Exzerpt: „Das Fühlen selbst ist schon Bewegung. Insofern das Fühlen der Ursprung des Bewußtseins ist, ist es eo ipso der *Ursprung* der Bewegung; denn Bewußtsein ist Bewegung. /2. Das Bewegungsgefühl/ Daraus folgt nun aber, daß diese beiden Abstraktionen, Fühlen und Bewegung, ihre Korrelation aufrecht erhalten müssen. Der Aufbau des Bewußtseins beginnt mit dem Fühlen, und geht zur Qualifikation des Fühlens als Bewegung über. Wenn nun aber der Aufbau fortgeführt werden soll, so muß auch rückwärts diese Korrelation in Kraft treten. Damit wird das Fühlen ein Annex zur Bewegung, zu der Bewußtseinsstufe der Bewegung. […] Als eine solche Relativitätsstufe des Bewußtseins ist das *Bewegungsgefühl* auszuzeichnen." S.a. 156: „In der Tendenz wirkt das Empfindungsgefühl als Bewegungsgefühl, wirkt der ursprüngliche Bewegungscharakter des Bewußtseins in das (sc. ästhetische) Empfindungsgefühl durch. Der Annex des Gefühls enthält diesen ursprünglichen Wert des Bewußtseins *als Bewegung* in sich."]

[12] [S. das vollständige Zitat o. Anm. 6.]

[13] * LrE², 91: „*Die Kontinuität ist ein Denkgesetz*", also nicht nur Kategorie; siehe auch LrE², 90: „der abenteuerliche Weg zur Entdeckung des Ursprungs bedarf eines Kompasses. Ein solcher bietet sich in dem Begriffe der *Kontinuität* dar." LrE², 93: „*Das Nichtsein ist nicht etwa ein Korrelationsbegriff zum Sein*; sondern das relative Nichts bezeichnet nur das Schwungbrett, mit dem der Sprung kraft der Kontinuität ausgeführt werden soll." (Hervorhebung Gordin).

so wird erstens klar, dass das dialektische Korrelat zum Sein im Grunde, nicht das Nichts, sondern die Kontinuität, die in einem weiteren integralen Sinne als das ‚Werden' aufgefasst wird (dieser Unterschied ist von größter Bedeutung). *Die Grund-Korrelation ist folglich: ‚Werden–Sein'.* Diese Korrelation wird sachlich und religiös-weltanschaulich als die Korrelation zwischen der Menschheitsidee und der Gottesidee gedeutet. *Die Identität der Seinsidee und der Gottesidee* wird in der ‚Religion [der Vernunft]' Cohens durch die Setzung Gottes als *des einzigen Seins* verwirklicht: „Gott ist dieses *einziges* Sein. Gott ist der Einzige" (RV, 48; auch BR, 20.23.26.45; Deutschtum und Judentum, 10[14]] Ebenso ist in der allgemeinen Disposition der Problematik *das Verbundensein des Begriffs des Werdens mit dem Begriffe der Menschheit zu ersehen*; eine Verbindung, die ganz besonders eindeutig fixiert ist, z.B.: „[Auch von Gott aus betrachtet, ist die Vernunft die Bedingung, vermöge welcher Gott in Korrelation treten kann zum Menschen.] Und diese Korrelation ist begründet in dem Begriffe des einzigen Seins. Denn dieses bedeutet die Voraussetzung zum Werden. Wie das Sein die Voraussetzung der Grundlage ist, so ist das Werden für die Entfaltung der Grundlage die Voraussetzung, *also der Mensch.*" Auch „[So wird es verständlich, wie der Geist zum Grundbegriffe der Religion wird, zum Vermittlungsbegriffe zwischen Gott und Mensch, zum vollziehenden Begriffe der Korrelation.] [Gott ist Geist, dieser Satz bedeutet aufgrund der] Korrelation, die zwischen Sein und Werden besteht [, auch: der Mensch ist Geist.]" (RV, 102 und 103) **/XIII/**

Dadurch wird auch unsere Zusammenstellung der Kontinuität und des Werdens gerechtfertigt. Die Richtigkeit unserer Auffassung kann, unter anderem durch die Erläuterung des Ortes des Themas von Werden in der ‚Logik' Hegels systematisch bestätigt werden. So behauptet Hegel: „Das Werden ist das Bestehen des Seins so sehr als des Nichtseins" (Hegel Logik, 86[15]) „Ihre Wahrheit ist also diese Bewegung des unmittelbaren Verschwindens des Einen in dem Anderen; das Werden; eine Bewegung, worin beide unterschieden sind, aber durch einen Unterschied, der sich ebenso unmittelbar aufgelöst [hat]" (idem S. 73)[16] „Es ist

---

[14] [Cohen, *Deutschtum und Judentum. Mit grundlegenden Betrachtungen über Staat und Internationalismus*, 1915, jetzt in Werke Bd. 16, *Kleinere Schriften V 1913–1915*, bearbeitet und eingeleitet von Hartwig Wiedebach, Hildesheim u.a. Olms 1997, 465–560, 477 f. Gordin zitiert nach der Erst-Ausgabe Gießen 1915, 10 f.: „*Gott offenbart sich als der Seiende*. ‚Ich bin, der ich bin' [Ex 3,14]. So offenbart sich, und zwar in der Zeitform der Zukunft, der *Einzige* Gott im Dornbusch. Und die Einzigkeit wird jetzt zum Kennzeichen des Seins für Gott. *Das ist der Sinn der Einzigkeit Gottes: daß sein Sein das einzige Sein ist*".]

[15] [Hegel, Logik. Erster Teil. Die Lehre vom Sein. Bestimmtheit. Sein. C. Werden: „Das Werden ist das Bestehen des Seins sosehr als des Nichtseins; oder ihr Bestehen ist nur ihr Sein in *Einem*; gerade dies ihr Bestehen ist es, was ihren Unterschied ebensosehr aufhebt." Werke Bd. 5 (stw 605), Frankfurt am Main 1986, 95. Gordin zitiert Hegels Logik nach der von Adolf Lasson hg. Ausgabe im Meiner-Verlag 1923].

[16] [Hegel, Logik, 83: „*Das reine Sein und das reine Nichts ist also dasselbe.* Was die Wahrheit ist, ist weder das Sein noch das Nichts, sondern daß das Sein in Nichts und das Nichts

die dialektische immanente Natur des Seins und Nichts selbst, daß sie ihre Einheit, das Werden, als ihre Wahrheit zeigen." (idem S. 102)[17] Eben darum charakterisiert Hegel das Werden als „*die immanente Synthesis*, Synthesis a priori – an und für sich seiende Einheit der Unterschiedenen. *Werden* ist diese immanente Synthesis des Seins und des Nichts" (Hegel Logik S. 90)[18]; und ferner, im Laufe der Polemik mit Jakobi, der fest in „die Abstraktionen gefallen" bleibt; in Bezug auf die Behauptung der Unmöglichkeit der Synthese (idem S. 91) findet Hegel einen Mangel in den Ausführungen des letzteren, nämlich: die übermäßig abstrakte Auffassung der Synthesis, die Aufstellung einer „*ganz abstrakten Reinheit der Kontinuität*", die nach Hegel dialektisch, in konkret-schöpferischen Sinne aufgefasst werden müsste.[19]

Die hier aufgezeigte Zusammenfassung des Themas des Werdens mit dem Thema der Synthesis und der Kontinuität bei Hegel ist sehr bemerkenswert, sowohl für das systematische Verständnis Hegels, so auch für die Feststellung einer systematischen Verwandtschaft zwischen Cohen und Hegel, die oft in dem System Cohens zum Vorschein kommt. Wir müssen hier aber **/XIX/** sofort einen Vorbehalt machen. Die Cohensche Auffassung des Werdens stellt einen bedeutenden Schritt vorwärts dar: weil er ganz besonders den Aspekt der Kontinuität dabei unterstreicht und dadurch das Hegelsche Werden von dem im systematischen Sinne schlechten Elementen, die sich bei Hegel vorfinden, reinigt; insofern nämlich als Hegel absolut zu Unrecht das Thema des Werdens, als ein ‚Drittes' im Verhältnis zum Sein und zum Nichts ausarbeitet. Dieses Letzte steht aber im Grunde in einem Widerspruch zum dialektischen Prinzip selbst und zerstört ihre grundlegende Bedeutung, was auch dem Hegelschen System unzweideutig eine pantheistische Färbung gegeben hat. Mit anderen Worten: das Werden bei Hegel als ein ‚Drittes' bekommt eine selbstständige Bedeutung, eine eigene und selbstständige Wesenheit.*[20] In der religiös-philosophischen Konzeption Hegels

---

in Sein – nicht übergeht, sondern übergegangen ist. Aber ebensosehr ist die Wahrheit nicht ihre Ununterschiedenheit, sondern daß *sie nicht dasselbe*, daß sie *absolut unterschieden*, aber ebenso ungetrennt und untrennbar sind und unmittelbar *jedes in seinem Gegenteil verschwindet*. Ihre Wahrheit ist also diese *Bewegung des* unmittelbaren Verschwindens des einen in dem anderen: *das Werden*; eine Bewegung, worin beide unterschieden sind, aber durch einen Unterschied, der sich ebenso unmittelbar aufgelöst hat." Werke Bd. 5, Frankfurt am Main 1986, 83.]

[17] [Hegel, Logik, 111.]

[18] [Hegel, Logik, 100.]

[19] [Hegel, Logik, 100 f., Zitat 100 „er bleibt … fest in den Abstraktionen beharren".]

[20] * Der Sinn der Dialektik muss im Grunde darin gesehen werden, dass ein *Moment der dialektischen Korrelation das Übergewicht, den Primat* hat; *die beiden Momente müssen eben nicht ebenbürtig sein, damit die Erzeugung und Setzung des Einen durch das Andere möglich ist.* (Vgl. die Grundkorrelation ‚Sein – Nichtsein' bei Cohen). Diese Forderung wird bei Hegel verletzt durch die Hinzunahme des Begriffes ‚Werden', als eines dritten Moments, der den anderen prinzipiell ebenbürtig ist und – tatsächlich aber als ‚ihre Wahrheit' sie sogar in dieser Bedeutung überragt. Das Letzte hat auch in der ‚Heterologie' *Rickerts* stattge-

wird dies fixiert in der Idee des christlichen Logos (s. z.B. auch die Interpretation der Hegelschen Trinität bei dem italienischen Hegelianer [Augusto] Vera, ‚Introduction à la Philosophie d'Hegel', Paris [2]1864)*.

Eben gegen solche Gedankengänge protestiert auch Cohen kategorisch: „die Einzigkeit schließt alle *Vermittlung* zwischen Gott und dem natürlichen Dasein aus [...] Es gibt kein mittleres Sein, geschweige ein Mittelwesen für das Problem des Ursprungs oder für das von der Verwaltung des Seins." (RV, 55 f.) Der Gedanke von der Notwendigkeit des Ausschlusses irgend einer vermittelnden Sphäre, als einer, die der Idee des transzendenten oder **/XX/** des einzigen Seins (in der religiösen Sprache – Gottes) [vergesellschaftet ist[21]], – dieser Gedanke kulminiert bei Cohen in der folgenden Behauptung: „Die Philosophie, wie die Wissenschaft, widerspricht dem Gedanken von der Einheit des Seins mit dem Werden" (RV, 77).

In unserer Betrachtung kommen wir auch zu ähnlichen Ergebnissen. Die Unterscheidung der Bewegung vom Werden, das Zusammenfassen des Werdens mit der Kontinuität, – all dies hat nicht den Zweck, die Einheit des Seins und des Werdens zu setzen, sondern das Thema der Korrelation ‚Nichtsein–Sein' zu entwickeln. *Diese Korrelation wiederum beruht auf einer tieferen und grundlegenden Korrelation: ‚Werden–Sein'. So ist die Idee des Werdens auch das Prinzip der Korrelation ‚Nichts–Sein'* und ist (sc. die Idee des Werdens) also die Korrelativität selbst in der Korrelation, das prinzipielle und zentrale Moment der ‚Dialektik' in der Dialektik, (*d.h. das, was Wesen der Korrelation und der Dialektik selber ausmacht.*) Die Bedeutung des Werdens deckt sich in solchen tiefliegenden Schichten auf, eben dank der von uns aufgestellten Notwendigkeit der Zusammenfassung des Werdens mit der ‚Gegenwart' durch die Kategorie der Erhaltung, die in ihrem prinzipiellen Unterschied von der Kategorie der Beharrung verstanden wird.

[22]Dieser Exkurs hat unsere Aufgabe die darin bestand: der Gegenwart die Bedeutung einer Zeit-Modifikation zu bewahren und seine [ihre] Unauflösbarkeit in der Räumlichkeit nachzuweisen, gerechtfertigt. Andererseits hat dieser Exkurs vertieft die **/XXI/** ihm vorhergehenden Behauptungen über die Gegenwart als der Idee von der Einheit der Vergangenheit mit der Zukunft, nämlich, in

---

funden, da bei ihm das ‚Und', welches das ‚Eine' und das ‚Andere' verbindet, an das Hegelsche ‚Werden' erinnert. (s. [Heinrich] Rickert, *System der Philosophie* [1921] 59. [Dem Passus zu Hegel und zu Rickert entspricht sachlich Gordin 1929, 105–113 Anm. 70 und 145 f.]

[21] [Vgl. Cohen, RV, 56.]

[22] [Ende Exkurs XI-XX. Beginn Abschnitt 2, XX-XXV: Zusammenführung: Die Ursprungs-Korrelation Sein-Werden und die Idee des Werdens als Korrelativität von Korrelation, eingeschlossen die erzeugungslogische Korrelation Sein-Nichts, fortbestimmt zum seinslogischen Sinn der Korrelation Gegenwart-Ewigkeit/Zukünftigkeit. Von daher erst die dimensionale Korrelation Zukunft-Vergangenheit und die Korrelation Innen-Außen, Gleichzeitigkeit-Beisammen.]

weiterer Bedeutung des Begriffs, bei der Verbindung des Gegenwartsthemas mit dem Thema des Werdens als der Idee von der Korrelation ‚Sein–Nichts'. Bevor wir aber zu diesem Problem zurückkommen, ist es zweckmäßig den Exkurs in einem Punkt weiterzuführen, dessen Verdeutlichung, einerseits, die systematische Richtigkeit unseres Urteils über das Wesen der Gegenwart, andererseits, die Richtigkeit unserer systematischen Deutung und Beleuchtung der Cohenschen Problemstellung bestätigen wird; außerdem wird dies uns neue Stützpunkte geben für die weitere Aufhellung des Problems der Gegenwart.

Bei der Behauptung der Deduction der Zeiterzeugung, die mit dem Übergang vom ‚Einen' zum ‚Anderen', und auch, ferner, mit der Erzeugung der Zahlenreihe verbunden ist, behauptet Cohen: „*zuerst ist die Zukunft*, von der sich die Vergangenheit abhebt. Angesichts des *Noch-Nicht* taucht das *Nicht-Mehr* auf." (LrE², 154 f.) Und: „Die eigentümliche Tätigkeit der Zeit ist auf die *Zukunft* gerichtet, die sie vorwegnimmt. Das Plus-Zeichen bezeichnet diesen eigensten Inhalt der Zeiterzeugnisse. *Erst rückwärts bildet sich daher aus dem + allein das A+* […] A entsteht erst als der Beziehungspunkt zur Antizipation; und nur in dieser Korrelation besteht es; eine andere Art von Inhalt bedeutet es nicht. Die Zeit hat nicht die Aufgabe und nicht die Kompetenz eine andere Art von Inhalt zu erzeugen als nur diese *Korrelation von Zukunft und Vergangenheit*" (LrE², 156). Hier aber entsteht die Frage über das Prinzip der Korrelativität dieser Korrelation selbst, m.a.W., die Frage über das [nach dem] Moment, das die Einheit des ‚Noch-Nicht' mit dem **/XXII/** ‚schon-Nicht', genauer, [das] den Übergang von dem ‚schon-Nicht' zu dem ‚Noch-Nicht'[23], die Prozessualität selbst dieses Übergangs bildet. Diese Funktion übt das ‚Plus-Zeichen', das mit dem Moment der Antizipation eindeutig ist, aus. *Aber das ‚Plus', die Antizipation ist noch nicht die Zukunft selbst, sondern eine Vorwegnahme der Zukunft, die doch selbst nicht die Zukunft ist.* Das Zukünftige in Bezug auf A ist nicht das ‚Plus', sondern ein ‚B', da die [A]ufgabe der Deduction in der Festsetzung der Überganges von A zu B, von ‚Einem' zu ‚Anderen', besteht: „als das Andere müssen wir das B suchen; als das Andere zum A […] als das Andere suchen wir B zu seinem anderen." (LrE², 147). Wenn A, das ‚Eine' als Vergangenheit figuriert, und B (*nicht aber ‚Plus'*) als Zukunft, *so folgt mit unmittelbarer Evidenz, daß das Plus, als die Antizipation der Zukunft nichts anderes ist als die Gegenwart selbst.* Hier ist nämlich die Stelle der Gegenwart, die als ‚Durchgangspunkt' dient, als ein Prinzip de[s] Überganges von der Zukunft zur Vergangenheit, als die Verknüpfung der Vergangenheit mit der Zukunft. Darin besteht die funktionelle Bedeutung der Gegenwart als einer Grundmodifikation der Zeit; und darin, unter anderem, zeigt sich auch die Richtigkeit des von uns angenommenen unmittelbaren Zusammenhangs der Gegenwart mit dem Werden, als dem Prinzip der Korrelation ‚Sein–Nichts'.

---

[23] Gordin korrigiert nachträglich die Folge von schon-Nicht und Noch-Nicht im obigen Sinn.

Nun aber, und hier beginnt die weitere Entwicklung des Problems, ist die Gegenwart nicht im Stande, selbstständig diese kardinale Aufgabe der Zeit-erzeugung zu erfüllen. Sie ist nicht imstande es selbstständig zu erfüllen, weil sie selbst nicht selbstständig ist, da sie nur in Vorwegnahme der Zukunft, nur eine ‚Vermeintlichkeit', in dem **/XXIII/** oben dargelegten Sinne, ist. Freilich, ist die Gegenwart keine schlechte, sondern wertvolle ‚Vermeintlichkeit'; aber diesen Wert, der die Vermeintlichkeit schöpferisch macht, erhält die Gegenwart nicht aus sich heraus, sondern von dem, worin sie ausschließlich ihre(n) Grund hat und auf dessen Boden sie selbst zuerst entsteht: eben von ihrer Verbundenheit mit der Zukunft, da sie mit der Zukunft als die Vorwegnahme ihrer verbunden ist und aus ihr herauswächst. Die Gegenwart selbst kann adäquat gedeutet werden und in der Korrelation mit dem Thema der Zukunft, ebenso wie das ihr analoge Thema des Seins gedeutet werden kann. Dabei muss bemerkt werden, dass in der Korrelation dem Werden mit dem Sein wie in jeder echten dialektischen Korrelation, beide Glieder der Korrelation nicht gleichwertig und ebenbürtig sind, sondern dass das Sein den Primat hat, der das dialektische Werden erzeugt. (Das Thema des dialektischen Ursprungs, das religiös-philosophisch als der schöpferische Primat der Gottesidee in ihrer Korrelation mit der Menschheitsidee aufgefasst wird). Dem entsprechend hat auch in der Korrelation der Gegenwart mit der Zukunft die letztere den Primat. Die Gegenwart erhält den Charakter einer schöpferischen Vermeintlichkeit nur von der Zukunft; überhaupt, ist sie möglich nur auf den Boden der Zukunft. Aber von welcher Zukunft? Ja, eben, von welcher Zukunft?

Die Gegenwart, wie wir schon gesagt haben, indem sie in die zeitliche Stätigkeit die Zukunft und die Vergangenheit verbindet, wirft sich scheinbar aus dieser zeitlichen Stätigkeit heraus, stellt sich über sie und außerhalb ihrer; sie ist scheinbar keine Zeitmodifikation mehr. Indem sie sich aus der zeitlichen Stätigkeit herauswirft, **/XXIV/** ‚erzeugt' sie einerseits durch die Kategorie der Erhaltung in der Form der Gleichzeitigkeit und damit auch des Beisammen den Wurf in die Räumlichkeit, d.h. sie legt den Grund für das räumliche Nebeneinander und für die Bewegung; andererseits aber hat dieses Sich-Selbst-hinauswerfen auch eine andere Bedeutung. Der Wurf ist doppelseitig, hat zwei Aspekte und in seinem anderen Aspekt erzeugt er eine Projektion die zur Zukunft tendiert, zu jener Zukunft mit der die Gegenwart in einer unmittelbaren Korrelation sich befindet. *Es ist jetzt klar, dass diese Zukunft keineswegs mit jener Zukunft, die ein Glied der Korrelation ‚das Eine – das Andere'* (die Vergangenheit – die Zukunft) *identisch ist*; es ist klar, dass dieser Korrelation eine andere, tiefere, wurzelhaftere und ursprüngliche ‚zeitliche' Korrelation zu Grunde liegt: eben die Korrelation der Gegenwart und jener Zukunft, die ursprünglicher ist als die ‚einfache' Zukunft, die erst sowohl die Gegenwart, als auch (mit Hilfe der letzteren allein) die einfache Zukunft möglich macht. Die ursprüngliche Zukunft ist im Unterschiede von der einfachen, konkreten Zukunft, die nur ein gewöhnliches Glied einer Reihe von Zukünften darstellt und dem eine andere Zukunft folgt, sodass diese Zukunft selbst eine Vergangenheit wird, – diese ursprüngliche Zukunft – nichts anderes ist als die absolute Zukunft, das Ewig-Zukünftige; dasjenige Ewig-Zukünftige das niemals ein Gegenwärtiges und Vergangenes wird, sondern ewig ein Ewig-Zukünftiges bleiben wird; mit einem Worte – resultativ, das ist das absolut-Ewig-Zukünftige oder die Ewigkeit selbst. *Die Korrelation der Gegenwart und der Ewigkeit ist die ursprüngliche ‚Zeit'-Korrelation* auf deren Boden erst die Korrelation der Vergangenheit und der ‚einfachen' Zukunft **/XXV/** möglich wird. Das Prinzip dieser letzten Korrelation ist aber die Gegenwart. Wir haben hier auch in der Korrelation der Gegenwart und des Ewig-Zukünftigen ein[e] der Korrelation ‚Werden–Sein' identische Analogie, was unt[er] and[erem] wiederum die Gerechtmäßigkeit der von uns unternommenen Zusammenfassung der Gegenwart mit dem Werden zeigt.

[24]Die von uns entwickelte Problematik der Gegenwart durch die die Bedeutung der letzteren geklärt wurde und durch die zu den drei Grundmodifikationen der Zeit noch das Thema des absolut-Zukünftigen oder der Ewigkeit hinzugefügt wurde – gibt uns den Ausgangspunkt für die Vertiefung des Problems der Gegenwart. Ehe wir aber zur weiteren Behandlung übergehen, ist es systematisch zweckmäßig systematisch auf die [bei der] Aufhellung folgender Frage zu verweilen: warum ist die Idee der Ewigkeit, obwohl sie latent in der Cohenschen Logik steckt, in ihr nicht bewusst explicite dargelegt. Dieser Umstand hat bedingt, dass die Gegenwart dazu noch die Bedeutung der Zeit-Modifikation verloren hat und verräumlicht wurde. Die Ursache dieses besteht aber, wie wir schon angedeutet haben, darin, dass Cohen das Problem der Zeit und insbesondere das Problem der Gegenwart ausschließlich als ein der Sphäre der Logik d.h. des ersten Teils seines Systems (das mit Recht als die Logik der mathematischen Naturwissenschaft betrachtet wird) angehöriges Problem behandelte. Insofern aber hier eine Orientierung nur auf die mathematische Naturwissenschaft stattfindet, kommt eine Verengung des Sehewinkels zustande, weil die physikalisch-mathematische Behandlung der Zeit eine Verengung der allgemein-systematischen Sinne der Zeitlichkeit bedeutet. Der Methode der mathematischen Physik gemäß, wird in ihr **/XXVI/** die Zeit verräumlicht und verliert eine ganze Reihe von Momenten die ihre Eigentümlichkeit ausmachen. Diese Beschaffenheit der Methode der mathematischen Physik ist ausreichend geklärt worden durch die Relativitätstheorie die von Cohen, aus selbstverständlichen Gründen, nicht genügend berücksichtigt wurde. In der Lehre Minkowskis über das Weltpostulat, das ein vierdimensionales Kontinuum setzt, und auch in der Weiterentwicklung dieser Lehre bei Einstein, kann man unzweifelhaft eine Tendenz die Zeit zu geo-

---

[24] [Ende Abschnitt 2 XX-XXV. Beginn Abschnitt 3, XXV-XXXI: Zwischenüberlegung: Warum ist die Idee der Ewigkeit, obwohl sie latent in der Cohenschen Logik steckt, in ihr nicht explizit dargelegt?]

metrisieren vorfinden, sodass Einstein für möglich hält, von einem vierdimensionalen Raume zu sprechen. Dasselbe hat auch Weyl gezeigt: „[*Die Welt ist eine (3+1)-dimensionale metrische Mannigfaltigkeit*;] *alle physikalischen Erscheinungen sind Äußerungen der Weltmetrik* [...] Der Traum des Descartes von einer rein geometrischen Physik scheint in wunderbarer, von ihm selbst freilich gar nicht vorauszusehender Weise in Erfüllung zu gehen."[25] Auf ähnliche Weise hat auch Cassirer den erkenntnistheoretischen Sinn der Relativitäts-Theorie aufgedeckt.[26] Freilich, ist die vollständige Geometrisierung der Zeit in der mathematischen Naturwissenschaft undurchführbar: die Zeitkoordinate kommt eigentümlicherweise als eine imaginäre Größe zu Vorschein und dadurch behält sie ihre Eigenart. Jedenfalls aber ist die Tendenz zu Geometrisierung und Verräumlichung der Zeit nicht zu bezweifeln. Und Cassirer hat mit vollem Recht hingewiesen, dass die philosophische Bedeutung der Ergebnisse der Relativitätstheorie in der konsequenten Durchführung und weiteren Vertiefung der Methode der mathematischen Naturwissenschaft besteht: „die Geschichte der Physik stellt auf diese Weise nicht die Geschichte der Entdeckung einer einfachen Reihe von ‚Tatsachen', sondern der Entdeckung immer neuer spezieller Denkmittel dar" (idem S. 88). Es ist natürlich, dass **/XXVII/** die erwähnte Geometrisierungstendenz auch in Cohens Logik, als einer Logik der mathematischen Naturwissenschaft – immerhin in einer schwächeren Form – sich zeigen musste. Deshalb, trotzdem in seiner Logik sowohl die Behandlung der Themen des Ursprungs und der Kontinuität als auch die Deduction des Raumes aus der Zeit selber klar die Eigenart der Zeit hervorheben, findet dennoch in einer ganzen Reihe der Momente die Geometrisierung statt. Dies kommt zum Vorschein als Verräumlichung der Gegenwart und als ungenügende Unterscheidung der Kategorie der Erhaltung von der Kategorie der Beharrung. Letzten Endes kommt es darauf an, dass *die Zeit eine allgemein-systematische Kategorie ist, die in keinem einzelnen Teile des Systems erschöpft wird* und die in ihren partikulären Aspekten in allen Teilen des Systems ihren Ausdruck erhält. Es ist das große systematische Verdienst Cassirers, dass er diesem Gedanken folgend, zuerst die Behauptung aufstellte: „[Aber] die Zeit des Historikers ist dennoch mit der des Mathematikers und Physikers in keiner Weise identisch, sondern besitzt und bewahrt ihr gegenüber eine eigene konkrete Gestalt [...] Ein analoges Verhältnis stellt sich uns dar, wenn wir auf die ästhetische Bedeutung und die ästhetische Gestaltung der Raum und Zeitform hinüberblicken." (idem S. [1]28)[27] Das bedeutet aber, dass die Zeit obwohl sie als

---

[25] [Hermann Weyl, *Raum, Zeit, Materie. Vorlesungen über Allgemeine Relativitätstheorie*, Berlin [3]1919, 244, aus: § 34: Die Weltmetrik als Ursprung der elektromagnetischen Erscheinungen (242–253).]

[26] [S. Cassirer, *Zur Einsteinschen Relativitäts-Theorie. Erkenntnistheoretische Betrachtungen*, Berlin 1921.]

[27] [Cassirer, *Zur Einsteinschen Relativitäts-Theorie. Erkenntnistheoretische Betrachtungen*, Berlin 1921, 128.]

eine allgemein-systematische Kategorie, in ihren logischen, ethischen und ästhetischen Aspekten sich realisiert, dennoch durch keinen von ihnen, so wie auch durch ihre Summe erschöpft wird, m.a.W. sie ist inkommensurabel in Bezug auf ihre Gesamtheit, d.h. dass sie als eine allgemein-systematische Kategorie gewissermaßen ‚irrational' ist. Das Thema der ‚Irrationalität' der **/XXVIII/** Kategorie geht aber über die Rahmen unserer Untersuchung hinaus.[28]

Um das Problem der Gegenwart endgültig aufzuhellen müssen wir uns eine andere Frage stellen, nämlich: was bedeuten diese verschiedenen Aspekte in denen die Zeit sich realisiert?, welche sind die wesentlichen, spezifischen Merkmale der logischen, ethischen und ästhetischen Zeit in Bezug auf die Zeit schlechthin? Uns scheint folgende Antwort als gerechtfertigt. *Die verschiedenen systematischen Aspekte der Zeit unterscheiden sich von einander dadurch, dass in jedem von ihnen eine gewisse Modifikation der Zeitlichkeit primativ zum Ausdruck kommt**, m.a.W. dadurch, dass in jedem von ihren [jeder ihrer] logischen, ethischen usw. [Bedeutungen] – beziehungsweise – die Vergangenheit, die Gegenwart und die Zukunft eine besondere Akzentuation bekommt.* Cassirer hat die Unterscheidung der mathematischen Zeit von der historischen erwähnt, hat aber nicht die Frage über das Wesen ihres Unterschiedes ausführlich behandelt.*[29] Selbstverständlich, auch bei Cohen[:] [D]ie richtige Tendenz zur systematischen Disposition hat sich gezeigt in dem Vorhandensein dieses Themas. So in seiner ‚Ethik' behauptet er, der „Wille ist immer Wille der Zukunft" (ErW, 378) und dass die „Zukunft eine Herrschaft" über [die] Bewusstseinsrichtung des Willens hat: „Das Selbstbewusstsein des reinen Willens zerfällt und verschwindet, wenn das *Moment der Zukunft* seine Schwingen sinken lässt und seine Herrschaft über den Willen verliert." (ErW, 267, [Hervorhebung Gordin]). Die ‚Religion' aber steht bei Cohen unter [dem] Zeichen der Ewigkeit, des Ewig-Zukünftigen, das von der konkret-historischen Zukunft sich unterscheidet. Wenn in der ‚Ethik' der Unterschied zwischen der Zukunft und der Ewigkeit nicht genug betont wird und sie sogar zuweilen **/XXIX/**[30] verwechselt werden, so stellt Cohen in der ‚Religion der Vernunft' die Ewigkeit als Ewig-Zukünftige und das einfach-Zukünftige scharf gegeneinander, dadurch, dass er dem Begriff des ‚Jenseits' (des transcendenten) heranzieht: Platos „politischer Idealismus erkennt daher keine eigentliche Zukunft, sofern diese eine neue eigenartige Schöpfung und Entwicklung

---

[28] [Zeit fordert die systematisch-kategoriale Erzeugung durch sämtliche System-Teile hindurch, erweist sich gerade darin aber als nicht vollständig erzeugbar, sondern in ihrer exponiblen Faktizität als ‚realer Zeitfortschritt', s. dazu: P. Fiorato, *Geschichtlichkeit Ewigkeit*, 86.158 f. und Einleitung des Herausgebers.]

[29*] Dreimal im Text die Markierung *, zweimal versehen mit Marginalie ‚wichtig". Annotiert: „diesen Gedanken hat zuerst *Dr. A. Steinberg* in seinem Vortrag ‚Zukunft in der Gegenwart' ausgesprochen und angedeutet." Zu Aaron (Zakharovich) Steinberg (1891–1975) s. die Kommentierung S. 102 f. Anm. 50.

[30] [Ab S. XXIX bis zum Ende S. XLI ist die sprachliche Korrektur unvollständiger als auf S. I–XXIX].

wäre. Das Jenseits, welches er dem Guten einräumt, hat nur die Bedeutung eines Jenseits zum Sein der mathematisch-naturwissenschaftlichen Welt. Es bedeutet aber nicht ein Jenseits zur Vergangenheit und Gegenwart der geschichtlichen Erfahrung an der Entwicklung der Völker. Dieses Jenseits aber, im Unterschiede vom eschatologischen, ist der klare Sinn der messianischen Zukunft." (RV, 340). Selbstverständlich muss das Thema des ‚Jenseits', des transcendenten von allen Zusätzen der dogmatischen Metaphysik gereinigt werden. Das ‚Transcendente' muss entsprechend dem einheitlichen Sinn des Cohenschen Systems und im Geiste seines grundlegenden Prinzips – „Die Erzeugung selbst ist das Erzeugnis" [LrE^{2}, 29] – gedeutet werden. Nämlich: nicht als das an sich Transcendente, sondern als das [die] transcendentalisierende Transcendenz oder die ‚transcendierende' Transcendentalität, m.a.W. es muss in dem Sinne der Dialektik und Philosophologie gedeutet werden. Der Primat des ewig-Zukünftigen in der Religion kommt auch zum Vorschein in der durch Cohen behaupteten Verbindung der Gottesidee und der Zukunftsidee, wobei die Ewigkeit eben als das Ewig-Zukünftige charakterisiert wird, wodurch sie die Merkmale der *schlechten* Transcendenz verliert: „Aber wenn selbst diese Abstraktion [אֶהְיֶה אֲשֶׁר אֶהְיֶה][31] nicht im ausdrücklichen Gedanken **/XXX/** vollzogen wäre, so bleibt durch die Verbindung mit dem Sein überhaupt auch die mit der Zukunft gewahrt" (BR, 20)[32]; auch: „*So offenbart sich, und zwar in der Zeitform der Zukunft, der Einzige Gott [am Dornbusch]*".[33] Ebenso wird für Cohen klar im Zusammenhang mit der Lehre vom Primat der Ewigkeit in der Religion die spezifische systematische Bedeutsamkeit der Gegenwart (im Gegensatz zu dem, was von ihr in der ‚Logik' behauptet wurde); dort sagt Cohen nämlich: „Für meinen persönlichen Gottesdienst darf das Gottesreich nicht nur Zukunft, sondern es muss *beständige Gegenwart* sein [...] Diese Verwirklichung und Vergegenwärtigung der messianischen Zukunft konnte nur möglich werden bei der Unterscheidung [sc. Maimonides' zwischen der künftigen Welt und der künftigen Zeit], welche trotz aller Verbindung doch immer im jüdischen Bewußtsein lebendig geblieben ist, zumal da sie durch die Auferstehung aufrechterhalten wurde." (RV, 360 f.); auch: „*Gegenwart und Zukunft werden in diesem Sein Gottes verbunden*" (BR, 22). So hat sich, folglich, die Bedeutung der Gegenwart als eines notwendigen Gliedes in der Korrelation mit der Ewigkeit, ohne den die Ewigkeit selbst (das Ewig-Zukünftige) undenkbar ist,

---

31 [Gordin fügt in das Cohen-Zitat sinnergänzend auf Hebräisch den Gottes-Namen aus Ex 3,14 ein].

32 [BR, 20 diskutiert die Übersetzung des Gottesnamens Ex 3,14. Selbst wenn „Ich werde sein, der ich sein werde" als Übersetzung durch ein grammatisch korrekteres „Ich bin, der ich bin" zu ersetzen wäre, so bliebe doch die Verbindung mit dem Sein bestehen, welche durch den „Grundbegriff [...] des Seins" (noch in der Abstraktion von der konkreten Verb- und Zeitform von *hjh imperf.*) mit Zukunft verbunden bleibt und „von allem Wirklichen der Gegenwart", also vom vermeintlichen Sein, abzieht und abkehrt.]

33 *Deutschtum und Judentum* (1915) s. Anm. 14, Hervorhebung Gordin.

herauskristallisiert. Ferner erscheint bei Cohen infolge der inneren ‚Logik' des Systems, auch der, dem Ewigkeitsthema systematisch-entsprechende Begriff der ‚Urzeit', als der „absoluten *Vergangenheit*" (RV, 292) im Unterschiede von der ‚einfachen' Vergangenheit, der Vergangenheit der geschichtlichen Erfahrung, welcher Begriff von allen mythologischen Zusätzen gereinigt und dem ‚goldenen Zeitalter' scharf entgegengesetzt, eine system-strukturelle Bedeutung behält (sieh auch Anhang [XXX–XXXII]).

[34]Ohne zu philosophologischen Voraussetzungen, die unsere Betrachtungen latent kontrollierten, zurückzugehen, haben wir uns im Laufe der vorherigen Untersuchungen einerseits auf die geschichtliche Erfahrung der philosophischen /**XXXI**/ Aporetik und anderseits auf die Logik ‚der immanenten Entwicklung des Problems' gestützt und sind zu einer Reihe von Begriffen, die genauer das Wesen der Gegenwart bestimmen, gelangt. Als Ergebnis haben wir die Behauptung und Erhaltung der Eigentümlichkeit der Gegenwart als einer zentralen und grundlegenden Zeitmodifikation, die sich in einer unmittelbaren Korrelation mit dem ‚Ewig-Zukünftigen' befindet. Wir haben herausgearbeitet das Prinzip der systematischen Anordnung und der systematischen Ortsbestimmung für jede Zeitmodifikation, das in der Feststellung der inneren Zusammengehörigkeit jeder der Zeitmodifikationen mit der entsprechenden Eigenart des betreffenden System-Teiles besteht. Cohen selbst hat schon gezeigt, dass das einfach-Zukünftige seinen Ort hauptsächlich in der Ethik, das Ewig-Zukünftige aber hauptsächlich in der Religion findet. Im Bezug auf die Gegenwart aber erlauben wir uns zu behaupten, dass sie ihren systematischen Ort hat hauptsächlich in der Sphäre der Ästhetik als desjenigen Teiles des philosophischen Systems, der durch die Erzeugung der eigenartigen Bewusstseinsrichtung – Richtung des reinen Gefühls begründet wird.

[35]Da die struktur-systematische Begründung unseres Standpunktes und die Unterscheidung der spezifischen Funktionen der einzelnen Teile des Systems in ihren Wechselbeziehungen nicht in den Rahmen unserer Abhandlung hineinkommt, so wollen wir uns mit der problematischen Behauptung beschränken und nur unsere Aufgabe in diesem Punkte genauer bestimmen. Bekanntlich spielt die ästhetische Bewusstseinsrichtung eine zentrale Rolle in der Disposition des /**XXXII**/ Cohenschen Systems, da sie auf dem Boden der Logik und der Ethik herauswächst und, so zusagen, eine Vereinigung dieser Bewusstseinsrichtungen oder Systemrichtungen darstellt, obwohl sie nachher auch ihr eigentümliche Aufgaben aufstellt. Konkreter ist es zu ersehen aus der Problemlage

---

[34] [Zusammenfassung des bisherigen Arguments. Überleitung zu Abschnitt 4.]

[35] [Beginn Abschnitt 4 XXXI-XXXVII: Der systematische Ort und die Bedeutung von Gegenwart als Epoche-Gegenwart in der Ästhetik und seine Problematik.]

des ,Selbstbewusstseins' und des mit ihr verbundenen Problems der Erzeugung des Individuum-Themas im System. Sowohl die ethische Bewusstseinsrichtung, als auch um desto weniger, die logische sind nicht im Stande, selbstständig das ,Selbstbewusstsein' zu erzeugen. Es erscheint zuerst mit Bestimmtheit in der Ästhetik: „*Und auf das Selbstbewußtsein in einem eigentlichen Sinne kommt es in der Ästhetik vorzüglich an*; *mehr beinahe als in der Logik und selbst in der Ethik.* In der Logik entsagen wir ausdrücklich der Einheit des Bewußtseins. Wie es darum in der Ethik stehe, bleibe hier außer Betracht; so viel steht fest, daß auch in ihr die Einheit des Bewußtseins noch borniert ist. Die Ästhetik erst lässt die Schranken fallen." (LrE², 608, [Gordin setzt den hervorgehobenen Satz ans Ende des Zitats]). Ebenso wenig haben wir in der Logik und der Ethik ein ausreichend ausgebildetes Thema vom Subjekt, das in ihrer [seiner] äußersten Spannung als Individuum uns entgegentritt (siehe ÄrG I, 194–197). Das Thema des Individuums tritt zuerst in der Ästhetik auf, obwohl es dort noch keine endgültige Realisierung findet; denn die Ästhetik wird hauptsächlich dadurch charakterisiert, dass in ihr das Typische den Primat hat (die Inhalte des ästhetischen Bewusstseins sind vorzugsweise Typen der Inhaltlichkeit*[36], deshalb ist **/XXXIII/** die Ästhetik nicht im Stande das Thema des Individuellen zu realisieren, das aus der Ästhetik in die Sphäre der Religion hinübergeht, wo es auch seine höchste Spannung und Vollendung findet. So sehen wir, dass die zentrale systematische Rolle der Ästhetik darin besteht, dass in ihr die Vereinigung der ethischen und der logischen Bewusstseinsrichtungen sich zu vollziehen beginnt und dass die Ästhetik den ersten Ansatz und das Prinzip schafft für die Erzeugung des Subjekt-Individuums. *[37] **[38]

---

36 „Wenn wir aber genau prüfen, auf welchen Begriff des Menschen unsere ästhetische Liebe sich bezieht, so lehrt uns schon die ästhetische Analyse des eigentlichen Gegenstandes im Kunstwerk, dass dies *nicht ein Individuum sein kann, sondern nur Typus*" (BR, 86).

37 *Anmerkung I. Die hier dargelegten Gedanken über die zentrale Rolle der Ästhetik und über die Religion als des letzten Teiles des Systems, das dialektisch nach der Ästhetik sich aufbaut, stimmen in den Hauptzügen mit dem Behauptungen Görlands überein. (A[lbrecht] Görland, *Religionsphilosophie.* [Als Wissenschaft aus dem Systemgeiste des kritischen Idealismus, Berlin/Leipzig (de Gruyter) 1922] passim; besonders: S. 24–25; s. [27]–32; ,Individuation' S. 45–55). Natürlich bleibt noch hier die Frage offen über den Ort der Psychologie, wie sie Cohen auffasste. Es kommt noch hinzu, dass uns die Lehre Görlands über die vierteilige Struktur des Systems nicht ausreichend zu sein scheint. (siehe auch Anhang XXXIV–XLI)

38 ** Anmerkung II: Unsere Auffassung der zentralen Rolle der Ästhetik kann auch durch die Analyse der Relationen zwischen den verschiedenen Bewusstseinsrichtungen, wie sie in der Ebene der systematischen Psychologie bei Cohen auftreten müssen, bestätigt werden. So führt die Unterscheidung der Bewusstheit vom Bewusstsein und die Aufstellung einer dialektischen Korrelation zwischen ihnen („*Die Bewusstheit ist kein Inhalt*; sie bezeichnet nur die Tatsache, daß es ein Bewusstsein gebe." [Cohens Text lautet korrekt: „Die Bewußtheit besagt: ein Bewußtsein findet statt. Das Bewußtsein bedeutet: aus der Bewußtheit tritt ein Inhalt hervor."] ÄrG I, 121]; zu der Lehre über das *Fühlen* als „Urform des Bewusstseins" (ÄrG I, 136) „[Nicht Empfindung, sondern] Fühlen ist das Erste. Und alle Entwicklung, nach

/XXXIV/ Diesem ganz analog, spielt in der Sphäre der Zeitmodifikationen die Gegenwart eine zentrale Rolle, so dass sie, nach dem Ausdruck Cohens (der unsere Auffassung bestätigt), „*entsteht* [...] *indem Zukunft und Vergangenheit zusammenkommen*" (LrE², 228).

Der so angedeutete, obwohl nur problematische, Ort der Gegenwart in der Ästhetik gibt uns die Möglichkeit noch eine neue Seite in der Problematik der Gegenwart aufzuhellen. In der vorhergehenden Darstellung haben wir die Frage über die Kristallisierungsform der Gegenwart als eines isolierten, individuellen Momentes außer Acht gelassen. Wir haben übersehen, dass die Gegenwart in ihrer vollständigen Bestimmtheit eine gewisse Zweiheit ihres Inhaltes aufzeigt. Nämlich: sie wird einerseits durch das Merkmal der ‚Augenblicklichkeit' der isolierten ‚Jetztheit' charakterisiert; andererseits (insofern wir das Nebeneinander dieser isolierten Augenblicke haben – ihr Zugleichsein) bekommen wir eine gegenwärtige Stätigkeit, die ihrer primitiven Form nach, als eine ‚Periode' oder Epoche aufgefasst wird. Diese aber in ihrer maximalen Erweiterung und ihrer geschlossenen Einheitlichkeit ergibt das ‚Immer-Gegenwärtige', das ‚Ewig-Gegenwärtige'. Die Epoche-Einheit ist nichts anderes als ein **/XXXV/** Ergebnis der ‚Typisierung' der Zeitbewegung und das wird dadurch bedingt, dass sie ihren systematischen Ort eben in der Ästhetik hat, die eine typisierende Tendenz aufweist. Und ebenso wie die Ästhetik keinen Abschluss des Systems darstellt; ebenso wie der System-Zug in der Richtung zur Erzeugung des Konkret-Individuellen die typischen Inhalte der Ästhetik durchbricht und in die Sphäre des Individuellen – die der Religion – hineindringt; so kommt auch ein Durchbruch in der Sphäre der ‚Epoche-Gegenwart' zu Stande, dessen Erzeugnis, der Augenblick, das ‚Jetzt' ist, als die vollständige individualisierte Einheit der zeitlichen Bewegung. Dieses ‚Jetzt' stellt auch die wesentliche Idee und den inneren Sinn des Gegenwarts-Begriffs dar. Die Dialektik der Gegenwart: – ‚Epoche-Augenblick' – zeigt uns auf eine vollkommene Analogie zur Dialektik des Systems, die in der Korrelation der Ästhetik und Religion sich ausspricht, was wiederum unsere Behauptung über den systematischen Zusammenhang der Gegenwart mit der Ästhetik bekräftigt. Es wird jetzt klar, dass die von uns begründete Beziehung der Gegenwart mit dem ‚Werden', im Grunde, nur einen Aspekt der Gegen-

---

allen Seiten des Bewußtseins hin, muß in dieser Urform die Anlage haben." (ÄrG I, 137) „*So erzeugt das Fühlen das Bewusstsein* [, *als Bewegung*]." (ÄrG I, 137); „[Das Fühlen selbst ist schon Bewegung. Insofern] das Fühlen der *Ursprung* des Bewußtseins ist, [ist es eo ipso der Ursprung der Bewegung; denn Bewußtsein ist Bewegung.]" (ÄrG I, 142 f.); „*Im Fühlen*, zumal in seinem sich Emporringen zur Bewegung geht ein Hinstreben zum Inhalt vor sich, *ein sich Entfalten, sich Erleben als Inhalt.*" (ÄrG I, 139, Hervorhebungen Gordin). Dieses sich Entfalten des Fühlens geht durch die Richtung des Denkens und des Willens hindurch und wird ganz sich selbst in der Sphäre des reinen Gefühls. Deshalb sagt Cohen, dass „*im ästhetischen Bewusstsein der gesamte Apparat des Bewußtseins von Anfang an in Mitwirkung tritt.*" (ÄrG I, 130). Siehe auch Anhang [XL]; auch Görlands Entwicklung des Themas vom Fühlen in dem Begriffe ‚Urmateriale' (Görland, *Religionsphilosophie*, 34–37).

wart betrifft, nämlich: die ‚Epoche-Gegenwart' wie gesagt, ist das ‚Immer-Gegenwärtige' eine Erweiterung des Begriffs der Epoche. *Das ‚Immer-Gegenwärtige' aber muss streng vom ‚Ewig-Zukünftigen', das allein das Thema der Ewigkeit realisiert, unterschieden werden.* Das ‚Immer-Gegenwärtige' ist eben nur eine scheinbare, vermeintliche Ewigkeit, ebenso wie das Werden nur ein vermeintliches Sein ist. Die Korrelation ‚Werden–Sein' wird von Cohen wie schon erwähnt als die Korrelation ‚Menschheit-Gott' in der Religion aufgefasst. Nun aber erschöpft **/XXXVI/** sich nicht der Inhalt der Religion durch das Thema der Menschheitsidee: sie verlangt durchaus das Thema des ‚Ich-Individuums', das scheinbar über die Grenzen der Menschheitsidee hinaus geht und das sich in ihrer einzigartigen Konzentriertheit in einem besonders intimen Korrelationsverhältnis zur Gottesidee befindet. Denn analog wird auch die Gegenwart durch ihren Charakter der ‚Epoche-Gegenwärtigkeit' und des ‚Immer-Gegenwärtigen' nicht erschöpft, sondern geht über ihre Grenzen hinaus, und in diesem ihren Hinausgehen erzeugt sie das Thema des individuellen Augenblicks, der eben in seiner Korrelation mit dem ‚Ewig-Zukünftigen' zuerst entsteht.*[39]

Die Doppelseitigkeit im Wesen der Gegenwart entspricht seiner zweifachen Funktion im Prozess der Zeiterzeugung. Einerseits wirft sich die Gegenwart, in ihrem Aspekt der ‚Augenblicklichkeit' **/XXXVII/** scheinbar aus dem Zeitstrom heraus und tendiert bereits unmittelbar zum ‚Ewig-Zukünftigen', auf dessen Boden es auch erzeugt werden kann. Andererseits aber tendiert die Gegenwart in die Räumlichkeit, nämlich, aufgefasst in ihrem Aspekt der ‚Epoche-Gegenwärtigkeit' und des ‚Immer-Gegenwärtigen', was eine Folge ist ihrer Eigenschaft des Nebeneinanders-Zugleichseins, das in das räumliche ‚Beisammen' übergehen muss. Die Möglichkeit einer Geometrisierung der Gegenwart (was wie schon erwähnt, bei Cohen stattgefunden hat) erklärt sich jetzt, außer der allgemeinen Tendenz der Logik, auch durch den Aspekt des ‚Immer-Gegenwärtigen', das den Charakter der Integriertheit und Allheit trägt.

[39] *Anmerkung: Auch hier stimmt in einigen Zügen unsere Auffassung mit der Görlands überein, vgl. [Görland, *Religionsphilosophie*], 166–168, besonders seine Unterscheidung zweier Arten des ‚Jetzt': 1) des echten ‚Jetzt', das als ‚ein Schnitt in der der Zeit' folgendermaßen charakterisiert wird: „in diesem Akzentcharakter des ‚Jetzt!' erleben wir die Zeit" (S. 166); und 2) das ‚Jetzt' als ein ‚Zeitdifferential'. Dieses letzte ‚Jetzt' in [seiner] Allheit und Integriertheit genommen fassen wir als ‚Immer-Gegenwärtige[s]' auf. Dadurch wird die Möglichkeit einer scharfen *Unterscheidung* des ‚Immer-Gegenwärtigen' und des ‚Ewig-Zukünftigen' gegeben und ebenso [die Möglichkeit einer scharfen *Unterscheidung*] *der Ästhetik und der Religion*. Diese letzte Unterscheidung beugt in der religiösen Sphäre der Gefahr einer Umwandlung der dialektischen Korrelation in eine pantheistische Einheit vor. Dies eben hat bei Hegel stattgefunden, sowie auch bei Natorp (der letzten Periode), der das ‚Immer-Gegenwärtige' mit der Ewigkeit identifiziert hat. Vgl. auch Görland, [*Religionsphilosophie*], 72–74.

[40]Zusammenfassend: Die Gegenwart hat eine selbstständige, systematische Zeit-Bedeutung: dabei hat sie auch eine zentrale Bedeutung im Verhältnis zu den anderen Zeitmodifikationen; der Rolle des ‚Werdens' (Kontinuität) in der Korrelation ‚Sein–Nichts' entspricht in der Korrelation der Zeit die Rolle der Gegenwart als eines Prinzips der zeitlichen Dialektik; die Gegenwart befindet sich in einer unmittelbaren Korrelation mit dem ‚Ewig-Zukünftigen'. Dies wird auch durch Cohen selbst angedeutet: „Das Sein wird nicht in der Gegenwart festgelegt, sondern es schwebt über sie hinaus. *Gegenwart und Zukunft werden in diesem Sein Gottes verbunden*" (BR, 22).

Das heißt aber, dass die Gegenwart den Focus der zeitlichen Bewegung und seiner dialektischen Erzeugung ausmacht.

Anhang

Im Rahmen unserer Abhandlung konnten wir der Bestimmung des systematischen Ortes der Vergangenheit keine Aufmerksamkeit schenken. **/XXXVIII/** Hier wollen wir die Frage aufrufen, ob die Vergangenheit nicht als die wirklich geometrisierte Zeit aufgefasst werden dürfe, m.a.W., ob sie nicht die logische (mathematisch-naturwissenschaftliche) Akzentuierung der Zeit darstellt, da die Logik doch durch den Primat der Räumlichkeit charakterisiert wird. Auch Cohen stellt vorübergehend die Frage auf, ob der Raum als „eine Art der Zeit" (LrE^2, 197–198) aufgefasst werden könnte. (Selbstverständlich nur im Sinne eines technischen Hilfsmittels). Eine mehr oder weniger zureichende Lösung dieser Frage würde auch das sonst komplizierte Thema der ‚Urzeit' oder der ‚absoluten Vergangenheit' aufhellen. Diese zwei Arten der Vergangenheit würden dann zwei mögliche Arten der Räumlichkeit entsprechen können, nämlich: dem mathematischen Raume und der ‚Räumlichkeit überhaupt', als einen hypothetischen allgemein-systematischen Begriffe. Eine ähnliche Unterscheidung findet sich zum Beispiel bei Plato, der den Begriff [τὸν τῆς ἀνομοιότητος ἄπειρον ὄντα τόπον] χωρα unterscheidet vom geometrischen Raume, da jener noch geometrisch geformt werden muss, d.h. da er noch der eigentliche Raum werden muss mittelst der Bestimmung durch Formen und Zahlen.[41]

Natürlich ist das ‚immer-Vergangene' keineswegs der Ewigkeitszukunft ebenbürtig; und ist noch in viel höheren Masse vermeintlich, als das ‚vermeintliche Sein' des Werdens oder des ‚immer-Gegenwärtigen'. Ungeachtet der schweren Bedenken die der Begriff der ‚absoluten Vergangenheit' hervorruft, glauben wir, dass es ein Argument gibt, diesen Begriff beizubehalten als eine bloß rein tech-

---

[40] [Zusammenfassung Abschnitt 5, mit Blick auf Abschnitt 1–4].

[41] *Politikus 273d; N. Hartmann, *Platos Logik des Seins*, 425–445. [Nicolai Hartmann, Platos Logik des Seins 1.A. Giessen 1904 (Philosophische Arbeiten 3), Berlin 2. A., 423–447: Nichtsein und Sein im Problem der Materie, hier: 440 f., Bezug auf Politikus 273d].

nisches „Operationsmittel"*[42], als eine nur *„sogenannte, aber keineswegs so zu verstehende"* *Vergangenheit*, /**XXXIX**/ als einen in seiner Weise ebenso „abenteuerlichen Umweg" (LrE², 84) – m.a.W. im Sinne der Cohenschen Charakteristik des ‚Nichts'. Der Unterscheidung des Nichts und des ‚Werdens', als des ‚vermeintlichen Seins', müsste doch irgendwie eine Unterscheidung in der Schicht der Vermeintlichkeit oder Mäeonalität entsprechen.

Diese problematischen Andeutungen könnten vielleicht ausführlicher entwickelt werden auf Grund einer vollständigen Lehre über die Struktur des philosophischen Systems. Hier möchten wir noch hinzufügen, dass unseren Betrachtungen die Lehre vom philosophischen System als einem aus fünf Teilen bestehenden, zu Grunde liegt. Zu den drei Hauptteilen – Logik, Ethik, Ästhetik – glauben wir als gerechtfertigt auch die Religion beizufügen, die mit der Ästhetik in einer dialektischen Beziehung sich befindet.[43] Außerdem würden wir für nötig erachten die allgemeinsten Fragen der System-Disposition als einen besonderen Teil des philosophischen Systems zu behandeln. Auch Cohen selbst trennt gewissermaßen das Thema des Ursprungs, als ein mit allen anderen inkommensurables, von der allgemeinen Logik, in dem er es als den „*Vorhof* der Logik" bezeichnet (LrE², 56 [Cohen: „dem Inhalt der Logik ein *Vorinhalt* zugemutet"]) Nun würden dieser fünfteiligen Struktur des Systems die fünf erwähnten Zeitmodifikationen entsprechen.[44]

Die Psychologie Cohens kann auch manche Anhaltspunkte bieten, die die obigen Erwägungen illustrieren. Außer den *drei* gewöhnlichen Bewusstseinsrichtungen (Denken, Wille, Gefühl) behandelt Cohen auch das Thema des Fühlens, als „Ursprung des Bewusstseins"*[45].

---

[42] *Cohen, LrE², 89. [Das folgende Zitat, das Gordin auch LrE, 89 zuordnet, findet sich dort nicht.]

[43] *S. oben Anmerkung 1 [37] S. XXXIII; auch Anmerkung [39] S. XXXVI.

[44] [1. Gegenwart als Zugleich und *exaiphnes*, Augenblicklichkeit in der ursprungslogischen Erzeugung von Kontinuität und aus der Korrelativität-Korrelation Sein-Werden, dem abenteuerlichen Umweg der Abkehr/Umkehr via *nihil privativum*: Geschaffen-Erzeugtes Jetzt des Werdens;

2. Gegenwart als geometrisiertes Beisammen, als geometrisierte Zeit der mathematischen Naturwissenschaften in der Logik der mathematischen Urteile;

3. Gegenwart als Willens-Antizipation unabschließbarer Realisierungs-Zukunft der Ethik des reinen Willens;

4. Das Immer-Gegenwärtige oder die Epoche-Gegenwart der Individuelles typisierenden Ästhetik des reinen Gefühls;

5. Das Immer Vergangene, die potenziert vermeintliche Urzeit des kulturpsychologisch mythischen Bewusstseins;

6. Geschichtliche Ewigkeit oder ewiges, erfülltes Jetzt aus ewiger Zukünftigkeit in der Einheit von Gegenwärtigkeit-Zukünftigkeit des einzigen Seins oder ‚Gottes' der Religion der Vernunft.]

[45] *S. oben, S. XXXIII, S. XXXIV Anmerkung II [38].

Die Religion **/XL/** wiederum wird bei Cohen durch den Begriff der „*religiösen Liebe*"*[46] charakterisiert; diese Liebe unterscheidet sich von der ästhetischen Liebe**[47], da sie auch mit der ‚Erkenntnis Gottes' identifiziert wird; andererseits ist diese Liebe ein ‚Denken Gottes', das wohl von dem ‚Denken der Wissenschaft' (d.h. der Logik) zu unterscheiden ist.***[48] Die Religion ist daher eine ‚Religion der Vernunft' wobei die *Vernunft* „nicht schlechthin das Bewusstsein, den Menschengeist bedeutet"****[49], sondern vielmehr „gleichbedeutend mit dem System der Philosophie ist".*****[50]

Diese Unterscheidungen dürfen wohl als Unterscheidungen von systematischen Bedeutungen aufgefasst werden, so *dass ihnen die Teile des Systems entsprechen müssten und auch bzw. die Zeitmodifikationen*. Die in diesem Zusammenhange auftretende Frage über den Ort der Psychologie als der Einheit des Kulturbewusstseins müssen wir hier beiseite lassen. Wir wollen bloss bemerken, dass wir für möglich halten, sie als den ‚Übergangsort' von Ästhetik zu der Religion zu deuten. **/XLI/**

---

[46] *„Die Grundform der Religion, deren logischer Ausdruck die Korrelation von Gott und Mensch ist, ist gleichsam *psychologisch die Liebe zu Gott.*" (RV, 434, Hervorhebung Gordin)

[47] **„die Liebe in der Religion? Sie ist ein neuer Begriff der Religion, der nicht identisch ist mit der Geschlechtsliebe, und nicht mit dem Eros und daher nicht mit der ästhetischen Liebe" (RV, 168). Die „Liebe von Gott kann nur im *Pantheismus* als ästhetische Liebe gedeutet werden (RV, 188, auch 187). „So ist alle ästhetische Liebe im Grunde nur Vorspiegelung, nur Abstraktion, nur ein Spiel mit Ideen […] Die religiöse Liebe aber hat einen Ernst, der über dieses erhabene Spiel selbst erhaben ist" (BR, 92; auch 41).

[48] ***„Und dieses Denken Gottes ist nicht das Denken der Wissenschaft, sondern das Denken der *Liebe. Die Erkenntnis Gottes ist die Liebe* (*Deutschtum und Judentum*, 1915, 10 f.; auch RV passim s. 362 f., 473 etc.).

[49] ****„ein Unterschied gemacht werden muss zwischen *Bewusstsein und Vernunft*, insofern Vernunft nicht schlechthin den Menschengeist bedeutet, sondern die spezifische Gestaltung desselben in *Wissenschaft und Philosophie* (RV, 8); „Der Begriff der Vernunft soll erst den Begriff der Religion erzeugen" (RV, 3); durch die Vernunft erst treten Schöpfung, wie Offenbarung, in Vollzug (RV, 103).

[50] *****„[…] die allgemeine Vernunft, die doch gleichbedeutend mit dem System der Philosophie ist […]" (LrE^2, 603).

Zwischen Begründungs- und Abschlussreflexion

Die Psychologie im System Cohens

Kurt Walter Zeidler

Vom System Cohens kann auf systematisch verantwortbare Weise nur vor dem Hintergrund der Kantischen Systematik gesprochen werden. Auf dem kürzesten Wege und am prägnantesten mag dies in Erinnerung an einen Hinweis gelingen, den uns Kant in § 4 der *Prolegomena* gegeben hat. Kant gibt uns hier den wichtigen systemarchitektonischen Hinweis, dass die als „Vorübungen" zur Vernunftkritik konzipierten *Prolegomena*, der *analytischen* oder *regressiven Lehrart* folgen, die sich vorweg auf den glücklichen Umstand stützt, dass reine Mathematik und reine Naturwissenschaft zwei Wissenschaften sind, in denen „reine synthetische Erkenntnis a priori wirklich und gegeben sei". Die Wirklichkeit reiner synthetischer Erkenntnisse voraussetzend, beantwortet Kant daher in den Prolegomena zunächst die Fragen ‚Wie ist reine Mathematik möglich?' und ‚Wie ist reine Naturwissenschaft möglich?', bevor er sich der Hauptfrage ‚Wie ist Metaphysik als Wissenschaft möglich?' zuwendet. In der *Kritik der reinen Vernunft* sei er hingegen

> in Absicht auf diese Frage synthetisch zu Werke gegangen, nämlich so, dass ich in der reinen Vernunft selbst forschte, und in dieser Quelle selbst die Elemente sowohl, als auch die Gesetze ihres reinen Gebrauchs nach Prinzipien zu bestimmen suchte. Diese Arbeit ist schwer, und erfordert einen entschlossenen Leser, sich nach und nach in ein System hinein zu denken, was noch nichts als gegeben zum Grunde legt, außer die Vernunft selbst, und also, ohne sich auf irgend ein Faktum zu stützen, die Erkenntnis aus ihren ursprünglichen Keimen zu entwickeln sucht.[1]

Wie dies zu bewerkstelligen sei, wie ‚die Erkenntnis aus ihren ursprünglichen Keimen zu entwickeln' und was unter der ‚Vernunft' zu verstehen sei, darüber gingen die Ansichten bekanntlich schon früh auseinander, wobei sich die Unterschiedlichkeit der Ansichten vor allem in dem prinzipiellen Gegensatz zwischen einer spekulativ-idealistischen Kantnachfolge (Fichte-Schelling-Hegel) einerseits und einer anthropologisch-psychologischen Kantnachfolge (J. F. Fries, F. Beneke) andererseits manifestiert. Mitte des 19. Jahrhunderts geriet die nach-kan-

---

[1] Kant, Immanuel, *Prolegomena zu einer jeden künftigen Metaphysik die als Wissenschaft wird auftreten können*, Riga 1783, § 4.

tische Philosophie allerdings in eine Identitäts- und Legitimationskrise. Nachdem die in rascher Folge einander überbietenden idealistischen Systementwürfe verebbt und ihre spekulativen Naturphilosophien durch die Naturforschung in Misskredit geraten waren, nachdem die empirische Psychologie das Erbe der anthropologisch-psychologischen Kantinterpretation angetreten hatte und sich zudem und zunehmend neue naturwissenschaftliche und geisteswissenschaftliche Disziplinen an den Philosophischen Fakultäten etablierten, geriet die akademische Philosophie in eine Identitäts- und Legitimationskrise, der sie durch die Rückbesinnung auf Kants *analytische Lehrart* begegnete.

Als sich der Neukantianismus Mitte des 19. Jahrhunderts formierte, sah man in Kant vornehmlich den Theoretiker der wissenschaftlichen Erkenntnis, der die Philosophie auf die „Thatsache der exacten Wissenschaft" verwiesen und ihr dadurch sowohl ihren eigenen ‚Gegenstand' wie auch ihren unbestreitbaren Anspruch auf Wissenschaftlichkeit gesichert hatte. Diese wissenschaftstheoretische Kantinterpretation der Neukantianer lieferte der Philosophie eine höchst erfolgreiche Legitimierungs- und Professionalisierungsstrategie. Sie eröffnete den naheliegendsten Ausweg, auf dem die Philosophie ihrer scheinbar unvermeidlichen Auflösung in die positiven Einzelwissenschaften entfliehen und sich zugleich als Wissenschaft gegenüber aller unwissenschaftlichen ‚Spekulation' behaupten konnte. In dem Maße, in dem dieser neukantianische Grundkonsens das Selbstverständnis der akademischen Philosophie prägte und bis heute prägt, führte er allerdings zu erneuter Verunsicherung und zur Zersplitterung der Philosophie in unterschiedlichste Forschungsprogramme und damit zur schier einhelligen Verabschiedung eines Systembegriffs, der „noch nichts als gegeben zum Grunde legt, außer die Vernunft selbst". Die Verunsicherung ist im wesentlichen auf zwei Problemkomplexionen zurückzuführen, in denen sich die gegenläufigen Wege kreuzen, welche die spekulativ-idealistische und die anthropologisch-psychologische Kantnachfolge beschritten hatten. Die beiden letztlich ineinander verschlungenen Problemkomplexionen kreisen um die *Logik* und die *Psychologie* und beider Verhältnis. Unter dem Stichwort *Psychologie* lassen sich die Fragen und Diskussionen zusammenfassen, die die Wahrnehmung der Philosophie in der Öffentlichkeit dominieren, da sie das Selbst- und Weltverständnis der Menschen unmittelbar betreffen. Wie kann sich das konkrete Subjekt inmitten der individuellen und lebensweltlichen, kulturellen, ökonomischen, sozialen und politischen Umstände orientieren, die sein Leben weitestgehend bestimmen? Und inwieweit kann die Philosophie zur Orientierung inmitten dieser vielfältigen und einander vielfach widerstreitenden Umstände beitragen? Mit dieser Frage ist aber auch bereits das Problem der *Logik* angesprochen, die das Selbst- und Weltverständnis des Menschen nur mittelbar, dafür aber umso grundlegender betrifft. Denn was kann die Philosophie zur Klärung der Frage beitragen, wenn es ihr an einer Logik gebricht, die das menschliche Selbst- und Weltverständnis erschließt?

Damit rücken die spekulativ-idealistische Kantnachfolge und Kant selbst ins Zentrum der Fragestellung, hat doch Kant mit dem Konzept einer *transzendentalen Logik* die Vorlage geliefert für eine Logik der Welterschließung. Kants Konzept einer *transzendentalen Logik* ist allerdings zweifach beschränkt: es beschränkt sich auf die Logik der szientifischen Welterschließung, da die berühmte Frage nach den Bedingungen der Möglichkeit der ‚Erfahrung überhaupt' nur auf die Bedingungen der Möglichkeit eines durchgängig gesetzmäßigen Zusammenhangs der Erscheinungen zielt. Und mit Blick auf seinen szientifischen Erfahrungs- und Gegenstandsbegriff nimmt Kant eine weitere Beschränkung in Kauf: er meint in der *metaphysischen Deduktion* des Leitfadenkapitels, die der Fundierung der erfahrungs- und gegenstandskonstitutiven Begriffe dienen soll, der „gewohnten Technik der Logiker" folgen zu können,[2] die unter transzendentallogischem Aspekt nur einiger ergänzender Erläuterungen bedürfe. Kant bezieht sich damit in begründungstheoretischer Absicht auf ein historisch vorliegendes urteilslogisches Konzept, das er die allgemeine oder formale Logik nennt, stellt aber nicht die Frage ‚Wie ist eine allgemeine Logik möglich?' Da er die Logik auch als die Form des Denkens bezeichnet, rückt an die Stelle dieser Frage allerdings eine andere Frage: die Frage der *subjektiven Deduktion* ‚wie ist *das Vermögen zu denken* selbst möglich?'.[3] Die systematische Bedeutung dieses Lehrstücks[4] hat Kant freilich nicht nur von vornherein selbst in Zweifel gezogen, sondern es in der 2ten Auflage der Vernunftkritik sogar eliminiert, weshalb es von den meisten Interpreten nicht als logische Begründungsreflexion, sondern nur als vermögenspsychologische Reflexion verstanden wird, obwohl unübersehbar ist, dass Kant seine Systematik strikt an dem traditionellen Parallelismus von Vermögenspsychologie und Logik ausrichtet. Der Parallelismus von psychologischen Vermögen und logischen Funktionen, auf den Kant noch wie selbstverständlich seine Systematik gründete, wurde jedoch alsbald in Frage gestellt, wie die gegenläufigen Tendenzen einer entweder spekulativ-idealistischen oder anthropologisch-psychologischen Kantnachfolge dokumentieren. Überdies drifteten Psychologie und Logik umso mehr auseinander, je mehr die Psychologie als empirische Wissenschaft und die Logik als Methodologie verstanden wurde. Diese Entwicklung wurde durch die Psychologismus-Kritik und die wissenschaftstheoretische Kantinterpretation des Neukantianismus entschieden gefördert. Im Anschluss an die *analytische Lehrart* der *Prolegomena* wurde vom Neukantianismus eine Entwicklung gefördert, die bereits bei Kant angelegt ist, durch den Parallelismus von Vermögenspsychologie und Logik aber noch in Zaum gehalten wurde. Durch die Eliminierung der vermögenspsychologischen Verstrebungen der Kantischen Systematik und die Umdeutung der transzenden-

---

[2] Kant, KrV A 70/B 96.

[3] A.a.O., A XVII.

[4] A.a.O., A 96 ff.

talen Logik in eine Wissenschaftslogik wurde die Logik zur Methodologie. Im Horizont des Kantianismus wurde dadurch die logische Begründungsreflexion in eine methodologische Abschlussreflexion umgebogen und der Weg vorbereitet, der über den Kantianismus und Neukantianismus weiterführt in die Gegenwart, die unter Logik nur mehr den Logikkalkül versteht, der allein formalen Konsistenzbedingungen zu genügen hat, da er nicht mehr der Erschließung des Welt- und womöglich auch des Selbstverständnisses dienen soll, sondern nur der nachträglichen Klärung unserer Aussagen und Behauptungen. Die eben angestellten Vorüberlegungen erlauben uns, den systematischen Ort zu bestimmen, den der vierte und abschließende Systemteil, die ungeschriebene *Psychologie*, im System Hermann Cohens ausfüllen sollte. Die *Psychologie* markiert genau die Leerstelle, die aufgrund der Umbiegung der logischen Begründungsreflexion in eine methodologische Abschlussreflexion in Cohens System klafft. Cohens Weggefährte Paul Natorp hatte in seiner ‚Allgemeinen Psychologie' (1912) versucht, diese Leerstelle im Horizont der Marburger Programmatik zu schließen. Nachdem aufgrund der vorgängigen „objectiven Begründung" der Erkenntnis „irgendeine letzte Vereinigung […] der Logik, Ethik, Ästhetik und Religionsphilosophie durch einen höchsten, aber wiederum nur begrifflich höchsten Bezug […] nur abstrakt sein" könne, fordert Natorp „im prägnanten Begriff des Bewußtseins […] als des unmittelbaren Erlebens […] eine schlechthin konkrete Einheit",[5] obwohl er eingestehen muss, dass angesichts des Gegensatzes von „höchst abstrakt[er] Gesetzeseinheit" einerseits und „absolute[r] Unmittelbarkeit und Ursprünglichkeit des Erlebens" andererseits,[6] die Aufgabe, die „vorauszusetzende Totalität des Erlebens, […] der Erkenntnis zu erobern und […] zum Bewußtsein – die Psyche zum Logos – zu erheben", zu einer „absolut genommen unserer Erkenntnis überhaupt unerreichbar[en] Aufgabe" wird.[7] Die Kritik Cohens an der von Natorp in der „Unmittelbarkeit und Ursprünglichkeit des Erlebens" gesuchten „konkrete[n] Einheit" des Bewusstseins folgte postwendend. In einem Zusatz der zweiten Auflage seiner ‚Logik der reinen Erkenntnis' (Berlin 1914) betont Cohen „den rein theoretischen Gehalt der neuen Aufgabe" und erklärt, dass es die *systematische Psychologie* „nicht auf ein Faktum, nicht auf ein Erleben, geschweige ein unmittelbares […]; nicht auf einen Ausgangs- oder Endpunkt einer persönlichen Aktualität" abgesehen habe, da alle

> diese Andeutungen, welche die Pädagogik und die Selbsterziehung des Kulturmenschen in dieser Einheit sich zum Ideal aufstellen dürfen, […] für die systematische Psychologie nur Nebenwirkungen [sind], die nicht zur Hauptsache gemacht werden dürfen, sofern die Methodik der Psychologie in das rechte Licht gerückt werden soll. Die Aufgabe der Methodik ist die der systematisch-genetischen Entwicklung aller Erscheinungsweisen des Bewußtseins. […] Man darf den Grund nicht in geheimen Ursprüngen der lebendigen

---

5 Natorp, *Allgemeine Psychologie nach kritischer Methode*, 20.

6 A.a.O., 38.

7 A.a.O., 78 f.

Kraft des Bewußtseins suchen. Allem solchem fundamentalen Prius gegenüber tritt die Einheit des Systems, wie sie sich in der Entwickelung des Systems vollzieht, als Grundlegung in ihre methodischen Grundrechte für das im System begründete Bewußtsein ein. An dieser Methodik hat die Psychologie festzuhalten.[8]

Cohens harsche Kritik an Natorps Psychologiekonzeption trifft auch den Generaltitel unseres Symposions: nicht das „Bewusstsein mit Leib und Seele" ist das Thema der ungeschriebenen *Psychologie*, sondern eine Lehre von der „Einheit des Kulturbewußtseins", die im Sinne einer „systematisch-genetischen Entwicklung aller Erscheinungsweisen des Bewußtseins" abschließend die drei Systemteile: Logik, Ethik und Ästhetik, zur „Einheit des Systems" bringen sollte. Der späte Paul Natorp begriff diese Aufgabenstellung als fundamentallogisches Begründungsproblem und nahm nach dem Abschluss der ‚Allgemeinen Psychologie' eine ‚Allgemeine Logik' in Angriff, deren „Grundkategorien" dem „Aufbau des ganzen, offenen, sei es denn nun auch grenzenlos offenen Systems der Kategorien überhaupt" dienen sollten.[9] Während also der späte Natorp das Programm einer *metaphysischen Deduktion* der Kategorien aufgreift, mit der Kant versuchte, die Kategorien als rein logische Prinzipien und nicht aufgrund historisch vorliegender Fakta der Wissenschaft oder Sittlichkeit oder Kunst oder Religion zu eruieren, hat Ernst Cassirer die Forderung Cohens nach einer „systematisch-genetischen Entwicklung aller Erscheinungsweisen des Bewußtseins" mit seiner *Philosophie der symbolischen Formen* einzulösen gesucht, deren geplanter vierter Band[10] der in den ersten drei Bänden vorliegenden Materialsammlung offenkundig die Systematik nachreichen sollte. So deuten die Problementwicklungen, die der Marburger Neukantianismus beim späten Natorp und bei Ernst Cassirer genommen hat, auf die Leerstelle, die in Cohens System zwischen der Begründungs- und Abschlussreflexion klafft und auf scheinbar höchst merkwürdige und widersprüchliche Weise sowohl auf Cohens Psychologieprogramm wie auch auf Kants metaphysische Deduktion der Kategorien verweist.

Die Merkwürdigkeit erklärt sich aus Cohens früher Kantinterpretation. Cohen hat den fundamentallogischen Anspruch, den Kant mit seiner ‚metaphysischen Deduktion' der Kategorien im Leitfadenkapitel erhebt, nicht zur Kenntnis genommen, da er sie als bloß psychologische oder empirische Analyse interpretiert. In seinem ersten Anlauf zu einer Neubegründung der Kantischen Aprioritätslehre, in der ersten Auflage von *Kants Theorie der Erfahrung* (Berlin 1871), übt Cohen zwar ausführlich Kritik an den empiristischen und anthropologischen Kantinterpretationen von A. Schopenhauer, J. F. Fries und J. B. Meyer, die „den Sinn des Transscendentalen zum Psychologischen verflüchtigen",[11] schließt

---

[8] Cohen, LrE², 611.

[9] Vgl. Natorp, *Vorlesungen über praktische Philosophie*, 33. Ders., „Selbstdarstellung", 167.

[10] Cassirer, *Zur Metaphysik der symbolischen Formen.*

[11] Cohen, KTE¹, 125. Vgl. Ders., KTE², 257 f., 581.

sich aber in dem entscheidenden Punkt der durch Jakob Friedrich Fries inspirierten psychologischen Kantauffassung Jürgen Bona Meyers an. Cohen pflichtet der psychologischen Aprioritätsbegründung Meyers bei, der in seiner Arbeit über *Kant's Psychologie* (1870) feststellte,[12] dass Kant „den Thatbestand des a priori nicht wiederum a priori dartun, sondern denselben [...] auf dem Wege der reflectirenden Selbstbesinnung finden" will.[13] Meyer wendet sich mit dieser Feststellung gegen Kuno Fischer, der in seinem hegelianisierenden *System der Logik und Metaphysik* (Stuttgart 1852, Heidelberg ²1865) erklärt hatte, dass die Kategorien nicht die „Objecte einer psychologischen Einsicht" sein könnten, weil sie dann ihrerseits nur als „Erfahrungsobjecte" gelten dürften.[14] Da Cohen in Fischers Forderung nach einer apriorischen Begründung des Apriori eine Abkehr von Kants Ausgangsthese erblickt, wonach „alle unsere Erkenntniss mit der Erfahrung anfange", schließt er sich in der zentralen Frage der Aprioritätsbegründung der anthropologischen Kantinterpretation von Fries und Meyer an, indem er behauptet, dass Kant die „apriorischen Bedingungen der Erfahrung [...] nur in der psychologischen Reflexion gefunden haben kann und darf".[15] Das hat zur Folge, dass Cohen der *metaphysischen Deduktion* keine logische, sondern nur psychologische Bedeutung zuschreibt. Zwar soll sie die grundlegende systematische Aufgabe erfüllen, „aus den Formen des Urtheils die Einheit in den verschiedenen Functionen des Denkens [...] als das Ursprüngliche im Denken zu deduzieren",[16] doch soll es sich dabei um eine „psychologische Analyse aus den Formen des Urteils" handeln,[17] so dass – wie Cohen selbst feststellt – die „metaphysische Deduktion, genau betrachtet, nur den Begriff der empirischen [...] erweitert".[18]

Somit interpretiert Cohen Kants ‚metaphysische Deduktion' nicht als prinzipientheoretische bzw. transzendentallogische Argumentation, sondern als psychologische und letztlich bloß empirische Analyse. Das hat weit über das Jahr 1871 hinausreichende Konsequenzen für Cohens eigene Systematik. Für die Aprioritätslehre von 1871 bedeutet es zunächst, dass Cohen die psychologische bzw. ‚metaphysische' Bedeutung und die transzendentale Bedeutung des *Apriori* kaum auseinander halten kann. Und er kann psychologische und logische Argumente um so weniger auseinander halten, als er im Unterschied zu Kant und der vermögenspsychologischen Tradition nicht mehr von einer Korrespondenz

---

[12] Vgl. Cohens Rezension (Zeitschrift für Völkerpsychologie und Sprachwissenschaft 7/1871, S. 320–330), in der er seine Dankbarkeit dafür bezeugt, daß J. B. Meyer „in Kant das psychologische Interesse als das treibende Motiv" nachweist (S. 329).

[13] Meyer, *Kant's Psychologie*, 107. Vgl. 134.166.

[14] Fischer, *System der Logik und Metaphysik*, 112.

[15] Cohen, KTE¹, 108. Vgl. 105.

[16] A.a.O., 172.

[17] A.a.O., 118.

[18] A.a.O., 122.

zwischen psychologischen und logischen Funktionen ausgeht, sondern im Anschluss an die Psychologie Herbarts und Steinthals von dem ‚methodischen Gedanken' geleitet wird: „das Bewusstsein sei als Mechanismus aufzufassen, um erklärt werden zu können."[19] Daher will Cohen „in der Kantischen Bestimmung des Ich die entschiedensten Berührungspunkte mit *Herbart* erkennen, sofern die Psychologie desselben sich [...] an den Gedanken der psychischen Prozesse und deren mechanischer Verbindung hält."[20] Dementsprechend deutet er die *transzendentale Deduktion* im Ausgang von der subjektiven Deduktion aus der ersten Auflage der Vernunftkritik,[21] indem er Kants Lehre von den „subjektive[n] Erkenntnisquellen, welche selbst den Verstand und, durch diesen, alle Erfahrung [...] möglich machen",[22] im Lichte der Herbartschen Psychologie als eine Analyse der *psychologischen Prozesse* interpretiert. Da die Aufgabe von Kants transzendentaler Deduktion in dem Nachweis der „Uebereinstimmung der Erkenntnisquellen" bzw. der „einzelnen apriorischen Elemente der Erfahrungen zu einem Ganzen der Erfahrung" bestehe, könne man diese Untersuchung „in einem bestimmten Sinne füglich eine psychologische nennen, denn psychische Processe sind es, deren Erklärung die Lösung jener Frage mitbewirkt."[23]

Die gewundene Formulierung lässt allerdings bereits erkennen, dass Cohen die transzendentale Deduktion nicht nur als psychologische Untersuchung verstanden wissen will, denn insofern die (objektive) transzendentale Deduktion dem Nachweis dient, „dass der *Process des Erkennens*, zurückgeführt auf die *Einheit des Bewusstseins*, die Reihe der *Erscheinungen* aufrollt als ein Ganzes der *Erfahrung*", dient sie dem „Nachweise der nothwendigen [!] Beziehung, welche zwischen den psychischen Prozessen des Denkens und der Einheit der Erfahrung besteht", und insofern „unterscheidet sich die transscendentale Deduction von der empirischen".[24] Cohen will an dieser Stelle offenbar die *Einheit des Bewusstseins*[25] als Bedingung der Möglichkeit der Einheit der Erfahrung verstehen. Er will die „synthetische Einheit der Apperzeption" in Übereinstimmung mit Kant, als „das Apriorische an den Kategorieen" verstehen, „sofern unter demselben das *Ursprüngliche* verstanden wird".[26] Nachdem er der metaphysischen Deduktion die Aufgabe zugewiesen hat, „die Einheit in den verschiedenen Functionen des Denkens [...] als das Ursprüngliche im Denken zu deduzieren",[27] diese metaphysische Deduction aber als *psychologische* und daher ‚genau betrachtet', nur

---

[19] A.a.O., 164.

[20] A.a.O., 161. Vgl. 164.

[21] Vgl. Kant, KrV A XVIf., 95 ff.

[22] A.a.O., A 97 f.

[23] A.a.O., 122 f.

[24] A.a.O., 128. Siehe Edel, *Von der Vernunftkritik zur Erkenntnislogik*, 70 f.

[25] Zu diesem Problemzusammenhang: Adelmann, *Einheit des Bewußtseins als Grundproblem der Philosophie Hermann Cohens.*

[26] Cohen, KTE[1], 143.

[27] A.a.O., 172.

als *empirische Analyse* versteht,[28] ist allerdings nicht mehr begreiflich zu machen, wie die solcherart bloß empirisch begründete Einheit des Bewusstseins als transzendentale Bedingung für die Einheit der Erfahrung soll einstehen können. Ebenso bleibt unbegreiflich, wie der im Lichte der Herbartschen Psychologie als Bewusstseinsmechanismus verstandene Prozess des Erkennens auf die Einheit des Bewusstseins zurückgeführt werden kann.

Cohen muss daher nach einer alternativen Begründung des Apriori suchen, wenn er verhindern will, dass sich auch bei ihm ‚der Sinn des Transzendentalen zum Psychologischen verflüchtigt'.[29] Nachdem er die metaphysische Deduktion als psychologische Beweisführung interpretiert, kann er die Einheit des Bewußtseins nicht als ursprüngliche logische Einheit bestimmen und ist nicht im Stande, die ursprünglich-synthetische Einheit der Apperzption als den „höchsten Punkt" zu bestimmen, an den man laut Kant „die ganze Logik, und, nach ihr, die Transzendental-Philosophie, heften muß".[30] Im weiteren Verlauf seiner Untersuchung, in dem Cohen „die Möglichkeit der Erfahrung als Springpunkt der transscendentalen Untersuchung" und das ‚transzendentale Apriori' ausdrücklich als formale Bedingung der Erfahrung bestimmt, wird denn auch ersichtlich, dass er das Apriori in letzter Instanz nicht an der *Einheit des Bewusstseins*, sondern an der in den *synthetischen Grundsätzen a priori* begründeten *Einheit der Erfahrung* festmacht: „Die transscendentale Apriorität der Formen des Denkens, als der formalen Bedingungen unserer Erfahrung, beruht auf der Apriorität der synthetischen Grundsätze, sofern dieselben die Grundformen der synthetischen Urtheile a priori sind."[31] Mit dieser Bestimmung stellt Cohen bereits in seinem ersten Versuch einer Neubegründung der Kantischen Aprioritätslehre die Weichen für seine künftige rein *wissenschaftslogische* Fundierung des Apriori.

In der zweiten Auflage von *Kants Theorie der Erfahrung* (1885) bringt Cohen seine wissenschaftslogische Programmatik unmißverständlich in Ansatz, indem er die *Einheit des Bewusstseins* mit der *Einheit der Grundsätze* identifiziert: „Die wissenschaftlich fixirte, unzweideutige Geltung der Objectivität verlangt die Einheit des Bewusstseins allein in der Bedeutung als Einheit der Grundsätze. Denn unter diesem Ausdruck kann sich nichts Persönliches, also auch nichts Psychologisches mehr verbergen." Werde hingegen die Einheit des Bewusstseins „persönlich gedacht", dann bleibe es bei dem ‚psychologischen Idealismus', den Hegel zu Recht an Kant und Fichte kritisierte.[32] Wenn die Einheit des Bewusstseins als die Einheit der Grundsätze zu denken ist, verlagert sich das fundamentallogische Problem auf die Frage, wie die Einheit der Grundsätze zu denken

---

[28] Vgl. a.a.O., 118.122.

[29] Siehe oben, Anm. 11.

[30] Kant, KrV B 134.

[31] A.a.O., 208. Vgl. 104.

[32] Cohen, KTE², 590.

ist. Befragt man die ‚Logik der reinen Erkenntnis' danach, wie die Einheit der Grundsätze zu denken ist, erhält man allerdings keine bzw. nur ausweichende Antworten, es sei denn, man gibt sich mit der Antwort zufrieden, dass die Einheit des Bewusstseins als die Einheit des wissenschaftlichen Bewusstseins zu verstehen ist, da „die echten schöpferischen Elemente des wissenschaftlichen Denkens in der Geschichte des wissenschaftlichen Denkens sich offenbaren".[33] Nachdem Cohen der Auffassung ist, dass die „Ansicht von einem *a priori*, welches [...] ein absolutes Prius bildet", von der Logik der reinen Erkenntnis zu überwinden sei,[34] kann er das Bewusstsein denn auch logisch nur als offenen Horizont für die Entfaltung aller Probleme bestimmen: das *Bewusstsein* findet darum als Kategorie der *Möglichkeit* seinen Ort in der Logik.[35] Das Bewusstsein wird dadurch freilich gerade nicht in einer Weise bestimmt, die es erlauben würde, von der *Einheit des Bewusstseins* zu sprechen, zumal Cohen die Frage, wie das Bewusstsein und „auch alle anderen Kategorien [...] möglich seien", sogleich mit der „*unerlaubten* Frage" gleichsetzt, „wie Bewußtheit zustande komme".[36]

Angesichts der Vielfalt der Inhalte, die das Bewusstsein erzeugt,[37] stellt sich allerdings die Frage nach der Einheit des Bewusstseins erneut und in einem neuen Sinne. Sie wird zur Frage nach der *Vereinigung* der „Grundrichtungen des reinen Bewußtseins". Mit dieser Frage ist die neue und eigentümliche Aufgabe umrissen, die Cohen der Psychologie im Rahmen seines Systems zuweist. Cohen hat sich über diese neue Aufgabe, durch die die Psychologie nunmehr „zu einem berechtigten Gliede des Systems" wird, ausführlich in seiner Einleitung (1896) zu Friedrich Albert Langes *Geschichte des Materialismus* ausgesprochen. Hier fordert Cohen vor dem Hintergrund seines wissenschaftslogischen Programms, demzufolge sich die Erkenntniskritik „auf den Thatbestand der Wissenschaft" zu richten habe, „für das Studium der Philosophie die Verbindung von Systematik und Geschichte", wobei dieser „Zusammenhang mit der Geschichte [...] zuvörderst den Zusammenhang mit der Wissenschaft" bedeutet. Dieser Zusammenhang „erweitert sich folgerichtig zu dem mit der allgemeinen Kultur", so dass sich die Philosophie den

> Richtungen der Kultur entsprechend [...] zunächst in Logik, Ethik und Ästhetik [gliedert]. Da jedoch durch diese verschiedenen Richtungen der Kultur die Vereinigung derselben zum Problem wird, [...] so tritt ein neues Glied in das System der Philosophie ein, welches die Psychologie bildet, als die Lehre vom Menschen in der Einheit seines Kulturbewußtseins, wie von der Entwickelung dieser Einheit, und von dem genetischen Zusammenhang aller ihrer Glieder und deren Keime.[38]

---

33 Cohen, LrE^{1} 46; Vgl. 15, 60 f.

34 A.a.O., 342.

35 A.a.O., 363.

36 A.a.O., 364 f.

37 A.a.O., 366.

38 Cohen, EGML (EA 1896), 10 f.

Die *Psychologie* wird damit von einer fälschlicherweise als empirische Grundlegung der Philosophie verstandenen Disziplin zu einer Abschlusswissenschaft: sie wird „als die Lehre von der *Einheit des Kulturbewusstseins*, zu einem berechtigten Gliede des Systems". Dieser projektierte, von Cohen aber nicht ausgeführte Systemabschluss, soll die Nachfolge der Metaphysik antreten, da durch sie „die einfache Seelensubstanz, welche die alte Metaphysik suchte" zu „einer fruchtbaren Betätigung" gebracht werde. Im Unterschied zu der alten Metaphysik, die ihre Suche nach der einfachen Seelensubstanz mit dem ethischen *Problem der Unsterblichkeit* verband, bedeutet die Einfachheit der Substanz in der Psychologie jedoch

> die Einheit des Bewußtseins in der Mannigfaltigkeit seiner Richtungen […]. Jene Einheit des Bewußtseins aber ist ein großes Problem; nicht nur ein schwieriges für die Psychologie, sondern ein großes und weittragendes im besten Sinne der Metaphysik, nämlich der systematischen Philosophie. Daß die verschiedenen Richtungen, wie sie in der Kultur sich nicht befehden dürfen, so auch die Menschenseele nicht zwiespältig machen sollen, sondern daß aus ihrer Fülle eine wahrhafte, schlichte, einfache, friedliche Einheit der Harmonie erstehe, das ist die Lehre, welche hier als letztes Ziel der Psychologie anvertraut wird. Und von diesem Ziele wird sich auch *die genetische Entwicklung aller Einzelphasen* des Bewußtseins anstreben und vollführen lassen.[39]

Man wird angesichts dieser Ausführungen fragen, ob sich Cohen die *Einheit* des Bewusstseins und der Kultur nicht allzu harmonisch vorstellt und ob nicht mithin seine gesamte Systemkonzeption von einem Kulturoptimismus getragen wird,[40] den man nach den Erfahrungen des 20. Jahrhunderts nur schwer nachvollziehen kann. Im historischen Rückblick erscheint es daher kaum verwunderlich, dass die Psychologie, verstanden als Lehre von der Einheit des Kulturbewusstseins, Programm geblieben ist. Die Lehre von der *Einheit des Bewusstseins*, die laut Cohen nicht das psychologische „Fundament, sondern den Abschluß" und „Gipfel des Systems" bilden sollte,[41] wurde nicht ausgeführt. Eine wohlmeinende Cohen-Interpretation könnte freilich an dieser Stelle – und zwar genau mit Blick auf das Problem der *Einheit des Bewusstseins* – einwenden, dass das System seinen „Gipfel" in der Religionsphilosophie erreicht. In seiner Schrift *Der Begriff der Religion im System der Philosophie* (Giessen 1915), hat Cohen nämlich das letzte Kapitel dem „Verhältnis der Religion zur Psychologie" gewidmet und der bisher für „das vierte Glied des Systems der Philosophie" in Aussicht genommenen Lehre von der Einheit des Bewusstseins[42] eine religionsphilosophische Wende gegeben, die erlaubt, die Frage zu stellen, ob die Psychologie nicht letztlich in der Religionsphilosophie aufgeht. Denn im Sinne seiner „me-

---

[39] A.a.O., 43 f.

[40] Zum Kulturoptimismus – der ‚Kulturfrömmigkeit' (J. Cohn) – der Neukantianer siehe Zeidler, *Kritische Dialektik und Transzendentalontologie*, 17–22.

[41] Cohen, ÄrG II, 425 f.

[42] Cohen, BR, 108.

thodischen These der Korrelation“ von Mensch und Gott, „ist der letzte Sinn der Religion“ für Cohen der, dass „ebenso wie Gott, [...] auch der Mensch erhalten bleiben [soll]. Das ist der Sinn, den die Religion insbesondere in der Angliederung an die Einheit des Bewußtseins zu bedeuten und zu vollziehen hat.“[43] Die Religion bringt daher

> für das Problem der Einheit des Bewußtseins eine eigenartige Ergänzung, in welcher sich scharf und klar die Eigenart [sc. der Religion] von der Selbständigkeit [sc. der drei Kulturgebiete Logik, Ethik und Ästhetik] unterscheidet: indem sie in scheinbarem Widerspruch zur Logik, zur Ethik und beinahe auch zur Ästhetik, die allesamt das Aufgehen des Endlichen in der Allheit des Unendlichen fordern, bei aller gefügigen Angliederung an diese Selbständigkeiten des systematischen Bewußtseins dennoch ihre Eigenart für die Behauptung des Endlichen, des menschlichen Individuums seinem Gotte, dem Gotte seines Ich gegenüber, geltend macht. Die Korrelation von Mensch und Gott macht in der Methodik den Menschen Gott ebenbürtig.[44]

Im Lichte dieser Ausführungen könnte man der These zustimmen, dass Cohen die Lehre von der Einheit des Bewusstseins zwar nicht in dem versprochenen vierten Systemteil, der *Psychologie*, wohl aber in seiner *Religionsphilosophie* zur Ausführung bringt. Man könnte zugunsten dieser These auch anführen, dass Cohen die Lehre von der Einheit des Kulturbewusstseins ja selbst als Nachfolgerin der alten Metaphysik exponierte, dass mit der Ersetzung der Psychologie durch die Religionsphilosophie also nur eine Teildisziplin der Metaphysik durch eine andere ersetzt werde. Der Hinweis auf die Metaphysik macht allerdings bei näherem Hinsehen deutlich, dass die Religionsphilosophie nicht einfach als Ersatz für die Lehre vom Kulturbewusstsein verstanden werden kann, die den universellen Anspruch erhebt, *alle* Richtungen des Bewusstseins zur Einheit zu bringen und somit Logik, Ethik und Ästhetik überhaupt erst zu dem einen „System der Philosophie“ zu vereinen. Bleibt man bei dem Vergleich mit der alten Metaphysik, dann wäre Cohens Psychologiekonzeption also weniger mit der Seelenlehre oder einer der beiden anderen Teildisziplinen der speziellen Metaphysik (Theologie, Kosmologie) als vielmehr mit der Ontologie (metaphysica generalis) zu vergleichen. Damit führt uns der Bogen unserer Überlegungen wieder zurück zu Cohens Kantinterpretation und zu Kant, der bekanntlich die ‚Analytik des reinen Verstandes‘ an die Stelle der vormaligen Ontologie setzte.[45] Erinnern wir uns, warum Cohen diese *Analytik des reinen Verstandes* in eine *Wissenschaftslogik* umdeutete, erinnern wir uns, dass Cohen der Kantischen *Analytik* ihr logisches Fundament entzog, weil er die metaphysische Deduktion der Kategorien nur als psychologische Deduktion begriff, dann wird deutlich, dass die geforderte Lehre von der Einheit des Kulturbewusstseins nicht bloß ein

[43] A.a.O., 134.

[44] A.a.O., 135.

[45] Kant, KrV A 247/B 303.

kulturphilosophisches Anhängsel zum System, sondern einen unverzichtbaren Abschluss des Systems darstellt: sie würde die systematische Ergänzung darstellen, die notwendig wäre, um Cohens Wissenschaftslogik wiederum in eine Analytik des reinen Verstandes zu transformieren.

Die Lehre von der Einheit des Kulturbewusstseins dürfte dann aber nicht allein Abschlussreflexion, sondern müsste ebenso sehr Begründungsreflexion sein. Die unausgeführte Lehre von der *Einheit des Kulturbewusstseins*, die laut Cohen nicht das *psychologische* „Fundament, sondern den Abschluß" und „Gipfel des Systems" bilden sollte,[46] müsste eben diesem „System" das *logische* Fundament nachreichen, müsste also die Aufgabe übernehmen, die Kant der ‚metaphysischen Deduktion' der Kategorien zugedacht hatte, die diese aber angeblich nicht erfüllt, da sie nur eine „psychologische Analyse" des Bewusstseins liefere. Cohen hat das logische Fundierungsproblem selbstverständlich gesehen. Das beweist allein schon die Nachdrücklichkeit, mit der er seine *Logik der reinen Erkenntnis* als *Logik des Ursprungs* kennzeichnet. Aber mit eben solcher Nachdrücklichkeit hat Cohen die Logik mit Methodologie gleichgesetzt, sei die Logik doch „von Anfang an die *Logik der Mathematik und der mathematischen Naturwissenschaft* gewesen und geblieben".[47] Darum beginnt, nach Vorrede und Einleitung, die *Logik der reinen Erkenntniss* (Berlin 1902), mit den Worten: „Das wissenschaftliche Denken beginnt seine Geschichte mit dem Begriffe des Ursprungs. So dürfen wir ἀρχή besser übersetzen als mit Anfang."[48] Mit diesen Worten spannt Cohen den Bogen von Thales, dem „Erdenker des Ursprungs" und dem „Urheber der Forschung und der Philosophie" zu seiner eigenen wissenschaftslogischen Umgestaltung von Kants Aprioritätslehre, wobei die Rede vom *Ursprung* zum Hebel wird für die Umbiegung der logischen Begründungsreflexion in eine methodologische Abschlussreflexion, denn nachdem „durch das lateinische Wort des *Princips* […] das urmenschliche Interesse an der Frage des Ursprungs verdeckt und verdrängt" wurde, habe „von dieser Abdämpfung des Faustischen Sinns der Frage in die Beruhigung, die das Prinzip bietet, die Logik [den größten Schaden] erlitten: das Interesse am Ursprung ist in ihr nahezu erstorben."[49]

Dagegen entwurzelt die *Logik des Ursprungs* mit der Betonung „des Faustischen Sinns der Frage" den „Irrthum, dass man dem Denken Etwas geben dürfe, oder geben könne, was nicht aus ihm selbst gewachsen ist",[50] verwandelt aber zugleich die Prinzipien des Denkens in Methoden und somit in dynamische Momente oder, in der Terminologie Cohens, in „Grundlegungen" im Fortschritt der Wissenschaft bzw. der reinen Erkenntnis. Die Umbiegung der Begründungsprobleme in Methodenprobleme und die damit einhergehende Trans-

---

[46] Cohen, ÄrG II, 425 f.
[47] Cohen, LrE[1], 18.
[48] A.a.O., 65.
[49] A.a.O., 66.
[50] A.a.O., 67.

formation der Begründungstheorie in eine reine Bestimmungstheorie[51] belastet die Urspungslogik jedoch mit einer Hypothek: die Differenz von fundamentallogischem Begründungstheorem und methodologischem Abschlusstheorem ist aufgehoben um den Preis der szientistischen Engführung jeglicher Erfahrung mit der kategorial konstituierten Erfahrung und ist nur aufgehoben, solange Cohen seiner ursprungslogischen Vorwärtsstrategie folgt und – erinnern wir uns an den Kulturoptimismus, von dem seine Lehre von der *Einheit des Kulturbewusstseins* beseelt scheint – darauf vertraut, dass der „nothwendige Gedanke vom *Fortschritt der Wissenschaft*", der den „Gedanken vom *Fortschritt der reinen Erkenntnisse* [...] zur nothwendigen [...] Voraussetzung" hat,[52] jeden Versuch einer weiteren Begründung und Rechtfertigung erübrigt.[53]

Literaturverzeichnis

Adelmann, Dieter, *Einheit des Bewußtseins als Grundproblem der Philosophie Hermann Cohens*, Heidelberg (Diss.) 1968.

Cassirer, Ernst, *Zur Metaphysik der symbolischen Formen*. Nachgelassene Manuskripte und Texte Bd. 1, Hamburg 1995.

Cohen, Hermann, *Werke*, hg.v. Helmut Holzhey u.a. Hildesheim u.a. 1977 ff.

Edel, Geert, *Von der Vernunftkritik zur Erkenntnislogik. Die Entwicklung der theoretischen Philosophie Hermann Cohens*, Freiburg im Breisgau/München 1988.

Fischer, Kuno, *System der Logik und Metaphysik*, Heidelberg ²1865.

Holzhey, Helmut, *Cohen und Natorp*, Bd. 1, Basel/Stuttgart 1986.

Kant, Immanuel, *Werke in 6 Bänden*, hg.v. W. Weischedel, Wiesbaden 1956–64. Darin:

–, Kritik der reinen Vernunft [= KrV].

Meyer, Jürgen Bona, *Kant's Psychologie*, Berlin 1870.

Natorp, Paul, *Allgemeine Psychologie nach kritischer Methode*, Tübingen 1912.

–, „Selbstdarstellung", in: Raymund Schmidt (Hg.), *Die Philosophie der Gegenwart in Selbstdarstellungen*, Bd. 1, Leipzig ²1923.

–, *Vorlesungen über praktische Philosophie*, Erlangen 1925.

Zeidler, Kurt Walter, *Kritische Dialektik und Transzendentalontologie. Der Ausgang des Neukantianismus und die post-neukantianische Systematik*, Bonn 1995.

---

[51] Darum argumentiert Cohen, wie Helmut Holzhey treffend festgestellt hat, „nicht strukturell-systematisch [...], sondern archäologisch-prozessual in einseitiger Ausrichtung auf den Prinzipiencharakter des ursprünglichen Denkens, unter Vernachlässigung des Gefüges seiner Eigenbestimmtheit" (Holzhey, *Cohen und Natorp*, Bd. 1, 265).

[52] A.a.O., 342.

[53] Dies bedeutet nicht, daß Cohen keine tiefergehenden Begründungs- und Rechtfertigungsversuche unternommen hätte. Die diesbezüglichen begriffs- und schlußlogischen Ansätze werden jedoch verdeckt durch seine urteilslogische Programmatik und die vorzeitige Umbiegung der Begründungs- in Methodenprobleme. Dazu: Zeidler, *Das Problem des Einzelnen*, 175–204 und Ders., *Provokationen. Zu Problemen des Neukantianismus*, 173–213, sowie Ders., *Ursprüngliche Synthesis bei Hermann Cohen und Ernst Cassirer*, 135–162.

–, *„Das Problem des Einzelnen. Heinrich Rickert und Hermann Cohen zum ‚härtesten Problem der Logik'"*, in: Christian Krijnen/Andrzej J. Noras (Hg.), *Marburg versus Südwestdeutschland*, Würzburg 2012, 175–204.

–, *Provokationen. Zu Problemen des Neukantianismus*, Wien 2018, 173–213.

–, *„Ursprüngliche Synthesis bei Hermann Cohen und Ernst Cassirer. Ein Beitrag zur Lehre vom Schluß und zur Theorie des Begriffs"*, in: Martin Woesler (Hg.), *Senex non semper optimus, senectus autem optima. FS für Harald Holz*, Berlin u.a. 2021, 135–162.

C. Die ethische Dimension der Psychologie Cohens

Freedom and Psychology in Kant and Cohen

Andrea Poma

The second half of the 20th century saw the development and proliferation of a debate referred to as the "Mind Body Problem", concerning the relationship between mental states and neurological functions. This issue also addresses the possibility of reproducing the functions of the human mind by means of computers.

As can be seen, the subject is of particular interest to psychologists and neurologists (and, in its applications, computer scientists). However, philosophers are also involved. Evidently, psychologists and neurologists seek to establish whether mental states and neurological functions differ in essential peculiarities or only have a functional difference or, again, whether they do not differ at all and one must therefore reduce mental states to the corresponding neurological functions. For this reason, the numerous positions that emerged in the debate, and which differed from each other in sometimes subtle details, can be classified (with a degree of simplification) under the alternative between "*monism*" and "*dualism*". When conducted on a naively substantive level ("are mind and brain one and the same thing?"), the debate has no chance of yielding any results, but when it formulates the problem in terms of the relations between mental and neurological functions or, even more so, in terms of the relations between the methods and application techniques of psychology and neurology, it is certainly of considerable interest.

It remains to be understood, however, in what sense philosophy is involved in this debate. It seems to me that this can be explained by a recurring attitude in the history of philosophy itself. After many centuries in which philosophy and science were as one and were studied with the same methods and theories, when a separation gradually took place between the problems and methods of these disciplines, philosophers always remained interested in the developments of the sciences and took them very much into account in their reflections. Many philosophers were also great scientists and drew important results in their thinking from the synergy of these different insights.

Alongside such an attitude, which is certainly positive (and today increasingly rare, not least because of the senseless differentiation in university curricula), there have always been deviant forms of it, which are anything but positive. When a scientific discipline, in any given cultural period, achieves quick and fruitful developments, rapidly obtaining new and copious findings, two things often happen. On the one hand, scholars, sometimes even excellent scholars, inebriated by their success, presume to express opinions and theories even on subjects that are far outside their field and on which, therefore, they have no competence; on the other hand, mediocre and not very rigorous philosophers try to jump on the bandwagon of the science in vogue and, based on misunderstood theories, construct philosophical edifices that have no serious foundation whatsoever.

In our time, neurology is certainly one of the scientific disciplines that has undergone consistent developments and produced extensive and extremely interesting results. Because of this, some neurologists have sometimes gone so far as to formulate improvised philosophical positions, while some philosophers, who designate themselves by the fanciful name of "philosophers of mind", have supported their theses with misguided notions of neurological science.

The most glaring manifestation of this intrusion of philosophy into extraneous matters has been the attempt to construct a philosophical tradition in this regard. I will only mention, by way of example, the name of Descartes, a philosopher who has been held and consistently cited as the forerunner and paradigm of mind-body dualism. It is clear that the Cartesian conception of *res cogitans* cannot in any way be reduced to the psychological concept of "mind". It would take too long to explain the causes of this misunderstanding, including, on the one hand, the psychologisation of the conception of thought and ideas, which took place especially (but not only) in English philosophy after Descartes, and, on the other hand, the polysemous meaning of the English term "mind", which currently translates the Cartesian word "*mens*".

This brief and certainly oversimplified premise is only meant to introduce the topic of these reflections. In fact, within the framework of the monistic thesis, which seems the most sensible and also the prevailing one, some philosophers have sought to draw important implications regarding ethics and the problem of freedom. Based on neurological determinism, to which they have also reduced the psychological succession of mental states, sometimes exhuming bits of old philosophical Darwinism, they have come to the denial of freedom of action and will and thus, in fact (despite some attempts to escape it by improvised means), the denial of ethics.

What I intend to do in the following considerations is to show, through the philosophy of Immanuel Kant and that of Hermann Cohen, that the question of freedom (as well as the related question of the possibility and necessity of ethics) cannot be debated in a neurological and psychological context, because it belongs to a different conceptual realm.

I. Immanuel Kant

For the sake of brevity, I will only refer to a few specific passages from Kant's writings, namely some very well-known pages in the *Kritische Beleuchtung der Analytik der reinen praktischen Vernunft*. In this part of the *Kritik der praktischen Vernunft*, Kant takes a clear-cut position in relation to the psychological explanation of freedom. When introducing the topic, Kant emphatically states his intent in this regard:

For, there are many who believe that they can nevertheless explain this freedom in accordance with empirical principles, like any other natural ability, and regard it as *a psychological* property, the explanation of which simply requires a more exact investigation of the *nature of the soul* and of the incentives of the will, and not as a *transcendental* predicate of the causality of a being that belongs to the sensible world (although this is all that is really at issue here); and they thus deprive us of the grand disclosure brought to us through practical reason by means of the moral law, the disclosure, namely of an intelligible world through realization of the otherwise transcendent concept of freedom, and with this deprive us of the moral law itself, which admits absolutely no empirical determining ground. It will therefore be necessary to add something here as a protection against this delusion, and to show *empiricism* in all its bare superficiality[1].

Kant's argument is simple and straightforward, but also radical and definitive. If we intend to attribute freedom to the empirical subject, i.e. as existing *in time*, this inevitably and insuperably contradicts necessarily determined causality, through which alone we can have legitimate knowledge of phenomena. Causality as freedom therefore only concerns the intelligible subject, the thing in itself, whereas the sensible subject must be understood entirely as a phenomenon, according to natural and necessary causality.

The psychological explanation of freedom attempts to overcome this alternative by resorting to a "*comparative* concept of freedom", according to which the "free effect" of a cause is understood as "the determining natural ground of which lies *within* the acting being", without the intervention of any external cause. In this same sense "one uses the word 'freedom'" about a projectile body, "because while it is in flight it is not impelled from without"; or we call "the motion of a clock a free motion because it moves the hands itself, which therefore do not need to be pushed externally"[2].

This, for Kant, is a cheap trick:

[1] Kant, AA V, 168; Engl. Trans.: Immanuel Kant, *Theory of Practical Reason* in *Practical Philosophy*, Cambridge 1999, 215.

[2] *Ibid.* 171; Engl. Trans. cit., 217.

Some still let themselves be put off by this subterfuge and so think they have solved, with a little quibbling about words, that difficult problem on the solution of which millennia have worked in vain and which can therefore hardly be found so completely on the surface[3].

Empiricists would like to explain free causality as a determination between representations (understood as empirical representations, what today would be called mental states), as opposed to "mechanical" causality, which determines events. In reality, this difference explains nothing. In fact, mental states (internal phenomena) differ from physical events (external phenomena) for the sole reason that, whereas the latter are given to sensible intuition in the forms of space and time, the former are only given in the form of time, not in the form of space (they have no extension). This does not detract from the fact that both are phenomena and, as such, cannot be known except as determined by necessary natural causality. The psychological subject can only be understood as necessarily determined, like any other natural phenomenon. What the above explanation arrives at is simply the distinction between the psychological subject as "*automaton spirituale*" and the physical subject as "*automaton materiale*", which, however, is not sufficient to account for the true meaning of freedom. Kant concludes, in a well-known passage, that if our freedom were nothing more than this "comparative" or "psychological" freedom, "then it would at bottom be nothing better than the freedom of a turnspit, which, when once it is wound up, also accomplishes its movements of itself"[4].

The authentic concept of freedom, according to Kant, must be thought of completely outside the conditions of phenomenal reality, therefore outside time, and does not concern the empirical subject, but the noumenal subject, the subject as a thing in itself. As much as all (internal and external) events, including the empirical subject's actions, are necessarily determined, the rational being, "in the consciousness (*Bewußtsein*) of his intelligible existence"[5], is aware of himself as an intelligible unity ("character"), independent of the phenomenal causal series and at the same time originating it: that is, the rational being is aware of his own freedom. This freedom we cannot know; nevertheless we can, indeed we must, recognise its reality, because "the moral law assures us of this difference between the relation of our actions as appearances to the sensible being of our subject and relation by which this sensible being is itself referred to the intelligible substratum in us"[6].

Kant's argument, which in itself is more than sufficient to refute the psychologistic reduction of the concept of freedom, leaves several problems open, which

---

[3] *Ibid.* 172; Engl. Trans. cit., 217.
[4] *Ibid.* 174; Engl. Trans. cit., 218.
[5] *Ibid.* 175; Engl. Trans. cit., 218.
[6] *Ibid.* 178; Engl. Trans. cit., 219.

subsequent interpretations have extensively and thoroughly addressed. In the following considerations I will rather focus on the concept of a causality outside of time and the meaning of the "grand disclosure"[7] mentioned by Kant, because Hermann Cohen's reflection proved to be especially insightful in relation to these two points.

II. Hermann Cohen

On these topics (and other related ones) Hermann Cohen's in-depth research yielded original and important results. As we shall see, his findings show even more clearly that the idea of freedom is foreign to the psychological sphere, at least in terms of its essential meaning. For the sake of brevity, I will refer to only one work of Cohen's production: *Kants Begründung der Ethik* (1877, 1910^2).

Cohen's polemic against the psychological reduction of the meaning of freedom naturally did not originate out of thin air, but from the context of his time, which was different from Kant's. Cohen's main polemical targets were Schopenhauer, on the one hand, and Herbart, on the other. But there were also others: for example Schleiermacher and, though little mentioned, Trendelenburg. Even more important, indeed fundamental to Cohen's reflections in this work, is the reference – this time not polemical but concordant – to August Stadler, a pupil with whom Cohen had a close and very fruitful collaboration. Although Stadler's name also rarely appears in Cohen's book, it is no coincidence that all the fundamental pillars of Cohen's work – the difference between category and idea, the regulative significance of ideas, the contingency of experience, the idea of finality – are also the main topics of Stadler's work. An adequate treatment of this topic would require a historical reconstruction of these important references, but the brevity of this talk prevents me from doing so. I therefore refer to other scholars for this issue.[8]

In interpreting Kant's thought, Cohen certainly feels free to introduce his own innovations and developments, as he had already done in his work on Kant's theoretical doctrines. Cohen has always been convinced that a faithful interpretation must be relatively free, precisely in order to fully account for the author's spirit. This was one of the reasons, and not the least, for the interest and value of his work on Kant, but also Plato, Leibniz and others. Regarding the regulative value of the idea of freedom, Cohen notes that:

---

[7] *Ibid.* 168; Engl. Trans. cit., 215.

[8] See, for example, Gianna Gigliotti, *Hermann Cohen e la Fondazione kantiana dell'etica*, 1977. For the historical aspect, as well as for the acuity and intelligence of the interpretation, this commentary on *Kants Begründung der Ethik* remains unsurpassed even today.

Kant himself did not always grasp or illustrate with complete mastery the full scope of his distinction between constitutive law and regulative maxim. In particular he was not clear enough in his explanation of the only possible meaning of the intelligible character as a maxim of freedom.

This is one of the most remarkable places where it is possible to notice the method applied in these books, dedicated to the reconstruction of the Kantian system, as a method that is both historically and systematically fruitful. That is, one must not go one's own way and make it known, after realising that one has also made improvements, let alone created an easy and artificial opposition; rather, one must autonomously construct the rediscovered and newly established foundation in the spirit of the author of the transcendental method, and one must also continue the construction according to the design of the system. One must do so with free choice of each stone, with no limits in putting them to the test one by one; and with the undisputed right to insert some missing concepts, as well as to expunge false ones. It is enough to recognise the method as the only right method, it is enough to recognise the systematics of the construction as right, to appease the fear that the task of improving the accuracy and soundness of the deductions may be held in low consideration.[9]

At the centre of his interpretation, Cohen places the transcendental meaning of freedom and thus the role of ethics in the grounding of the system of reason, rather than as mere practical philosophy. In this he fulfils Kant's strong assertion that "the concept of freedom […] constitutes the *keystone* of the whole structure of a system of pure reason, even of speculative reason"[10]. Admittedly, reason can only arrive at certain knowledge of nature, i.e. science, within the confines constituted by the determination according to the concepts and principles of the

---

[9] „dass Kant selbst die volle Tragweite seiner Unterscheidung zwischen konstitutivem Gesetz und regulativer Maxime nicht überall, und besonders nicht durchsichtig genug bei der Erörterung der allein möglichen Bedeutung des intelligibeln Charakter, als der Maxime der Freiheit, sei es überschaut, sei es überschaulich dargestellt hat.

Hier ist einer der hervorragendsten Punkte, an welchem man die Methode sich zugänglich machen kann, welche in diesen der Rekonstruktion des Kantischen Systems gewidmeten Büchern als die ebenso historisch wie systematisch fruchtbare Methode durchgeführt wird: nicht auf Grund der Wahrnehmung von selbst herbeigeführten Verbesserungen, geschweige wohlfeil geschraubter Opposition des eigenen Weg anzubahnen und anzukündigen; sondern sowohl das wieder entdeckte und von neuem gelegte Fundament im Geiste des Urhebers der Transzendentalen Methode selbständig auszubauen, als nicht minder den Aufbau nach dem Grundriss des Systems durchzuführen, unter freier Sichtung jedes einzelnen Bausteins; bei unbeschränkter Prüfung der Zulänglichkeit eines jedes derselben; mit dem unstreitigen Rechte, etwa fehlende Begriffe einzufügen, wie falsche zu entfernen. Wird nur die Methode als die allein richtige; wird nur die Systematik des Gebäudes als die richtige erkannt, so denke man nicht gering von der Aufgabe, die Genauigkeit und die Gründlichkeit der Deduktionen zu verbessern" (H. Cohen, *Kants Begründung der Ethik*, in Idem, *Werke*, hg. vom Hermann-Cohen Archiv am Philosophischen Seminar der Universität Zürich unter der Leitung von Helmut Holzhey, Bd. 2, Georg Olms, Hildesheim/ Zürich/ New York 2001 [= KBE²], 245 f. [KBE¹, 215]).

[10] Kant, AA V 4; Engl. Trans. cit., 139.

understanding of the datum of sensible intuition, and thus only on the basis of the laws of nature, among which necessary causality plays a pre-eminent role. However, this does not mean that the task of knowledge, for reason, is reduced to this cognition. The series of phenomena determined by the laws of the understanding, i.e. nature as a whole, is itself contingent. This "abyss of intelligible contingency"[11] demands that reason conceives of a concept for this "eternally unsolved and yet ineradicable" problem.[12]

This need, which stems from the very use of reason in experience as understanding, is met by ideas, not in their speculative use – the illusion of an impossible transcendent "knowledge" – but in their regulative, transcendental use as maxims of reason, which orient knowledge towards a systematic horizon and thus towards a foundation of contingent experience. These ideas, which Kant examines according to the scholastic tripartition – soul, world, God – are all encapsulated in the idea of freedom. Cohen writes:

The idea of freedom seems to be the union of transcendental ideas. All noumena, all interpretations of the thing in itself, agree in this distancing of intelligible contingency from the events of the human world. The hypothesis of the *three ideas* seems contrived. They are, however, the three thinkable expressions of the *unconditioned.* After all, they existed as a problem before Kant tried to derive them from the types of syllogism. Their significance, however, lies primarily where the unconditioned also finds its eminent significance: in ethics. Therefore all three come together in the fundamental ethical concept.[13]

We thus come to the thesis we started from: the centrality of the transcendental concept of freedom and the foundational role of ethics for the system. Ethics is not primarily a guideline for being good, or the psychological doctrine of living well, as argued by Aristotle and Trendelenburg,[14] but rather "*the exposition of the regulative use of the cosmological idea of freedom*".[15] This regulative use consists in grounding the contingency of *is* in the infinite task of *ought*. The conception of

---

[11] „Abgrund der intelligibeln Zufälligkeit" (Cohen, KBE², 43).

[12] „die ewig ungelöste und dennoch unabstellbare Aufgabe" (cf. *ibid.*).

[13] *„Die Freiheitsidee scheint die Vereinigung der transzendentalen Ideen zu sein.* Alle die Noumena, alle Auslegungen des Ding an sich gehen in dieser Abwendung der intelligibeln Zufälligkeit von der Begebenheiten der Menschenwelt zusammen. An der Annahme der *drei Ideen* haftet der Schein des Künstlichen. Sie sind jedoch die drei denbaren Ausdrücke des *Unbedingten*. Daher bestanden sie allerdings als Probleme, bevor Kant versuchte, aus den Schlussarten sie abzuleiten. Ihre regulative Bedeutung, mithin ihre einzige, liegt jedoch vornehmlich darin, worin auch das Unbedingte seine eminente Bedeutung hat: im Ethischen. Daher vereinigen sie sich alle drei in dem ethischen Grundbegriffe" (*ibid.*, 304).

[14] Cf. *ibid.*, 145.

[15] *„die Darstellung des regulativen Gebrauchs der kosmologischen Freiheitsidee*" (*ibid.*, 102).

ought, not as a utopia of what is not, but as the "being of ought", which is both the rule and the horizon of the being of experience, constitutes Cohen's expansion of Kant's thought which, as we know, also seeps into his philosophical system and acts as a supporting pillar for it. After all, already in *Kants Begründung der Ethik* Cohen wrote that ought, as the transcendental meaning of freedom, is the "pillar of the Kantian foundation".[16]

The importance granted to the transcendental meaning of freedom is thus the foundation of a conception of ethics that can in no way be reduced to psychology. Let us follow the way Cohen himself delimits and defines this conception:

> Either Kant undertook his ethics *with no connection to his doctrine of experience*, and in open contradiction to it, or the former is built *on the ground of the latter.*
>
> If it were the former possibility, Kantian ethics would necessarily lack a transcendental foundation. For then Kantian ethics would have its grounding in unreconciled opposition to the field of experience, and would therefore have no *a priori* grounding. Only the transcendental foundation can in fact ensure and guarantee knowledge its grounding *a priori.*
>
> [...] If, on the other hand, it should turn out that the doctrine of experience does not exclude a doctrine of morality, a doctrine of ought, then the *foundation* would be able to give rise to the work.
>
> The latter possibility encompasses two more circumscribed ones.
>
> Either the doctrine of experience leaves room for the doctrine of morality, a room which it cannot fill with its means and cannot bring into experiential existence with its knowledge: then the grounding of ethics is an empty space, a space that the doctrine of experience yields to the doctrine of morality to cultivate as it wishes. The foundation is then an eminently negative one: it is based on the demonstration that the doctrine of experience has nothing to object to it; thanks to this certainty, ethics then discovers its concepts according to its own plan, and constitutes itself with its own independent procedure.
>
> Or the doctrine of experience shows that its very consequences lead to ethics; that reality within its boundaries, its premises, its grounds, necessitates the concept of another kind of reality, which is based on the same premises, rooted in the same methodological conditions.
>
> [...] I intend to show that the first possibility is ruled out; and that of the two in the second one, the second is valid: *not only does the doctrine of experience not take away the possibility of ethics, not only does it leave it open: it rather calls for it.*[17]

[16] „diese Hauptstütze der Kantischen Begründung" (*ibid.*, 149).

[17] „Entweder hat Kant seine Ethik *ohne Zusammenhang mit seiner Erfahrungslehre*, und im offenen Widerspruch gegen dieselbe unternommen, oder aber jene wird aufgebaut *auf dem Grunde dieser.*

Sollte es sich nach der ersten Möglichkeit verhalten, so würde der Kantischen Ethik die transzendentale Begründung fehlen müssen. Denn alsdann hätte die Kantische Ethik ihr Fundament im unausgeglichenen Gegensatze zum Felde der Erfahrung erschlichen,

In these lines, Cohen clearly expresses one of the fundamental points of his interpretation of the transcendental idea of freedom and thus of the role of ethics in the system: the doctrine of experience not only leaves room for morality, in the sense that it does not regard the idea of freedom as impossible, but itself requires ethics. In fact, its very method, which allows it to know phenomenal reality within its boundaries, demands that reason think at the limit of experience, conceiving the idea of the unconditioned, as the ground of the contingency of the whole. Rather than speaking of the "freedom of the noumenon", it is therefore more correct to speak of the "noumenon of freedom", in the sense that "freedom is one of the attributes of the transcendental requirement always expressed and enforced by the noumenon". The idea of freedom, then, is not immanent, but neither is it transcendent with respect to experience: rather, it is its limiting idea, the regulative maxim underlying its intelligible contingency.

This can also be clearly seen in the suggestive comparison Cohen makes between Kant and Plato: a comparison that reveals a profound analogy, but also a decisive difference.

As for the analogy, Cohen writes:

Just as in Plato – with a wisdom that still calls for deeper consideration – the doctrine of ideas leads to the idea of the good, so in critical idealism the categories flow into ideas; and as all three are united [...] in the idea of freedom, they raise the cornerstone of experience ἐπέκεινα τῆς οὐσιας, and build on the abyss of intelligible contingency, next to

---

und sie hätte dann kein apriorisches Fundament. Denn nur die transzendentale Begründung kann der Erkenntnis *a priori* den Grund befestigen und bestätigen.

[...] Sollte sich dagegen herausstellen, dass die Erfahrungslehre eine Sittenlehre, eine Lehre vom Sollen nicht ausschliesst, so würde die *Begründung* das Werk beginnen können.

Unter dieser letzteren Möglichkeit sind jedoch zwei engere Möglichkeiten enthalten: *Entweder* lässt die Erfahrungslehre der Sittenlehre einen Platz offen, den sie mit ihren Mitteln nicht ausfüllt, mit ihren Erkenntnissen nicht zu einem erfahrungsmässigen Dasein zu bringen vermag: alsdann ist das Fundament der Ethik ein leerer Platz, ein Platz, den die Erfahrungslehre der Sittenlehre zum beliebigen Anbau überlässt. Die Begründung ist alsdann eine vorwiegend negative: sie beruht in dem Nachweise, dass die Erfahrungslehre nichts wider sie einzuwenden habe; und auf Grund dieser Sicherung erfindet die Ethik alsdann nach eigenem Plane ihre Begriffe, und vollzieht in selbständigem Verfahren ihre eigene Verfassung.

Oder die Erfahrungslehre zeigt, dass die Konsequenzen ihrer selbst auf eine Ethik hinführen; dass die Realität innerhalb ihrer Schranken, ihrer Voraussetzungen, ihrer Grundlegungen den Begriff einer anderen Art von Realität nötig mache, der auf den gleichen Voraussetzungen beruht, in den gleichen methodischen Bedingungen wurzelt.

[...] Wir haben die Absicht zu zeigen, dass jene erste Möglichkeit ausgeschlossen ist; und dass von den zweien der zweiten die zweite gilt: *dass die Erfahrungslehre die Möglichkeit einer Ethik nicht bloss nicht aufhebt, und nicht bloss offen lässt, sondern fordert*" (*ibid.*, 15–17 [KBE[1], 14 f.]).

the realm of being, a realm in which what ought to be is real, even if it is not, and even if, as the know-it-as of experience think, it never will be: a realm of ought.[18]

As mentioned above, however, there is also a decisive difference between Plato and Kant, which needs to be highlighted:

The *mundus intelligibilis*, which is certainly not inferior in terms of reality to the *mundus sensibilis*, surpasses the latter. How else can one designate this separate type of reality, *for the time being?* Plato seems to be right with his ἐπέκεινα τῆς οὐσιας, δυνάμει καὶ πρεσβεία ὑπερέχον. But this is precisely the task of the critical foundation: to delimit that ἐπέκεινα, to measure the ὑπερέχον; and not to be content with the noble word πρεσβεία, defining the δύναμις as a cognitive value.

Just as a clear overview of the transcendental framework always makes up *dualism* on both sides, in the same way by drawing the boundary between idealism and spiritualism one immediately calculates the gain of realism. For if ought, if the *a priori* of the practical use of reason is not derived from human nature; if it applies to the rational being in general, and thus also, say, to a future concept of the human race, then the *cognitive value* of this ought is *at least different* from that of being, from the reality of experience. The *homo phaenomenon* is part of the *mundus sensibilis*; the rational being, the *homo noumenon*, is part of a *mundus intelligibilis*, hence of a connection of ideas, and therefore has – one might say 'only has' – the significance of a regulative being. The reality of that ought is thus different from that of being, whose validity is not only regulative, but even constitutive, – and yet only for the contingency of experience[19].

---

[18] „Wie *Plato* in einer, tieferer Erläuterung noch immer bedürftigen Weisheit die Ideenlehre in die Idee des Guten hinausführt, so münden in dem kritischen Idealismus die Kategorien in die Ideen; und, indem sich […] alle drei in der Freiheitsidee verbinden, erheben sie die Bausteine der Erfahrung ἐπέκεινα τῆς οὐσιας, und bauen über dem Abgrund der intelligibeln Zufälligkeit neben dem Reich des Seins ein Reich, in welchem real ist, was sein soll, obschon es nicht ist; und wenn es selbst, wie die Altklugen der Erfahrung meinen, nimmermehr sein würde: ein Reich des Sollens" (*ibid.*, 133 [KBE[1] 116]).

[19] „Der *mundus intelligibilis*, weit gefehlt, dass er an Realität dem *mundus sensibilis* nachstände, übertrifft den letzteren. Oder wie anders soll man diese aparte Art von Realität *vorläufig* bezeichnen? Es scheint, dass *Plato* Recht behält mit seinem ἐπέκεινα τῆς οὐσιας, δυνάμει καὶ πρεσβεία ὑπερέχον. Doch dies ist ja die Aufgabe der kritischen Begründung: jenes ἐπέκεινα zu begrenzen, das ὑπερέχον zu bemessen, und es bei dem Rangwort πρεσβεία nicht bewenden zu lassen, sondern die δύναμις als Erkenntniswert zu bestimmen.

Und wie die klare Ueberschau der transzendentalen Einfriedung den *Dualismus* stets nach seinen beiden Seiten schlichtet, so ist an dieser Grenzscheide des Idealismus vom Spiritualismus sogleich wieder der Gewinn des Realismus vorberechnet. Denn wenn das Sollen, wenn das *a priori* des praktischen Vernunftgebrauchs nicht aus der Menschennatur abgelesen ist, wenn es für das vernünftige Wesen überhaupt, also auch etwa für einen zukünftigen Begriff des Menschengeschlechts gilt, so ist der *Erkenntniswert* dieses Sollens damit von dem des Seins, dem der Realität der Erfahrung *wenigstens unterschieden*. Der *homo phaenomenon* gehört dem *mundus sensibilis* an; das vernünftige Wesen, der *homo noumenon*, gehört einem *mundus intelligibilis* an, also einem Zusammenhang der Ideen, also hat er – wenn man so sagen dürfte: nur – die Bedeutung eines regulativen Seins. Also

If, therefore, for Kant it is clear that the meaning of the idea of freedom is placed on the transcendental level, different from the psychological one, for Cohen this difference is even clearer. In Kant, in fact, the moral meaning of freedom is certainly placed in relation to its transcendental meaning, but this relation also implies a difference. The transcendental idea of freedom, in itself negative and empty of content, leaves open the possibility of thinking positively about freedom in the practical sphere, but in an "extension" of knowledge with respect to experience. Between the "negative" meaning of freedom as unconditionality and its "positive" meaning as autonomy, there is therefore a difference, which cannot and must not be overcome.

In Cohen's interpretation of Kant, which in its original results was also the backbone of his own ethical theory, there is such a difference as well. Indeed, this difference is important and must be rigorously maintained, since the identification of being and ought is precisely the reason for the serious philosophical error of pantheism and romantic idealism. But this difference does not detract from a fundamental continuity, which is highlighted much more clearly in Cohen than in Kant. As we have seen in the passage quoted above: "*not only does the doctrine of experience not take away the possibility of ethics, not only does it leave it open: it rather calls for it*". Moreover, and this is a point of great importance, the regulative idea of freedom, in its transcendental role as a maxim for the foundation of the contingency of the whole, is already the idea of ethical freedom, since it is precisely the concept of ought as the foundation of being that itself already constitutes the concept of ethics.

The originally ethical meaning of the transcendental idea of freedom is thus in perfect continuity with the transcendental meaning of its practical idea. In fact, the practical idea of freedom – the autonomy – of the will is capable of grounding the objective and unconditional moral law, but this law, according to Cohen, is no different from the transcendental regulative maxim: it is merely its expression in the practical field. This entails another important aspect of Cohen's interpretation of Kant.

As we have seen, Kant is drastic in refuting the psychologistic reduction of the idea of freedom, which he does based on a fundamental argument: freedom concerns the noumenal dimension of the will and cannot therefore be reduced to a form of phenomenal causality, since it must be thought of outside of time. The meaning of this concept of practical freedom as free causality (autonomy), or causality outside of time, remains to be explored. Cohen's interpretation of this point is radical. From the perspective of the full continuity between the transcendental and regulative meaning and the practical meaning of the idea of free-

ist die Realität jenes Sollens eine andere als die des Seins, welcher nicht nur regulative, sondern sogar konstitutive Geltung – allerdings nur für das Zufällige der Erfahrung – zusteht" (*ibid.*, 163–164 [KBE1, 141]).

dom, Cohen denies that freedom of the will can and should be understood as a type of causality: the idea of reason is not the category of the understanding, the principle (*Prinzip*) of reason is not a fundamental law (*Grundsatz*) of experience. Freedom, therefore, cannot be understood in any way as a form of causality, but is rather a regulative maxim, at the borderline of experience, pointing to the meaning and purpose of the contingent whole. Cohen writes:

The idea of purpose thus prevails over the contingent with the task of determining it *as* a law, of embracing it in a systematic unity. The legality it indicates is the extension of the causal link that acts in experience. As soon as we think of that legality as not merely formal, in fact, we construct 'a particular kind' of causality that seems to have nothing in common with nature, with the context of experience. Instead of '*how?*' and '*where from?*' – the only legitimate questions within experience – we ask '*why?*' and '*where to?*'. Inherent in the concept of finality as the legality of the contingent is the reference to the delimitation of all natural conditions, the reference to the *final purpose*.[20]

In a line of reasoning that undoubtedly deviates at least from the letter of Kantian thought, Cohen thus denies that freedom should be understood as causality, not even in an analogical sense:

We have already noted several times how the statement that freedom is the law 'of a *particular species* of causality' can be interpreted to mean that the law indicated by freedom is *not* to be understood *as* a *cause* at all. If freedom is an idea, and the idea is a maxim, then the law of freedom will not indicate the 'analogy' of causality, but rather the relation formulated in the *regulatory order* of a maxim [...]. For freedom in its positive sense is therefore not about causality at all. The effect of freedom is not to be defined according to the analogy of causality. *Nor is it to be understood and described as such.*[21]

---

[20] „Es reicht somit die Zweckidee über das Zufällige hinaus, welches sie nach Art eines Gegensatz zu bestimmen, in einer systematischen Einheit zu umfassen zur Aufgabe hat. Und die Gesetzlichkeit, auf welche sie hinausweist, ist jene Erweiterung des Erfahrungsverhältnisses der Kausalität. Sobald wir jene Gesetzlichkeit mehr den als eine formale denken, bilden wir in der Tat 'eine eigene Art' von Kausalität, die mit der Natur, mit dem Erfahrungszusammenhang nichts gemein zu haben scheint. Statt *wodurch* und *woher?* – was allein innerhalb der Erfahrung zu fragen verstattet ist – fragen wir: *wozu* und *wohin?* Es liegt in dem Begriffe der Zweckmässigkeit, als der Gesetzlichkeit des Zufälligen, die Beziehung auf die Begrenzung alles Naturbedingens, die Beziehung auf den *Endzweck*" (*Ibid.*, 109–110).

[21] „Wir haben schon mehrfach hervorgehoben, dass der Ausdruck, die Freiheit sei das Gesetz 'einer *besondern Art* von Kausalität' dahin erläutert werden könne: dass dasjenige Gesetz, welches die Freiheit bedeutet, gar *nicht als Ursache* zu denken sei. Ist ja doch die Freiheit eine Idee, die Idee aber eine Maxime; mithin wird nicht die 'Analogie' der Kausalität durch das Gesetz der Freiheit bezeichnet werden; sondern diejenige Verhältnisbestimmung, welche in der *regulativen Anordnung* einer Maxime formuliert ist.

[...] Also handelt es sich bei der Freiheit, in ihrer positive Bedeutung, gar nicht um Kausalität. Die Wirkungsweise der Freiheit ist nicht nach der Analogie der Kausalität zu bestimmen. *So soll sie denn auch als solche nicht gedacht und beschrieben werden*" (*Ibid.*, 261–262).

Even in a practical sense, therefore, the idea of freedom must not be understood as a cause-effect relationship, but rather as the intelligible finality, a completely contingent horizon of meaning. This does not merely mean a shift from the concept of efficient causality to that of final causality, in the traditional Aristotelian sense, for even then one would not move away from the realm of time and categories. Freedom is rather the idea of unconditional purpose, of an "end in itself": the practical meaning of the will, Kant writes, is "autonomy", and Cohen explains: "*autonomy* [...] is *autotelia*."[22]

With this, the practical meaning of freedom is placed in perfect continuity with its transcendental meaning and any possibility of reducing it to the phenomenal dimension is refuted. Cohen writes:

That free will is 'the faculty of initiating an action by oneself' can therefore only mean that the autonomous will, or its author, the moral being, is *never merely a means*, but *always also an end*.

The will that initiates an action from itself, in the ethical sense, is always at the same time the purpose of this action, never simply its means, whatever result it may achieve through this action: the consequences that appear inevitable to the theoretical gaze have not determined it. It has its determining motive, theoretically speaking, in itself, in the form of the law by which it proceeds. Its purpose is not an external object, which it aims at, to which it serves as a means. The pure will, i.e. the autonomous will, i.e. the free will, is never merely a means, but always an end. It is a *final purpose*.[23]

The moral subject is certainly the human being, but specifically *homo noumenon*, i.e., the idea of humanity that must be realised in empirical human beings. As is characteristic of all idealism, the true reality is the idea and the phenomenon is its empirical realisation.

The cursory exposition that I have offered here of the idea of freedom in Kant and Cohen is certainly not adequate to reflect the complexity of their elaboration of this idea, and I do not have space to consider the problematic aspects it entails even in passing. However, it is quite clear that this elaboration takes place on a transcendental level, completely unrelated to the psychological dimension. Psychology can only play a role outside the foundation of morality and the for-

---

[22] "Die *Autonomie* [...] ist *Autotelie*" (*Ibid.*, 270).

[23] "Der freie Wille sei 'das Vermögen, eine Handlung von selbst anzufangen', kann demnach nur heissen: der autonome Wille, oder der Urheber desselben, das moralische Wesen sei *niemals bloss Mittel*, sondern *immer zugleich Zweck*.

Der Wille, welcher eine Handlung, im ethischen Sinne, von selbst anfängt, ist immer zugleich Zweck dieser Handlung, niemals bloss Mittel derselben; was und wieviel er auch mit der Handlung erreichen mag. Diese von dem theoretischen Auge unausbleiblichen Folgen haben ihn nicht bestimmt. Er hat seinen Beweggrund, theoretisch geredet, in sich selbst, in der Gesetzesform, in welcher er vonstatten geht. Sein Zweck ist nicht ein äusserer Gegenstand, auf den er hinzielte, dem er als Mittel diente. Der reine Wille, das ist der autonome Wille, das ist der freie Wille, ist niemals bloss Mittel, sondern immer zugleich Zweck. Er ist *Endzweck*" (*Ibid.*, 265).

mulation of the idea of freedom: that is, in the subsequent application of the moral law to the behaviour of the empirical subject. On this point, as seen above, Kant was categorical. Cohen also wrote:

> anthropo*nomy* is not anthropo*logy*. As closely as we can study man's psycho-physical nature and the hereditary link between his organs and his psychic reactions, we must ultimately become disillusioned: all those extremely important enrichments of our physiological knowledge do not touch the problem of ethics in the slightest. The anthropological development of the individual, as well as of the human race, is not part of either the formulation or the foundation of the moral law, because, in the ethics that flows from the doctrine of experience, we do not seek the subject that anthropology alone can illustrate.
>
> However, the problem arises in a different way if we now come to deal with the application of the moral law to sensible man. For this application we must turn to psychology, for its object is empirical man.[24]

In conclusion, let us return to the "Mind Body Problem" from which we started. It is certainly a fashionable issue and one that has the advantage of having "always" been such. As early as 1877, Lev Tolstoy attested that in Moscow's high society "The conversation turned on the question then fashionable: Is there a dividing line between the psychical and the physiological phenomena of man's action? and where is it to be found?"[25] Of course, this remains a problem of great interest, which deserves the in-depth study and discussion that neurologists and psychologists have devoted to it. However, it is clear that the issue has no philosophical aspects to it and that philosophy can therefore have no part in that discussion. And it is also clear that this debate cannot legitimately address questions of ethics and the idea of freedom. Such "grand disclosure" is the object of philosophy alone.

---

[24] „*Anthroponomie* ist nicht *Anthropologie*. Wie exact immer die physio-psychische Natur des Menschen und der erbliche Zusammenhang seiner Organe mit seinen psychischen Reaktionen erforscht werden möge, so muss man sich doch endlich darüber ernüchtern: dass durch alle jene äusserst wichtigen Bereicherungen unseres psychologischen Wissens das Problem der Ethik nicht im mindesten betroffen wird. Die anthropologische Entwicklung des Individualmenschen, wie des Menschengeschlechtes selbst gehört weder in die Formulierung, noch in die Begründung des Sittengesetzes; denn in der aus der Erfahrungslehre entspringenden Ethik suchen wir dasjenige Subjekt nicht, welches die Anthropologie darlegt, und allein darlegen kann.

Anders aber stellt sich die Frage, wenn die *Anwendung* des Sittengesetzes auf den Sinnenmenschen nunmehr zur Verhandlung kommt. Für diese haben wir uns an die Psychologie zu wenden; denn deren Objekt ist der empirische Mensch" (*Ibid.*, 310–311).

[25] Tolstoy, *Anna Karenina*, Part I, chapter VII, p. 31.

Bibliography

Cohen, Hermann, *Werke*, ed. Helmut Holzhey et al. Hildesheim et al. 1977 ff.
Gigliotti, Gianna, *Hermann Cohen e la Fondazione kantiana dell'etica*, Firenze 1977.
Kant, Immanuel, *Theory of Practical Reason* in *Practical Philosophy*, Cambridge 1999.
–, Akademie-Ausgabe, Vol. I–XXIII [= AA].
Tolstoy, Leo, *Anna Karenina*, New York 1899.

„… das sittliche Programm der neuen Zeit und aller Zukunft der Weltgeschichte“

Mögliche Verbindungen zwischen Cohens Rechtsethik und Psychologie im historischen Kontext

Gregory Moynahan

Hermann Cohens nie vollendete Psychologie ist sowohl der Höhepunkt seiner späten Arbeit, der geplante vierte Band seines Systems der Philosophie, der bei seinem Tod im Jahr 1918 unvollendet blieb, als auch aufgrund der teilweisen Entwürfe, die er davon hinterließ, ein Rätsel, dessen verschiedene Interpretationen die Bedeutung dieses Werkes dramatisch verändern können. Der Leser dieser fragmentarischen Entwürfe ist sofort von ihrer scheinbaren Abweichung von der üblichen modernen Definition des Begriffs „Psychologie“ beeindruckt. Anstatt sich zuerst auf das Individuum zu konzentrieren, setzen sie auf kollektive und kulturelle Definitionen von Gesellschaft und Menschlichkeit als Voraussetzung für Individualität. Anstatt irgendeine Form von Psychologismus oder Vorrang innerer Zustände darzustellen, zeigen sie eine strukturelle Interpretation von Vergesellschaftung und Zivilisation. Gegenüber einem Fokus auf gegenwärtige Bewusstseinszustände lenken sie oft die Aufmerksamkeit auf das Ideal einer zukünftigen Menschlichkeit, die das Bewusstsein formt, und auf *a priori* Strukturen, die unserem Zeitempfinden zugrunde liegen. Und gegenüber einer substanziellen Definition von einzelnen Personen oder Dingen, sei es kartesianisch oder lockeanisch, und damit auch jeglichem Schwerpunkt auf Physiologie, Körpern oder der Unmittelbarkeit des *cogito*, konzentrieren sie sich auf die Struktur eines prozessualen Ganzen menschlicher historischer Erfahrung.[1] Es ist charakteristisch für Cohens Ansatz, dass die Psychologie erst am Ende der drei Bände seines Systems der Philosophie erreicht wird, nach einer gründlichen Kritik der Naturwissenschaft, Ethik und Recht sowie Ästhetik, die ihre Natur offenbart. Erst wenn diese Lektüre durch Kritik vorbereitet ist, kann sie die Psychologie

---

[1] Cohen, LrE², 264. „Mit naivem Realismus war noch in allen Zeiten ein naiver, aber nichtdesoweniger anspruchsvoller Psychologismus verbunden […] alle Welt hat es sich ja von Locke als eine neue Wahrheit wieder entdecken lassn, dass die Dinge in unserem Bewusstsein sich als Vorstellungen reflektieren.“

als „Makrokosmos der Menschheit im Mikrokosmos des Menschen der Kultur" offenbaren.[2]

Der tieferliegende Grund für Cohens Lesart der Psychologie lag zweifellos in seiner Interpretation der Wissenschaft und der Wissenschaftsgeschichte, die im ersten Band seines Systems, seiner *Logik der Reinen Erkenntnis*, dargelegt wurde und die darauf abzielte, den gesamten Prozess zu überarbeiten, durch den die Wahrheit in den Naturwissenschaften verstanden wird. Wie ich anderswo argumentiert habe, in Anlehnung an eine Reihe anderer Gelehrter, entwickelt sich der spezifische Ausgangspunkt von Cohens Psychologie von diesem Punkt aus, insbesondere in der Abkehr von einer substanziellen zu einer prozessualen Definition der Natur, die auf einer Entwicklungslehre des *a priori* basiert.[3] Obwohl Aspekte von Cohens Ansatz in späteren Philosophien und Geschichten der Wissenschaft, wie denen von Ludwik Fleck oder Thomas Kuhn, zu finden sind, hinterfragte nur sein System die weitreichenden Konsequenzen dieses Ansatzes zur Naturwissenschaft für eine Theorie der Psyche, Gesellschaft und Zivilisation.[4] Das akademische Fach der empirischen Psychologie war nur das akuteste Symptom für das Missverständnis von Naturwissenschaft und Philosophie, das in der modernen Gesellschaft vorherrschte, wie Cohen seit seinem Buch *Das Prinzip der Infinitesimalmethode* argumentiert hatte. Cohens eigentümliche Definition von Psychologie (er hätte für dieses letzte Stadium seiner Philosophie einen anderen Begriff verwenden können) wurde vielleicht teilweise durch seine Abneigung gegen das neue akademische Fach Psychologie angespornt: Die Inanspruchnahme von Cohens „Marburger Schule" des Neukantianismus erreichte tatsächlich ihren Höhepunkt im Jahr 1912, als der empirische Psychologe Erich Rudolf Jaensch anstelle seines bevorzugten Nachfolgers, seinem Schüler Ernst Cassirer, Cohens Lehrstuhl übernahm.[5] Für viele schien die Marburger Schule ab diesem Zeitpunkt in Marburg kein Zuhause mehr zu haben. Es ist vielleicht bezeichnend in diesem Zusammenhang, dass Cohen daher argumentieren würde, dass „die Psychologie […] es mit dem Bewusstsein der Kultur, und zwar ihrer Einheit zu tun [hat]. Die Kultur aber ist ein Problem der Geschichte, und nicht allein ein solches der Normalität und der Pathologie des Nervensystems."[6]

Obwohl Cohens Kritik in der *Logik der reinen Erkenntnis* eine Voraussetzung für das Verständnis seiner Psychologie ist, sagt sie uns jedoch nicht viel darüber, welchen Inhalt und welche Ziele das Projekt der Psychologie haben sollte. Um dies zu verstehen, müssen wir uns Cohens später Ethik zuwenden, die hauptsächlich im zweiten Band seines Systems, der *Ethik des Reinen Willens*, erscheint

---

[2] Cohen, ErW, 637.

[3] Moynahan, *The Challenge of Psychology in the Development of Cohen's System of Philosophy and the Marburg School Project.*

[4] Funkenstein, *The Persecution of Absolutes.*

[5] Sieg, *Aufstieg*, 343–345.357–372.

[6] Cohen, ErW, 429.

und die in weiten Teilen eine Rechtsphilosophie war. In diesem Beitrag möchte ich einen Überblick über diese Ethik anhand von zwei Kontextpunkten geben: Der erste ist die Kritik am Materialismus und die Gesellschaftstheorie von Cohens Lehrer und Vorgänger in der Marburger Schule, F.A. Lange. Die Hinwendung zu Lange folgt fast direkt aus Cohens eigener Arbeit. Cohens prägnanteste Entwicklung des Verhältnisses von Ethik und Psychologie erscheint in der dritten Auflage seiner *Einleitung mit kritischem Nachtrag zu F. A. Langes Geschichte des Materialismus* (1912), und Cohen bezieht sich oft auf Langes soziale und politische Schriften. Ich verwende auch seine Ausführungen zu diesem Thema in den drei Teilen seines Systems der Philosophie.

Der zweite Kontext ist die Interpretation von Gottfried Wilhelm Leibniz durch die Marburger Schule, insbesondere wie sie von Cohens Schüler Ernst Cassirer vorgebracht wurde. Ich schlage vor, dass diese fragmentarische Diskussion durch Bezugnahme auf das frühere System von Leibniz beleuchtet werden kann. Hierfür dient mir eine Schrift Cassirers mit dem Titel *Leibniz' System in seinen wissenschaftlichen Grundlagen* (1902) als Leitfaden, insbesondere das Kapitel „Der Begriff des Individuums im System der Geisteswissenschaften“. Diese Schrift wurde größtenteils geschrieben, nachdem Cassirer im Jahre 1899 Cohens Vorlesungen über Psychologie gehört hatte. Diese Schrift ist Cohen gewidmet und sie ist besonders nützlich für das Verständnis eines möglichen Zusammenhangs von Psychologie und Ethik. Insbesondere zeigt sie eine Möglichkeit, sich von den verbleibenden substanziellen und physiologischen Annahmen von Langes Arbeit zu lösen, und die Psychologie mit weiteren zivilisatorischen Prozessen zu verbinden.

Obwohl Cohens Arbeit weit über die historische Fragerichtung hinausgeht, die Cassirer bietet, ist es meines Erachtens sehr hilfreich, ihre Grundzüge zu kennen, um Cohens Arbeit kennenzulernen. Dies bleibt zugegebenermaßen ein spekulativer Leitfaden, da keiner der beiden Philosophen Cassirers Zusammenfassung des Leibniz'schen Systems explizit mit Cohens geplanter Psychologie verbindet. Die wechselseitige Beeinflussung von Cassirer und Cohen, insbesondere in Bezug auf ihre Leibniz-Rezeption, ist, wie eine Reihe von Wissenschaftlern nachgewiesen hat, eine komplizierte Geschichte. Insbesondere zur Zeit dieses ersten Buches sah Cohen Cassirers Werk als einen direkten Beitrag zur Marburger Schule an. Dies sollte ein gemeinsames Projekt werden, obwohl Cassirer währenddessen bereits eine Kritik an Cohens Projekt entwickelte. Dies wurde zur Zeit von Cassirers Abhandlung *Substanz und Funktion* (1910) deutlich. Doch im Hinblick auf die groben Umrisse scheint es klar, dass Cassirers Interpretation von Leibniz zumindest teilweise ein Schlüssel zum Rätsel von Cohens Psychologie ist.

Cohens späte Psychologie ging über seine frühere Kritik der empirischen Psychologie, des Materialismus und des Psychologismus hinaus, um eine entscheidende strukturelle Rolle zu übernehmen: Sie sollte den „Makrokosmos der Menschheit im Mikrokosmos des Menschen der Kultur“ darstellen.[7] Dies konnte, wie sein philosophisches System hervorhebt, nur geschehen, nachdem die kritische Arbeit der Philosophie in jeder ihrer früheren Phasen und ihre Reinigung in Naturwissenschaft, Ethik und Ästhetik entwickelt wurde. Cohen illustriert dieses Konzept via negativo, wenn er schreibt: „Das Bewusstsein ist ebenso wenig abgeschossen im ästhetischen, wie im ethischen, wie im logischen Bewusstsein.“[8] Erst nach dieser Kritik konnte die Bedeutung von Kontinuität und Streben innerhalb der Pole des Mikrokosmos und des Makrokosmos verstanden werden. Auf diese Weise kann Cohen behaupten, dass „im Aufbau des Systems der Philosophie [die] Einheit des Bewusstseins nicht das Fundament, sondern den Abschluss bildet“ und dass die Beziehung der Psychologie zu den vorherigen Elementen diesen Schluss liefern wird.[9] Dies würde vermeiden, was Cohen als „die Illusion einer abgeschlossenen Einheit des Bewusstseins […]“ beschreibt, indem es das Bewusstsein in der Psychologie mit allen anderen Momenten des Systems und der Welt in ihrer teleologischen Entwicklung zur Zukunft der Menschheit zusammenschließt.[10] Dies würde zudem eine entscheidende strukturelle Rolle in Cohens System einnehmen, so dass der „neue Zweig des Systems der Philosophie durch die Psychologie gebildet wird, die die Bedeutung des Menschen in der Einheit seines kulturellen Bewusstseins abbildet, sowie die Entwicklung dieser Einheit, und die seiner Zweige und Samen.“[11]

Dieses Projekt ist, wie Cohen in der *Ethik des reinen Willens* anmerkt, eng mit der Frage der Menschheit verbunden. Er beginnt ja auch den zweiten Band seines Systems der Philosophie damit, dass „die Ethik, als die Lehre vom Menschen, […] das Zentrum der Philosophie“ wird.[12] So wie in der *Logik der reinen Erkenntnis* falsche Verdinglichungen aus der Naturwissenschaft entfernt werden und uns eine prozessuale und historische Entwicklung der Wissenschaft aus dem reinen Denken überlassen wird, so geschieht dasselbe in Cohens Konzeptualisierung seiner Ethik. Cohen liefert uns eine Ethik, die, um nur einige ihrer wichtigsten Züge zu nennen, eher rechtskoexistent als subjektzentriert ist. Eine Ethik, die den kategorischen Imperativ Kants zur Grundlage einer neuen Form macht. Es bedeutet auch, dass der ethische Sozialismus in der Definition der Menschheit verwurzelt ist und die juristische Person durch die Gemeinschaft und nicht durch das Individuum definiert wird. Jedes dieser kreativen Merkmale verändert die traditionellen Vorstellungen von Individuum, Gemeinschaft und Staat, indem es in jedem Fall falsche substanzielle Vorstellungen beseitigt.

---

7 Cohen, ErW, 637.
8 Cohen, ÄrG II, 428.
9 Cohen, ErW, 32.425.
10 Cohen, ErW, 426.
11 Cohen, EGML, 77.
12 Cohen, ErW, 1.

Ethik ist die Wissenschaft vom Menschen, vor allem aber in den Strukturen, die dazu beitragen, die Menschheit als einen sich entwickelnden Prozess zu definieren. Vielleicht das wichtigste Beispiel dafür ist der Grundstein der Rechtstheorie, die juristische Person, also das handelnde Wesen in einem Rechtsfall oder Rechtssubjekt, welches von Cohen negativ und abstrakt definiert wird. Ein zentrales Anliegen für Cohen ist, wie der Begriff Mensch überhaupt definiert wird. Für Cohen hat es drei Bedeutungen: individuell, kollektiv und menschlich. „Diese Ansicht", schreibt er,

> muss der Leitgedanke unseres Aufbaus der Ethik werden [...] Ein Individuum wäre der Mensch? Keineswegs ist er dies allein; sondern in einer Mehrheit, vielmehr in mancherlei Mehrheiten, steht er in Reihe und Glied. Und doch ist er nicht allein: Erst in der Gesamtheit vollendet er die Zyklen seines Daseins. Und auch diese Gesamtheit hat viele Grade und Stufen, bis sie in einer wahren Einheit, nämlich in der Menschheit, ihren Abschluss findet [...].[13]

Diese Entwicklung, würde ich argumentieren, macht nur als eine Form der Vorbereitung auf Cohens geplante Psychologie vollends Sinn. In meiner Lesart schafft Cohen effektiv Platz für das Fach Psychologie außerhalb der traditionellen substanziellen Definitionen des Subjekts und Objekts wie sie sich im Recht oder in der Ethik entwickelt haben. Ebenso wie als Mikrokosmos des Systems an sich. Wie dies funktioniert haben könnte, welches Cohen als eine „hodegetische Enzyklopädie des Systems der Philosophie" beschreibt, könnte durch Cassirers Lektüre der Architektur des Leibniz'schen Systems nahegelegt werden.[14] Insbesondere im Schlüsselkapitel „Der Begriff des Individuums im System der Geisteswissenschaften" stellt Cassirer die Leibniz'sche Psychologie in Beziehung zur allgemeinen Struktur des Systems dar. Hier entwickelt er die Monadologie durch die Wissenschaften als Beziehung des Mikrokosmos zum Makrokosmos, die in der Theodizee mit dem Problem der Menschheit gipfelt. Es ist darüber hinaus eng mit dem Problem einer zukünftigen Menschheit im Kern von Cohens Werk verbunden. Dies wird klarer in dem Konzept, welches Cassirer als „Gedanken der Harmonie des Humanitätsbegriffs" in der Theodizee beschreibt, in Bezug auf die individuelle menschliche Erfahrung, dem Konzept, mit dem der Text endet.[15]

Die Überschneidung von Psychologie und Ethik in Cohens Spätwerk wird eindrucksvoll durch Cohens bekannte Interpretation von Kants kategorischem Imperativ zusammengefasst, die ich als Titel wähle:

---

[13] Cohen, ErW, 8.

[14] Ebd.

[15] Cassirer, *Leibniz*, 432.

„Handle so, dass du die Menschheit in deiner Person, wie in der Person eines jeden Andern jederzeit gleichzeitig als Zweck, niemals bloss als Mittel brauchst." In diesen Worten ist der tiefste und mächtigste Sinn des kategorischen Imperativs ausgesprochen; sie enthalten das sittliche Programm der neuen Zeit und aller Zukunft der Weltgeschichte.[16]

Cohens Behauptungen über die Wichtigkeit dieser Version von Kants kategorischem Imperativ sind ebenso aufschlussreich wie Kants Aussage selbst. Cohen zufolge betont diese Version von Kants kategorischem Imperativ, dass die ethische Beziehung zu einem Individuum nicht an sich gegeben oder selbstverständlich ist. Das Individuum muss in Bezug auf die Menschheit verstanden werden. Die Menschheit ist zugleich ein ideales und reales Problem, ein Gegenwarts- und Zukunftshorizont. Der Imperativ beinhaltet auch, wie Cohen an anderer Stelle beschreibt, „eine Idee der Menschheit", in der das Individuum auch von anderen Kollektiven und Gruppen miteinander definiert wird, ebenso wie die juristische Person der Kommune. Cohen impliziert hier eine weitaus umfassendere Reform des Wissens und der Sittlichkeit, eine, die an anderer Stelle in seinem Werk eng mit den disziplinären Entwicklungen der Jahrhundertwende und dem Verwaltungsstaat verbunden wird. Kant wird von Cohen in diesem Beispiel nicht benutzt, wie oft in der Revisionismusdebatte innerhalb des Marxismus, um der Frage nach dem Sein der Ökonomie ein ethisches „sollen/sollten" hinzuzufügen. So konnte etwa Karl Kautsky behaupten, dass Cohens Lesart von Kants moralischem „Sollen" nicht mehr notwendig gelten würde, sobald der Kapitalismus beseitigt ist, da die Menschen per Definition einander als Zwecke betrachten würden. Stattdessen muss die Menschheit auch durch die Wissenschaften, die Bildung und ihre Institutionen offenbart und konstruiert werden. Ich will auch noch erwähnen, dass Humanität in diesem Sinne für Cohen ein aktives teleologisches Streben in dieser Anerkennung der Menschheit in der Zukunft wird. Gerade auf die bestehenden Institutionen der Realität ist dieses Streben bezogen. Gerade diese Teleologie offenbart damit auch die unmittelbare Präsenz des Menschen in Bezug auf diesen umfassenderen Prozess. Und dieses Problem führt direkt zum Problem der Psychologie, schreibt Cohen doch:

Die Idee des Zweckvorzugs der Menschheit wird dadurch zur Idee des Sozialismus, dass jeder Mensch als Endzweck, als Selbstzweck definiert wird. Die Idee des Vorrangs der Menschheit als Selbstzweck wird zur Idee des Sozialismus, der jeden Menschen als Selbstzweck, als Zweck definiert.[17]

Was ist denn der Mensch als Wille und die Humanität, die diesen Definitionen zugrunde liegt? Hier beabsichtigte Cohen, dass sich seine Psychologie zwangsläufig mit seiner Ethik überschneidet, sodass letztere den kritischen und gleichsam negativen Raum schuf, in dem sich erstere entwickeln konnte. Wie erkennen wir andere oder unsere eigene Menschlichkeit nicht durch falsche oder dogma-

[16] Cohen, ErW, 320.
[17] Cohen, ErW, 321.

tische Annahmen? fragt Cohen. Dies wird zur Beziehung des kritischen Ethikprojekts zum Offenbarungsprojekt der Psychologie.

I. Erster Aspekt des Mosaiks: Die Grundlage der psychologischen Tendenz in der *Logik der reinen Erkenntnis*

Die Fragen der Ethik und Psychologie im System der Philosophie sind jedoch weit von dem Punkt entfernt, an dem Cohen beginnt, seine Psychologie zu entwickeln. Obwohl dies bereits in die Kritik der empirischen Psychologie in *Das Prinzip der Infinitesimalmethode* eingeordnet werden könnte, scheinen seine Vorlesungen von 1899, die wir aus Cassirers Hand haben, eine der ersten Untersuchungen dieses Themas für sich zu sein, da es in das System der Philosophie führte. Der Text befindet sich in Cassirers Nachlass in der Beinecke Library der Yale University und ist mit „Cohen: Psychology Spring Semester 1899“ gekennzeichnet. Da ich diese Vorlesungen an anderer Stelle in Bezug auf Cohens Philosophie der Naturwissenschaften in der *Logik der reinen Erkenntnis* diskutiert habe und da das meiste Material darin in Cohens System entwickelt wurde, habe ich meine Kommentare dazu aus Zeitgründen reduziert.[18] Der entscheidende Punkt ist, dass Cohen eine Studie über Gestalten wie Johannes Müller [1801–1858] und Ernst Weber [1795–1878] mit einer Theorie in Zusammenhang bringt, die seine Lektüre der Infinitesimal-Methode mit Bewegung verbindet. So sagt er in der Vorlesung: „Der Grundbegriff zum Bewusstsein der Bewegung ist der Infinitesimalbegriff. Aber auch er ist nicht anders als die Antizipation der Bewegung selbst.“[19] Interessanterweise fügt Cohen in den Vorlesungen jedoch hinzu, dass alle Wissenschaften durch Bewegung gekennzeichnet sein können.

> Um Bewegung handelt es sich in aller Wissenschaft. Bewusstsein der Bewegung. Bewegung charakterisiert nicht nur die Materie, sondern sie liegt im Bewusstsein selbst, in dem Übergang von Vorgang zu Vorgang.[20]

Cohens *Logik der Reinen Erkenntnis* erklärt einen Großteil der Philosophie, die diese Interpretationen der Psychologie stützt. Auch hier habe ich meine Übersicht stark verkürzt, weil ich dazu früher veröffentlicht habe.[21] Wie in der Psychologie, wo er behauptete, dass Johannes Müller in seinem „Gesetz der spezifischen Sinnesenergien“ argumentierte, dass das Reaktionspotential der Reak-

---

[18] Moynahan, *Psychology.*

[19] Cassirer, *Notizbuch*, 14/III 113.

[20] Cassirer, *Notizbuch*, 1/II, 5. 13/II 111.

[21] Moynahan, *Psychology*, 45–66.

tion vorausgeht, schreibt er hier: „Die erste Ebene des Bewusstseins muss ohne jene Inhaltsbestimmung festgelegt werden, die in der Wahrnehmung entsteht. Das scheint ein Paradoxon zu sein: ein Inhalt, der kein Inhalt ist […] der erst etwas von seinem Ursprung ableitet.“[22] Durch seine Ursprungsphilosophie definiert Cohen jedes Objekt in seinem System negativ und in Bezug auf ein breiteres Entwicklungssystem. Wenn wir fragen wollen: „Was ist?“, schreibt Cohen, „dann beginnen wir zunächst mit der Frage: ‚Was ist nicht?‘, aber diese Negation ist immer eine ‚relative Negation‘, die die Spur unserer Grundfrage enthält, auch wenn sie sie offenlässt.“ (115) Das Grundmerkmal der Logik ist die Art und Weise, wie der Geist über das Gegebene hinausgreift in Kontinuität. Logisch am klarsten zusammengefasst ist das durch das sogenannte “unendlichen Urteil,” welches Jacob Gordin schön umdefiniert hat als eine Form von „Befragungsurteilen“. „Wie ist die Frage nach der Möglichkeit selbst möglich?“[23] Unendliche Urteile sind für Kant von der Form „x ist nicht-y“, sodass sie eine Qualität bekräftigen, indem sie sie gegen etwas anderes verneinen.[24] Cohen interessiert sich speziell für eine Variante unendlicher Urteile, die bereits bei Aristoteles und im mittelalterlichen Denken entwickelt wurde. Sie bot eine offene Definitionsweise, die in der negativen Theologie in Aussagen über die Attribute Gottes entwickelt wurde – insbesondere von Maimonides und Nikolaus von Kues. In dieser Variante liegt der Schwerpunkt auf der Verneinung dessen, was die mittelalterliche Periode als „unangemessene“ Prädikate eines Subjekts betrachten würde, „Gott ist nicht blind“ (Sehen und Verlust des Sehvermögens sind Tieren angemessen, nicht dem Göttlichen).

Diese Methode ermöglicht einzigartige Flexibilität. Wie Cassirer es zu Beginn von *Das Erkenntnisproblem* von 1906 zusammenfasst, hat Cohen eine Methode bereitgestellt, durch die Tatsachen in Bezug auf neu entdeckte Grundregeln sich entwickeln können und das Ganze flexibel bleibt. Cassirer schreibt, in einer direkten Zusammenfassung seiner Interpretation der *Logik der reinen Erkenntnis*:

> Das Faktum der Wissenschaft ist und bleibt freilich seiner Natur nach ein geschichtlich sich entwickelndes Faktum […] Die Urteilsformen bedeuten ihr nur einheitliche und lebendige Motive des Denkens, die durch alle Mannigfaltigkeit seiner besonderen Formulierung immer neuer Kategorien tätig sind, um so mehr zeugen sie damit für die Eigenart und Ursprünglichkeit der logischen Funktion, aus der sie hervorgehen. Je reicher und bildsamer sich diese Variationen beweisen, um so mehr zeugen sie damit für die Eigenart und Ursprünglichkeit der logischen Funktion, aus der sie hervorgehen.[25]

---

[22] Cohen, ErW, 156.

[23] Gordin, *Untersuchungen*, 31.

[24] Kant, *Kritik der reinen Vernunft*, B 97.

[25] Cassirer, *Erkenntnis*, 18, zitierend LrE^2, 41 ff.

Cassirers *Leibniz'-System* kann als historischer Auftakt zu Cohens System gelesen werden, auch wenn es einige stillschweigende Kritik enthält. Zum Beispiel verortet er Leibniz' Ansatz zur Kontinuität vom Teil zum Ganzen als ein zentrales Thema, das alle Aspekte der Philosophie auf Grundlage des Modells der Infinitesimalrechnung verbindet. So schließt er mit der Feststellung: „Das Verhältnis des Elements zu dem Gebilde, das aus seiner Kontinuation entsteht, ist, wie man hier erkennt, in wissenschaftlicher Allgemeinheit durch die Beziehung eines Differentials auf sein Integral dargestellt.“[26] In Cassirers Interpretation von Leibniz scheint dies jedoch mehr ein Modell zu sein als eine absolute logische Grundlage. Cassirer verschiebt aber subtil den Akzent weg von der Priorität der mathematisch-physikalischen Wissenschaften hin zu den allgemeinen logischen Prinzipien: „Dass jeder Zustand das Seins durch die Gesamtheit der vorhergehenden vollständig und eindeutig bestimmt ist,“ schreibt er, „und sich aus ihnen nach einheitlichen Gesetzen der Abhängigkeit erzeugt: diese Annahme war nicht das Ergebnis, sondern die Bedingung der Objektivierung der Erscheinungen in Mathematik und Dynamik“.[27] Als übergeordnetes Modell für das Verhältnis vom Teil zum Ganzem und in Leibniz'schen Begriffen der Bewegung, wird dieses Modell die Geisteswissenschaften und Ästhetik begründen: „Dasselbe Prinzip, das die Materie und die reinen Bewegungsgesetze begründete, steht zugleich für die Probleme der geistigen Kultur ein.“[28]

Tatsächlich sieht Cassirer grundlegende Einsichten in Leibniz' System sich eng aus der Psychologie entwickeln, die anhand der Anhaltspunkte der „Tatsachen der inneren Erfahrung“ das Plenum der Welt und das Verhältnis der reinen Vernunft erhellt.[29] In Cassirers Lesart entsteht Ethik insbesondere aus diesen Grundlagen der Psychologie in der Monadologie. Cassirer bemerkt: „Die Gestaltung von Leibniz' Psychologie erweist sich nun schon in ihren allgemeinen Bestimmungen für die Anknüpfung der ethischen Probleme geeignet.“[30] Die Rolle der Kontinuität der Monade zu ihrem Plenum findet nun durch die Verbindung von Streben mit Darstellung statt, sodass „[...] die psychologische Definition des Denkens selbst auf den Begriff der Tendenz als notwendige Ergänzung hinführt. Der Gedanke wird als die aktive Darstellung eines Mannigfaltigen in einem an sich Einheitlichen bestimmt; als aktiv, weil aus ihm notwendig und naturgemäß ein Streben zu handeln oder eine Richtung des Willens folgt.“[31]

Insbesondere betont Cassirer das Moment des Strebens als parallel zur Bewegung über das Gegebene hinaus, so dass die „Vorstellung Illusion ist, erst im

---

[26] Cassirer, *Leibniz*, 170.
[27] A.a.O., 429.
[28] A.a.O., 380.
[29] A.a.O., 387.
[30] Ebd.
[31] Ebd.

Moment des Strebens als Wille wird sie vereint."[32] Auf diese Weise behält Cassirer Cohens Betonung bei, Psychologie als eine solche zu verstehen, die sich nicht durch umfassende Beziehungen definiert, wie im Assoziationismus, sondern durch intensive Beziehungen, die sich durch das gesamte System entfalten. „Einheit ist nicht mehr nur Zusammenfügen oder Verbinden, sondern der Keim, aus dem sich die Vielheit entwickelt und entfaltet."[33] Cassirer schreibt, dass der „Begriff der Tendenz" und des Strebens „den Grund aller geistigen Tätigkeiten und Inhalt" bestimmt. Für Leibniz ist dieser der Höhepunkt einer „Reform der Logik, wie der Mathematik, wie der Dynamik, wie der Psychologie. Die Vorstellung [...] musste jetzt selbst als bloße Abstraktion gelten; erst im Moment des Strebens wurde sie zum Ausdruck psychischen Wirklichkeit."[34] Da dieser Ausdruck der Einheit in Vielfalt von Natur aus danach strebt, die klarste Einheit zu schaffen, bewegt er sich auch auf ein ethisches Ideal der Vollkommenheit zu. Aus dieser Perspektive wird „Vollkommenheit" definiert als „eine möglichst weite Vielheit von Inhalten in einem Blick des Geistes umfasst und beherrscht."[35]

II. Zweiter Aspekt des Mosaiks: Ethik als Gesetz, Gesetz als *a priori* soziale Konstruktion

Die breitere strukturelle Bedeutung für diesen Satz von Definitionen besteht jedoch darin, dass ebenso wie in den Naturwissenschaften, so auch in den Sozialwissenschaften und im Recht, *a priori* Regeln Aspekte der Realität aufdecken – in diesem Fall der Gesellschaft – genauso wie sie von ihnen abgeleitet werden. Wie Leibniz es ausdrückt: „Die Wissenschaft von Recht und Unrecht hat ihr Fundament – so wenig wie die Logik, die Metaphysik, die Arithmetik, die Geometrie und Dynamik – in Erfahrungen und Tatsachen, sondern sie dient dazu, von den Tatsachen selbst Rechenschaft zu geben und sie im voraus zu regeln." [36] Hier wie in der natürlichen Welt, schreibt Cassirer, zeigt Leibniz, dass der eigentliche Sinn des *a priori* erneut in seiner Qualität besteht, aus der Erfahrung abgeleitet zu werden.[37] Letztendlich führt dies zur Grundlage von Leibniz' Konzept, was wir heute als Menschenrechte bezeichnen würden. Dennoch beinhaltet es auch die Vorstellung, dass sich in der Zukunft weitere Rechte entwickeln, wenn ihre *a priori* Struktur offenbart wird.

[32] A.a.O., 413.
[33] Ebd.
[34] Ebd.
[35] A.a.O., 387.
[36] A.a.O., 406.
[37] Ebd.

Cohen geht erheblich weiter als Leibniz bei der Entwicklung dieser idealistischen Ethik und wendet die Prinzipien seines Systems auf die Ethik an, um zu versuchen, ein vollständig veränderbares System auf Basis von Grundprinzipien zu schaffen. Er beginnt, wie er schreibt, mit der schwierigen Frage: „ob das Gesetz der Kontinuität von der Logik auf die Ethik also übertragbar gelten kann.“[38] Einmal verstanden als ein System zur Verfeinerung von Ideen durch Negation, insbesondere eines, das auf unendlichen Urteilen basiert, stellt er tatsächlich fest, dass dies der Kern des Gesetzes ist:

So zeigt sich in allen Gebieten des wissenschaftlichen Denkens das Mittel des unendlichen Urteils in Anwendung […] In den Geisteswissenschaften ist es allenthalben in eminentem Gebrauch, und zwar gerade auch in der Rechtswissenschaft, in welcher es am meisten auf scharfe Bestimmung der Begriffe ankommt.[39]

Hier liegt der Fokus der Ethik nicht auf der Handlung an sich, genauso wenig wie in der Physik auf der Bewegung an sich, sondern auf dem Gesetz, das jeder Handlung zugrunde liegt und sie offenbart. „Das Gesetz erst macht die Handlung zur Handlung; nicht die Person, nicht das Ich. Damit ist auch das Interesse am Problem geändert. Es hängt nicht mehr an dem undurchdringlichen Dunkel eines freien Anfangs der Handlung; sondern es wird gerichtet auf die Grundfrage aller echten Wissenschaft, auf die Frage des Gesetzes.“[40] Das Recht als Ethik bietet eine systemische Kritik am Rechtssystem, die zu dessen moralischen Verbesserungen führt.[41]

Ethik ist somit die Wissenschaft des Menschen, insbesondere jedoch in den Strukturen, die die Menschheit als einen sich entwickelnden Prozess definieren. Vielleicht ist das wichtigste Beispiel dafür der Grundstein der Rechtstheorie, die juristische Person, also das handelnde Subjekt in einem Rechtsfall oder das Rechtssubjekt, welches von Cohen negativ und abstrakt definiert wird. Für Cohen ist letztendlich und überraschenderweise das Kooperative der Schlüsselbegriff zur Definition der juristischen Person:

Es entsteht in der Genossenschaft das Problem des Rechtssubjektes […] Es ist nun eben das Auffällige, das Interessante und das entscheidend Lehrreiche in dem Begriffe der Genossenschaft […] dass in ihm und nur in ihm die echte Einheit des Willens und demgemäß der Begriff des Rechtssubjekts zu seiner exakten Geltung gelangt.[42]

Entscheidend ist, dass das Kooperative und die Menschlichkeit, zu der es gehört, nicht einfach gegeben sind, sondern genau als juristische Abstraktionen offen für zukünftige mögliche Definitionen sind. Wir wissen noch nicht, welche Möglich-

---

[38] Cohen, ErW, 102.
[39] Cohen, LrE^2, 89.73 f.
[40] Cohen, ErW, 319.
[41] Cohen, ErW, 270.
[42] Cohen, ErW, 230 f.

keiten die Menschheit für sich selbst bereithält, daher nutzen wir das Recht, um das optimal offene System für die Entwicklung zu schaffen.

Durch die Betonung des Kooperativen ist dieses Projekt eine Rückkehr zu Langes früherer und direkterer Priorisierung von Arbeiterkollektiven als Mittel, um der Arbeiterbewegung Stimme und Autonomie zu verleihen. Den Fokus der Arbeiterbewegung auf die Ebene des Verbandes statt auf das Individuum, die Partei oder den Staat zu legen, war im 19. Jahrhundert im Sozialismus oder in der deutschen Gesellschaft allgemein natürlich keine ungewöhnliche Idee. Ferdinand Lassalle hatte diese Idee befürwortet, und Langes Arbeiterbewegung (1865) suchte den Schwerpunkt der Kontrolle und Initiative auf die Arbeiter selbst zu verschieben. Lange kritisierte diejenigen, die für die Arbeiter sprechen wollten, anstatt die Grundlage für ihre eigene Selbstorganisation zu schaffen, und er verstand den Verband als Grundlage dieser Entwicklung. Cohen liefert eine Rechtstheorie, die diese Freiheit sowohl für die Gegenwart als auch für die Zukunft ermöglicht.

Es radikalisiert auch Langes Argument, das sich seit seiner *Geschichte des Materialismus* zeigt und als gemeinsames Projekt in Cohen's *Einführung* zu diesem Werk beschrieben wird, gegen jede reduzierende materialistische Definition der Realität und zugunsten „des ökonomisch-juristischen Rechts des Sozialismus“, das davon ausgeht, dass „die Wirtschaft die materielle, die natürliche Grundlage des Rechts“ sei.[43] Genauso wie die Marburger Schule das Gefüge von Naturgesetzen und ein entwicklungsbedingtes *a priori* als Grundlage für das Erscheinen von physischen Objekten sah, so konnte das juristische Recht wirtschaftliche Arrangements und das Rechtssubjekt strukturieren – und war somit ebenso fähig zur Transformation auf einem Niveau, das Kuhn später als eine „wissenschaftliche Revolution“ definieren würde.[44] Eine zukunftsorientierte Politik war nur möglich, indem ein falscher Materialismus vermieden wurde. Ein auf dieser Grundlage verstandener ethischer Sozialismus und Marxismus ist mit Cohen fast inkommensurabel. Eine materialistische Definition der Gesellschaft würde blockieren, was Cohen als „Metapolitik“ definiert, in der die grundlegenden Strukturen der Gesellschaft transformiert und neu definiert werden können, ähnlich wie in der „Metageometrie“ oder was oft als nicht-euklidische Geometrie bezeichnet wird, die Transformation erlaubt in dem Grundstrukturen der traditionellen Geometrie und mit ihnen der Naturwissenschaften.[45] Dieses Potenzial zur Transmutation von Grundelementen wird durch die Definition der Naturwissenschaften vorweggenommen und verändert die Zukunft von Recht und Gesellschaft radikal: Denn es birgt das Potenzial für signifikante Transformationen dessen, was als Sozial und Politisch-Real angenommen wird.

---

[43] Cohen, EGML, 114 f.

[44] A.a.O. 114 f.

[45] A.a.O, 116.

III. Dritter Aspekt des Mosaiks: Psychologie als Mikrokosmos des ethischen Makrokosmos

In dieser Weise trennt Cohens Ethik die konstruktive Grundlage des Rechts heraus, um das rechtliche Subjekt zu schaffen, eine neue „Metapolitik“ für die Gesellschaft zu entwickeln und letztlich einen zukünftigen Horizont für die Menschheit zu definieren. In der Psychologie jedoch werden die konzeptionellen Schichten dieser formalen Ebenen im Individuum vereint, wodurch der Makrokosmos im Mikrokosmos widergespiegelt wird. Um ein historisches Modell dafür zu sehen, wie dieser Prozess von Cohen vorgestellt worden sein könnte, können wir uns an den letzten Abschnitt von Leibniz' System über das „Individuum im System der Geisteswissenschaften“ wenden. In diesem Abschnitt verwebt Cassirer seine Lektüre von Leibniz' Ethik und Psychologie, wie ich sie bereits erwähnt habe, mit einer Argumentation, die weitgehend mit der von Cohen übereinstimmt. So hebt Cassirer im Abschnitt „Das Subjekt der Ethik und der Begriff der Geschichte“ hervor, dass die einfache Definition jedes Elements des Systems, jeder Monade, als hauptsächlich zeitlich und historisch impliziert, dass eine entwicklungsbezogene Neudefinition von Ethik, die dann direkt in ein neues Persönlichkeitsbild als Spiegelbild und Verantwortung für das Ganze übergeht.[46] Innerhalb dieser Struktur sind, wie Cassirer in seinem nächsten Kapitel „Recht und Gesellschaft“ skizziert, das Recht und das „empirische Gemeinschaftsleben“ die Medien, durch die Imagination, Denken und Wollen entwickelt werden – damit Ethik wiederum nicht erst auf das Individuum bezogen ist, sondern auf die Konstruktion von Recht und Zivilisation.[47] Dieses System führt zur Konstruktion neuer Ideale der Menschenrechte, beginnend mit dem, was Cassirer „die Ethik des kategorischen Imperativs“ nennt.[48]

In den letzten beiden Abschnitten über Ästhetik und Theodizee stellt Cassirer jedoch eine bemerkenswerte Verbindung her, die uns zu Cohen zurückführt. Indem er Leibniz' kurzen Essay „Von der Glückseligkeit“ als Schlüssel zur Ästhetik diskutiert, weist Cassirer auf die Bedeutung der Bewegung und insbesondere der rhythmischen Bewegung für Leibniz' Diskussion hin, die er wiederum in einer Fußnote mit Cohens *Kants Begründung der Ästhetik* verknüpft. Hier merkt Leibniz, schreibt Cassirer, dass „die rhythmischen Bewegungen [...] ihre Annehmlichkeit von der Ordnung“ auf eine besondere Art gewinnen.[49] Leibniz gibt auch konkrete Beispiele für eine solche „unsichtbare Ordnung“ jeder Bewegung: „bebende saiten, pfeiffen oder klocken“ an, oder „ja, selbst die Luft, so dadurch in gleichmässige Regung gebracht wird, die dann auch ferner in uns vermittelst des

---

[46] Cassirer, *Leibniz*, 388.

[47] A.a.O., 403.

[48] A.a.O., 410.

[49] A.a.O., 416.

Gehörs einen mitstimmenden Wiederschall machet, nach welchem auch unsere Lebensgeister regen."[50] Das Verhältnis des Gefühls zum bewegenden Ordnungssinn ist hier in Cassirers Lesart zentral. „Die Zweckmässigkeit blieb auch hier nicht objektiv als sein Verhältnis in den Dingen gedacht, sondern wurde im Ich selbst zu gründen gesucht."[51] Aber es wird auch nicht nur vom Ich aufgenommen oder geschaffen. Cassirer schreibt: „Die ästhetische Stimmung ist im präganten Sinne der Ausdruck des Selbstgefühls der Persönlichkeit, das mit der ‚Erhöhung des Wesens' in der Erkenntnis und im sittlichen Bewusstsein zwar steht, dennoch aber in ihm nicht aufgeht."[52]

Cassirer nutzt diese Einsicht einerseits, um zu demonstrieren, wie sich auf jeder Stufe des Leibniz'schen Systems das reine Gefühl auf das strukturelle Ganze bezieht, ein Prozess, der durch die Ästhetik als das Verhältnis der Vielfalt zur Einheit skizziert wird und später als „Bewusstseinsvorgänge" von Baumgarten und Tetens entwickelt wird.[53] Unser Freudengefühl bezieht sich also im einfachsten Sinne auf ein Streben nach dem nächsten Wirklichkeitsmoment, es ist „subjektiver Ausdruck der Erhebung und Befreiung des Wesens".[54] Neugier wird ebenso definiert als höheres Gefühl der Liebe und des Guten.[55]

Mit der Theodizee aber – dem letzten Abschnitt des „Individuums in seiner Bestimmung durch die Geisteswissenschaften" – treten wir in das Verhältnis der Psychologie zum Strukturverhältnis des Ganzen ein. Denn hier wird deutlich, dass es eine gewisse Parallele zu den Problemen der Metapolitik, gibt: Denn das System des Wissens ist aufgrund von Veränderungen in der Zukunft zu einer grundlegenden Transformation fähig, da die „Fakten der Wissenschaften" deren Gesetz verändern können, was wir als „Gegebenheit" oder „Sein" betrachten. Das heißt, diese Transformation muss selbst als in Bewegung in die Zukunft gesehen werden. Wie Cassirer schreibt: „Denn das Sein, auf welches die Betrachtung hier gerichtet ist, ist nirgends abgeschlossen, sondern entsteht erst in dem geschichtlichen Gesamtprozess aus der Arbeit und Mitwirkung der einzelnen."[56] Jede einzelne Wissenschaft verbindet uns mit dem Unendlichen, aber im allgemeinen Verhältnis zu allen entwickelt Leibniz einen neuen Begriff der Persönlichkeit ausgehend vom Ganzen. Entgegen Pascals Lesart der Verkleinerung des Individuums vor dem Unendlichen betont Cassirer, dass das Individuum auf diese Weise am Unendlichen teilhaben kann in jeder Wissenschaft. „Das Ich ist hier nicht mehr das extensive Atom, das gegenüber dem Ganzen verschwindet, sondern der Schöpfer und Träger der Unendlichkeit, die es in der Physik mit

50 Ebd.
51 Ebd.
52 Ebd.
53 A.a.O., 411 ff.
54 A.a.O., 388.
55 A.a.O., 392.
56 A.a.O., 432.

seiner wissenschaftlichen Methode beherrscht und in der Geschichte nach dem Vorbild der eigenen Zweckeinheit, die in ihm verwirklicht ist, begreift.“[57] Auf diese Weise wird sich das Individuum als Teil des Kontinuums mit dem Unendlichen bewusst, aber es ist auch erstmals selbst eine Einheitserfahrung, denn „das Bewusstsein ist kein Teil“, schreibt Cassirer, „sondern ein Symbol des Alls“.[58]

Auf diese Weise lässt Cassirer *Leibniz' System* in Liebe kulminieren, die einerseits als Moment des kollektiven Strebens definiert ist, das sich in der Erkenntnisliebe in der Verheißung zukünftiger Verwandlung verkörpert – und damit für Leibniz gleich der Liebe Gottes ist.[59] Der Optimismus von Leibniz richtet

> sich auf die Behauptung eines Zieles [...], das die Persönlichkeit über die Sphäre und über den Gegensatz der sinnlichen Lust und Unlust hinaus hebt und ihr im Bereich objektiver Werte Bestand gibt [...] Der Begriff der Gnade des Individuums nur [...] wird bei Leibniz im Grundgedanken der Spontaneität aller ethischen Bestimmung aus dem eigenen Grund des Ich hervorgehend gedacht.[60]

Obwohl Cohens Psychologie ebenso wie seine Ethik zweifellos viele Aspekte der Psychologie von Leibniz hinter sich gelassen hätte, scheint es wahrscheinlich, dass Cassirers Beschreibung des „Platzes des Individuums im System der Geisteswissenschaften“ in Leibniz' Werk ein Modell bilden würde, woraus er sich entwickeln könnte. Ein solches System macht jede Wissenschaft zu einer Wissenschaft der Bewegung, und die Wechselbeziehung der Wissenschaften zu einer Symphonie, die sowohl das Individuum als auch die Menschheit als noch unvollständige Einheit offenbart.

Literaturverzeichnis

Cassirer, Ernst, *Das Erkenntnisproblem in der Philosophie und Wissenschaft der neueren Zeit, Erster Band*, in: Ernst Cassirer Gesammelte Werke, Hamburger Ausgabe, Bd. 2, hg.v. Birgit Recki, bearbeitet von Tobias Berben, Hamburg 1999 [= Erkenntnis].

–, *Leibniz' System in seinen wissenschaftlichen Grundlagen*, in: Ernst Cassirer Gesammelte Werke, Hamburger Ausgabe, Bd. 1, hg.v. Birgit Recki, bearbeitet von Marcel Simon, Hamburg 1998 [= Leibniz].

–, *Notizbuch*, "Student Notebooks - Cohen, Psychologie, n.d. (env. 138)“, Gen. Mss. 98, Envelop IV, Box 34, Folder 1108, *Ernst Cassirer Papers*. General Collection, Beinecke Rare Book and Manuscript Library, Yale University, New Haven, CT, USA.

Cohen, Hermann, *Werke*, hg.v. Helmut Holzhey u.a. Hildesheim u.a. 1977 ff.

Funkenstein, Amos, *The Persecution of Absolutes: On the Kantian and Neo-Kantian Theories of Science*, in: *The Kaleidoscope of Science. The Israel Colloquium for the*

---

[57] A.a.O., 428.

[58] Ebd.

[59] A.a.O., 393 ff.

[60] A.a.O., 428.

History and Philosophy of Science [Boston Studies in the Philosophy of Science Book Series, BSPS 94], Dordrecht, Holland, 1985, 1:329–348.

Gordin, Jacob, *Untersuchungen zur Theorie des unendlichen Urteils*, Berlin 1929.

Kant, Immanuel, *Gesammelte Schriften* (Akademie-Ausgabe) Bd. 3: *Kritik der reinen Vernunft* (2. Aufl. 1787), Berlin 1900 ff.

Moynahan, Gregory B., *The Challenge of Psychology in the Development of Cohen's System of Philosophy and the Marburg School Project*, in: Christian Damböck (Hg.), *Philosophie und Wissenschaft bei Hermann Cohen/Philosophy and Science in Hermann Cohen*, Heidelberg 2018, 41–75.

–, *Ernst Cassirer and the Critical Science of Germany, 1899–1919*, London 2013.

Sieg, Ulrich. *Aufstieg und Niedergang des Marburger Neukantianismus: Die Geschichte einer philosophischen Schulgemeinschaft*, Würzburg 1994.

Wolfson, Harry A., *Infinite and Privative Judgments in Aristotle, Averroes, and Kant*, in: *Philosophy and Phenomenological Research* Vol. 8/2 (1947), 173–187.

Psychology in Cohen's Grounding of Pure Consciousness*

Roy Amir

The purpose of the following investigation is to show that Cohen's idealistic grounding of pure consciousness necessarily involves a psychological aspect, namely the psychological activity of an individual. This, I will claim, does not contradict Cohen's categorical rejection of any psychological account of consciousness. The rational method itself *produces* the notion of the individual and a conception of pure consciousness as her 'interiority' – and as the origin of her pure mental activities. Pure cultural contents, in turn, are conceived as produced in these mental activities and hence as an 'exteriority' correlative to the individual's pure 'interiority'.

Attempts to clarify Cohen's notion of systematic psychology often take the form of a reconstruction of the content and task of the unwritten concluding part of the *System of Philosophy*.[1] While I will address Cohen's statements on the prospected *Psychology*,[2] the present study takes a different route. By following the grounding of pure consciousness, I attempt to show that the psychological problematics is not raised *after* the different modes of pure consciousness have been established, and with them the fundamental possibility of cultural contents.[3] It

* This study was written with the generous support of the Franz Rosenzweig Minerva Research Center at the Hebrew University of Jerusalem and the ISF research project Theocracy and Perfectionism in Modern Jewish Philosophy.

[1] The *System of Philosophy* contains the *Logik der reinen Erkenntnis*, the *Ethik des reinen Willens*, the *Ästhetik des reinen Gefühls*, as well as the unwritten *Psychologie*. These are hereafter abbreviated in the text as LrE², ErW, ÄrG I, and *Psychology* respectively.

[2] The present investigation rejects the suggestion as if Cohen's philosophy of religion was somehow meant to *replace* the psychology. Beyond the biographical evidence to the contrary, the account offered here conceives of the psychological problem in a manner which is both inherent to the systematic account and fully distinct from any consideration raised in the context of religion.

[3] This seems to be the overwhelming assumption in the scholarship, which therefore tends to identify the *Psychology's* problem of unity of consciousness as belonging *solely* to the level of pure cultural contents. A subjective aspect of this problem, when recognized, is not understood as pointing to the concrete individual, but to a normative notion of the subject of culture. The latter is therefore conceived as that of culture itself, 'spirit', or humanity as such. My account, while recognizing the purely cultural aspect of the psychological problem, constitutes it as one side of a correlation, involving a psychological problem *proper*.

arises, rather, as intrinsic to the very possibility of each kind of pure consciousness, a possibility which always involves the psychology of the individual who produces culture.

In the following, I first clarify the precise sense in which, in the context of pure thinking, consciousness is defined in a non-psychological manner (section I). I then show how the application of the very de-psychologizing principles of this pure consciousness produces, without falling back to psychologism, a psychology of the pure will as well as a psychological re-conception of pure thinking (section 2), and a psychology of pure feeling (section 3). I conclude (section 4) with remarks, in light of this account, on the task of the unwritten *Psychology.*

I. Consciousness and the possibility of content

Pure thinking is according to Cohen the laying of ground (*Grundlegung*) of pure cognition (*viz.*, Being) "in thinking" itself, namely, in a rational manner.[4] The problematics of ground-laying must therefore be understood in the context of the rational characteristic of pure cognition itself, as a "unity of content" (*inhaltliche Einheit*).[5]

> Cognition is unity of cognition. This unity is required for the concept. The concept, however, is only an expression, one might say, only one of the expressions for cognition. The methodical value of cognition is conditioned by the unity thereof. It is not only the formal connection, which is required for cognition by means of unity. About this unity-of-order [*Ordnungseinheit*] there is no dispute. An objective [*sachliche*] meaning of the unity of cognition is in question…[6]

A unity of content, therefore, cannot be grounded as a unified manifold. Consequently, the Kantian notion of thinking as synthesis must be rejected. Synthesis can only produce a "formal unity" of the *discreetly given* manifold, while the ground (origin) of a unity of content must be "itself thought as a unity." It must, namely, be cognized as contained in the unity of cognition and thus as "produced" in the ground-laying itself *qua* a "manifold which serves as a presupposition for unity."[7] Synthesis, Cohen thus argues, is the fundamental "flaw in the whole [Kantian] methodical disposition."[8]

See: Adelmann, *Einheit des Bewusstseins*, 79; Poma, *The Critical Philosophy*, 147–153; Ollig, *Religion und Freiheitsglaube*, 204–208; Zeidler, *Das Problem der Psychologie im System Cohens*, 135–146. Moynahan, *The Challenge of Psychology*, 41–75, has recently discussed the problem of psychology in the context of the Marburg definition of science.

[4] E.g., Cohen, LrE², 92.

[5] Cohen, LrE², 69.

[6] Ibid., 67.

[7] Ibid., 29.

[8] Ibid., 27.

The full clarification of this notion of grounding – *figuratively* thought of as a "production"[9] – must remain beyond the scope of the present investigation. It is to be emphasized, however, that the simultaneous production of the unity of content and of the manifold as its presupposition (origin; ground) cannot be conceived as involving anything beyond the problem-domain of content: "the mater of thinking can only be content, namely, unity."[10] This means, however, that

> the matter [*Stoff*] of thinking is not the primary matter [*Urstoff*] of consciousness. It is not about psychological content, and not about the psychological process. Pure thinking is not representation, [it] is not conceived as a cognitive-process [*Bewusstseinsvorgang*].[11]

Instead,

> here it is only a question of logic: only the thinking of cognition, not psychology with its processes of consciousness. The thinking of cognition postulates thinking as unity and only as unity. This meaning and this value can be derived from the sentence: the activity itself is the content. The production itself is the product.[12]

The ground-laying of a unity of content can itself only be conceived in terms of content, i.e., the activity is the content. It is therefore not only the case that no psychological grounding of cognition is possible, but that the very conception of thinking in psychological terms is deemed irrational. To say that the ground of cognition must be laid "in thinking" is to determine thinking as constituting – producing – the rational order of contents, and as fully contained within it: a judgment is nothing but the articulation of cognition's unity of content.

The *Logic*'s judgments of "laws of thinking" can be presented as expressing this non-psychologistic characterization of thinking. The judgment of origin determines pure thinking (judgment) as grounded in the principle of continuity. Thinking, namely, requires that the object (cognition) and its ground (origin), both as contained "in thinking," will be intelligible as continuous with one another. In this, any relation to the discrete content of an external datum (of sensation) is excluded: the ground laid in thinking is continuous and thus homogenous with the unity of content to be grounded. The judgment of identity (and its complement in the judgment of contradiction), in turn, "differentiates judgment from representation" in general.[13] According to Cohen, the judgment that "A is A" expresses the principle of thinking that "A is A, and remains A, as often as it is thought. As often as it is thought, it is in fact represented; it is thought only as an identity."[14] The formal identity A=A is here conceived by Cohen not as a scheme of judgment (a form out of which judgments could be produced by 'filling' the

[9] Ibid., 28.
[10] Ibid., 60.
[11] Ibid., 59.
[12] Ibid., 60.
[13] Ibid., 95.
[14] Ibid., 96.

scheme with some given arguments), but as expressing the rational principle that the problem of rational ground can only be raised for a self-identical content, in abstraction from the mental act of representation. There may be many representations of the same content, but it can only be *thought* as the same content.

Clearly, within this logical context, the *Logic*'s systematic notion (category) of consciousness cannot refer to any psychological fact or process. As pertaining to pure thinking, it can only be determined in its judgments and thus under its principles. In other words, pure thinking's "judgment [...] must produce the category of consciousness."[15] The logical *locus* of this production, according to Cohen, is the critical judgment of possibility, which determines the modality of pure thinking itself. Consciousness is determined as a category expressing the critical judgment of pure thinking's method (*viz.*, of the judgments pertaining to the grounding of pure cognition) as a rational possibility, that is to say, as a successful grounding of objects – and thus as a possible problematization of contents with regards to their origin. It is a determination as a possibility of the unity of activity and content.

As we have seen, these principles determine the radical heterogeneity of the rational domain of pure thinking and any psychological conception. Therefore, "consciousness" (*Bewusstsein*) is systematically distinguished by Cohen from the psychological fact of the representation of contents (and the problem of its emergence), for which he employs the term "*Bewusstheit.*" Indeed, 'Consciousnesses' is distinguished from '*Bewusstheit*' precisely in that the latter signifies the psychological fact of consciousness's having some 'load' (*Gehalt*) while the former signifies the rational problem of the latter's possible unity of content: "it is with content, that consciousness is distinguished from *Bewusstheit* [...] *Bewusstheit* signifies: there is a consciousness. Consciousness means: from *Bewusstheit* there emerges a content."[16]

The essential systematic advantage of the reflexive categorization of pure thinking's own method as a possibility is the recognition thereof, at least in principle, as merely *one* possibility among several. To the extent that one can establish other modes of grounding contents, in the sense defined by the principle of origin, other "directions" of consciousness are conceivable. The category of consciousness, therefore, is a signifier of the possibility of kinds or modes of rational grounding – and of kinds of pure rational contents:

> The meaning of possibility is different, when it concerns natural science [...] yet different when it concerns ethics [...] yet again different when it concerns art; [it is different], finally, when the unity of the totality of consciousness constitutes the problem [in systematic psychology; R.A.].[17]

---

[15] Ibid., 424.
[16] Cohen, ÄrG I, 121.
[17] Cohen, LrE², 428.

This modification of the meaning of possibility, it must be emphasized, is always subordinated to the principle of origin, and is thus indeed a *modification* of the genus of consciousness defined in the context of pure thinking: "In all these pure productions will confirm itself the possibility of consciousness, [i.e.,] *of consciousness as possibility*."[18]

Lastly, it is beyond doubt that this systematic definition of consciousness as the possibility of a mode of grounding of pure contents, remains in effect throughout Cohen's *System*. In the *Aesthetics*, for example, Cohen explains that

> the *Logic of Pure Cognition* had recognized consciousness as a category, indeed as a methodical category [...] Hence the category of consciousness is coordinated with that of possibility. We stand here at such a question of systematic investigation [... of] the possibility of aesthetic consciousness, of an object for an aesthetic consciousness.[19]

Hence, consciousness seems to signify throughout the *System* the possibility of rational and radically non-psychological domains of pure contents. If, in this context, Cohen intended his systematic account to culminate in a "psychology" of the unity of the three 'directions' of pure consciousness – three modes of unity of ground-laying and content – should not this psychology be necessarily understood as itself belonging to the same non-psychological rational order of pure contents (though, without itself constituting a new mode of grounding)? Is it not, in other words, nothing but an account of the unity of the pure contents grounded in the different applications of the 'method of purity,' an account, as Cohen himself repeatedly states, of the 'unity of culture'?[20] Finally, is the notion of "psychology" not used here by Cohen as a means of a final appropriation of the term in the context of his idealistic thinking of culture, and thus as a final *elimination* of any psychological problematics pertaining to an individual mind? As tempting as these conclusions may seem on the background of the *Logic*'s account alone, a closer look at the *Ethics* and *Aesthetics* will show that this in fact is not the case. The task of the next two sections is to show that without compromising the rigorous anti-psychologistic definition thereof, the account of pure consciousness necessarily involves – and produces – the pure psychology of an individual.

---

18 Ibid., 424–425. Italics mine.

19 Cohen, ÄrG I, 83–84.

20 Most commentators conceive systematic psychology in this way. See above note no. 3.

II. Pure will as mental-motion and the production of interiority

The starting point for reconstructing the production of the psychology of pure consciousness must be the problematics of the possibility of pure ethics. The grounding of this new possibility of ground-laying is not exhausted in presupposing an analogous 'fact of science' whose methods enable a "moral cognition"[21] of the "concept of the human" (*Begriff des Menschen*).[22] In order to argue that these concepts are pure, that is, that they are produced in the activity of the will, it is first necessary to ground the applicability of the 'method of purity' itself, namely of the principles of origin and identity.

Now, the application of the principle of identity, which differentiates pure thinking from representing, is considered by Cohen as unproblematic.[23] Presumably, there is no difficulty in judging moral cognition under the criterion of self-identity. Most significantly for Cohen, the psychological notion of "intention" (*Absicht*) as a representation belonging to a subject is substituted in the juristic analysis by the content of an "objective" (*Vorsatz*): a content attributable to the action in question.[24] Cohen can therefore argue that in Jurisprudence the will is "detached from the spells of representation, and bound with the act."[25]

An unproblematic applicability, however, cannot be ascribed to the principle of continuity, which constitutes the essential rational determination of pure consciousness as a production of its pure contents. The "truly difficult question" with regard to the possibility of a pure ethics is "whether the principle of continuity is transferable from the logic to ethics."[26] Without this applicability, Cohen clarifies, the notion of origin would be "nothing but a mere empty metaphor."[27] Any application of "the method of purity […] demands […] *the rigorous sense of continuity*."[28]

> Continuity […] must be transferable to the willing itself [*Wollen selbst*], if this willing […] must be produced from its origin and thereby made into a pure willing […][29]

In other words, the conception of ethics as founded in relation to Jurisprudence allows for an application of the principle of identity, but also threatens to reduce the pure will to nothing but a mere metaphor. It may be that the methods of Ju-

---

[21] E.g., Cohen, ErW, 87.371. Cohen employs also the notion of "ethical cognition," e.g., ibid., 205. Cf. Cohen, RV, 132 f.

[22] Cohen, ErW, 3.

[23] Ibid., 102.

[24] Ibid., 122.

[25] Ibid., 130.

[26] Ibid., 102.

[27] Ibid.

[28] Ibid. Italics mine.

[29] Ibid., 102.

risprudence overcome the presupposition of a "soul-subject of psychology,"[30] but without recognizing the will not only in a distinct method of cognition but also as an independent activity of production, it will be nothing but a modification of the intellect.[31] As a form of thinking, notably, the will cannot be accounted as a production of its objects, which are thus necessarily – impure.

In the *Logic* the *rigorous* application of the notion of continuity was not achieved in the principle of origin itself, where the demand is posited, but in its mathematical grounding in the context of the infinitesimal analysis. It is in the analysis of the continuum into determinable "realities" (and later their re-integration into a totality), namely in their production as a manifold, that a continuum is intelligible as grounded in (produced from) an origin. Mathematics, however, is conceived by Cohen always "in connection with physics," in the sense that "we understand its purity […] in its applicability" to the latter.[32] The problem of physics, in turn, is motion. In the last analysis, it is as the ground-laying of the cognition of physical motion in the infinite manifold of determinate origin-realities (produced by analyzing the continuum of motion) that continuity is rigorously applicable. It is here, therefore, that the required identity of production and product, of activity and content is achieved. In the thinking of motion as grounded in a determinate "intensive reality," which contains nothing but the law of production of the continuum of motion itself, the activity of production becomes the content. It is here, finally, that the activity of production can be conceived in a non-psychologic manner, as is required for pure thinking. Motion is therefore not merely an object of pure cognition, but the continuous object *par excellence*, an object *by which the meaningfulness of the notion of origin is conditioned.*

As a result, the fundamental possibility of a pure ethics – an ethics of a pure will – lies first and foremost in the recognition of its object as a kind of motion: "the ethics has to pave the path from act [*Tat*] to action [*Handlung*][,] this path would nevertheless be out of reach if in the act of motion [*Tat der Bewegung*], purity would not be accomplished."[33]

The application of the method of purity presupposes the applicability of the concepts of origin, reality, continuity. The pure will can come about only on the basis of this method of pure cognition. It is, however, the concept of motion itself, which is to be taken from the logic for the will-culminating-in-the-action.[34]

30 Ibid., 95.

31 Cf., e.g., ibid., 104 f.

32 Cohen, LrE², 123.

33 Cohen, ErW, 130.

34 Ibid., 130–131.

Clearly, this cannot be achieved by means of a physical-mathematical analysis of the "act of motion." In this context, even concepts of natural objects function only as a question, a task orienting the scientific investigation. No *moral* content could be ascribed to motion so grounded.

It is in Cohen's solution to this problem that a psychological conception of pure consciousness arises. For reasons that will be clarified shortly, Cohen now claims that it is necessary to conceive of the motion inherent to the act of the pure will (the content of which is objectively analyzable in juristic terms) as originating in a "psychic" or "mental-motion" (*Gemütsbewegung*).[35] Thus, although the *Logic* did not – and could not – analyze thinking as a mental activity, the *Ethics* now asks about the "psychological form of activity which corresponds to thinking in the action [*Aktion*] of morality."[36] The form of activity characteristic to the will is according to Cohen that of *desire* (*Begehrung*). The pure will, Cohen thus concludes, "must be determined as emanating from desire [*von der Begehrung ausgehend bestimmt werden muss*]."[37] The object of the ethics is not merely the motion inherent to the act, but a motion beginning in the individual's nervous system, continuing as a muscular motion and culminating in the act (*qua* actual motion of objects).

Cohen's decisive claim – and the ground for this turn to mental motion – is that as emanating from a mental form of activity, certain properties can be attributed to the motion as a whole, properties in virtue of which a rigorous but *non-mathematical* conception thereof becomes possible. The motion emanating from desire is not itself determinate. Its determination originates from the external object, which however is by definition alterable. Therefore, the motion of desire is to be conceived as anticipating a determining object. The continuity of this motion can be understood therefore as constituted by these ever-renewed "tendencies" to determination, which are however always indeterminate. From the logical point of view, Cohen argues, these tendencies are analogous to the notion of anticipation produced in the judgment of plurality. There, the series of homogenous units is judged not to determinate its culmination in a sum. Instead, the rationality of the series lies in its anticipation of the determination, which in turn must be thought as logically prior.

In contrast to the category of reality, in which every ground is concretely and uniquely determined as containing the law for producing the continuum (of motion), in plurality each instance anticipates a determined culmination of the motion in a determining content. In contrast to physical motion, which is grounded in a determinate origin of the judgment of reality, but for which all conceptual content is at best an investigation-guiding question, the motion of desire is to be

35 Ibid., 116.
36 Ibid., 100.
37 Ibid., 139.

conceived as logically anticipating it's determinative content. It is grounded, as Cohen explains, in an "anticipated reason [*Motiv*]"[38] which is determinable at the culmination of the motion. This culmination, we have seen, is constituted by an act, whose content is objectively determinable by means of "juristic thinking."[39] In this way the motion of the will emanating from desire can be seen as having its ground in the content of the act. *If*, finally, this content is judged as pure, i.e., as consisting not of any natural object (of desire) but of moral subjectivity, *then* the totality of this motion can itself be judged to be pure, that is, not as desire but as a pure will. In this case the mental motion itself can be conceived not as desire but as the "affect" of willing.[40]

The two manners of grounding – the juristic-theoretical thinking of "moral cognition" and the "physiological" grounding[41] of the willing as continuous and anticipatory motion – are thus mutually complementing and even *mutually conditioning*. Only in virtue of the analysis of motion can the results of the juristic analysis of the act be regarded as expressing an (anticipated) origin, an origin out of which it is produced as *an action of the will*. At the same time, only in virtue of the purity of the contents of the "anticipated reason," the "mental motion" at hand can be conceived as pure, that is to say, as an "affect" of willing, rather than a mere object-conditioned desire. I argue that this co-dependence of pure contents and their production in mental motion reflects, in the realm of the pure will, the fundamental unity of production and product. It thus constitutes the true meaning of the analogy between theoretical and ethical consciousness.

Crucially in the present context, the characterization of this mental motion of willing as pure means that it is a mental activity which contains its own origin. Such a determination, Cohen notes, fulfills the classical notion of a soul.

> The soul is self-motion [*Selbstbewegung*], this means for us: the motion has its origin in itself, i.e., it is pure, like pure thinking. But pure thinking does not exhaust the notion of soul, the notion of consciousness. Indeed, the soul is also will, and the will is also motion.[42]

For an individual to act in a way which is determinable as originating in the pure moral contents of moral self-consciousness is thus to produce herself – an organic individual – as a soul. More precisely, it is a soul *when* its mental (and muscular) motion can be so viewed, namely in the moral action itself. This soul, therefore, is not the psychological presupposition of a "soul-subject," a substance

---

38 Cohen, ErW, 140.

39 Ibid., 180.

40 On Cohen's rather neglected theory of the affect see Wiedebach, *Physiology of the Pure Will*, 85–104. Beiser, *Hermann Cohen*, 236–238.

41 Cohen, ErW, 141.

42 Ibid., 132.

prior to its willing. It is produced as a necessary "subjective" aspect of the production of the pure will.

Cohen conceives of this as the production of an "interiority." Only in the "moral outer world"[43] of the action there arises a real distinction between interiority and exteriority, "a correlation of an inner and an outer."[44] Thinking, Cohen argues, has a seemingly external problem-object (motion), but it refers to it in a manner which abstracts from any notion of exteriority: "it remains always an inner [*ein Inneres*]; its content and object, as that of thinking, is inner."[45] This, we may argue, is nothing but a rearticulation of the judgment of identity's abstraction from any notion of representation. The distinction of exterior and interior is excluded from thinking's rational domain. The self-identical content A (motion) and its origin (intensive reality) are both conceived "in thinking": motion itself is determined as a category of thinking. The pure will, on the other hand, is inherently conceived as an *externalization*, namely, as *culminating in an action*. Thus, precisely because the *locus* of the analysis of its contents is the *external* action, these contents are *eo ipso* conceived as *externalized*, namely as 'inner.'

The difference between thinking and willing, which was earlier referred to as a difference in the "psychological form of activity," can be now explicated as consisting of "the difference [...] between the action [*Handlung*] in thinking and the action in willing."[46] In contrast to the action of the will, which externalizes the (inner) content of moral consciousness in the (external) motion of (the body and of) objects, "in thinking the object is the end and content. And the action is the means for the production of this object."[47] Pure thinking's "activity," initially a mere logical determination of the relation between ground and grounded, is thus reconceived as an 'internal action.' This action, I suggest, can be understood as a *limiting case* of a moral action, in which the motion remains internal (to the mind *viz.*, nervous system) or at most is articulated in language.[48]

This characterization, it should be emphasized, could not be applied to thinking independently from the pure will. Only in the context of the will's production of pure moral contents *as interiority* can pure thinking be conceived as "an inner." It is thus from the viewpoint of the will that thinking is accounted as internal, while thinking itself dissolves this differentiation and internalizes motion itself.

---

[43] Ibid., 135.

[44] Ibid., 190.

[45] Ibid., 174.

[46] Ibid.

[47] Ibid., 175.

[48] Cf. ibid., 191 on the relation between language and the soul. Fiorato has lately pointed to the possibility of a certain notion of 'speech action' in Cohen (Fiorato, *Cohens Theorie der Sprachhandlung*).

To recapitulate, we have seen that the pure will inherently involves the conception of the pure contents thereof not (only) on the level of culture – as contents of an action belonging to the legal context of the state – but first and foremost as the origin of a mental motion and thus as constituting an interiority, *viz.*, a soul. In fact, it could be suggested that it is in the will's correlation of interiority and 'moral exteriority' that the possibility of culture first becomes systematically determinable. For it is only here that contents are not merely questions posed for scientific-mathematical investigation but constitute an *exterior* domain (of human action). If this is the case, however, then any 'fact of culture,' including that of mathematical-natural science, is determinable as such only in the general context of morality. Most importantly in the present context, furthermore, facts of culture are conceivable only if they are correlatively determined as constituting the interiority, the soul, of concrete individuals.

III. Interiority and motion in aesthetic consciousness

As we will now see, the applicability of the method of purity by means of grounding consciousness in an actual mental motion appears also in the case of aesthetic consciousness. Aesthetic consciousness, as the possibility of the aesthetic object, is not conceived merely as analogous to pure cognition, i.e., in terms of the intellectual possibility of contents. Instead, it is conceived first and foremost as a "third pure mode of production as ground-laying [*reine Erzeugungsweise als Grundlegung*],"[49] namely as an analogue to the *activity* of pure thinking. Such an analogy, we have seen in the last section, can only be established by means of grounding the content (object) as produced in a motion, which in turn can only be a motion originating from the mind (*Gemütsbewegung*). Hence, Cohen presupposes that a certain cognitive "form of activity" must be attributed to aesthetic consciousness: "the particularity of aesthetic consciousness must be proven as feeling [for] which other kind could be conceived, given that cognition and willing are already employed?"[50]

The *Aesthetics*' fundamental methodical task, therefore, is explained by Cohen as the clarification of the characterization of feeling, as a *psychological* form of activity – as motion. Analogously to the determination of desire as characterized by anticipation, it is necessary

---

49 Cohen, ÄrG I, 84.
50 Ibid., 131.

to reconcile feeling with motion; To discover and to determine methodically the element of pure production, which is inherent to motion, in an analogical manner also for feeling [...] The origin, as leitmotif of the method of each systematic consciousness, must be valid [...] for the motion of art [*Kunstbewegung*] no less than to physics.[51]

Feeling, however, decisively differs from the will with respect to its characterization as motion. The question, therefore, immediately arises "whether the two can be unified," namely, "whether feeling is accessible to the same methodology which proves itself for motion" in the will.[52] The answer, we will now see, is *no*.

Feeling is a psychological form of consciousness, and therefore it corresponds to a certain motion in the nervous-system of the individual. However, in contrast to the "affect" of willing, this 'mental motion' is not inherently externalized and cannot be directly ascribed *to an object*. Correspondingly, and in contrast to the object of the pure will (the act), the work of art is not (reducible to) motion. In fact, according to Cohen, one of its essential characteristics is its being an accomplished (*vollendet*[*e*]) totality – a fully actualized object in nature. If, therefore, the methodology applied to the will consists in identifying a "rigorous sense of continuity" and a form of origin (tendency as anticipation) in the motion emanating from desire, and therefore in the motion of the act as its "homogenous completion"[53] – this method cannot be applied to feeling.

On the other hand, this inherently internal nature of feeling cannot be equated with the *internalizing* nature of thinking. The latter, we have seen, consists in grounding motion within thinking itself (in intensive realities produced by thinking's act of analysis). Feeling, in contrast, does not relate to the external object as a content. It consists in the pleasure and displeasure (*Lust und Unlust*) present in consciousness, *viz., felt* by the individual, with respect to the object. The latter is not grounded in feeling, nor does the problem of its grounding arise. Hence, it does not constitute a content of consciousness, but merely that which is factually contained within it, as the 'load' (*Gehalt*) of consciousness.[54] Consciousness, in other words, is here nothing but the psychological occurrence of awareness: *Bewusstheit*.

This analysis of feeling constitutes an especially pressing problem for Cohen's rational project, for he is not attempting to ground aesthetic consciousness (merely) in the context of the *making* of the work of art (by the genius-artist). Such an act could perhaps be described in terms of an 'aesthetic action' emanating from feeling (as a kind of 'aesthetic impulse'). Cohen's interest, instead, lies first and foremost in establishing the possibility of aesthetic consciousness in general. It must be established, therefore, as a mode of rationality accessible by

[51] Ibid.
[52] Ibid.
[53] Cohen, ErW, 130.
[54] Cf. Cohen, ÄrG I, 135.

any individual – as an observer of art. The work, taken as an actual object, was *created* by an artist, but any individual must be able to feel it as an aesthetic object: in order to *produce it as art*.[55] Is it not the case, however, that the individual experiencing art must be thought of as *determined* by the object? Even if the determining content (contained in the work) is judged as a 'pure aesthetic content,' how could this being-determined be considered as an act of production – rather than a form of *Bewusstheit*? Clearly, the 'physiological grounding' of the will cannot be reapplied to feeling. If the "leitmotif" of origin is to be found for feeling, this cannot be achieved by identifying feeling with a continuous producing motion emanating from the individual and culminating in the aesthetic object. We shall now try to outline the main tenets of the *Aesthetics'* grounding of pure aesthetic consciousness.

First, Cohen argues that pure aesthetic consciousness does not add a new *kind* of content, in the way in which the moral concept of "the human" constitutes a completely new and heterogenous domain of *non-natural* objects. Instead, Cohen argues that aesthetic feeling produces a unification of the *previously produced* contents of morality and nature: the moral self (subject) as embodied in nature. Such a unification can neither be thought nor willed, for pure thinking cannot produce the moral self and willing cannot produce an actualization in a natural object, but the contents themselves are not original.

Now, since the 'physiological grounding' of the will has shown (including, retroactively, with respect to thinking), that consciousness inherently corresponds to and consists of a productive *mental activity*, this unification of contents means that "the aesthetic feeling, in its particularity [*Eigenart*]" is "at the same time the combined activity [*Gesamtwirkung*] of the two initial modes of consciousness."[56] Aesthetic feeling, therefore, can be described as a modification of the already established modes of pure mental activity.

This identification of aesthetic feeling as the unified *activity* of pure theoretical and moral consciousness, opens a new methodical – rational – possibility. Instead of identifying and individuating aesthetic feeling as a continuous object-producing (mental) motion, it is now possible to presuppose a 'fact' of pure (theoretical and moral) consciousness in the individual. Properties of pure consciousness can thus be ascribed to the psychological activity of the individual. Consequently, although such a relation is not accounted for as *produced in feeling*, it is possible to presuppose that interiority was already produced and that consciousness is essentially the logical "correlation of the inner and the outer."[57]

---

55 Also in the aesthetic consciousness of nature. Cf. ibid., 82.

56 Ibid., 133.

57 Ibid., 127.

Crucially, this presupposition of the fundamental "duality of the content"[58] of pure consciousness as constituting simultaneously – and interdependently – the external object and the interiority of the individual, allows in turn for a new approach to the very problem of origin. Rather than deducing from a motion's analogy to origin a new kind of pure consciousness, one can now ask after an origin of an already-actualized-in-mental-activity pure consciousness. Such an inquiry, namely, *regresses* from the established fact of the properties of pure consciousness, and, relying on the fact that it was shown to inherently consist of mental activity, sets to discover an origin of consciousness in the sense of its *psychological* "Urform." Cohen's account thus takes the form of a reconstruction of the "constitution [*Aufbau*] of consciousness," an account which opens by deducing the properties of consciousness's origin as a fundamental form of its activity.

This deduction can be described as follows. First, the notion of origin is applied to consciousness: "the origin of consciousness [*Ursprung des Bewusstseins*] cannot itself already be a content, but merely an origin of content."[59] The *Urform* of consciousness, therefore, should be a psychological form of consciousness which consists in a mere "disposition [Anlage] towards content."[60] Secondly, such a form must reflect the essential correlation between interiority and exteriority. Finally, the connection with the activity of the nervous system, in which lies the presupposition of motion and hence the very applicability of the notion of origin (*viz.*, production), must be accounted for. Thus, the *Urform* of consciousness must be conceived so that the "fundamental activity [*Urtätigkeit*] of the nervous system [would] be analogous to this fundamental activity of consciousness."[61] The basic form of consciousness should thus be a disposition towards the exteriority-interiority duality of content, which has its analogue in the fundamental activity of the nervous system.

This origin is identified by Cohen in the fundamental activity of feeling [*Fühlen*], and specifically in the feeling of temperature. First, the activity of feeling in this primordial sense, argues Cohen, "is the disposition [*Disposition*] of consciousness as such, to content as well as to the inner,"[62] a disposition in which the content "is merely laid out." In the particular case of the feeling of temperature, Cohen further argues, the stimuli (*Reize*) cannot be thought as absolutely prior, for the feeling of temperature expresses at the same time the fact that the organism, i.e., the nervous system, "has its own temperature in its vital activity."[63] The fundamental activity of feeling thus "relates itself directly to the

[58] Ibid., 136.
[59] Ibid., 135.
[60] Ibid., 137.
[61] Ibid., 135.
[62] Ibid., 136.
[63] Ibid., 135.

relationship with the surrounding nature,"[64] but only as a "latent relation," which constitutes "the *Urform* of content in the *Urform* of consciousness."[65] Temperature, therefore, is both the content of the feeling and "an *Urform* in the motion of the nervous system and the organism."[66] Thus, the feeling of temperature can be seen as an instance in which *motion and content are one and the same.*

> So is the feeling [das *Fühlen*] of temperature the *Urform* of consciousness, as motion. Motion becomes in the feeling of temperature the *Urform* of consciousness [...] Motion is feeling. That is the first thing. And as a result a different beginning is introduced for the inner, and furthermore *for the feeling of art* [*Kunstgefühl*].[67]

Finally, in this *Urform* of consciousness and motion, an analogy to pure production is constituted which does not rely on an analogy with a specific logical category:

> What is this first form of the content [...] It is precisely motion. In it feeling creates for itself its first content, the mere disposition to content. In it feeling develops itself, fulfills itself as consciousness. The double meaning of content, the exterior and the interior, immediately presents itself in all distinctness *in motion as well.* It [motion] creates the exterior, and it creates the interior as well. *So does feeling produce consciousness, as motion. So does feeling produce itself also as motion, as consciousness.*[68]

The search for the *Urform* of consciousness has established that in the activity of consciousness motion is nothing but feeling: "motion is feeling." An (analogous) moment of pure production was therefore recognized in the elementary form of feeling (of temperature), as the fundamental form of pure consciousness in general (as motion). In it, the correlation of the inner and the outer object is seen to be a form of simultaneous production – of the content and of consciousness's activity. In the feeling of temperature, because of its immediate mirroring in the form of motion in the nervous system, "motion proves itself as the *Urform* of consciousness. Motion is confirmed in it [the feeling of temperature; R.A.] as the production of motion. And in the production of motion *the production of consciousness in feeling* proves itself."[69]

Finally, this allows for a determination of the methodical norm of the "constitution of consciousness." In this constitution "feeling [*Fühlen*] is in every respect, with regard to the exterior, as well as the inner, the *Urform* of consciousness, and [...] as such it must constantly remain: [it] can never be cancelled."[70] Such a cancellation would be equal to a cancellation of the grounding of consciousness in

---

64 Ibid.
65 Ibid., 135–136.
66 Ibid., 136.
67 Ibid., 136. Italics mine.
68 Ibid., 137. Italics in the original.
69 Ibid., 138. Italics mine.
70 Ibid., 140.

motion – and thus of the validity of the method of purity. Cohen's reconstruction of consciousness, whose more detailed account must await another occasion, therefore proceeds by way of identifying feeling as being contained in all "levels" of consciousness. It is always the new content-problem which produces a new level of consciousness, but feeling, as the "annex" thereof, functions as the qualification of this content as a kind of consciousness, namely as conceivable *qua* (mental) motion.[71]

Admittedly, in the constitution of thinking and willing as modifications of feeling (*viz.*, as "thinking-feeling" and "willing-feeling"), feeling remains merely a "relative" determination. Feeling is neither the constitutive method of producing thinking and willing, in virtue of which these "levels" were initially recognized as pure (should this have been the case, the grounding would have been circular), nor can it ground their respective contents (nature and the moral subjectivity, respectively). Feeling is in this context merely an accompanying determination of consciousness, or rather of its mental activity, in terms of feeling's fundamental inner-outer correlation.

The significance of this "relative" re-determination of thinking and willing is revealed in the constitution of aesthetic feeling. The definition of the latter's content as a unification of the contents of thinking and willing entails its conception as a new 'problem' and thus as an independent 'level' of consciousness. As we have seen, it also entails its conception as the unified *activity* of theoretical and moral consciousness. Admittedly, from the point of view of the original grounding of pure thinking and pure willing, their inherent "moment of pure production" cannot be applied to the unified domain of aesthetic feeling. However, the "constitution" of consciousness has identified feeling itself as an original form of activity, in which a notion of production is inherent. The correlation of inner and outer, was shown to be an *Urform* of any form of consciousness and to correspond to an origin of motion in consciousness. Therefore, the unified activity of willing-feeling and thinking-feeling can be seen as a mode of pure consciousness – a production in feeling of the content of aesthetic feeling. This correlative form of production in feeling, finally, is sufficient as a grounding of pure consciousness since it is co-conditioned by a content which was *already grounded* in previous levels of consciousness.[72] Aesthetic feeling is the rational production of the (outer) object of the artwork as a correlate of the (inner) feeling, a production constituted by feeling's fundamental "duality of the content."

In this, the production of a third 'direction' of consciousness is accomplished – and is shown to also produce a pure "interiority" in the individual. In fact, pure

[71] Hence, for example, the will's mental activity, namely the 'affect' is now recognized as the "will-feeling, in contrast to the thought-contents of the will" (ibid., 164).

[72] This, it should be noted, also explains how aesthetic consciousness is possible in the absence of a science of art. No new *thinking* of contents is contained in it.

feeling is the ultimate expression of this production of pure interiority: the interiority of the individual is its very content. It is in this sense, I would suggest, that Cohen regards pure feeling as a reflexive activity of consciousness. The feeling individual, who is a natural organism, is producing the work of art in no other way than by feeling *herself*, within the correlation with the artwork, as having a (pure interiority *qua*) moral selfhood.

IV. Conclusion

Our reconstruction has shown that although pure consciousness is defined as the pure rational possibility of contents (objects), the very attempt to apply the method of purity beyond pure thinking implies a psychology of pure consciousness. In this psychology a "soul-subject" is not presupposed. Instead, an organism is presupposed and a soul is produced as the origin of the producing activity.

The reconstruction of the pure psychology inherent to the possibility of the three directions of consciousness can only go so far. As Cohen himself explains already in the *Logic*, the first three parts of the *System* are object-oriented and never posit this psychology as their subject matter: "psychology alone has as its exclusive content the subject, and in him the unity of human culture."[73] The actual contents of systematic psychology cannot be reconstructed out of the first three parts. A few concluding remarks about the relation between this reconstruction and Cohen's statements about the task of "systematic psychology" are nonetheless in order.

First, in contrast to the interpretation of systematic psychology as pertaining only to the order of culture, our reconstruction clarifies in what sense Cohen can speak of a "psychology of perception" leading to pure thinking, a "psychology of the will" and a "psychology of aesthetic consciousness,"[74] the unity of which will be posited (as a problem) in the *Psychology*. Any aspect of culture presupposes the individual's pure interiority. Secondly, the reconstructed psychological aspect of pure consciousness also explains why Cohen takes the three 'directions of consciousness' to be mere "abstractions" and argues emphatically that only an account of their unity will show consciousness in its "vitality" (*Lebendigkeit*).[75] From the point of view of the individual, any "psychological form of activity" is merely an abstraction from the totality of its psychological life, a form which in fact can never be isolated from all other forms. Only the unity of these forms, or rather the unity of what we can now describe as the "levels towards unity,"

---

[73] Cohen, LrE², 17.

[74] Cohen, ÄrG I, 428.

[75] Ibid., 426.

allows us to present the "genuine, truthful" and "vital unity of systematic consciousness."[76]

To be sure, this does not contradict Cohen's repeated claim that the subject-matter of systematic psychology is indeed the "unity of culture." The *Psychology* was undoubtedly intended to discuss the "interpenetration and interdependency" (*Durchdringung und Wechselwirkung*)[77] of cultural aspects, as well as their development in history – which is the domain of culture. The crucial point in this context, however, is that the reconstruction presented here allows to clarify in what sense this unity is indeed a *psychological problem*. Any form of pure consciousness (theoretical consciousness only retrospectively) involves the co-conditioning of a pure content and a "psychological form of activity." The problem of the unification of the contents of culture, therefore, cannot be conceived in abstraction from the problem of a unification of the three forms of activity: thinking's inner action, will's externalizing action, and feeling's correlation of inner and outer content. In the same manner, the unity of these activities cannot be rationally posited as a problem – as activities of consciousness rather than *Bewußtheit* – in any other way other than as conditioned by a content-object. The unity of the individual's psychology, of her soul, is co-conditioned by means of the unity of rational culture: "culture posits this riddle of the unity of consciousness, and the psychology has to solve it."[78] The subject-matter of systematic psychology is therefore in a very precise sense the "human of culture" (*Menschen der Kultur*)[79] – the human who produces culture – and its task is to show the psychological "unity of consciousness of unified culture [*Einheit des Bewußtseins der einheitlichen Kultur*]."[80]

Bibliography

Adelmann, Dieter, *Einheit des Bewusstseins als Grundproblem der Philosophie Hermann Cohens*, Potsdam 2012.

Beiser, Frederick, *Hermann Cohen. An Intellectual Biography*, Oxford 2018.

Cohen, Hermann, *Werke*, ed. Helmut Holzhey et al. Hildesheim et al. 1977 ff.

Fiorato, Pierfrancesco, *Cohens Theorie der Sprachhandlung im Kontext*, in: Heinrich Assel/Hartwig Wiedebach (ed.), *Cohen im Kontext*, Tübingen 2021, 245–261.

Moynahan, Gregory B., *The Challenge of Psychology in the Development of Cohen's System of Philosophy and the Marburg School Project*, in: Christian Damböck (ed.), *Philosophie und Wissenschaft bei Hermann Cohen/Philosophy and Science in Hermann Cohen*, Heidelberg 2018, 41–75.

---

[76] Ibid.

[77] Ibid., 431.

[78] Ibid.

[79] Cohen, ErW, 637.

[80] Cohen, ÄrG I, 429.

Ollig, Hans Ludwig, *Religion und Freiheitsglaube. Zur Problematik von Hermann Cohens später Religionsphilosophie*, Königstein im Taunus 1979, 204–208.

Poma, Andrea, *The Critical Philosophy of Hermann Cohen*, Albany 1997.

Wiedebach, Hartwig, *Physiology of the Pure Will. Concepts of Moral Energy in Hermann Cohen's Ethics*, in: Robert Gibbs (ed.), *Hermann Cohen's Ethics*, Leiden/Boston 2006, 85–104.

Zeidler, Kurt Walter, *Das Problem der Psychologie im System Cohens* (*mit Blick auf P. Natorp*), in: Wolfgang Marx/Ernst Wolfgang Orth (ed.), *Hermann Cohen und die Erkenntnistheorie*, Würzburg 2001, 135–146.

D. Die Seele in der Ästhetik

Die Gestalt der Seele und das Urbild des Menschen

Hermann Cohens Ästhetik als Philosophische Anthropologie

Asher Biemann

I. Einklang

Die *Ästhetik des reinen Gefühls*, die erstmals 1912 erschien, bildete den vorläufigen Abschluss des kritischen Systems bei Cohen, wurde aber, anders als etwa die *Ethik des reinen Willens*, seltener in Verbindung gebracht mit seinem Spätwerk, *Religion der Vernunft aus den Quellen des Judentums.*[1] Denn während die *Ästhetik* sich mit dem Phänomen der Kunst und besonders mit der *Einheit* der Künste beschäftigte, schien die *Religion der Vernunft* gerade durch die *Ablehnung* der Kunst gekennzeichnet. Im prophetischen Monotheismus, schrieb Cohen dort, musste notwendigerweise „der Gegensatz, der Widerspruch zur Kunst" entstehen, zu jener „ursprünglichen Betätigungsweise des menschlichen Geistes," die darin bestand, „zu allererst Bilder zu erschaffen, als Abbilder der natürlichen Dinge, welche das Universum erfüllen."[2] Vor allem die plastischen Bilder gehörten in das Denkschema des Mythos, worin alles Analogie der Natur blieb, so wie der Götzenglaube selbst. Der Poesie hingegen, die „Ursprache der Literatur," welche das ästhetische Geschäft auch der Propheten war, machte den „geistigen

---

[1] Am unmittelbarsten wird diese Verbindung behandelt bei Mattenklott, *Zur ästhetischen Dimension der ‚Religion der Vernunft'*, 117–128. Die bisher ausführlichste Studie zu Cohens Ästhetik ist Gamba, *La legalità del sentimento puro*, auch Ders., *Tu non ti farai un'immagine.* Frühere Auseinandersetzungen mit der Ästhetik und deren Zusammenhang mit Religion und Kulturphilosophie finden sich bei Melber, *Hermann Cohen's Philosophy of Judaism*, bes. 319–338; Ollig, *Religion und Freiheitsglaube*, bes. 172–204; Poma, *The Critical Philosophy of Hermann Cohen*, bes. 131–155; Kajon, *Ebraismo e sistema di filosofia in Hermann Cohen*, bes. 101–129; Kluback, *The Legacy of Hermann Cohen*, bes. 125–161. Zu Cohen Ästhetik als Kulturphilosophie siehe Wiedebach, *Die Bedeutung der Nationalität für Hermann Cohen*, bes. 176–194, und Ders., *Aesthetics in Religion*, 63–73; sowie Renz, *Die Rationalität der Kultur*, bes. 190–200. Zum kunsthistorischen Zusammenhang siehe Nachtsheim, *Zum zeitgenössischen theoretischen Kontext von Hermann Cohens Ästhetik*, 142–156. Neuerdings besonders Beiser, *Hermann Cohen*, 249 - 271, und Dober, *Cohen-Studien im Horizont von Religion und Theologie*, bes. 117–130 und 177–189.

[2] Cohen, RV, 62.

Gedanken auch durch ihre Form innerlicher, als er durch die bildende Kunst werden kann."[3] So erschien Cohens *Religion der Vernunft*, welche schließlich aus dem Begriff der Religion und von der „einseitigen" Anschauungsweise der Propheten her konzipiert war, mit dem die plastischen und bildenden Künste notwendig umfassenden ästhetischen Bewusstsein im Widerstreit.

Zugleich aber kündigte Cohen in seiner *Ästhetik* einen „vielleicht unerwartete[n] Einklang" an „zwischen dem Bilderverbot des Monotheismus und der reinen Kunst", welcher durch die Reinheit des ästhetischen Gefühls - nämlich durch die Liebe zum Menschen - verbürgt war.[4] Diesen unerwarteten Einklang habe ich an anderer Stelle zu erläutern versucht.[5] Die Frage der Menschenliebe und des Menschseins aber steht weiterhin im Zentrum dieses Aufsatzes. Denn um diese Frage ging es in Cohens Ästhetik, in seinen Schriften zur Religion und, wie wir vermuten dürfen, auch in seiner angedeuteten Psychologie. So möchte ich vorschlagen, dass Cohens *Ästhetik* nicht nur eine Stufe, sondern die eigentliche *Fundamentalwissenschaft* seines Systems darstellte, und dass die ungeschriebene Psychologie vielleicht das Bindeglied geworden wäre zu einer philosophischen Anthropologie, welche von einem seiner Schüler, nämlich Ernst Cassirer, tatsächlich geschrieben wurde.[6] Die *Ästhetik* nimmt somit eine Schlüsselstelle ein in jenem unfertigen Projekt der Humanität, welchem das ganze System Cohens, einschließlich seiner *Religion der Vernunft*, gewidmet war.[7]

II. Natur-Anthropologie und Menschen-Psychologie

Franz Rosenzweig betrachtete bekanntlich die *Ästhetik des reinen Gefühls* als einen entscheidenden Wandel in Hermann Cohens Schaffen, als eine „biographische Wendung," wie er schreibt, in der die systematischen Ansprüche der Religion zurückgewiesen wurden und das Ich der Logik und das Selbst der Ethik zu bloßen Abstraktionen verblassen mussten.[8] Cohen selbst sprach am Ende sei-

---

[3] A.a.O., 43–44.

[4] Cohen, ÄrG II, 260.

[5] Biemann, *Bildersturz und Bilderliebe bei Hermann Cohen*, bes. 58–59.

[6] Ich stütze mich hier auf Moynahan, *Ernst Cassirer and the Critical Science of Germany*, 18: "Even Cassirer's late Essay on Man [...] can be considered closely related to Cohen's planned psychology, and is only fully understood on the basis of the philosophy of the differential in which it was grounded." Fritz Kaufmann allerdings führte Cassirers philosophische Anthropologie eher auf Paul Natorps *Allgemeine Psychologie* von 1912 zurück. Siehe Kaufmann, "Das Verhältnis der Philosophie Cassirers zum Neukantianismus und zur Phänomenologie," bes. 566–568.

[7] Dazu auch Beiser, *Hermann Cohen*, 259–60.

[8] Rosenzweig, *Einleitung*, xliii. Ebenso nannte Fritz Heinemann die Ästhetik ein "leidenschaftliches Buch", worin "der Denker Cohen von Cohen, dem Menschen, besiegt worden war." Heinemann, *Neue Wege der Philosophie*, 83.

ner *Ästhetik* davon, wie die „bisherigen Arten des Ich verblassen vor der Gewalt dieses neuen Ich, welches aus den Säften jener Vorsubjekte emporgewachsen ist," und welches er eben als das „ästhetische Selbst" verstand.[9] Mit diesem neuen Selbst und Selbstbewusstsein, schreibt Rosenzweig, wandte sich die *Ästhetik* an den konkreten Menschen, an das konkrete Menschsein, und wurde so zum „wahren Ort" der Menschenliebe, der „Liebe zum leib-seelischen Ganzen des Menschen", zur „Natur des Menschen und zum Menschen der Natur."[10] Sie wurde zum Ort der Weltlichkeit – die bei Cohen, wie später bei Erich Auerbach – mit Dante beginnt, und zum Ort der eigentlichen Entdeckung des Ich und Du, welches Martin Buber genau zehn Jahre später entwickeln und popularisieren sollte. Vor allem aber, glaubte Rosenzweig, stellte Cohens *Ästhetik* eine „Humanisierung des Religiösen" dar, eine *ästhetische* Humanisierung allerdings, und nicht bloß eine anthropologische.

Denn das Anthropologische, wo es bei Cohen erscheint, ist zunächst das wirklich leiblich-menschliche, die physiologische Naturtatsache unseres Menschseins gewissermaßen, so wie er die Nationalität als „anthropologisches Mittel für die Fortpflanzung der Religion" betrachtete oder, in seiner *Ethik*, den sittlichen Begriff des Menschen vom „biologisch-anthropologischen" streng abzugrenzen suchte.[11] Anthroponomie ist nicht Anthropologie, schrieb Cohen bereits in *Kants Begründung der Ethik*.[12] „Die Anthropologie ist in erster Linie biologisch," heißt es dann in seiner eigenen *Ethik*, und als solche beschreibt sie zwar die biologische Natur des Menschen, aber nicht dessen Begriff.[13] Und um diesen Begriff ging es ja in der Ethik, denn sie bleibt nach Cohen „die Lehre vom Begriff des Menschen," und die „Lehre vom Menschen" überhaupt.[14]

Zum Begriff des Menschen jedoch gehört dessen Seele, mit deren Begriff Platon das menschliche Individuum, welches bei Sokrates noch ein tätiger Einzelner war, erweitert und dem Begriff der Menschheit nähergebracht hatte. Über die Seele, die Platon allerdings nur als Staatsseele anerkannte, führt ein Weg in die Durchdringung der Einzelheit, in die Wechselwirkung von Besonderheit und Allheit, und schließlich in die „wahrhafte Einheit," die Menschheit heißen soll.[15] Sie bildet den Abschluss des Begriffs vom Menschen, oder eigentlich des-

---

[9] Cohen, ÄrG II, 417.

[10] Rosenzweig, *Einleitung*, xliii

[11] Cohen, *Jüdische Schriften* II, 322; Ders. *Ethik*, 8–9. Zum Volk als anthropologischer Naturtatsache auch a.a.O., 32.

[12] Cohen, KBE¹, 273.

[13] Cohen, ErW¹, 8

[14] A.a.O., 3. Holzhey, *Ethik als Lehre vom Menschen*, 17–36.

[15] Ebenso bei Natorp, der in seiner *Allgemeine Psychologie*, 18, Sokrates und Plato als Entdecker einer der auf dem Begriff der Seele fußenden, doch noch nicht subjektiv gewordenen Menschheit in Anspruch nahm: "[D]amit erhoben sie in der Tat die 'Menschheit', nach der sittlichen Bedeutung dieses hohen Namens, zur Höhe einer rein objektiven Idee,

sen „ewig neuen Anfang."[16] Mit dem Begriff der Seele wurde Platon auch zum eigentlichen „Urheber der Psychologie." Aber diese hat wenig gemein mit dem heutigen Verständnis der Psychologie. Der „Torso, den man heutzutage Psychologie nennt," klagt Cohen, „stellt ein erschreckendes Bild davon bloß."[17] Wie die Anthropologie biologisch oder zoologisch blieb, so verfiel auch die Psychologie in eine Art der „Tierpsychologie," aus der sich nicht einmal die Völkerpsychologie mit ihrer Ausrichtung auf Sprache und Sitte ganz befreien konnte. Wenn die Psychologie indessen wahre „Menschen-Psychologie" werden soll, fährt Cohen fort, und dies muss sie werden in einer „eminenten Bedeutung des Menschenbegriffs," so muss sie sich wiederbesinnen auf den Seelenbegriff nach Platons Anweisung, das heißt auf die Menschenseele, die hinausweist auf die Allheit und zugleich Einheit des Menschengeschlechts.[18]

Mit einem solchen, geradezu geläuterten Verständnis der Psychologie schließt auch Cohens *Ästhetik*. „Die Psychologie ist die Psychologie der Einheit des Bewusstseins der einheitlichen Kultur."[19] Damit meinte Cohen nicht die Einförmigkeit der Kultur oder gar die Ungezogenheiten einer sogenannten „Leitkultur", sondern allein den Idealbegriff der Kultur, durch den seine Ästhetik sich mit dem Begriff des Messianischen berührte: „Die Einheit der Kultur," schreibt Cohen im *finale furioso* seiner *Ästhetik*, „beruht auf der Einheit der Allheit des Menschen, auf der Einheit des Menschengeschlechts, als der Menschheit."[20] Diese Einheit, wie er bereits in der *Ethik* schrieb, forderte jedoch auch den Begriff und den Namen des einen Gottes. „Der Name Gottes," heißt es dort, „soll fernerhin schlechterdings nichts anderes zu bedeuten haben, als die Bürgschaft für diesen Gedanken, für die Überzeugung von der einen Menschheit [...] Sein Begriff und sein Dasein bedeutet nichts Anderes, als dass es kein Wahn sei, die Einheit der Menschen zu glauben, zu denken, zu erkennen."[21] Die Religion lehrt uns, dass der Glaube an die Menschheit keine

---

welche sogar der hochsten der Ideen, die eigentlich nur die Idee der Idee selbst ist: der des Guten unmittelbar unterstellt ist."

[16] Cohen, ErW[1], 8.

[17] A.a.O., 10.

[18] A.a.O., 10.

[19] Cohen, ÄrG II, 429. Vgl. auch Natorp, *Allgemeine Psychologie*, 20, wo er den Anspruch der Psychologie (nach kritischer Methode Kants) so beschreibt: "[D]ie Totalität des Erlebten, sowie das überhaupt wissenschaftlich möglich ist, zur Darstellung zu bringen; jene Ureinheit des Bewußtseins für die Reflexion wiederherzustellen, in welcher nichts vom anderen abgetrennt, nicht ein Sein neben dem Sollen, oder dieses neben jenem, nicht theoretische Bestimmungen neben ethischen und ferner ästhetischen, religionsphilosophischen, oder diese neben jenen stehen bleiben, sondern diese und alle etwa ihnen gleichartig sei es unter- oder -neben oder übergeordneten, auf Abstraktion beruhenden Scheidungen in die ursprüngliche Konkretion, in die konkrete Ursprünglichkeit des 'Bewußtseins' wieder zurückgenommen sein sollen."

[20] Cohen, ÄrG II, 429.

[21] Cohen, ErW[1], 52–53.

Illusion sei; sie erst verleiht diesem Glauben Wirklichkeit. „Nur im Sein Gottes kann das Sein des Menschen gegründet werden," wird Cohen später schreiben in seiner *Religion der Vernunft*, denn die Würde des Menschen kann nicht ohne die Idee der Menschheit existieren, und die Idee der Menschheit kann nicht gedacht werden ohne die Idee des einen Gottes.[22] Wir müssen uns daran erinnern, dass vom Standpunkt der Religion der Mensch, wie die Natur, keinen ursprünglichen, keinen eigenen Wert besitzt. Wie alles andere ist er Staub und Nichtigkeit der Erde. Und wir müssen uns auch daran erinnern, dass vom Standpunkt der Ethik aus, die Religion nichts anderes sein kann als eine Lehre vom Menschen, oder wie Cohen es prägnanter formuliert: „Nicht was Gott sei, soll Gott mich lehren; sondern was der Mensch sei."[23]

III. Immanuel Kants Anthropologie als Fundamentalwissenschaft

Die Frage, was der Mensch sei, war natürlich das große Problem Immanuel Kants, welches er in seiner Einleitung zum Begriff der Logik darlegte: Was ich wissen kann, tun soll und hoffen darf, dies waren die Grundfragen der Philosophie in weltbürgerlicher Bedeutung, welche Kant vom Schulbegriff der Philosophie unterschied. Während Schulphilosophen Erkenntnisse sammeln und in systematischen Zusammenhang bringen, beschäftigen sich die Weltphilosophen – oder wie es bei den Aufklärern so schön hieß: die Weltweisen – mit dem „Endzweck der menschlichen Vernunft", der sich nicht nur zu einem Ganzen, sondern zu einer *Einheit* der Zwecke verbinden lassen soll. Die vierte weltbürgerliche Frage – Was ist der Mensch? – gehörte bei Kant zum Bereich der Anthropologie. Im Grunde aber, schreibt Kant, könnte man „alles dieses zur Anthropologie rechnen, weil sich die drei ersten Fragen auf die letzte beziehen."[24] So wurde bei Kant die Anthropologie zur eigentlichen Fundamentalwissenschaft, denn der wichtigste Gegenstand aller Erkenntnisse sei der Mensch, „weil er sein eigener letzter Zweck ist."[25] Die Anthropologie stand am Abschluss und zugleich am Ursprung von Metaphysik, Ethik, und Religion. Aber es war nicht die „physiologische" Seite der Anthropologie, die hier am Ursprung und Ziel stand, sondern Anthropologie in „pragmatischer Hinsicht", eine Anthropologie, die durch den konkreten Menschen „Weltkenntnis" ermöglichte, eine ins „Praktische einschlagende" Wissenschaft, die den Menschen im Fortschritt seiner Kultur be-

---

22 Cohen, RV, 57.
23 Cohen, ErW¹, 381.
24 Kant, *Logik*, in *Werke in sechs Bänden*, Bd. 3, 448.
25 Kant, *Anthropologie in pragmatischer Hinsicht*, in *Werke in sechs Bänden*, Bd. 6, 399.

trachtete, aber als solche auch Erforschung seiner selbst, und so mit anderen Worten Selbsterkenntnis war.[26]

Für Hermann Cohen blieb diese Art der Kant'schen Anthropologie seltsam unbetastet. Am Abschluss seiner *Ästhetik*, wie wir nun hinreichend gesehen haben, stand eine Psychologie, die es sich zur Aufgabe machte, die Einheit des Kulturbewusstseins zu erleuchten, die Einheit von Leib und Seele, die aber nicht Identität sein durfte, sondern Vereinigung durch den Entwicklungsgang der Kultur hindurch werden musste, Durchdringung also und Wechselwirkung, so wie die Kultur selber Durchdringung und Wechselwirkung der einzelnen Menschen und Völker war. Daher bedeutete Bewusstsein der Kultur immer auch eine Form des Mitwissens, *con-scientia*, ein Zusammenwissen, das verwandt war mit dem Institut des Gewissens, und auf dem sich die Einheit der Kultur errichten konnte. „Die Kultur allein kann dem Bewusstsein Einheit geben," schreibt Cohen, „und in der Einheit der Kultur allein gewinnt die Einheit des Bewusstseins wahrhafte Lebendigkeit."[27] Dahin und darüber hinaus sollte die Ästhetik uns führen, denn sie selber stellte für Cohen eine Stufe dar im Stufenbau dieser Einheit, so wie auch die Logik und die Ethik und deren methodische Ergänzung, nämlich der Begriff der Religion.

Cohen bestand darauf, dass keine von „allen Arten der Anthropologie und der Völkerkunde" den Idealbegriff der Kultur zu erschließen vermochte. Doch als Cohen diese Zeilen niederschrieb, befand sich unter allen Arten gerade eine Art der Anthropologie im Entstehen, die genau diesen Idealbegriff für sich beanspruchen sollte und eigentlich das zu leisten versprach, was Cohens ungeschriebene Psychologie angekündigt hatte: Dies war die höchst ungenau definierte philosophische Anthropologie, die mit Max Schelers Idee des Menschen von 1914 anhub und sich bald zu einer regelrechten Modeerscheinung der Zwischenkriegszeit und endlich der Zeit nach 1945 entwickeln sollte.[28]

IV. Psychologie als Lehre vom Menschen

Wie wir aus einem Brief an Paul Natorp wissen, glaubte Hermann Cohen noch im Sommer 1917 daran, seine Psychologie im folgenden Jahr angehen zu können.[29] Und wie aus einem Brief an seinen Schüler Ernst Cassirer vom November 1914 hervorgeht, „*sehnte*" Cohen sich sogar nach seiner Psychologie.[30] Schließlich war es die „große Aufgabe der Psychologie", wie Cohen bereits in seiner

[26] Kant, *Anthropologie*, 426.

[27] Cohen, ÄrG II, 428. Zum Verständnis des Mitwissens siehe Cohen, ErW[1], 90.

[28] Hierzu besonders Fischer, *Philosophische Anthropologie*. Fischer betrachtet die Zeit zwischen 1919 und 1927 als die eigentliche "Genese" der philosophischen Anthropologie.

[29] Holzhey, *Cohen und Natorp*, Bd. 2, 480.

[30] A.a.O., 437.

Ethik angekündigt hatte, den „Makrokosmos der Menschheit im Mikrokosmos der Kultur des Menschen darzustellen."[31] Und insofern das ganze System der Philosophie eigentlich das „Problem des Menschen der Kultur" behandelte, und nur der Mensch der Kultur der „wahre Mensch" heißen durfte, konnte Cohen die Psychologie tatsächlich auch als die „Lehre vom Menschen in der Einheit seines Kulturbewusstseins" darstellen.[32] Dennoch bleibt zu fragen, ob die Psychologie, die Cohen geschrieben hätte, nicht eigentlich das geworden wäre, was um diese Zeit als philosophische Anthropologie galt und tief verbunden war mit einer unwiderruflichen Krise des Menschen und der Humanität im Angesicht des Krieges und der zerrissenen Nationen.

Um den Menschen und um die Humanität ging es in Cohens *Ästhetik des reinen Gefühls*. Aber um diesen Menschen ging es auch in seiner Logik und, wie wir gesehen haben, in seiner Ethik. Und um diesen Menschen ging es nicht weniger im *Begriff der Religion*: „Ebenso wie Gott soll auch der Mensch erhalten bleiben", schreibt Cohen dort. „Dies ist der letzte Sinn der Religion."[33] Daher fordert auch die Religion eine Erkenntnis vom Menschen und muss angegliedert werden an die Einheit des Bewusstseins und an den Idealbegriff der Kultur. Ein System, wie Cohen in seinem *Kommentar zur Kritik der reinen Vernunft* bemerkt, fordert Einheit und Form des Ganzen.[34] In diesem Sinne muss jeder seiner Teile, seiner Stufen, vom anderen durchdrungen sein und, analog zu den Tugenden, die bei Cohen ja auch Stufen sind, oder *ma'alot* nach klassisch jüdischer Lehre, wegweisend (hodegetisch) werden zur unaufhörlichen Arbeit am Begriff des Menschen.[35] „Wir erheben uns zur Ästhetik", heißt es bei Cohen, „indem wir von der Logik und der Ethik zu ihr fortschreiten."[36]

In diesem Sinne kam der Ästhetik eine vorzügliche Stellung zu im System der Philosophie, da sie wirklich „erhaben" war über die Stufen der Logik und der Ethik. Aber diese Erhabenheit gründete sich nicht in einer höheren Stellung der Ästhetik, sondern in ihrer Erfassung der „Grundstimmung" alles sittlichen Tuns, welche Cohen am Ausgang seiner *Ethik* als Humanität bezeichnet. Die Humanität ist nun die „harmonisierende Macht für alle Melodien des sittlichen Geistes." Sie ist das „Grundgesetz der sittlichen Harmonie", oder wie Cohen diese musikalische Metapher zuspitzt: „Einförmig und unreif, wie die von der Harmonie verlassene Melodie, muss jeder Schritt im Sittlichen bleiben, der von der Humanität nicht strikte geleitet und geordnet wäre."[37] So steht die Ästhetik gewissermaßen als Harmonielehre der Ethik bei, während die Harmonie

---

[31] Cohen, ErW[1], 603.
[32] Cohen, EGML, 11.
[33] Cohen, BR, 134.
[34] Cohen, *Kommentar zu Immanuel Kants Kritik der reinen Vernunft*, 214.
[35] Dazu allgemein siehe Schmid, *Die Tugendlehre in der 'Religion der Vernunft'*, 287–302.
[36] Cohen, ÄrG I, 18.
[37] Cohen, ErW[1], 598.

zugleich „Richtschnur“ und „sprudelnder Quell“ eines mit „Frische und Lebendigkeit“ veredelten sittlichen Tuns wird.[38]

V. Die Gestalt der Seele

Hier müssen wir uns auch erinnern, dass die einzelnen Teile des Cohen’schen Systems ja als Richtungen, oder eigentlich gleichzeitige „Sonderrichtungen“ des Bewusstseins zu verstehen waren, die gerade durch die Psychologie zur Einheit zusammengeführt werden sollten.[39] In dieser systematischen Gleichzeitigkeit, welche Franz Rosenzweig später in der elementaren Gleichzeitigkeit seines *Sterns der Erlösung* replizieren würde, schuf die Harmonie der Ästhetik tatsächlich einen Übergang zur Einheit der Psychologie. Aus ihr folgte aber auch die Beiordnung der Sittlichkeit zur Kunst. Ja, der Streit zwischen Kunst und Sittlichkeit, wie Plato ihn angefacht, verrät sich als ein „Streit unter Liebenden“, und denjenigen, die an der Sittlichkeit verzweifeln möchten, wie es vielen von uns manchmal ergehen mag, hält die Kunst mit ihrer Humanität „die Zuversicht auf Ideal und Leben aufrecht.“[40] Daher konnte Cohen in seiner *Ästhetik* die Kunst als eine „Neugestaltung der Sittlichkeit“ bezeichnen, denn nur die „neue Gestaltung“ kann Aufgabe der Kunst sein. Neugestaltung ist eine Erneuerung, sogar eine „Neuschöpfung“, welche die alte Form der Sittlichkeit immer zur Voraussetzung hat.[41]

Daher auch kann die Kunst sich nicht vom Menschen lösen, der ja allein Träger ist der Sittlichkeit. „Der Mensch ist das Urmodell der Kunst,“ lesen wir immer wieder in Cohens *Ästhetik*.[42] In jedem Kunstwerk kommt immer nur der Mensch zur Darstellung, ob direkt oder indirekt. Auch in den einsamsten Landschaften gibt es eine Spur vom Menschen, eine anthropomorphe Felsenbildung, oder schlicht das Seelenwunder der Naturhaftigkeit, während umgekehrt die Landschaft den Menschen über seine Selbstsucht hinaushebt.[43] Aber es ist nicht primär die Idee des Menschen, die da zum Ausdruck kommt, sondern dessen *konkrete Gestalt*. Die Gestalt wiederum nennt Cohen das theoretische Urbild, welches über die biologische Form hinaus sich zum „geistigen Gesichte“ ausgereift hat. Bei Rosenzweig wird die Gestalt später das „Elementare“ heißen, das, wie auch das Antlitz, in den Bezirk des Schauens gehört, der zugleich Leben ist.[44] Insofern tritt auch die Gestalt als Idee zur Natur des Menschen hinzu. Sie ist es,

---

[38] Cohen, ErW[1], 598.

[39] Vgl. Cohen, BR, 10.108–109.

[40] Cohen, ErW[1], 601–602.

[41] Cohen, ÄrG I, 42–43, auch 186.

[42] A.a.O., 187.

[43] Cohen, ÄrG II, 412.403

[44] Vgl. Rosenzweig, *Der Stern der Erlösung*, 328.418.459.462.

die die Einheit von Leib und Seele erzeugt und bezeugt. „Die Seele," schreibt Cohen, „baut sich den Leib, und die plastische Gestalt ist dieses Bauwerk. In ihr zuckt die Seele in jedem Muskel; in der Ruhe nicht minder als in der Bewegung."[45] So wie Michelangelo die Seele aus dem Marmor meißeln wollte, so wird auch bei Cohen die Seele des Künstlers lebendig in der Seele der Gestalt. Keine dieser Seelen aber ist fertig vorhanden, sondern die Seele entfaltet sich erst in der Gestalt, in deren Gestaltung. Und so kommt Cohen zu dem bemerkenswerten Schluss: „Die Gestaltung ist Seelengebung. Die Seele ist in erster Instanz die Seele des Künstlers, welche auf die Gestalt, in die Gestalt hinein gefühlt wird."[46] Die Seele der Gestalt ist demnach auch die Seele des Gefühls.[47] Und damit dieses Gefühl reines Gefühl werde, bedurfte es der Liebe zur Natur des Menschen. Sie ist das echte Gefühl, das erzeugende Gefühl, das Gefühl, das neugestalten kann. „Sie ist die Urkraft der Kunst."[48]

VI. Die Tugend des Eros

„Wo die Kunst lebendig wird, da regt sich die Liebe zum Menschen."[49] Diese Liebe wird bei Cohen durchaus erotisch vorgestellt. Sie gehört tatsächlich zur Natur des Menschen und ist furchtlos vor dessen Leiblichkeit. Denn die „Urgestalt des Menschen" ist schließlich nackt, während die Gewandung ja nur das Werk der Sünde ist.[50] Gegen die religiöse Prüderie, die ja eigentlich nichts ist als verschämte Lüsternheit, macht Cohen die „unbefangene Freude am Nackten" zum Werkzeug der „Entdeckung des Menschen aus der Liebe zum Menschen heraus."[51] „Ohne die Nacktheit", schreibt er, „würde der Eros in dem Menschen nicht zur Offenbarung kommen."[52] Ja, die „Angst vor dem Menschenleibe, mit der die unfreie religiöse Sittlichkeit den Geist verschüchtert hat," erbleicht vor der „leuchtenden Schärfe und Sonnenklarheit" der Nacktheit als „ästhetischem Werkzeug."[53] Gewiss, die Nacktheit durfte nicht ästhetisches *Objekt* werden, sondern musste *Organon* der Menschenliebe sein.[54] Aber sie blieb dennoch das Urbild des Menschen in seiner leib-seelischen Einheit und zugleich der erzeugende Anlass des Urbegriffs der Liebe – des Eros, des Gottes der reinen Liebe zur Menschheit, der Naturkraft des Geschlechtstriebes. Damit setzte sich Cohen ein-

45 Cohen, ÄrG I, 192.
46 A.a.O., 193.
47 A.a.O., 192.
48 A.a.O., 182 f.
49 A.a.O., 187.
50 A.a.O., 176.182.
51 A.a.O., 177.
52 A.a.O., 177.
53 A.a.O., 179.
54 A.a.O., 177.

deutig über jede religiöse Verneinung der physischen Sensualität hinweg. Aber er schuf auch einen neuen, geläuterten Begriff der Humanität, der sich ebenso vom protestantischen Bildungshumanismus wie vom religiösen Universalismus unterschied. „Wahrhaft [...] wird die Humanität nicht durch die abstrakte Nächstenliebe," verkündet Cohen, „sondern durch die Menschenliebe, wie die Kunst allein sie durch die Liebe zur Natur des Menschen zu lehren und zu bekräftigen vermag."[55] Und so kann Cohen auch etwas provokanter sagen: „Die Humanität ist die Frucht des Eros."[56]

Dieser Begriff einer erotischen Humanität ist aber nun doch etwas mehr als Free Love. Zur Nacktheit des Leibes gesellt sich schließlich die Nacktheit des menschlichen Angesichts, oder wie Cohen an anderer Stelle schrieb, „die Sympathie mit allem, was ein Menschenantlitz trägt."[57] So muss auch die erotische Liebe geläutert werden, und so bleibt Humanität nicht nur Inhalt der Kunst, sondern wird deren eigentliche *Tugend*: Sie ist die Tugend des Menschengefühls wie auch des ästhetischen Gefühls. Mit dieser erstaunlichen Rückführung seiner Ästhetik in die Tugendlehre, die ja einen zentralen Bestandteil seiner Ethik und Religion der Vernunft ausmacht, konnte Cohen an seine frühere Schrift zur *Begründung der Ästhetik* bei Kant anschließen. Dort kam der Kunst die Aufgabe zu, „das Gefühl der Menschheit zu harmonisieren" – oder wie Cohen fordert: „Symbol soll jedes Kunstwerk sein von der Einigkeit der Menschen in der Blüthe ihres Bewusstseins."[58] Die Leistung der Kunst, oder eigentlich ihre Propädeutik, wie Cohen mit Kant sagt, ist doch die Humanität als allgemeines „Theilnehmungsgefühl" und zugleich als das Vermögen, „sich innigst und allgemein mittheilen zu können."[59] Die Sehnsucht nach Mitteilung wird bei Cohen auch später zur Grundstimmung der Liebe, und so darf auch das Kunstwerk nicht nur Schöpfung sein zum ästhetischen Genuss, sondern muss zum Ort werden des „Mitgefühls" und „Miterlebens."[60]

Das Gefühl war schon bei Paul Natorp ein Ort des Bewusstseins, in dem alles „im Fluss des Werdens" war, „nichts abgelöst, sondern alles mit allem in ungelöster Verbindung und Verflechtung." Es war der „Mutterschoß des Bewusstseins", die „alles umfassende, alle anderen umfassende und vereinende Grundkraft", die zugleich, in „lebendiger Wechselwirkung", Quelle der Religion, Kunst, und Humanität sein konnte.[61] Bei Cohen wird das Gefühl zur Grundkraft unserer lyrischen Existenz, denn „nur die Liebenden sprechen in der Sprache des Gefühls," wie er in der *Ästhetik* schreibt, „nur sie bilden ein wahrhaftes Ich, ein Ich

[55] Cohen, ÄrG II, 42.
[56] A.a.O., 45.
[57] Cohen, *Jüdische Schriften* I, 85.
[58] Cohen, KBÄ, 428 f.
[59] A.a.O., 220.
[60] Cohen, ÄrG I, 396.
[61] Natorp, *Religion innerhalb der Grenzen der Humanität*, 46.47.60.

im Du, ein Du im Ich."[62] Die Sprache des Eros toleriert kein isoliertes Ich. Sie fordert die „Konfrontation mit dem Du", ja sogar das „Postulat eines Du".[63] Nur das Du, schreibt Cohen, „die bestimmte Person kann dem Ich zur Reinheit des Gefühls verhelfen."[64]

VII. Die Kunst als Hüterin der Humanität

Nun verstehen wir auch, warum die Humanität nicht wahrhaft werden kann in der abstrakten Menschenliebe. Sie fordert nämlich das konkrete Du, sowie auch das lyrische Ich, dem die Kunst allein Gestalt verleiht. Die Religion dagegen „nivelliert das Individuelle der Menschen. Jeder Mensch soll Nächster sein."[65] Auf dieser „sittlichen Liebesverfassung" gründet sich das prophetische Weltbürgertum. Und hierin gründete sich das prophetische Missverständnis der Kunst und ihre Abwehr der Gestaltung der Menschenseele. Hätten die Propheten, die selber lyrisch-sittliche Künstler waren, Cohens *Ästhetik* gelesen, so hätten auch sie wissen müssen, dass die plastische Darstellung des Menschen nicht nur Menschenverachtung, sondern auch Menschenliebe zu erzeugen vermochte. Aber sie waren eben keine Neu-Kantianer und hatten kein Wissen davon, dass die von ihnen verworfene Kunst eigentlich die Kraft hatte, den Menschengeist über den Fetisch zu erheben und aus dem Irrtum der Vielgötterei zu befreien.[66] Sie konnten nicht wissen, dass in der Kunst die Urkraft der Menschenliebe wohnte. Und mit diesem Wissen ergibt sich für Cohen die Möglichkeit, die Kunst als Helferin der Religion anzusehen: „Die Kunst muss zur Religion hinzukommen. Die Kunst erst erschließt Tiefen des Gefühls, welche der Religion verschlossen bleiben."[67]

So dürfen wir also Cohens *Ästhetik* als eine Einladung zur „Mitarbeit" an jenem „universellen Gebiete der Weltkultur" begreifen, welches die Propheten mit ihrer vielleicht „überspannten" Einseitigkeit verschmäht hatten.[68] Die Kunst gehört zur Weltkultur des Menschen. Sie dringt durch die Liebe zu dessen konkreter Natur, durch die Lyrik des Dialogs von Ich und Du, zur Liebe des Menschen als Menschenliebe vor. „Der Mensch ist ihr der Mensch der Menschheit", schreibt Cohen von der Kunst, und dies ist im innersten seine Anthropologie der Ästhetik.[69] So wird die Kunst zugleich „Fundament und Schutz der Humanität", der Humanität jedoch nicht bloß als Ideal, sondern in ihrer konkreten,

62 Cohen, ÄrG II, 24.
63 A.a.O., 23.
64 A.a.O., 32.
65 A.a.O., 32.
66 Vgl. Cohen, ÄrG II, 260 f.
67 Cohen, ÄrG I, 323.
68 Vgl. Cohen, ÄrG II, 260.
69 Cohen, ÄrG I, 225.

unaufhebbaren Mannigfaltigkeit.[70] Das Paradox der göttlichen Liebe, wie Franz Rosenzweig einmal schrieb, besteht darin, dass sie nicht wie das Licht überall hin strahlt, sondern „in rätselhaftem Ergreifen Einzelne ergreift – Menschen, Völker, Zeiten, Dinge", und dass sie sich in jedem Augenblick ganz hineinwirft in diese Einzelliebe, während sie doch irgendwann alles Unergriffene ergreifen wird.[71] Eben dieses Paradox lehrt auch das Gefühl der Liebe in der Kunst. In jeder Liebe sei die Menschheit mitgeliebt, und jedes Kunstwerk ist in Wahrheit „Erzeugnis wie Zeugnis und Denkmal der einen Menschheit."[72] Hier schlichtet sich der Gegensatz zwischen Menschheit und Mannigfaltigkeit der Völker. Diesen Gegensatz, wie Cohen in seiner *Begründung der Ästhetik* schreibt, hat die Kunst selber angefacht. Ihr erstes Werk war der Turmbau zu Babel, das erste gemeinsame Werk der Menschenkultur, das Symbol der verlorenen Einheit der Kultur des Menschen. Die Kunst war schuld an der Entstehung der Völker und Sprachen. „Und so mag auch die Kunst", schreibt Cohen, „diese Schuld sühnen."[73] Nicht nach der Weise der Sittlichkeit jedoch, sondern durch eine „technische Schlichtung" – durch Werk, Arbeit und Kultur.

Darin begegnen einander Kunst und Sozialismus – jedenfalls dessen Marburger Version – in Cohens System. Und wo Sozialismus ist, da ist auch der Messianismus nicht fern. „Der Messianismus," lesen wir Cohen *Religion der Vernunft*, „verbindet die Menschheit mit jedem Einzelmenschen."[74] Die Aufgabe der Kunst nun war es, jeden Einzelmenschen mit der Menschheit zu verbinden. In ihr wird jede Gestalt zum Symbol der einen Menschheit. Eine „Symbolik der Humanität predigen die Kunstwerke der Menschheit", schreibt Cohen in der Begründung der Ästhetik. Und diese Symbolik wirkt hinein in die Idee des Messianischen, denn „in Symbolen beglaubigt und fixiert die Religion ihr Wissen."[75]

VIII. Anthropologie des werdenden Menschen

Mit diesem Hinweis auf die Symbolik der Humanität, auf die „menschheitliche Symbolik", schließe ich meine Anmerkungen zu Cohens *Ästhetik*. Von hier aus also wollte Cohen sein System erweitern zu einer Psychologie der Einheit des Bewusstseins. Ich glaube jedoch, dass seine Ästhetik durchaus auf das Programm einer philosophischen Anthropologie hinauswies, so wie es etwa Bernhard Groethuysen in seiner „geradezu mystischen" – wie Margarete Susman einmal schrieb – Anthropologie von 1931 formulierte: „Aufgabe einer Anthropologie

---

[70] Cohen, ÄrG II, 42.

[71] Rosenzweig, *Stern*, 183 f.

[72] Cohen, KBÄ, 428.

[73] A.a.O., 425.

[74] Cohen, RV, 523

[75] Cohen, KBÄ, 428.

wird es sein, den Menschen in diesen verschiedenen Gestalten wiederzufinden und ihn in seiner Einheitlichkeit zu erfassen."[76] Groethuysen, Scheler, Plessner, Karl Löwith arbeiteten alle um etwa dieselbe Zeit an philosophischen Anthropologien, die sich beinahe gar nicht mit dem empirischen Menschen befassten, sondern mit dessen *Möglichkeit*, mit dessen konkreter Mitmenschlichkeit und Humanität als Aufgabe. Das alte Aufklärungsmotiv der Menschwerdung, das Bewusstsein, dass „der Mensch seine Einheit erst durch das empfängt, was er sein und werden will," wie Scheler im Anschluss an Herder schrieb, unterschied diese Anthropologie von der ethnographischen Variante der Gegenwart und von jener Anthropologie, die Cohen rein physiologisch verstand.[77] Es war eine Anthropologie des Noch-Nicht.

Aus Treue zum System und zum neukantianischen Erbe hätte Cohen wohl seine Sprache der Psychologie beibehalten, um sein gesamtes Werk an der einheitlichen Kultur des Menschen abzuschließen. Psychologie hätte dann vermutlich das bedeutet, was Karl Jaspers in seiner *Psychologie der Weltanschauungen* von 1919 so bezeichnet hatte: „Die universale Betrachtung des Menschen und seiner Gebilde."[78] Doch musste auch Jaspers, der später in die existenzphilosophische Anthropologie hinübergleiten sollte, eingestehen, dass die „Stellung der Psychologie [...] heute unfertig und unklar" ist.[79] Dasselbe galt natürlich auch für die damals sehr modephilosophische Anthropologie. Aber dennoch stand Cohens Gedenkangang einer Kulturanthropologie des Werdens nah, einer Anthropologie nicht der Beschaffenheit des Menschen, sondern seiner Gestaltung, deren innerste Tätigkeit die Kunst war, und in der die Humanität zugleich Tugend und messianischer Horizont sein musste.

Den fehlenden Schlussstein zu Cohens System aber setzte vielleicht sein Schüler Ernst Cassirer. Seine Philosophie der symbolischen Formen hielt ja doch, wie er später schrieb,

> den Anspruch auf Einheit und Universalität fest [...], den die Metaphysik in ihrer dogmatischen Gestalt aufgeben musste. Sie kann nicht nur die verschiedenen Weisen und Richtungen der Welterkenntnis in sich vereinen, sondern darüber hinaus jedem Versuche des Weltverständnisses, jeder Auslegung der Welt, deren der menschliche Geist fähig ist, ihr Recht zuerkennen und sie in ihrer Eigentümlichkeit begreifen.[80]

In diesem Anspruch begegnete Cassirers philosophische Anthropologie, oder wie er es auch nannte, „anthropologische Philosophie" der ungeschriebenen Psychologie Hermann Cohens. Die Sehnsucht nach einer Einheit der Kultur, die

---

[76] Groethuysen, *Philosophische Anthropologie*, 207. Auch Susman, *In Memoriam Bernhard Groethuysen*, 81: "[E]ine mystische Anthropologie: die Seele hat in ihr durchweg den Primat vor Welt und Mensch."

[77] Scheler, *Zur Idee des Menschen* in *Abhandlungen und Aufsätze* I, 363.

[78] Jaspers, *Psychologie der Weltanschauungen*, 2.

[79] A.a.O., 1.

[80] Cassirer, *Zur Logik der Kulturwissenschaften*, 22.

bei Cassirer Teilhabe und „gemeinsames Tun" war, die Anerkennung der verschiedenen Richtungen des Bewusstseins in ihrer kulturellen Gleichzeitigkeit, das Verständnis der Wechselwirkung und „Wechselbeziehung aller Bauglieder",[81] vor der, wie Cohen schrieb, die „Illusion aller Absolutheit" verschwinde, der durch und durch dialogische Aufbau der Kultur, und das Verständnis des menschlichen Bewusstseins als „ständig über sich selbst, über die gegebene Gegenwart, zum Nicht-Gegebenen" hinausgreifend, wie es bereits in der *Philosophie der symbolischen Formen* hieß, all dies verband Cassirer mit seinem Lehrer, und all dies wurde verarbeitet in seiner philosophischen Anthropologie, die sich wie bei Cohen an einer vorwärts gerichteten Einheit des Kulturbewusstseins orientierte, welches zugleich „tätige Gestaltung" war: „Wenn Menschheit irgendetwas bedeuten kann," schrieb Cassirer in seinem späten *Versuch über den Menschen*, „so muss ihre Bedeutung die sein, dass trotz aller Unterschiede und Gegensätze, die in ihr bestehen, alle an einem gemeinsamen Ziel arbeiten."[82] Und dies war es auch, was Wilhelm von Humboldt, der selbst am Ausgang des achtzehnten Jahrhunderts eine „vergleichende Anthropologie" entwarf, als das „allgemeine Bedürfnis" der Menschheit erfasst hatte: „Das Menschengeschlecht kann als ein grosses Ganzes betrachtet werden, dessen einzelne Glieder sich durch eine planmässige Ausbildung ihrer verschiedenen Kräfte Einem gemeinsamen Ziele näheren."[83]

Die Kunst als „selbständige Richtung des Kulturbewusstseins", in der dennoch das „Gesamtbewusstsein des Menschen" zur Entdeckung kam, die Kunst als freie Arbeit der Menschheit an der Menschheit, die Kunst endlich als Zuversicht und Glaube an das Gute auch in dürftiger Zeit, dies war der an der Aufklärung geschulte Kulturoptimismus, der Humor, den Cohen und Cassirer teilten, und in dem das „symbolische Schauen" tätig werden musste.[84] Wir alle kennen dieses tätige Schauen von Rilkes Archäischem Torso des Apoll. Dass wir in jedem Werk der Kultur den Menschen lieben lernen und aus jeder Natur einen „Weckruf zur wahren Menschlichkeit" vernehmen sollen, darin gründete sich bei Cohen wie auch bei Cassirer die Tugend der Humanität.[85] Und wenn wir uns heute so umschauen in der Natur und in den Kulturwerken des Menschengeschlechts, so erkennen wir vielleicht die Aktualität dieses neukantianischen Er-

---

[81] Cohen, ÄrG II, 209. Vgl. auch Lazarus, *Ethik des Judenthums*, 338: "Cultur der Menschen und ihre Gemeinschaft sind in steter Wechselwirkung."

[82] Cassirer, *An Essay on Man*, 70.

[83] Humboldt, *Das achtzehnte Jahrhundert*, in *Werke in fünf Bänden* I, 380.

[84] Vgl. Cohen, ÄrG I, 310; Ders. ÄrG II, 51.97. Fritz Kaufmann allerdings wunderte sich, dass "Cassirers glückliche Augen den Menschen sogar noch im Jahre 1944 nur im Lichte seiner Kulturerzeugnissse [sahen], nicht im Dunkel seines irdischen Kampfes, noch in den Stunden seiner Verzweiflung und in der Einsamkeit seines Sterbens." Kaufmann, *Das Verhältnis der Philosophie Cassirers*, 598.

[85] Cohen, ÄrG II, 406.

bes. Und dann denken wir immer wieder an jenen Torso bei Rilke zurück: Denn vielleicht müssen wir unser Leben eines Tages doch noch ändern.

Literaturverzeichnis

Beiser, Frederick, *Hermann Cohen. An Intellectual Biography*, Oxford/London 2018.

Biemann, Asher, *Bildersturz und Bilderliebe bei Hermann Cohen*, in: Beniamino Fortis (Hg.), *Bild und Idol: Perspektiven aus Philosophie und jüdischem Denken*, Frankfurt 2022, 49–73.

Cassirer, Ernst, *An Essay on Man*, New Haven and London 1976.

–, *Zur Logik der Kulturwissenschaften*, Hamburg 2011.

Cohen, Hermann, *Werke*, hg.v. Helmut Holzhey u.a. Hildesheim u.a. 1977 ff.

–, *Kommentar zu Immanuel Kants Kritik der reinen Vernunft*, Leipzig 1907.

–, *Jüdische Schriften*, Bd. 1–3, Berlin 1924.

Dober, Hans Martin, *Cohen-Studien im Horizont von Religion und Theologie*, Würzburg 2022.

Heinemann, Fritz, *Neue Wege der Philosophie*, Leipzig 1929.

Holzhey, Helmut, *Cohen und Natorp*, Bd. 1–2, Basel/Stuttgart 1986.

–, u.a. (Hg.), *„Religion der Vernunft aus den Quellen des Judentums": Tradition und Ursprungsdenken in Hermann Cohens Spätwerk*, Hildesheim/Zürich 2000.

–, *Ethik als Lehre vom Menschen: Eine Einführung in Hermann Cohens Ethik des reinen Willens*, in: Robert Gibbs (Hg.), *Hermann Cohen's Ethics*, Leiden 2006, 17–36.

Humboldt, Wilhelm von, *Werke in fünf Bänden*, hg.v. Andreas Flitner und Klaus Giel, Darmstadt 1980.

Fischer, Joachim, *Philosophische Anthropologie. Eine Denkrichtung des 20. Jahrhunderts*, Baden-Baden 2022.

Gamba, Ezio, *La legalità del sentimento puro: L'estetica di Hermann Cohen come modello di una filosofia della cultura*, Milano 2008.

–, *Tu non ti farai un'immagine: Il problema dell raffigurazione del divino nell'estetica di Hermann Cohen*, Trepuzzi 2009.

Groethuysen, Bernhard, *Philosophische Anthropologie*, München/Berlin 1931.

Jaspers, Karl, *Psychologie der Weltanschauungen*, Berlin 1919.

Kajon, Irene, *Ebraismo e sistema di filosofia in Hermann Cohen*, Padova 1989.

Kant, Immanuel, *Werke in sechs Bänden*, hg. Wilhelm Weischedel, Darmstadt 1963.

Kaufmann, Fritz, *Das Verhältnis der Philosophie Cassirers zum Neukantianismus und zur Phänomenologie*, in: Paul Arthur Schilpp (Hg.), *Ernst Cassirer* (Philosophen des 20. Jahrhunderts), Stuttgart 1966, 566–612.

Kluback, William, *The Legacy of Hermann Cohen*, Atlanta, GA 1989.

Lazarus, Moritz, *Ethik des Judenthums*, Frankfurt am Main 1898.

Mattenklott, Gert, *Zur ästhetischen Dimension der ‚Religion der Vernunft'*, in: Helmut Holzhey u.a. (Hg.), *„Religion der Vernunft aus den Quellen des Judentums". Tradition und Ursprungsdenken in Hermann Cohens Spätwerk*, Hildesheim/Zürich 2000, 117–128.

Melber, Jehuda, *Hermann Cohen's Philosophy of Judaism*, New York 1968.

Moynahan, Gregory B., *Ernst Cassirer and the Critical Science of Germany, 1899–1919*, London 2014.

Nachtsheim, Stephan, *Zum zeitgenössischen theoretischen Kontext von Hermann Cohens Ästhetik*, in: *Zeitschrift für Religions- und Geistesgeschichte* 62:2 (2010), 142–156.

Natorp, Paul, *Religion innerhalb der Grenzen der Humanität. Ein Kapitel zur Grundlegung der Sozialpädagogik*, Freiburg im Breisgau/Leipzig 1894.

–, *Allgemeine Psychologie nach kritischer Methode*, Bd. 1, Tübingen 1912.

Ollig, Hans Ludwig, *Religion und Freiheitsglaube: Zur Problematik von Hermann Cohens später Religionsphilosophie*, Königstein im Taunus 1979.

Poma, Andrea, *The Critical Philosophy of Hermann Cohen*, übers. John Denton, Albany 1997.

Renz, Ursula, *Die Rationalität der Kultur. Zur Kulturphilosophie und ihrer transzendentalen Begründung bei Cohen, Natorp und Cassirer*, Hamburg 2002.

Rosenzweig, Franz, *Einleitung*, in: *Hermann Cohens Jüdische Schriften*, Bd. 1, Berlin 1924.

–, *Der Stern der Erlösung*, Haag 1976.

Scheler, Max, *Abhandlungen und Aufsätze*, Bd. 1–2, Leipzig 1915.

Schmid, Peter A., *Die Tugendlehre in der 'Religion der Vernunft'*, in: Helmut Holzhey u.a. (Hg.),*"Religion der Vernunft aus den Quellen des Judentums": Tradition und Ursprungsdenken in Hermann Cohens Spätwerk*, Hildesheim u.a. 2000, 287–302.

Susman, Margarete, *In Memoriam Bernhard Groethuysen*, in: *Zeitschrift für Religions- und Geistesgeschichte* 1.1. (1948), 79–85.

Wiedebach, Hartwig, *Die Bedeutung der Nationalität für Hermann Cohen*, Hildesheim u.a. 1997.

–, *Aesthetics in Religion: Remarks on Hermann Cohen's Theory of Jewish Existence*, in: *The Journal of Jewish Thought and Philosophy* 11/1 (2002), 63–73.

Die Musik als Metapher des Seelenlebens*

Hans Martin Dober

Was bedeutet der Name der Seele, seit dem Begriff kein Inhalt mehr entspricht, den wir klar und deutlich bestimmen könnten? Wir nehmen, so Thomas Fuchs, „die Äußerungen eines anderen Menschen [...] als *beseelt* wahr, ohne dahinter eine ‚Seele' anzunehmen".[1] Das Wort „Seele" ist also durchaus noch ein Wort unserer Sprache, umfasst deren Gebrauch doch bis heute Wendungen wie „ein Herz und eine Seele sein", über „Seelenstärke verfügen", „eine Seele von Mensch sein", oder „etwas ohne Seele tun".[2] Das wird auch für den Beter eines Psalms gelten können, der gemeinsam mit der Gemeinde spricht: *Lobe den Herrn, meine Seele, und was in mir ist seinen heiligen Namen* (Psalm 103). Wie können wir den Sinn dessen, was der Name der Seele einmal bedeutet hat, besser verstehen?

Es ist die Metapher vor, neben und nach dem Begriff, diese – mit Hans Blumenberg zu sprechen – „unbegriffliche Form", die einen Weg weist, um in dieser Frage weiterzukommen. Diese These möchte ich anhand von Cohens Ästhetik, und hier vor allem anhand seiner Theorie der Musik ausführen. Nicht nur kommt Cohen die Metaphorik der Musik zu Hilfe, um seinen systematischen Anspruch mit Blick auf die Psychologie einzulösen.[3] Sondern auch das in seinem Werk vielfältig präsente Wort „Seele" gewinnt an Bedeutung, wenn man auf die Metaphern achtet, in denen von ihr die Rede ist. Viele dieser Metaphern finden sich in seiner Theorie der Musik.

Ich gehe so vor, dass ich (1.) danach frage, inwiefern Cohen selbst der Begriff der Seele zu einem Problem geworden ist. Er bearbeitet dieses Problem in seiner systematischen Philosophie so, dass er die Seelenvermögen als „Arten des Bewusstseins" versteht, die selbständig sind und doch zueinander in Wechselwirkungen stehen. (2.) wird zu zeigen sein, wie dieses Problem vor allem in der Ästhetik weitere Behandlung erfährt, indem Cohen die Bedeutung der Musik für die Konstitution und Verifikation des „Selbstgefühls" herausstellt. (3.) nehme ich drei Leitmetaphern der Cohenschen Musiktheorie näher in den Blick, um sie da-

---

* Ich danke Kirchenmusikdirektor Helmut Brand (Tuttlingen) für die Beratung in Harmonielehre und für die Hilfe bei der Digitalisierung des Notenblatts von *Summertime*.

[1] Fuchs, *Verteidigung des Menschen*, 51.

[2] Cheng, *Über die Schönheit der Seele*, 12.

[3] Vgl. dazu die von Pierfrancesco Fiorato vertretene These von der „Polyphonie des Systems" (Ders., „*In einer Schwebe zwischen Erkenntnis und Sittlichkeit*", 163.172–174, bes. 173).

raufhin zu prüfen, wie sie auf das Seelenleben Anwendung finden: den Atem, die Polyphonie und die Resonanz. Und schließlich suche ich (4.) die These von der Psychologie als der „inneren Sprachform der Philosophie" (Helmut Holzhey) zu erweitern durch die andere von der Musik als Grundmetapher des Seelenlebens.

I. „Die Seele versteht sich nicht von selbst"[4]

Cohen verabschiedet sich nicht von einer Theorie des Seelenlebens überhaupt,[5] wohl aber von der aristotelisch geprägten Auffassung seelischer Vermögen, die diese als *Substanzen* dachte. Explizit heißt es in der *Ästhetik*, dass, „wer [...] die Seelensubstanz nicht glaubt, der [... auch] die Metaphysik der Psychologie" verschmäht.[6] Das muss aber nicht heißen, sich auch von der „Einheit der Seele" zu verabschieden: sie auf neue Weise zu denken erfordert der Gebrauch des Wortes in religiöser Sprache, und das umso mehr, als es hierbei selbstreflexiv um „meine Seele" geht. Nota bene kann sich nur die als Einheit und in Kontinuität gedachte eigene Seele – in der ihr eigenen Individualität – auf Gottes „heiligen Namen" beziehen.[7]

Wie Ingo Stöckmann gezeigt hat, distanziert sich Cohen in seiner frühen „völkerpsychologischen" Schaffensphase mit Herbart von der „traditionellen Vermögenspsychologie". Es überzeugt ihn nicht mehr, Denken, Wollen und Fühlen in eine Ordnung von „oberen und unteren Seelenteilen" zu fassen, um ihre Einheit hierarchisch zu gewährleisten.[8] Herbart nahm diese Vermögen als „unterschiedliche [...] Momente der Vorstellungsaktivität"[9] in Anspruch, verortete sie aber im „beständigen Fluss" der „‚wechselnden Zustände' des See-

---

[4] Cohen, ÄrG I, 297.

[5] Nach meiner Einschätzung ist das auch in dem letzten, von der Psychologie handelnden, Kapitel von *Der Begriff der Religion* nicht der Fall. Cohen setzt sich hier kritisch mit Paul Natorps These von der „Phantasie" als „Quell" der Religion und mit Langes Auffassung der „Metaphysik als ‚Ideendichtung'" auseinander (Cohen, BR, 121). Nicht *unmittelbar* gehören das „Leben der Seele" und die Religion zusammen, aber dass zwischen beiden eine Verbindung besteht, wird nicht bestritten. Denn es geht Cohen um die „durchgängige Vermittlung" des „Lebens der Seele" mit „allen Richtungen des Kulturbewusstseins" (ebd.). An die Stelle der Unmittelbarkeit setzt Cohen „die Korrelation von Mensch und Gott" – als Problem (BR, 122). „Die Korrelation [...] spannt das Leben der Seele auf die Schwebe mit dem Sein Gottes" (ebd.).

[6] Cohen, ÄrG I, 195. Zu denken ist wohl an die Metaphysik des Willens als im Trieb wurzelnde Grundkraft allen Lebens bei Schopenhauer, mit der Cohen sich immer wieder kritisch auseinandergesetzt hat, und die von Nietzsche fortgeschrieben worden ist.

[7] Vgl. für die Bestimmung der Individualität in der *Religion der Vernunft* den Beitrag von George Y. Kohler in diesem Band.

[8] Stöckmann, *Einleitung*, 27.

[9] Ebd.

lischen".[10] So waren sie nur als „von Moment zu Moment voranschreitende Synthese von aktuellen und älteren [...] Vorstellungen"[11] zu fassen. Damit war der „Kontext einer weitreichenden anthropologischen und epistemologischen Transformation" erschlossen. In ihm musste man aber „das erkenntnistheoretische Risiko auf sich [nehmen], das Weltverhältnis des Menschen fortan in arbiträren, indirekten [...] im weitesten Sinne intermittierenden Zugangsbedingungen zu fundieren."[12]

Bald schon aber stellt Cohen die „genetische Methode" der Völkerpsychologie in die Perspektive einer „deduktiven Kritik" und konfrontiert die Frage nach den Anfängen mit der anderen nach der Geltung.[13] Und diese Frage beantwortet er nach der Methode seines kritischen Idealismus. Daran ließ sich aber durchaus die weitere Frage nach den Bedingungen der Möglichkeit einer *inneren Einheit des Subjekts* anschließen (die nun nicht mehr hierarchisch, sondern in der Weise einer Konstellation zu denken ist). Ohne den Gebrauch des Wortes „Seele" ist diese Einheit mit Blick auf die vorliegenden Texte Cohens kaum denkbar. Doch die Einheit des Seelenlebens in der *Kontinuität* des Zusammenspiels von Denken, Wollen und Fühlen ist ihm nicht mehr substanziell gegeben. Sie musste nun *funktional* gedacht werden.[14] Und diese Funktionalität wirkt sich in den inneren Verweisverhältnissen des Systems aus, dessen Teile den einzelnen „Vermögen" entsprechen. Sie werden als „Arten des Bewusstseins"[15] aus der bloßen Befindlichkeit auf die Ebene der Reflexion gehoben, um Rechenschaft zu geben von ihren Begriffen und deren Einheit.

Alle drei Mächte und Richtungen des menschlichen Geistes, die Erkenntnis, den Willen, das Gefühl, hat die Psychologie in ihrer Eigenart zu beschreiben; in ihrer eigenen Entwicklung zu bestimmen; und nach ihrem Verhältnis zueinander, nach ihrer Wechselwirkung aufeinander zu durchforschen und zu gestalten. Sofern es ihr gelingt, dieses

---

[10] A.a.O., 28 zit. Herbart.

[11] A.a.O., 30.

[12] A.a.O., 31 f. Vgl. Beiser, *Cohen*, 38.

[13] Vgl. Beiser, *Cohen*, 33–36.

[14] In diesem Sinne lässt sich eine Stelle im Abschnitt V aus *Der Begriff der Religion im System der Philosophie* interpretieren, die vom *Verhältnis der Religion zur Psychologie* handelt. Cohen schreibt: „Die systematische Einheit des Bewusstseins" (und das ist der Gegenstand der *Psychologie*) „richtet sich [...] allein auf die zweckhaften erzeugenden Richtungen der systematischen Inhalte". Gemeint sind ja wohl Erkenntnis, Wille und Gefühl. Die Einschränkung in Parenthese: „sofern sie [d.h.: diese Einheit] auf dem Grunde der reinen systematischen Richtungen sich erhebt und in und an ihnen sich vollzieht", deutet auf das komplexe Spiel der Wechselbeziehungen hin, ohne das die gesuchte Einheit nicht gefunden werden kann. Ausgeschlossen wird ausdrücklich, dass die gesuchte Einheit sich nicht „auf die einzelnen verschiedenen Betätigungsmittel des Bewusstseins" richtet, also die Wechselbeziehungen reduziert (alle Zitate: BR, 136).

[15] Cohen, LrE, 520. Ders., ÄrG II, 420 f.

Verhältnis zu ermitteln und klarzulegen, stellt sie erst die Gesamtheit dessen dar, was Bewusstsein genannt werden darf.[16]

1. Die den Systemteilen entsprechenden Richtungen des Bewusstseins in Unabhängigkeit und Wechselwirkung

Zum einen wird jedes Systemteil wie die entsprechenden Richtungen des Bewusstseins als ein selbständiges gedacht, das von einem anderen nicht abgeleitet werden kann. So sind die Fragen der Erkenntnis weder aus der Ethik noch aus der Ästhetik ableitbar: sie sind *mehr als* „Wille und Vorstellung", spielen aber in beide Bereiche konstitutiv mit hinein. Ihrem Titel entsprechend bezieht die *Logik* „das Denken ausschließlich auf die Erkenntnis".[17] Cohens *kritischer Idealismus* bewährt sich darin, dass die „Dinge ihren Ursprung im Denken haben statt in der sinnlichen Wahrnehmung oder der Anschauung".[18] Denken ist selbstursprünglich und nicht aus psychischen Kräften ableitbar. Auch vermag die Psychologie die „Gesetze des Denkens [nicht] zu erzeugen,"[19] derer sie sich aber selbstverständlich bedient.

Weiterhin sucht Cohen die Grundlegung der *Ethik* vor einem natürlichen Determinismus zu bewahren. Sie geht nicht „von der Psyche aus", und ist auch nicht auf sie „zentriert", sondern macht vielmehr dieses „vieldeutige Wort [...] zum Problem".[20] Das Sittengesetz ist nicht „als ein Naturgesetz zu denken",[21] sondern als ein Gesetz, das der freie Wille sich autonom gibt. Doch es ist eben der Wille, dessen selbstbestimmte Unabhängigkeit dargelegt wird.

Spät erst hat das Gefühl als dritte Richtung des Bewusstseins neben dem (in den antiken Seelenlehren fokussierten) Erkennen und dem (aus dem Begehren hervorgegangenen) Wollen eine ebenbürtige Funktion erlangt. Dem *Selbstgefühl* mit Blick auf die Einheit des Bewusstseins (und seines Subjekts) eine tragende Bedeutung gegeben zu haben, ist ein Verdienst, das Cohen an Schleiermacher würdigt.[22] Doch während die *Reden über die Religion* den primären Ort des Erlebnisses und der Erfahrung des Gefühls in der Religion ausgemacht hatten, ist dies für Cohen die *Ästhetik*.[23] Zudem begründet beim späteren Schleiermacher

---

16 Cohen, ErW, 637.

17 Cohen, LrE¹, 36.

18 Munk, *Der andere kritische Idealismus von Hermann Cohen*, 271.

19 Cohen, LrE¹, 37.

20 Cohen, ErW, 99.

21 Ebd.

22 Vgl. Cohen, BR, 94 f. Vorher aber habe schon Moses Mendelssohn „mit dem Terminus des Gefühls, als eines neuen *Seelenvermögens*, den Zusammenhang mit der Empfindung gänzlich" aufgehoben. „Dadurch erst [... konnte] das Gefühl [...] *Selbständigkeit* erlangen" (Cohen, ÄrG I, 128 [Hervorhebungen i.O.]).

23 „Als ästhetisches Bewusstsein ist die neue Bewusstseinsart des Gefühls entstanden" (Cohen, ÄrG I, 98).

das religiöse Gefühl schlechthinniger Abhängigkeit die Selbstbewusstseinstheorie und gewinnt mit dieser systemtragenden Funktion auch wirklichkeitskonstitutive Bedeutung,[24] während Cohen das Verhältnis der Religion zum System der Philosophie *nicht begründend*, sondern *assoziativ* denkt. Der Wirklichkeitsbezug der Religion hängt an ihrer Korrelation zu Logik, Ethik und Ästhetik.

Zum anderen verweisen aber alle drei Richtungen des Bewusstseins – und entsprechend die drei Systemteile – auch wechselseitig aufeinander. So bedürfen die Fragen der *Ethik* zu ihrer Bearbeitung der Logik, insofern es bei ihrer Grundlegung – und zumal bei der Grundlegung des Begriffs der Autonomie – um praktische Gesetze der Vernunft geht. Und die Grundlegung der *Ästhetik* vermag nur unter Voraussetzung einer Verhältnisbestimmung von Individuellem und Allgemeinem, subjektivem Urteil über die Schönheit oder Erhabenheit eines Phänomens und dessen Objektivität in Kunst oder Natur den spezifischen Beitrag des Gefühls zu bestimmen.

Das Gefühl aber, über dessen Bildung Rechenschaft zu geben der Ästhetik obliegt, begleitet das Denken, sei es in einem Heureka-Erlebnis, bzw. im Erkenntnisfortschritt als Lust, sei es bei der Kärrnerarbeit aufwändiger Recherchen oder Formalitäten als Unlust. Und der selbstbestimmte, auf Handlungen ausgerichtete Wille wird angetrieben durch den psychologischen Faktor der Affekte als „Motor", der „nicht fehlen und nicht erlahmen" darf.[25] D.i. ein funktionaler Gesichtspunkt, der von einer psychologischen Ableitung des Willens streng zu unterscheiden ist.[26] Schon in der *Ethik* spricht Cohen von „Willensgefühlen", so dass man interpretierend sagen kann: Die Affekte werden *sublimiert* zu dem Gefühl, das den Willen trägt. Diese tragende Funktion geht über die treibende hinaus, setzt sie doch gewissermaßen die Einheit des Seelenlebens schon voraus. So freut sich das Gefühl am Gelingen eines begonnenen Projekts oder es freut sich mit an den ethischen Entscheidungen, die andere getroffen haben. „Eine gute Handlung ist geschehen [...] Und ich muss jubeln über diese Tat der Menschenkraft [...]".[27]

In der *Kunst* schließlich ist das „Gefühl [...] alles. Das ist der letzte Sinn der Kunst; und die Ästhetik hat ihn nach seiner Tiefe zu ergründen und zu bestimmen".[28] Diesen Anspruch löst Cohen in seiner *Ästhetik* so ein, dass er eine spezifischere Antwort auf die Frage gibt, die bei Kant – etwas unbefriedigend – auf den *sensus communis* verweist: was denn das Kriterium ist, in Orientierung an

---

[24] Vgl. dazu: Lehnerer, *Die Kunsttheorie Friedrich Schleiermachers*, 63–89.345–348.

[25] Cohen, ErW, 199.207.476.480.

[26] Dieses Spannungsverhältnis einer notwendigen psychischen Aktivität in der Begründung des reinen Bewusstseins einerseits, und einer kategorischen Ablehnung seiner psychologischen Erklärung wird in dem Beitrag von Roy Amir in diesem Band weiter ausgeführt.

[27] Cohen, RV, 527. Das an der ästhetischen Erfahrung entdeckte Gefühl der *Rührung* erfährt hier seine Spiegelung im Ethischen. Vgl. Cohen, BR, 123.

[28] Cohen, ErW, 635 f.

dem subjektive Geschmacksurteile zusammenstimmen können, m.a.W. unter welchen Bedingungen ästhetischen Urteilen Vernunft innewohnen kann.[29] Unbefriedigend ist der noch nicht zureichend geklärte Status des Gedankens des *sensus communis*, könnte es sich hierbei doch um eine Voraussetzung aus Konvention handeln, um einen kulturell vermittelten Sinn, der noch nicht ins Apriorische „hinübergezogen“ ist.[30] Im Ausgang von Kants Fragestellung und über ihn hinausgehend, führt Cohen nun das *reine Gefühl* ein und bestimmt es als „reine Liebe zur Natur des Menschen“.[31] Hier findet er für die „hohe Kunst“ „das objektive Kriterium“: es liegt „in der Einheit des reinen Gefühls mit der Menschenliebe“.[32] Diese Liebe, wie sie in der Produktion von Kunstwerken vorausgesetzt werden muss, während deren Rezeption zu ihrer Bildung beiträgt, empfängt ihren „tiefsten Grund [aber] in der Achtung vor der Würde des Menschen in allen Menschen“.[33] Dieses aus ethischen Erwägungen vorausgesetzte Humanum, bestimmt in Wechselwirkung mit Fragen der Erkenntnis (s.o.), macht den Beitrag der Kunst im Zusammenhang des Kulturbewusstseins unverzichtbar. Im Rahmen der *Ästhetik* ist es in der Konstellation von Gesichtspunkten zu verwirklichen, in der der Humor als Korrektiv der – ihrerseits unverzichtbaren – Ideale des Schönen und Erhabenen fungiert.[34]

2. Die Frage nach der Einheit des Bewusstseins und die Metaphorik der Musik

Das wechselseitige Verweisverhältnis, in dem kein Teil durch den anderen ersetzt werden kann, setzt die *Einheit und Ganzheit* des Bewusstseins immer schon voraus, ohne dass diese in den vorliegenden Systemteilen schon dargestellt würde. Vor allem die *Ästhetik* deutet immer wieder auf diese Voraussetzung hin, wenn

[29] Vgl. Kant, KdU, 224–228.

[30] Vgl. den Beitrag von Hans-Dieter Klein in diesem Band, der an Kants Terminus des „Hinüberziehens“ anschließt (Kant, KdU, 191 [= B (^{2}1793) 113]).

[31] Cohen, ÄrG I, 182 f.

[32] A.a.O., 228.

[33] A.a.O., 233. Zum Begriff der Würde vgl. ErW, 319–322.

[34] Wir befinden uns als Menschen in einem niemals endenden Prozess der Bildung zur Liebe. In diesem Prozess gibt das „reine“ Gefühl der Menschenliebe uns Orientierung. Sie leitet uns an zu einer steten Reinigung der Affekte und Empfindungen im Licht der Konstellation von Schönem, Erhabenen und Humor. Ideale sind für die Bildung des Menschen – und für sein Selbstverhältnis – zwar unverzichtbar: nur im Streben nach ihrer Höhe wird und bleibt der Mensch Mensch. Aber die Macht der Ideale kann das wirkliche, begrenzte, endliche Menschliche (und dessen Liebenswürdigkeit) auch verstellen. Dem widersteht Cohen zufolge der (von Ironie, Sarkasmus und Zynismus streng unterschiedene) Humor. Er stößt die Tür zur Liebe zu sich selbst wie zu den anderen immer wieder neu auf. Anders (mit Walter Benjamin) gesagt verhilft der Humor dazu, in „ungesteigerter Menschhaftigkeit“ zu leben.

es etwa heißt, das Gefühl trage „die Totalität der Seelenkraft“, wenn es denn als „Lebensgefühl“ gefasst wird.[35] In einer anthropologischen Hinsicht handelt Cohen auch von der (ganzen) Seele als „einer dirigierenden Kraft“, durch die „der Mensch [...] dem Tierischen entrückt“ wird.[36] Und an einer anderen Stelle ist vom „Ursprünglichen in der Seele“ die Rede, „das allem Wechsel gegenüber bleibend ist, und eben so „vielmehr die Seele selbst aus[macht]“.[37]

Meine These ist nun, dass sich die beiden Aspekte der – auf jeweiliger Selbständigkeit beruhenden – Wechselseitigkeit und der Einheit im Gleichnis der Musik verknüpfen lassen. Ich versuche zu zeigen, dass in der Metaphorik der Musik der Name der Seele ausgesprochen werden kann, hierbei aber in gewisser Weise unaussprechbar bleibt. Denn es „gibt“ die Seele nur im Vollzug des Erkennens, Wollens, Fühlens, dann in der Wechselbeziehung zwischen diesen Bewusstseinsarten und schließlich darin, dass sie sich als ein „Inneres“ zum Ausdruck bringt. Mit Blick auf die Gleichnisfunktion der Musik ist es so, als bestünde die Seele in einem Zusammenklang unterschiedlichster Couleur *in actu* – so wie Töne in unterschiedlichen Intervallen zusammenklingen, wie sie sich etwa in den Harmonien ergeben, die von dem Ton einer Leiter aus aufgebaut werden können.

Als ein Beispiel hierfür mag *Summertime* dienen, dieses bekannte Stück von George Gershwin. Die Akkorde von Takt 11 bis 15 bauen jeweils auf Noten auf, die sich als Stufen der Tonleiter lesen lassen, die sich von D moll aus ergibt. Folgende Stufen bilden die Reihe I (D moll^{7}) – IV (G moll^{7}) – VII (C^{7}) – III (F dur) – VI (B^{b} dur) – II (E halbvermindert) – V (A$^{7/b9}$) – I (D moll^{7}). Diese Akkordfolge ist zugleich als Quintfall zu lesen. Die innere Ordnung des Stücks ist also aus den harmonischen Funktionen zu erkennen. Und wie sich die Musik einer funktionalen Deutung erschließt – und nicht einer substantiellen –, so auch das Seelenleben in der Metaphorik der Musik.

---

[35] Cohen, ÄrG I, 96.

[36] A.a.O., 299. Der Name der Seele ist hier fast deckungsgleich mit dem „Selbst, dessen die Menschennatur fähig wird [...] allein durch die Kunst“ (a.a.O., 209). Es handelt sich um das ästhetische Selbst, das im „Selbstgefühl“ erfahren wird. Von ihm wird das religiöse zu unterscheiden sein, das bei Hesekiel das ethische begünstigt, bedeutet die Seele hier doch „das Selbst, welches in seiner Selbstverantwortlichkeit sich auferbaut.“ (Cohen, RV, 268) Zum Verhältnis der Seele als „Lebensprinzip“ und ihrem „ethischen Begriff“ vgl. den Beitrag von Pierfrancesco Fiorato in diesem Band.

[37] Cohen, ÄrG I, 72.

Summertime

Arr. Uli Gutscher

George Gershwin

II. „Die Musik [kann] keinen andern Inhalt und Gegenstand haben [...], als derjenige allein es ist, den das Selbst bildet."[38]

Vielleicht ist es nicht übertrieben, in der Musik die Kunst zu erblicken, die Cohen besonders am Herzen lag und in der er sich besonders gut auskannte. In der *Ästhetik* nimmt sie eine den anderen Künsten gleichberechtigte Stellung ein.[39] Über 50 Seiten widmet Cohen ihrer Grundlegung, der Darstellung ihrer Elemente und der einlässlichen Beschreibung klassischer Werke. Für die Bestimmung des *Selbstgefühls* ist die Musik das hervorragende Medium, die exemplarische Kunst. Ihr „Vorzug" besteht darin, dass sie zum Erlebnis und zur Erfahrung dieser „Innerlichkeit"[40] ebenso wie zur „Verbindung der Bewusstseinsarten"[41] ihren spezifischen Beitrag leistet.

Cohen will „den Menschen in der neuen Bedeutung seines ästhetischen Bewusstseins"[42] zur Entdeckung bringen. Dem Menschenbegriff der Ethik und der Logik gegenüber ist das ein „neues Land"[43] oder eine „neue Welt", die von der Musik erschaffen wird.[44] Um dieses Anliegen angemessen in den Blick zu bekommen, müssen Verwechslungen mit anderen Versuchen, sich der Metaphorik der Musik zu bedienen, ausgeschlossen werden. Zum einen grenzt sich Cohen von Schiller ab, der „eine musikalische Stimmung als seine Disposition zur poetischen Arbeit an sich erprobt haben wollte".[45] Diese Stimmung müsste aus der Unlust – als Unruhe, als treibendes Moment – hervorgehende Lust sein. Die Stimmung wäre immer entweder auf die Unlust oder auf die Lust bezogen und davon abhängig. Demgegenüber sucht Cohen einen „neuen Weg", auf dem die Extreme nicht mehr jeweils für sich genommen werden, sondern immer in Korrelation aufeinander zu verstehen sind:[46] in musikalischer Metaphorik ge-

[38] Cohen, ÄrG II, 136.

[39] Demgegenüber hatte Kant der Musik noch nicht eine gleichberechtigte Stellung zu den Bildenden Künsten und der Poesie zugestanden (vgl. KdU, 265–270 [§ 53. Vergleichung des ästhetischen Werts der schönen Künste untereinander]). Die Musik ist ihm zu laut, und das zumal in der Weise einer Choräle singenden Familie bei offenem Fenster, als dass sie die „Freiheit andrer" (270) zu achten imstande wäre, die sich möglicherweise in Ruhe dem Nachdenken widmen wollten. „Diejenigen, welche zu den häuslichen Andachtsübungen auch das Singen geistlicher Lieder empfohlen haben, bedachten nicht, dass sie dem Publikum durch eine solche *lärmende* [...] Andacht eine große Beschwerde auflegen, indem sie die Nachbarschaft entweder mit zu singen oder ihr Gedankengeschäft niederzulegen nötigen." (ebd.)

[40] Cohen, KBÄ, 334.

[41] A.a.O., 333.

[42] Cohen, ÄrG II, 136.

[43] Cohen, ÄrG I, 115.

[44] Cohen, ÄrG II, 136.

[45] Cohen, ÄrG I, 115.

[46] Vgl. a.a.O., 210.

sprochen nicht in einer einzelnen Stimmung, sondern in der Komplexität der Polyphonie, in der Moll-Tönungen durch Dur-Klänge aufgehellt werden (oder umgekehrt Zwischendominanten in Moll die Dur-Tönung des Stücks unterbrechen) oder Dissonanzen in Konsonanzen aufgehoben werden. „Weder Lust noch Unlust, noch die Totalität der Erkenntnisvermögen, noch die teleologische Beurteilung des Spiels derselben sind sichere, vor jeder Irreführung geschützte Etappen auf dem Erkenntniswege in das neue Land“,[47] will sagen: zur Erzeugung des reinen Gefühls.

Zum anderen verstellt aber auch Schopenhauers Metaphysik den für Cohen angemessen Gebrauch der Metaphorik der Musik. Bei Schopenhauer „tritt die Kunst an die Stelle der Philosophie und das Genie an die Stelle der kritischen Methodik.“[48] Dieser Vorgang, der auch bei Schelling schon aufleuchtete – „alle Philosophie [müsse] schließlich wieder in den Ozean der Poesie einmünden“[49]– soll nach Schopenhauer vor allem „an der Musik zum Ausdruck“ kommen.[50] An der Musik soll die „Metaphysik“ verifiziert werden, in die „alle Wissenschaft“, und d.h. alle „kritische Philosophie“,[51] „einschrumpfe“.[52] „Die wahre Metaphysik“ solle da einsetzen, „wo die Erkenntnis aufhört“,[53] und genau an dieser Grenze stehe die Musik. Die Nähe dieser Auffassung zum Nietzsche der *Geburt der Tragödie* ist mit Händen zu greifen. Ein solcher Rückgang auf den *Geist der Musik* kann aber Cohens Sache nicht sein. Bei ihm erfährt die Musik die höchste Würdigung, indem sie Gegenstand der *Ästhetik* in Wechselbeziehung zu *Logik* und *Ethik* wird. Als Kunst wird sie „zum Problem der systematischen Philosophie“.[54]

Cohen bearbeitet dieses *Problem*, indem er das „Selbst des ästhetischen Bewusstseins“ im *Selbstgefühl* ausmacht, das in der Liebe erlebt wird. Weil auch dieses Wort sich nicht von selbst versteht, fügt er gleich hinzu: nicht in der „Selbstliebe“, so wie es Formen des Mitleids gibt, die nichts anderes sind als Mitleid mit sich,[55] sondern in der „Liebe des Selbst des Menschen“, was doch wohl besagen will: als einer Liebe, die sich auf ein anderes als dieses Selbst bzw. auf den Anderen richtet. Wir wissen, dass es *das reine Gefühl der Menschenliebe* ist, das Cohen hier zu entdecken unterwegs ist. Zu sich selbst kommt das ästhetische Selbst aber im Gefühl der *Rührung*, und zwar der ästhetischen im Unterschied zur sittlichen,[56] in der wir uns auf andere Weise unserer Humanität bewusst werden. Die Rührung ist von den Zweideutigkeiten des Mitleids zu unterscheiden, die

---

[47] A.a.O., 116.
[48] A.a.O., 14.
[49] A.a.O., 9.
[50] A.a.O., 14.
[51] A.a.O., 9.
[52] A.a.O., 13.
[53] Ebd.
[54] A.a.O., 116.
[55] A.a.O., 207.
[56] A.a.O., 206.

Schopenhauer und Nietzsche analysiert haben. Diese Differenz vorausgesetzt, bringt die Rührung aber das am Mitleid zur Erkenntnis, was „eindeutig, schlicht, und klar und rein ist" an ihm: dies Echte am Mitleid ist die Rührung, „und sie ist [primär] ästhetisch".[57]

Evident wird das für Cohen an der „musikalischen Rührung". Im Musikerleben liegt der Prüfstein für die Evidenz der „Liebe zum Menschen", die „die Hoheit des Menschenwertes" offenbar macht.[58] Das Gefühl der *Hoheit* aber „schwebt" und „schwingt"[59] über den Extremen der Lust und Unlust, obwohl es mit beiden „verwachsen" bleibt.[60] Es „stimmt ein" in die „Vereinigung" dieser Gefühle – wie auch „von Klage und Jubel", von „Sehnsucht und Befriedigung".[61] Schleiermacher hatte für diese zusammenfassende Funktion des (unmittelbaren) Selbstgefühls die alte Formel von der *coincidentia oppositorum* gebraucht. Eine entsprechende Funktion scheint auch Cohen für das „reine ästhetische Gefühl" als einer Form des Bewusstseins zu suchen.[62] Die Sphäre, an der er sie verifiziert, ist aber die Musik. Sie stellt die Metaphern bereit, die den Zusammenhang des Vielen, auch des Gegensätzlichen, benennen.

III. Drei Leitmetaphern

Elementar für Cohens Musiktheorie ist *der Atem*. Der Bezug auf Genesis 2, 7 – *Gott blies dem Menschen den Odem des Lebens in seine Nase, und so ward er eine lebendige Seele* (nefesch chaja) – bleibt in der *Ästhetik* zwar unausgesprochen, hätte vermutlich aber in der nicht geschriebenen Psychologie einen festen Platz gefunden. Der Atem ist die „körperliche Analogie"[63] zum Rhythmus als dem

---

[57] A.a.O., 207. Eine Bestätigung können diese Erwägungen an den *Künsten des Kinos* finden, wie Martin Seel, die Musik selbstverständlich integrierend, sie beschrieben hat: „Tatsächlich werden wir von dem Geschehen im Kino ganz anders berührt, als wir es durch entsprechende reale Situationen sein könnten […] Im Kino können wir unser Erlebenkönnen auf eine besondere Weise ausleben […] Die Imaginationen des Films gewähren uns eine Weise des Durchfühlens und Durchdenkens von Möglichkeiten und Unmöglichkeiten des menschlichen Inderweltseins, wie es sie sonst in der Welt nicht gibt." (Seel, *Die Künste des Kinos*, 218) „Die Tränen, die wir im Kino vergießen, die Angst, die uns packt, Freude und Schadensfreude, die uns überkommt und alle die anderen Schwankungen des Spürens und Fühlens, die Filme uns durchleben lassen [… sie] gehen aus den Emotionen hervor, mit denen er [der Film] kraft seiner Darbietung *spielt*." (202 f.) Mit Einschränkungen ließe sich das auch schon von der Musik sagen.

[58] Cohen, ÄrG I, 207.

[59] Vgl. a.a.O., 202.

[60] A.a.O., 207.

[61] A.a.O., 208.

[62] Vgl. zum Verhältnis von Cohen und Schleiermacher den Beitrag von Dietrich Korsch in diesem Band.

[63] Cohen, ÄrG II, 145.

„Grundelement der Musik" und zugleich als „Grundkraft in der Ökonomie der Arbeit und in der Ökonomie des Bewusstseins".[64] Besonders anschaulich wird dieser Zusammenhang anhand des *Work Song* im Jazz:

> Der Rhythmus von Work Songs wird strukturiert durch den Rhythmus der Arbeit – z.B. Holz hacken. Der Vorsänger [...] singt die Strophen, die Gruppe antwortet mit einem Refrain. Dabei entsteht ein körperlich fühlbares Hin- und Herschwingen, eine Bewegung des Ausholens, Zuschlagens, Erholens, ähnlich den Atemprozessen, die unser alltägliches Leben in unserem Körper begleiten und ermöglichen [...].[65]

So geschieht auch Cohen zufolge „die Atmung [...] in rhythmischer Periode",[66] und zwar „in Einatmung und Ausatmung". Die Einatmung begründet „die Ordnung" des Atems. Das Steigen am Berg gilt Cohen als Beispiel, Goethe zitierend: „Der Schritt ist ‚eratmend', wenn er hinaufführt". So ist auch „alles Schreiten in der Musik [...] ein Hinaufführen, ein Emporstreben." Und die These lautet: „Die Urform des Rhythmus ist das Hinauf. Dieses Eratmen ist die Antizipation, die Urform der Zeit."[67] Mit seiner Analyse des Rhythmus bestätigt Cohen, dass die *Logik* „die Antizipation zum Hebel der Zeit gemacht" hatte.[68] Doch nicht nur in diesem Rückblick ist die Frage nach der Antizipation von hoher Relevanz; der Satz, dass die Antizipation sich „als die tiefste Seelenkraft" erweise[69] – und zwar „noch mehr fast im Tempo als schon im Rhythmus" –, hat auch vorausblickend auf die nicht geschriebene Psychologie Bedeutung. Denn die Sehnsucht, diese zweite Seelenkraft, der Cohen neben dem Mitleid besondere Bedeutung verleiht, könnte der psychische Faktor der Antizipation heißen.[70]

Als zweite Leitmetapher möchte ich die *Polyphonie* näher betrachten. Sie „erst unterscheidet die Musik von allen ihren Analogien"[71] wie vor allem von der Poesie, die wie die Musik auf dem Rhythmus als „ästhetischer Grundform"[72] aufbaut – ich komme gleich darauf zurück. Die Polyphonie bietet sich an, auf der Bildebene den Vergleich mit dem Zusammenspiel der Seelenvermögen auf der Sachebene zu tragen, und zwar eines Zusammenspiels, das im Gefühl der *Hoheit* schwingt, in einer *coincidentia oppositorum* die Extreme zusammenfassend. In dieser Hinsicht ließe sich im Deutungsrahmen der Polyphonie auch das Verhältnis von *Disharmonie* und *Harmonie* plausibilisieren, gilt doch von der Harmo-

---

64 A.a.O., 144.

65 Steinmetz, *Luthers Erben und das Unbehagen vor der spielerischen Dissonanz*, 259 f.

66 Cohen, ÄrG II, 146.

67 Ebd.

68 A.a.O., 143. Vgl. Cohen, ÄrG I, 158.

69 Cohen, ÄrG II, 150.

70 D.i. in Anlehnung an entsprechende Formulierungen zur Religion gesagt (vgl. Cohen, RV, 434 f.).

71 Cohen, ÄrG I, 162.

72 A.a.O., 158.

nie, dass sie „der Rest [ist], der von Lust und Unlust übrig geblieben ist".[73] Auch hier bewährt sich die Antizipation als Gesetz der Zeit, insofern Disharmonien nach harmonischer Auflösung streben – wie etwa im Nach-Hause-Kommen auf der Tonika; so verhält es sich auch in *Summertime*.

Schließlich ist die *Resonanz* eine weitere Metapher der Musik, die für ein Verständnis des Namens der Seele Anwendung finden kann, wenn sie als ganze mit der Umwelt, mit den anderen im Austausch steht, wie das die Metapher des Atems impliziert, oder wenn es um das Verhältnis der Gefühle auf ihren „relativen Gefühlsstufen" geht:[74] der Bewegungs-, Empfindungs-, Denk- und Willensgefühle. Die hier angesprochenen traditionellen Seelenvermögen kommen „zur Resonanz", wie Cohen schreibt, um „den Vorinhalt des neuen [das will an Ort und Stelle sagen: ästhetischen] Bewusstseins [zu] bilden":[75] gemeint ist das *reine Gefühl*, das „in dem Rückgang auf das Subjekt" eben an der Musik zu erkennen sei.[76] Der Inhalt des Bewusstseins ist hier nur „schwebend, schwingend"[77] dargestellt – entsprechend dem „Rhythmus der Musik", der als „Rhythmus des ästhetischen Bewusstseins […] das reine Gefühl als die Auflösung alles Objekts in das Subjekt heraus[stellt]".[78]

Wie ist diese Auflösung zu denken? Mit Blick auf die Musik doch wohl so, dass sie sich nur metaphorisch auf Gegenstände in der Außenwelt zu beziehen vermag, wie das an den Namen einiger klassischer Stücke zu sehen ist: die *Szene am Bach* oder *Das heutige Zusammensein der Landleute* bei Beethoven ist nicht mehr als eine Vorstellung, die der Hörer dieser Musik sich machen kann – oder auch nicht. Den Tönen eignet keine Referenz zu Objekten wie den Worten, es sei denn, man überträgt diese Referenz auf ihren Klang. Ja, die Namen von Stücken überhaupt sind metaphorisch (wie die *Mondscheinsonate* oder *Night and Day*),[79] und die Festlegung dieser Übertragung ist konventionell. Nicht durch ihre Gegenstands-Referenz ist die Musik bestimmt, sondern durch ihren subjektiven Gehalt. Die Objekte des Bewusstseins stehen Cohen zufolge zum subjektiven Gefühl nur in einem Verhältnis der „Resonanz".[80]

Um hier noch einmal auf *Summertime* zu kommen, ist es der Text, der die Bedeutung des Namens erhellt: *summertime and the living is easy / fish are jumpin' and the cotton is high, / your daddy's rich and your mom is good lookin' / so*

---

[73] A.a.O., 111.

[74] A.a.O., 182.

[75] Dieser Gedanke ist schon in Cohen, KBÄ, 333 angelegt, wo es heißt: „Durch den Ton wird der Gedanke Empfindung, verinnerlicht sich selbst zur ästhetischen Idee, und bildet für alle Künste die Resonanz der ‚Gedankenfülle'".

[76] Cohen, ÄrG I, 203.

[77] A.a.O., 202.

[78] A.a.O., 203.

[79] Vgl. dazu die wunderbare Kombination beider Stücke zu einem durch das *Janoska-Ensemble*.

[80] Cohen, ÄrG I, 203.

hush little baby / don't you cry. Doch dass das Stück nicht in F-Dur, sondern in D-moll gesetzt ist, legt allen Akzent auf das Gefühl der Sehnsucht, was der Sommer bringen könnte – ob es die Erfüllung gab, steht in Frage, doch es bleibt die Ermutigung, es gebe keinen Grund zum Weinen.

IV. Von der Psychologie als „innerer Sprachform der Philosophie" (H. Holzhey) zur Musik als Grundmetapher des Seelenlebens

Meine bisherigen Überlegungen haben den für das ästhetische Bewusstsein zentralen Begriff des Selbstgefühls als eine Spur genommen, die Cohen vermutlich in seiner nicht geschriebenen *Psychologie* aufgenommen hätte. Hierbei hat mich die Annahme geleitet, dass die Psychologie über ihre systematische Funktion hinaus, die Einheit des Subjekts in seinen drei „Arten des Bewusstseins" (s.o.) sicherzustellen, auch den Anspruch hätte einlösen sollen, dem Namen der Seele die verlorene Bedeutung wiederzugewinnen. Dafür sprechen all die Stellen, die diesen Namen wie selbstverständlich nennen, ohne dass ihm ein Begriff entspräche. In diese Lücke tritt die Metapher ein. Die Metaphorik aber, derer sich Cohen nicht nur in der *Ästhetik* gern bedient, ist eine der Musik. Sie kann, so scheint mir, als Grundmetapher des Seelenlebens in Anspruch genommen werden.

Wenn sich das halten lässt, dann müsste m.E. die von Helmut Holzhey vertretene These erweitert werden, die Psychologie hätte zu zeigen gehabt, dass und wie sie die „innere Sprachform" der Philosophie sein kann.[81] In der Tat ist für Cohen „Verinnerlichung [...] die gemeinsame Methodik alles geistigen Schaffens", „das Innere [des Selbst als Gedanke, Wille und Gefühl] ist das Ding an sich".[82] Was auch immer genauerhin wir uns denken können, wenn wir das Wort „Seele" gebrauchen: sie wird als ein Inneres in Anspruch zu nehmen sein, das sich zum Ausdruck bringt. Deshalb gilt auch: „Spräche die Seele nicht, so wüßten wir nicht, wie die Seele sich darstellen könnte".[83] Sie ist sozusagen mit sich selbst „immer zu eifrig im Gespräche",[84] auch wenn gerade eines ihrer (nur funktional zu verstehenden) „Vermögen" im Zentrum der Aufmerksamkeit steht: die Erkenntnis oder die Frage, welche Handlungsoption in einer bestimmten Situation zu ergreifen ist, oder die von allen anderen Alltagssorgen und Berufspflichten entlasteten Stunden der Rezeption (bzw. der Pflege) von Kunst. Die Seele spricht immer nur mit einer ihrer Stimmen, die durch die anderen begleitet wird.

---

[81] Holzhey, *Gott und Seele*, 102 mit Bezug auf Steinthal.

[82] Cohen, ÄrG I, 387 f.

[83] Cohen, ErW, 191.

[84] Nietzsche, KSA 4, 71 [*Also sprach Zarathustra*].

Doch die Seele spricht nicht nur – sie summt, singt, tönt auch, und entspricht auf diese Weise der musikalischen Metaphorik, in der sich der Zusammenhang der Systemteile fassen lässt. Der metaphorische Rang, den Cohen der Musik zugesteht, weist über das Sprachparadigma hinaus auch und gerade dann, wenn man berücksichtigt, dass die Sprache für Cohen ein leitendes Deutungsmuster für seine Theorie der Musik bleibt.

Die Orientierung am sprachlichen Paradigma ist seinem Vergleich der Musik mit der Poesie geschuldet. So schreibt er: Die Poesie als „die innere Sprachform alles künstlerischen Denkens" entspreche der Musik als „Notenbegriffssprache", aus welcher die musikalische zweite innere Sprachform „gänzlich unabhängig von der poetischen, unmittelbar herauswächst".[85] Das von Steinthal übernommene Modell der inneren Sprachform bleibt leitend sowohl für die Bestimmung der Ähnlichkeit von Sprache und Musik als auch für die Unähnlichkeit. Ähnlich ist die Musik der Sprache insofern, als sie „ihr Alphabet in der Melodie"[86] habe, die ihrerseits „durch die Harmonie bedingt ist".[87] Will man die Melodie begleiten durch andere Stimmen, ja will man sie wechseln lassen von einer Stimme zur andern wie in einer Fuge, so ist das darstellbar im „Satz" als den in einer Partitur gesetzten Noten, die ein Musiker in Töne umsetzen kann. Auch das Wort Noten-„Satz" trägt eine Vergleichbarkeit mit der Sprache, die Cohen zufolge erst „im Satze und im Begriffsworte des Urteilssatzes [reift]".[88] Doch diese Ähnlichkeit findet ihre Grenze an der Differenz, die durch die *gänzliche Unabhängigkeit* des musikalischen Zeichensystems von der *Begriffssprache* deutlich genug herausgestellt wird.

Geht man von dieser Differenz aus, kann die Musik (als ein eigener Modus der Verinnerlichung) zwar mit sprachlichen Phänomenen verglichen werden. In diesem Vergleich vermag sie aber ihre über die Sprachlichkeit hinausgehende Selbständigkeit zu bewahren. Und die bewährt sich darin, dass die Musik auch ohne einen Gegenstandsbezug spielen und auf das Gemüt wirken kann: sie kommt ohne den Referenzcharakter der Sprache aus.

Im Verhältnis zur Poesie widerspricht Cohen – hierin nota bene dem Nietzsche der *Geburt der Tragödie* ganz nahe – einer festgelegten Priorität des Wortes vor dem Ton. Vielmehr ahmt die Poesie „die Musik nach"[89] – mehr noch, als dass Texte „vertont" würden. Mit Cohen zu sprechen ist „die Poesie [...] von der Musik abhängig", und „eine zwiefache innere Sprachform [ist] zu unterscheiden [...]: neben der Begriffssprache die der Gefühlssprache. Die letztere aber ist durch musikalische Elemente bedingt, die das Metrum zusammenfasst".[90] Im Termi-

---

85 Cohen, ÄrG II, 424.
86 A.a.O., 158.
87 A.a.O., 154.
88 A.a.O., 155.
89 Nietzsche, KSA 1, 49 [*Die Geburt der Tragödie*].
90 Cohen, ÄrG II, 144.

nus der „Gefühlssprache" bleibt allerdings die „Sprachähnlichkeit der Musik" (Adorno) das leitende Paradigma.

Literaturverzeichnis

Beiser, Frederick C., *Hermann Cohen. An Intellectual Biography*, Oxford 2018.

Cheng, François, *Über die Schönheit der Seele. Sieben Briefe an eine wiedergefundene Freundin*, München 2018.

Cohen, Hermann, *Werke*, hg.v. Helmut Holzhey u.a. Hildesheim u.a. 1977 ff.

Fiorato, Pierfrancesco, *„In einer Schwebe zwischen Erkenntnis und Sittlichkeit". Über Hermann Cohens Polyphonie des Systems*, in: Hartwig Wiedebach (Hg.), *Die Denkfigur des Systems im Ausgang von Franz Rosenzweigs „Stern der Erlösung"*, Berlin 2013, 163–174.

Fuchs, Thomas, *Verteidigung des Menschen. Grundfragen einer verkörperten Anthropologie*, Berlin 2020.

Holzhey, Helmut, *Gott und Seele. Zum Verhältnis von Metaphysikkritik und Religionsphilosophie bei Hermann Cohen*, in: Stèphane Mosés/Hartwig Wiedebach (Hg.), *Hermann Cohen's Philosophy of Religion. International Conference in Jerusalem 1996*, Hildesheim u.a. 1997, 85–104.

Kant, Immanuel, *Kritik der Urteilskraft* [Werkausgabe Bd. X, hg.v. W. Weischedel], Frankfurt am Main 1974 [= KdU].

Lehnerer, Thomas, *Die Kunsttheorie Friedrich Schleiermachers*, Stuttgart 1987.

Munk, Reinier, *Der andere kritische Idealismus von Hermann Cohen*, in: DZPhil 59 (2011) 2, 271–282.

Nietzsche, Friedrich, *Sämtliche Werke. Kritische Studienausgabe in 15 Bänden*, hg.v. G. Colli/M. Montinari, München 1999 [= KSA].

Steinmetz, Uwe, *Luthers Erben und das Unbehagen vor der spielerischen Dissonanz*, in: Hans Martin Dober/Frank Thomas Brinkmann (Hg.), *Religion.Geist.Musik*, Springer 2019, 243–270.

Seel, Martin, *Die Künste des Kinos*, Frankfurt am Main 2013.

Stöckmann, Ingo, *Einleitung*, in: Ders. (Hg.), Hermann Cohen, *Die dichterische Phantasie und der Mechanismus des Bewusstseins*, Hannover 2021, 9–59.

Hermann Cohen and the Problem of Images*

Ido Ben Harush

In this study, I argue that Cohen's account of the *Bilderverbot* derives from two complementary yet distinct lines of reasoning. The first is a formal analysis of the two elements involved in the *Bilderverbot*: the monotheistic God and the different mediums of representation (whether artistic or conceptual). This line of reasoning revolves around understanding the fundamental incompatibility between a qualitatively unique monotheistic God and representational forms that are based on notions of likeness. The second, less essentialist line of reasoning, is grounded in instrumental logic and the need to protect monotheism from the risk of idolatry: it focusses on the profound influence of images and their effect on people. While not all images are problematic, or at least not in all cases, Cohen asserts that pedagogical, instrumental, or political logic leads the prophets to place universal restrictions on the production of images and Jewish aesthetics more broadly. To put it simply, whereas the first line of reasoning excludes images because of what they *are*, the second forbids them because of what they *do*.

The centrality of the *Bilderverbot* and idolatry in Cohen's thought, especially in relation to his reflections on aesthetics, has received some scholarly attention. Some scholars have analyzed Cohen's comments on the relation between monotheism and visual art from the second chapter of his posthumously published book *Religion der Vernunft aus den Quellen des Judentums* titled, "image worship" [*Der Bilderdienst*] and contextualized Cohen's employment of the *Bilderverbot* within a broader tradition in modern German-Jewish thought that (supposedly) recasts Judaism as an aniconic religion.[1] This tradition, so the narrative goes, reformulated Judaism in light of an imaginary debate in German philosophy between Immanuel Kant, who once suggested that the Second Commandment is perhaps the most "sublime passage in the Jewish Book of the Law,"

* I would like to thank Asher Biemann, Paul Franks, Paul North, Daniel Herskowitz, Shira Billet, Elias Sacks, and Paul Nahme, for reading earlier drafts and versions of this study and offering constructive comments.

[1] For some classic discussions on this topic, see Bland, *Artless*; Olin, *Nation*; For a similar contextualization of the German-Jewish theological tradition, see Batnitzky, *Image*. Other scholars have challenged this unifying narrative from different perspectives or proposed more moderate distinctions. For instance, Biemann, Aesthetics. For a specific discussion on Cohen's argument specifically in *Religion of Reason*, see Seeskin, *Hermann Cohen*.

and G.W.F Hegel, who saw in the non-representational God of the Jews a sign of their cultural and religious inferiority.[2]

The portrayal of Cohen as a philosopher advocating the claim that Judaism is an "aniconic" religion favoring music and literature over visual art ignores some significant statements he makes that undermine this view. It neglects, for instance, Cohen's challenging of the distinction between hearing and seeing essential to the aniconic theory in statements such as "hearing is as bodily as seeing and therefore had to be guarded against as much as seeing."[3] However, it is true that Cohen, in his reflections on the relationship between monotheism and aesthetics, responds to both the Kantian and Hegelian claims about Judaism and the *Bilderverbot*. Favoring poetry (and, to some extent, also music) as a more 'monotheistic genre' than the visual arts, Cohen explicitly draws on Kant's comment on many occasions.[4] More rarely and implicitly, Cohen also seems to respond specifically to the Hegelian tradition. In one of his early essays, he explains that monotheists avoid representing God in visual art not because of their racial shortcomings and aesthetic incapacity, but because their God exceeds the capabilities of visual art. Cohen suggests that this understanding should be remembered by "all those who are still fanatically arguing against the artistic barrenness of Semitism."[5]

While the Kant-versus-Hegel narrative finds some support in Cohen's work, other scholars have problematized the simplicity of this view. Relying on Cohen's entire corpus, including especially his 1912 *Ästhetik des reinen Gefühls*, they have emphasized that, for Cohen, the contradiction between monotheism and art is not absolute, but can have some exceptions. In one relatively extreme example from this work, Cohen suggests that even sculpture is sometimes exempt from biblical proscriptions. He claims that although the prophets strongly opposed sculpture, they were greatly interested in this art form.[6] He even emphasizes that contrary to the "appearance" of things, sculpture, in its ultimate form, designates a break from polytheism and is not embedded in it. He writes: "Es stellt sich [daher] vielleicht ein unerwarteter Einklang her zwischen dem Bildverbot des Monotheismus und der reinen Kunst."[7] Comments of this kind have led some scholars to explore the extent to which specific forms of representations in sculpture or painting could align with monotheism. In this regard, Ezio Gamba offers certain depictions of Jesus in Christianity as an example of a permitted depiction.[8] Others address the issue in more general terms and wish to understand

---

2 Kant, *Judgment*, 156; Hegel, *Vorlesungen*, 101.

3 Cohen, RV, 86/RR, 74.

4 See, for instance, KBE², 488–489.

5 Cohen, *Phantasie*, 420 (my translation).

6 ÄrG II 259–261.

7 Ibid. 260.

8 Gamba, *Bildnis*.

why, despite this possible "accord" between monotheism and art, the prophets rejected visual art so intensely.[9] Regarding this issue, Asher Biemann has recently emphasized that, for Cohen, the prophets rejected visual art because they were "artists" and "no[t] philosophers." Had they been philosophers, they would have understood how art could contribute to the development of humanity and support the cause of monotheism.[10]

The following analysis includes two main sections. In the first, I discuss the formal aspect of the *Bilderverbot*, showing how Cohen derives it from the essence of the monotheistic God and the representational capacity of different art forms. In the second part, I develop the non-philosophical, pedagogical, and political logic of Cohen's theory. Emphasizing the ways in which images function as problematic mediations or how, in their finite nature, they restrict the infinity of the idea of God, I suggest that in Cohen's understanding, there is an additional reason for the Hebrew prophets' restriction on producing aesthetic images besides their philosophical incapacity. In brief, I argue that in order to protect their "artwork," to use Cohen's terminology, which is "the new religion of the unique God,"[11] the prophets extended the prohibition on images to visual art in general, utilizing it as a defense against the risk of idolatry.

I. God, Image, Representation

Cohen's arguments about the *Bilderverbot* and idolatry derive primarily from a formal analysis of both the monotheistic God and the representational capacities of different aesthetic and philosophical forms. His fundamental argument about the monotheistic God is that God is unique and, for this reason, cannot be likened to anything in any way. In the first chapter of *Religion of Reason* Cohen explains that contrary to the vernacular understanding of monotheism as the belief in a single God, it is God's uniqueness rather than his oneness that defines the essential content of monotheism.[12] In other words, the essence of monotheism does not concern the quantity of gods – that is, whether they are one or many – but rather their quality. Surely God's oneness is a necessary condition for monotheism, but by itself, God's oneness is insufficient to define monotheism's essence. On the other hand, defining God's uniqueness as the essential characteristic of monotheism distinguishes it from both polytheism and pantheism, both of which place divinity on a spectrum that includes God, gods, and other finite be-

---

9 For a discussion on Cohen's notion of "Einklang" and the translation choice of "accord," see Erlewine, "Hermann Cohen," esp. 30–31 and FN12.

10 Biemann, *Bildersturz*, esp. 69; For a broader analysis see Biemann, *Aesthetics*, esp. 770–774.

11 Cohen, *Stil*, 262.

12 Cohen, RV, 41/RR, 35.

ings. The radical incomparability of the monotheistic God with all other beings provides the real reason why Zeus, the king of the Greek gods, fails to satisfy a monotheistic perspective. As Cohen explains in another instance, although Zeus has a specific significance among the gods in the Greek world, in which evidently he is aesthetically depicted in less variety and in the most profound way, Zeus is not a unique being, but only the first among equal divine beings who are not essentially different from him.[13] Since the number of gods is not the real issue, pantheistic monism – which in Spinoza's version unites God with nature – also cannot be regarded as monotheism, despite its acceptance of one God. In identifying God with nature, Spinoza's pantheism resembles polytheism, in which God is not fundamentally different from other beings.

The religious meaning of God's uniqueness problematizes its aesthetic representation. "Monotheism's opposition to plastic art," Cohen writes, "is based on the concept of being and its uniqueness."[14] The opposition between monotheism and plastic art is expressed most profoundly in the Second Commandment, which Cohen renders in various ways throughout his writings. In one of these instances in *Religion of Reason*, he explains:

> "Thou shalt not make an image nor any likeness" ["*Du sollst dir kein Bild und kein Abbild machen*"], that is to say, the image [*Bild*] has to be a likeness [*Abbild*]. Of God, however, there can be no likeness [*Abbild*]; he is absolutely the archetype [*Urbild*] for the mind, for the love of reason, but not an object for imitation [*Nachbildung*].[15]

The meaning of the *Bilderverbot* is essentially a prohibition on any representation that relates to the archetype in the wrong way. The important distinction is between an image [*Bild*] that is based on a depiction [*Abbild*] and the archetype [*Urbild*] for the love of reason. One way to understand this difference is by noting that the logic of the *Abbild* as a likeness requires multiplicity; it indicates there are at least two things, one of which is a depiction of the other. This depiction is possible because the two things, the original and the copy, share a quality, and in this specific sense, they are like each other.[16] Contrary to the dynamics of the image and the depicted object, the monotheistic God is characterized by its uniqueness. To put it simply, since God does not share a quality with other existing beings, God cannot maintain a relation of likeness with them. God is an *Urbild* that is recognizable through philosophical reflection and expressible in a moral act but undepictable in an image.

As the citation above indicates, the incapacity of the visual image to represent God derives not only from the essence of God, but also from the image itself.

[13] Cohen, ÄrG II, 270–272.

[14] Cohen, RV, 62/ RR, 54.

[15] Cohen, RV, 63/RR, 54.

[16] Though without any connection to Cohen, the logic of likeness was recently articulated in North, *Likeness*.

Claiming that "Jedes Bild ist Abbild," Cohen rejects visual art as an appropriate expression of the monotheistic God. In a much earlier essay, "Die dichterische Phantasie und der Mechanismus des Bewußtseins," (1869) Cohen further develops this dynamic between the idea and its artistic representation. He stresses that art genres can reach the ideal of beauty „wenn sie alle formalen Elemente der darzustellenden Vorstellungen den inhaltigen vollkommen entsprechend wachzurufen vermögen."[17] The more complex the idea to be represented, the more difficult is the task of representation. In an appropriate representation of an idea, all of its content elements should be expressed harmoniously – i.e., without falling to either extremes or being in contradiction to each other. While the artist's capabilities influence the possibility of achieving this purpose, Cohen claims that the success also depends on the capacities of the artistic medium itself. Sculpture and, say, poetry, differ in their aesthetic qualities and constraints and, thus, in the subject matter they are capable of truthfully representing.

Considering the capabilities of sculpture to represent the divine, Cohen differentiates between monotheistic and polytheistic ideas of God. He writes:

> Die Plastik konnte eben nur an die polytheistische Vorstellung „Gott" herantreten, die monotheistische hingegen ist plastisch nicht darstellbar.[18]

The problem derives from both the nature of sculpture, which must be positioned in a restricted space and depict measurable qualities, and of the monotheistic God, which is an idea that exceeds spatial characteristics. Cohen argues that the monotheistic idea of God is so abstract that it exceeds the capabilities of sculpture. In contrast to the monotheistic God, the sculpture is fully appropriate for the representation of the corporeal form of polytheistic gods:

> Die schwarzblauen Augenbrauen, mit denen ein Gott nickt, kann man abbilden, und auch die ambrosischen Locken, die ihm vom Haupte herabwallen; aber die abstrakten Vorstellungen von einem Schöpfer aus dem Nichts, von anfangsloser Einzigkeit und körperlicher Unveränderlichkeit, von unfaßbarer Größe und Milde, heiliger Gerechtigkeit und Liebe: diese Vorstellungen lassen sich plastisch nicht gestalten, weil die formalen Elemente ohne Beeinträchtigung der inhaltigen sich nicht gesondert abheben und so zum plastischen Ausdruck bringen lassen, daß durch dieselben zugleich die inhaltigen Elemente geweckt würden.[19]

While physical descriptions of God, no matter how awesome, can be depicted in sculpture, abstract and seemingly conflicted ideas, such as creation out of nothingness or God's uniqueness and physical immutability, cannot take plastic form. Since monotheists hold such an idea of God in their minds, they could never be impressed by any statues, no matter how profound they might be. As is typical for German philosophers who write about aesthetics after Winckelmann,

---

[17] Cohen, *Phantasie*, 420.

[18] Ibid. 420.

[19] Ibid. 421.

Cohen uses the example of the enormous statue of Zeus made by Phidias. He explains that even with its massive scale, such a depiction is still far too limited to do justice to the abstraction of the monotheistic God idea. Thus, he concludes,

der plastische Gott [kann] dem Monotheisten niemals erhaben erscheinen, denn seine inhaltigen Vorstellungen laufen weiter als das Bildwerk reicht, und so können auch die formalen Elemente nicht erzeugt werden.[20]

The absolute contradiction between the spiritual essence of the monotheistic God and the limited visual artwork indicates that the visual representation must be false. In *Religion of Reason*, Cohen writes:

Does there exist an archetype [*Urbild*] of God in an image at all? The images of gods have to be images of something else, to which the meaning of a god is attributed. At this point again there arises a contradiction between the unique being of God and all imaginary being [*allem vermeintlichen Sein*]. The images of gods cannot be images of God. Rather, they can be only images of objects of nature.[21]

As God is an archetype that cannot be visually depicted, all images of gods must be false. While they supposedly depict God, they must be, in fact, images of something else "to which the meaning of a god is attributed." For Cohen, the fallacy of misconceiving God or of assigning divinity to finite things is inseparable from morality. As he explicitly states in a later chapter titled "The Discovery of Man as Fellowman" [*Die Entdeckung des Menschen als des Mitmenschen*]: "The worship of idols signifies in ancient Jewish consciousness in no way a religious notion exclusively, but at the same time chiefly a purely moral one."[22] Paraphrasing a "profound saying" of the Talmud (Bavli, Sanhedrin 63b), he emphasizes that the Israelites would not have constantly submitted themselves to idol worship had sexual pleasure not been connected to it.[23] Thus, in order to avoid this fallacy, "prophetic monotheism is necessarily opposed to, necessarily contradicts *art*."[24]

As is well known, Cohen does not believe that this contradiction prohibits all art forms. Monotheism directs its aesthetic creation specifically to poetry; architecture, which has an instrumental purpose and is not built for mere aesthetic pleasure, is also generally allowed,[25] and as mentioned above, under certain conditions, even sculpture can be excepted from this proscription. In the context of this study, I cannot discuss why it is permitted to describe God in words, whereas

---

20 Ibid. 422.

21 Cohen, RV, 61/RR, 53.

22 Cohen, RV, 140/RR, 121.

23 Ibid/Ibid. The Talmud passage reads: "Rav Tehuda says in the name of Rav that "The Jewish people knew that idol worship is of no substance [שאין בה ממש]. And they worshipped idols only in order to permit themselves to engage in forbidden sexual relations in public [להתיר להם עריות]."

24 Cohen, RV, 62/RR, 53.

25 Cohen, RV, 447/RR, 384.

visual depiction is prohibited. Indeed, scholars have discussed this question concerning Cohen and beyond. Moshe Halbertal and Avishai Margalit argue in their book *Idolatry* that language is less conducive to idolatry because it does not fix the details of a representation, whereas in a picture the representation is fully determined. Gideon Freudenthal, in his account of Moses Mendelssohn's theory of idolatry, indicates that idolatry emerges from fetishizing objects, and in this regard, time-bound arts such as poetry and music, which are present only as long as they are performed, are free from the risk of idolatry. Kenneth Seeskin's comments on Cohen explain that "by its very nature, plastic art is more sensuous and poetry more cerebral."[26] Along similar lines, in *Religion of Reason*, Cohen writes: "Plastic art turns itself into an analogy of nature. The form of poetry, the original language of literature, however, can make thought more spiritually inward than plastic art."[27]

II. What Do Images Do?

So far, we have discussed the formal aspect of Cohen's argument regarding the *Bilderverbot*, in which the prohibition derives from a kind of dual essentialism involving the essential nature of the monotheistic God on the one hand and the plastic arts on the other. In addition to these philosophical, formal understandings, I suggest that there is another logic at work in Cohen's argument, which is not formal and philosophical but utilitarian and political. According to this logic, the objection to images is not grounded in what they are but rather in what they *do*: their effect on their observers and users. Unlike the first argument about the philosophical interpretation of God and the different art forms, in this case, images are forbidden not because they are too *weak* and incapable of representing what the thing they claim to represent, but rather because they are too *powerful* and they can (and, according to Cohen, often do) influence their observers in harmful ways. In the following section, I explore Cohen's account of the function of images and outline the utilitarian logic behind the *Bilderverbot*. I argue that Cohen understands the prophets' attitude towards art both as a pedagogical tool and as a defense mechanism that protects monotheism from the risk of idolatry.

Cohen's basic notion is that any image of God is essentially false. If it exists, it cannot be an actual image of God, and it must instead be a depiction of a natural thing. Idolatry, as a concept and phenomenon, can revolve around a specific form of worship or a misconception of the worshipped God. It emerges when people

---

[26] Seeskin, *Cohen*, 112.

[27] Cohen, RV, 43–44/RR, 37. For a broader discussion on Cohen's argument about poetry especially in realm of monotheism, and the differences between lyric poetry and the prayer of psalms, Poma, *Yearning*, 227–242.

start to adore a misconception of God and to bestow infinite qualities upon finite, contingent things. In fact, this issue is embedded in the formation of images out of archetypes more broadly. As Cohen stresses regarding the love of the moral ideal: "Any image of the archetype is a weakening of the unique realizing power that exists in the primary original force of the idea."[28] The image, any image, restricts the idea. Instead of preserving the archetype's theoretical abstraction and unlimited possibilities, the image limits it to a specific and temporal meaning. It is important to recognize that the principle embedded in this claim is that images are not simply false, but destructive. They can easily become too powerful. Once produced, they subject their observers to a specific meaning that they can no longer easily ignore.

Related to this problem is the distance an image creates between God and the human being. The image mediates the encounter of God and the human being and disallows a direct connection between them. Cohen uses this argument to explain the prophet's attitude towards sacrifice in his discussion on the identification of God with truth. Whereas the human relation with truth should be immediate, the ritual of sacrifice requires the mediation of the priest, and as such, is not a direct but only a symbolic action. As an indirect, symbolic act, the sacrifice is also a kind of 'image' which is subject to the same kind of critique as a literal visual image of God. For this reason, Cohen claims that the sacrifice "intensifies the offenses which the symbol of the pagan image arouses."[29] The sacrifice, like Christian symbolism or image worship, disrupts the appropriate relationship to God as truth. In the symbolic act of sacrifice, "The concept of truth loses its univocal meaning."[30]

As Cohen sees it, the problem is that human beings are prone to these kinds of fallacies: misconceiving God, placing improper obstacles in the way of their relationship with God, and forming a diminished idea of God's nature. The tragedy of human beings, Cohen explains in "Der Stil der Propheten," is that while they are "born to morality," they are not ready for this assignment.[31] The natural force of creating forms [*Schöpferkraft*] and the alluring power of artistic imagination [*Kunst-Phantasie*] lead to the animation of lifeless things and the creation of idols. In *Religion of Reason*, Cohen expands on this topic further. Discussing the progression from the first commandment that prohibits other gods to the prohibition on creating images of God, he claims that the restriction on image-making attacks polytheism at its core. What is attacked in this commandment is not the deification of this or that natural phenomenon, but the deification process itself, which begins in the human spirit and ends with the activity of human

[28] Cohen, RV, 187/RR, 161.
[29] Cohen, RV, 482/RR, 416.
[30] Cohen, RV, 485/RV, 418.
[31] Cohen, *Stil*, 267.

hands. It is this process of producing artifacts that later leads to the fetishization of human-made things and thus to idolatry. As Cohen writes, "Only through art does that which 'is in heaven above and on earth beneath or that is in the water under the earth' turn into a seductive archetype [*Urbild*]."[32] Cohen claims that to avoid this fallacy and overcome the seductive force of art, the prophets absolutized the prohibition on images and rejected visual art in its totality.

As mentioned at the beginning of this study, Cohen argues that the prophets rejected visual art despite their great interest in sculpture. In the above-cited passage from *Ästhetik des reinen Gefühls*, he also claims that the prophets knew something about the anti-polytheistic nature of sculpture and were aware of its tendency towards the ideal. Nevertheless,

> [Aber] sie sind durchdrungen von der einseitigen Überzeugung, daß nur ihr Gedanke von der Einheit und Einzigkeit ihres Gottes den Kult der Götter zu stürzen vermag, und daß nur durch die Vernichtung der Götterbilder der mit diesem Kult zusammenhängenden Unsittlichkeit gesteuert werden kann; wie ferner auch, daß nur durch die Bekämpfung der polytheistischen Art von Sittlichkeit die wahrhaft göttliche Sittlichkeit unter den Menschen begründet werden kann.[33]

I argue that this understanding of the "destruction of images" as a means to an end is emblematic of Cohen's thinking on this topic. Quite explicitly, the claim is that the prophets' decision about the destruction of images was strategic. That is, their judgement derived from utilitarian, pedagogical, and even political considerations and not (just) from formal logic or philosophical considerations. Here, I am interested not in whether it is true that only through the destruction of images can the immorality connected to idol worship be controlled, but rather in the purposive logic of this argument. The destruction of images is not proposed as an end in itself but only as a means to achieve some other goal. Indeed, as Cohen often emphasizes, the prophets were jurists, psychologists, artists, politicians, and teachers of morality, not philosophers.

As the argument about the existential need to create artistic forms in the lecture on "Der Stil der Propheten," in *Religion of Reason* Cohen's claim likewise leans on psychology and history, not only on philosophy. He writes: "Art is the original activity of the human spirit, in creating first of all images as likenesses of the natural things that fill the universe. But starting with sensible things, art soon presumes to depict the being of gods. This is the path that art takes among all peoples."[34] This claim teaches us a few things: First, it emphasizes that the power and need to create artistic forms are embedded in human existence and thus cannot easily be ignored. Cohen uses this notion to explain why the prophets needed to have artistic capabilities. The only way they could resist the natural human

---

32 Cohen, RV, 63/RR, 54 translation modified.
33 Cohen, ÄrG II, 260–261.
34 Cohen, RV, 62/RR, 53.

urge to create visual representations was by reorienting this force toward an alternative form of artistic production – namely, poetry. Poetry is their weapon in this war, and they use it to defeat the power of painting and sculpture.[35]

Second, and more to our point, Cohen's argument is based, at least in part, on a historical observation. Thus, Myriam Bienenstock is right to suggest that the central question for Cohen is not why the Hebrew prophets rejected art but rather where they found the strength to resist its charms. After all, the prophets had to find some strength, as overcoming the seduction of art involves overcoming a fundamental human urge and working against the direction of culture more broadly.[36] Yet I propose that in his formulation of the problem, Cohen answers the *why* question, too. His claim about how, in all cultures, unharmful artistic depictions of natural things soon develop into harmful depictions of divine things is not only a mere historical or anthropological description, but also an explanation for the prophets' decision to prohibit visual art. The production of images is forbidden because they are tempting and tend to effect people destructively. The production of images inevitably leads to the excessive reproduction of other images, which are this time not of natural objects but supposedly of divine entities. We should remember that the destructive moment emerges from the effect of images. Once such images of the divine exist (and in a sense, also of humanity), they have their own powers: they impose their restricted and specific representation of the idea on the observers and exclude the direct contact with truth.

Cohen is no stranger to such pedagogical or strategic reasoning, especially when it comes to the matter of idolatry. Within his discussion of the common biblical association of God with truth in *Religion of Reason*, Cohen considers the uniqueness of the coupling of God and truth in relation to other common pairings such as holiness, love, or justice. He explains that this tendency is derived from the prophets' intuition and tactical decisions. Cohen writes: "the mind of the prophets [*das prophetische Bewußtsein*] felt impelled to oppose the allurement and the illusion of idolatry – God as a being of an entirely different kind."[37] The prophets understood that attaching God to the notion of truth was necessary since the attribute of "living" alone "did not seem sufficient to distinguish the unique God from the dead idols."[38] Drawing on verses from Jeremiah, Cohen claims, "it becomes clear how he opposed the falsehood of the "plastic" of idolatry to the reality of the God of truth."[39] There is much more to say about this issue of truth in relation to idolatry (Cohen's reading of Maimonides plays a significant role in this context), as well as about his highly selective reading

---

35 Cohen, RV, 64/RR, 55; Compare Cohen, *Stil*, 264.

36 Bienenstock, *Cohen und Rosenzweig*, 93.

37 Cohen, RV, 478/RR, 412.

38 Ibid, translation modified.

39 Ibid.

of the verses from Jeremiah.[40] What is significant to our context, however, is Cohen's repetition of the claim that the logic behind the prophets' argument was not philosophical, but of a different nature. The prophets were not philosophers and they did not fully articulate the significance of truth for knowledge, but they felt that 'truth' was needed to establish a specifically religious consciousness. Cohen does not argue that the prophets' using of the concept of truth to resist the "the allurement and illusion of idolatry" was a proper free decision – after all, the prophets could not do otherwise as they "felt impelled" by their "consciousness" to do so. Still, we must recognize the instrumental logic at work in Cohen's claim. At least in this specific context, Cohen suggests the prophets introduced the notion of God as truth *in order to* oppose idolatry and not because it was inherently necessary.

Along similar lines, we can identify another example of a 'strategic logic' in Cohen's discussion of the Noahide laws.[41] In this case, Cohen notices that the prohibition on idol worship is an exception among these seven laws. Whereas all other commandments, including those against cursing God, murder, adultery and sexual immorality, theft, eating flesh torn from a living animal, and the obligation to establish courts of justice, concern morality, the prohibition on idol worship is meant to protect the state from the corruption of idolatry. Cohen explains: "If the law already goes so far as to permit nonbelievers in the unique God to settle in the land, then provision must be made that the land should not be desecrated through idol worship and its inhabitants not be induced to it."[42] Although in this case Cohen is clearly thinking of the problem of idolatry in general and not of the one caused by the image in particular, the logic is identical. Idolatry is tempting, and since it should be avoided at all costs, laws are instituted to immunize the community. The law restricting non-Jewish citizens' form of worship, like the expansion of the *Bilderverbot* from specific representations of God to visual art in its entirety, is a mechanism that monotheism uses to defend itself from idolatry and for the sake of morality.

---

[40] Cohen quotes from Jeremiah 10, 7–10. The core of his argument revolves around the first part of verse 10: "But the LORD is the true God [*Aber der Ewige ist ein Gott der Wahrheit*], He is a living God, and the everlasting King." This verse exemplifies the bond between a "living" God and the God of truth. In light of the previous verses, which discuss the materiality of the idols, it explains why the category of living alone is insufficient to separate God and the idols. While Cohen even discusses the mistranslation of this verse made by Emil Friedrich Kautzsch, he himself omits the second part of the verse. This part reads: "At His wrath the earth trembles, and the nations cannot endure His indignation [לא יכלו גויים זעמו]." Cohen would surely be less happy about this second part.

[41] Cohen's thought on this topic is based on additional texts beyond *Religion of Reason*. For the intellectual and political context behind Cohen's claims, see Nahme, *God*.

[42] Cohen, RV, 142/RR, 122.

To conclude, in this study, I argue that Cohen's conception of the *Bilderverbot* derives from complementary yet distinctly different modes of reasoning. The first is a formal analysis of God, images, and the representational capacity of different art forms. The second revolves around utilitarian logic and the need to protect monotheism from the risk of idolatry. Whereas the formal analysis explains the restriction on making images because of what they *are*, the utilitarian ground is based on what they *do*. Between the lines, I suggested that these arguments are interlinked. While religion has its own concept and share in reason, unlike pure philosophical cognition, religion also includes lived experiences of specific individuals and societies. It is the lived experience, which is documented in the people's history and literature, that teaches us that knowing a specific philosophical, necessary truth does not promise that we will act in a way that aligns with this truth. In some cases, we might identify the idols' true nature as idols but still be attached to the practice of adoring them. In other cases, a certain phantasmatic image might be too powerful, such that it obstructs to truth or make us forget a philosophical truth we previously acquired. The prophets were no philosophers, but they knew how precarious their artwork, called monotheism, was, so they had to absolutize the *Bilderverbot* and utilize it as a mechanism of self-preservation that would protect it from the corruption of idolatry.

Bibliography

Batnitzky, Leora. *The Image of Judaism: German-Jewish Intellectuals and the Ban on Images*, in: *Jewish Studies Quarterly* 11/3 (2004), 259–281.

Bienenstock, Myriam, *Cohen und Rosenzweig. Ihre Auseinandersetzung mit dem deutschen Idealismus*, Freiburg im Breisgau/München 2018.

Biemann, Asher D., *Bildersturz und Bilderliebe bei Hermann Cohen*, in: Beniamino Fortis (ed.), *Bild und Idol*, Berlin 2022, 49–74.

–, *Aesthetics and Art*, in: Martin Kavka (ed.), *The Cambridge History of Jewish Philosophy Volume 2*, Cambridge 2012, 759–779.

Bland, Kalman P., *The Artless Jew: Medieval and Modern Affirmations and Denials of the Visual*, Princeton, NJ 2000.

Cohen, Hermann, *Werke*, ed. Helmut Holzhey et al. Hildesheim et al. 1977 ff.

–, *Die dichterische Phantasie und der Mechanismus des Bewußtseins*, in: Werke 12, 343–463.

–, „Der Stil der Propheten," in: *Jüdische Schriften Bd. I*, Berlin 1924, 262–283.

–, *Religion of Reason Out of the Sources of Judaism*, New York 1972 [= RR].

Freudenthal, Gideon, *No Religion Without Idolatry. Mendelssohn's Jewish Enlightenment*, Notre Dame 2012.

Gamba, Ezio, *Du sollst dir kein Bildnis machen: Das Problem der künstlerischen Darstellung des Göttlichen in Hermann Cohens Ästhetik*, in: *Zeitschrift für Religions- und Geistesgeschichte* 62/4 (2010), 356–366.

Halbertal, Moshe/Margalit, Avishai, *Idolatry*, United Kingdom 1992.

Hegel, Georg Wilhelm Friedrich, *Vorlesungen über die Ästhetik I.* Werke 13, Frankfurt am Main 1989.

Kant, Immanuel, *Critique of the Power of Judgment*, Cambridge 2000.

Nahme, Paul E., *God is the Reason: Hermann Cohen's Monotheism and the Liberal Theologico-Political Predicament*, in: *Modern Theology 33/1* (2017), 116–139.

North, Paul, *Bizarre-Privileged Items in the Universe: The Logic of Likeness*, New York 2021.

Olin, Margaret, *The Nation Without Art. Examining Discourses on Jewish Art*, Lincoln 2001.

Poma, Andrea, *Yearning for Form and Other Essays on Hermann Cohen's Thought*, Dordrecht 2006.

Seeskin, Kenneth, *Hermann Cohen on Idol Worship*, in: Helmut Holzhey et al. (ed.), *„Religion der Vernunft aus den Quellen des Judentums": Tradition und Ursprungsdenken in Hermann Cohens Spätwerk*, Hildesheim 2000, 107–116.

E. Die Seele
in der Philosophie der Religion

Reines Gefühl und Religion

Anmerkungen zum Gefühlsbegriff bei Hermann Cohen und Friedrich Schleiermacher

Dietrich Korsch

Für den Kantianer Hermann Cohen gehört Friedrich Schleiermacher nicht zu den Autoren, die für die Ausbildung und Gestaltung seiner Philosophie von Bedeutung sind. In der *Ästhetik des reinen Gefühls* kommt Schleiermacher nur einmal, und das ganz nebenbei, vor.[1] Auch im *Begriff der Religion im System der Philosophie* wird Schleiermacher nur ein knapper Abschnitt gewidmet, der auf den Vorwurf hinausläuft, Schleiermacher vertrete einen religiös grundierten Pantheismus.[2] Gleichwohl besitzt für beide Theoretiker der Gefühlsbegriff eine systematische Schlüsselstellung, und wenn man sich um eine Beschreibung des Verhältnisses zwischen dem Berliner Postkantianer und dem Marburger Neukantianer bemüht, stellt dieser Begriff einen Ausgangspunkt bereit, von dem aus man weitere Perspektiven theoriegeschichtlicher und wissenschaftssystematischer Art gewinnen kann. Gerade deshalb, weil Cohen nicht explizit an Schleiermacher anknüpft und sich mit ihm auseinandersetzt, soll sein Konzept des Gefühls zuerst bedacht sein, um von dort aus auf Schleiermacher zurückzublicken. Es wird sich dabei eine interessante Konstellation sowohl für die Schleiermacher-Deutung als auch für eine Konturierung der Begriffsfassung Cohens ergeben.

I. Hermann Cohen: Das reine Gefühl

1. Das Problem der Reinheit des Gefühls

Cohens Bestreben, in seinen systematischen Grundlegungsbüchern stets mit dem Kriterium der Reinheit zu arbeiten, stößt beim Begriff des Gefühls auf besondere Schwierigkeiten. Um nur noch einmal anfänglich an die Wahl des Reinheitskonzepts zu erinnern, sei ins Bewusstsein gehoben, dass unter dem Begriff der Reinheit des Erkennens und des Wollens diejenigen Funktionsweisen des

[1] Cohen, ÄrG I, 35.
[2] Cohen, BR, 94–96.

Bewusstseins gesucht werden, die immer schon und in jedem Vorkommen des Erkennens und Wollens gebraucht werden. Im Unterschied zur Konstruktion des Transzendentalen bei Kant soll die Betrachtungsweise der Reinheit Verfahrensformen des Bewusstseins herausheben, die nicht bereits durch die Absichten präfiguriert sind, unter denen sie Anwendung finden. Es handelt sich vielmehr, so könnte man sagen, um Versuche einer letzten Prinzipialisierung des Problems des Transzendentalen überhaupt, um die Loslösung von seinen empirischen Bezugsfeldern.

Genau diese Vorgehensabsicht stößt nun allerdings beim Begriff des Gefühls auf den eigentümlichen Umstand, dass es sich beim Gefühl um ein Phänomen zu handeln scheint, für das gerade keine Abstraktion von seinen empirischen Vorkommensformen möglich ist; Gefühl scheint immer schon und durchgängig von den gefühlten Inhalten bestimmt. Das trifft auch noch auf Kants Konzept des Begriffs zu, wie es vor allem in der *Kritik der Urteilskraft* ausgearbeitet wird.

Dieser Vorwurf ist der Grund, warum sich Cohen in der *Ästhetik des reinen Gefühls* zu einer scharfen Kant-Kritik genötigt sieht.[3] Man kann diese Kritik ausgehend von Kants Gebrauch des Empfindungsunterschiedes von Lust und Unlust rekonstruieren.[4] Die gegensätzlichen Empfindungen stellen sich Kant als elementare Spannung dar, von der sich das fühlende Subjekt betroffen findet; eine Spannung, die man als unmittelbare Übereinstimmung mit sich (Lust) oder unmittelbare Differenz zu sich (Unlust) beschreiben kann. Für die Existenz dieser Spannung aber, so lautet Cohens Kritik, ist eine Wirkung – eine Einwirkung und Mitwirkung – der zu empfindenden Welt unerlässlich anzunehmen; und das gilt selbst dann, wenn man – wie Kant das versucht hat – Lust und Unlust auf die Innerlichkeit des Empfindens zu reduzieren vermag. Nun wird man für Kant die Auffassung vertreten können, dass nach seinem Systemkonzept diese indirekte – also: gefühlsvermittelte – Präsenz des zu Empfindenden unproblematisch ist. Wenn man aber das Ziel der „Reinheit" verfolgt, wie Cohen das tut, stellt sich gerade hier das erhebliche Problem, wie man „Reinheit des Gefühls" soll beschreiben können.

Es mag an dieser Stelle noch einmal bedacht werden, warum Cohen – abgesehen von der historischen Maßgeblichkeit Kants für seine gesamte Philosophie – auch der Dreigestalt von Kants Kritiken gefolgt ist. Dafür gibt es meines Erachtens einen zwiefachen Grund. Einerseits ist es Cohen explizit darum zu tun, dass die Philosophie die differenzierte Wirklichkeit der entwickelten Welt zu erfassen vermag, also in ihrer Ausdifferenzierung erstens als Naturwissenschaft, zweitens als Staat und Gesellschaft, drittens als Kunst. Es handelt sich dabei aber tatsächlich um die Entfaltung eines einheitlichen Gesamtzusammenhangs. Und dieser Einheitlichkeit wird man andererseits – nur noch! – ansich-

[3] Cohen, ÄrG I, 100–116.

[4] Vgl. a.a.O., 102.

tig, wenn man die Reinheit der Operationen des Bewusstseins rekonstruieren kann, die in den drei unterschiedenen Darstellungs- und Operationsformen der empirischen Welt gebraucht werden. Diese Interpretation vermag vielleicht am besten zu erklären, warum insbesondere Cohens Ästhetik sich immer in einer zweipoligen Zwischenlage bewegt, die zugleich und wechselweise verschiedene Wahrnehmungen der Kunst mit strengen begrifflichen, ja spekulativen Gedankenführungen verbindet. Es ist dann nicht zufällig, dass sich das Problem der Ästhetik im Bezugsraum von Kunst und Gefühl stellt – und dass dort die Aufgabe einer Konstruktion des reinen Gefühls erwächst.

2. Der Aufbau des reinen Gefühls

Die Logik der Reinheit ist keine Logik der Einfachheit, im Gegenteil. Das Reine lässt sich in seiner Reinheit nur im und als Verhältnis erfassen. Begrifflicher Aufbau der Reinheit und operativer Ausdruck der Reinheit gehören zusammen. Das heißt im Falle der Reinheit des Erkennens, dass das im Erkennen tätige Ich sich als „Vereinigung aller Momente im Objekt“[5] vollzieht – und dabei von der in ihm wurzelnden reinen Fähigkeit zur Einheitsbildung in Gestalt der Begriffsbildung Gebrauch macht. Das bedeutet im Falle des Willens, dass das dort tätige Ich sich vor die „unendliche Aufgabe“ gestellt sieht, die eigene und vorläufige Individualität zur Allheit zu erweitern. „Nur in der Allheit des Staates und der Menschheit atmet das wahrhaft lebendige Subjekt des reinen Willens.“[6] In diesen beiden Aktionsformen ist das Ich bei sich – und nicht bei sich. In der Einheit des Begriffs geht es verloren, in der Allheit des Ziels bleibt es auf dem Weg zu sich unterwegs.

Es ist nun aber – und zwar: gerade in seiner Reinheit – tätig. Aus dieser Einsicht erwächst für Cohen, über die Anknüpfung an Kant hinaus, die systematische Funktion des Gefühls. Auf seine Reinheit kommt es daher entscheidend an. Denn wenn diese nicht gezeigt werden kann, fällt auch die Konstruktion der anderen Reinheitsfiguren dahin. Es geht darum insbesondere hier – und: eben in einem extrem kritischen Kontext möglicher Abhängigkeit – darum, diejenige Funktionsweise des Gefühls zu bestimmen, die sich gerade als Vollzug und Betätigung der Reinheit in der Hervorbringung von ästhetischen Erzeugnissen verstehen lässt. Alles muss daher darangesetzt werden, dass auch der mindeste Anschein einer äußeren Abhängigkeit des Gefühls ausgeschlossen wird. Nun kommt aber gerade beim Gefühl, wie es herkömmlich verstanden wird, die Abhängigkeit besonders deutlich ins Spiel.

Die Begriffskonstruktion, die Cohen aufführt, ist rasant und erstaunlich. Man kann sie in drei Schritten nachzeichnen. Der erste Schritt besagt: „Fühlen“ ist die

[5] A.a.O., 194.
[6] A.a.O., 197.

„Urform des Bewußtseins", um die es zu tun ist;[7] er setzt dieses damit ins noch unausgesprochene Verhältnis zu anderen Konstellationen des reinen Bewusstseins. Der zweite Schritt lehrt das Fühlen als Bewegung verstehen: „Die Bewegung ist Fühlen."[8] Damit wird auf eine innere Strukturiertheit des Fühlens selbst gesehen. In einem dritten Schritt muss dann das Geschehen der Bewegung so bestimmt werden, dass in ihr nicht schon auf etwas Äußeres Bezug genommen wird, welches die Bewegung auslöst oder gar leitet. Dafür bietet es sich an, den Horizont, innerhalb dessen sich die Bewegung abspielt, als umfassend gegeben vorzustellen, ohne dass er auf den Vollzug der Bewegung Einfluss nähme. In der Konsequenz dieser Überlegung lautet die – überraschende – Aussage: „die Urform" ist „das Fühlen der Temperatur."[9]

Diese Pointe verlangt nach einer kleinen Auslegung, und die gliedert sich in zwei Gedankengänge. Der erste Gedanke ist eine Reflexion auf den Begriff der Bewegung. Für ihn gilt elementar, dass mit Bewegung ein fluider Vollzug gemeint ist. Doch verlangt diese Flüssigkeit der Bewegung danach, mindestens implizit als Richtung verstanden zu werden, also Relate in Anspruch zu nehmen, die jedoch als solche gleich wieder negiert werden sollen, um bei der verlaufenden Strömung der Bewegung zu bleiben. Diese Negation setzt jedoch voraus, Relate zu setzen, um von ihnen im Moment ihrer Setzung zugleich zu abstrahieren. Das Gefühl erweist sich in dieser Analyse als unmittelbar-momentan strukturiertes dialektisches Vorgehen. Genau – und nur – aufgrund dieser begrifflichen Verfassung kann das Gefühl die Rolle spielen, die zu spielen ihm aufgetragen ist, nämlich auf unmittelbare Weise das Beisichsein des Ich und die Potentialität aller Außenbeziehungen so zu verknüpfen, dass dabei der produktive Charakter des Gefühls in den Momenten seines Ausdrucks nachvollziehbar wird.

Der zweite Gedanke ist nicht weniger berückend. Cohen weist nämlich – eher unbetont, aber von höchster systematischer Wichtigkeit – darauf hin, warum gerade die Temperatur als Horizont der Urform des Fühlens ausgezeichnet wird. Der Übergangsgedanke dafür lautet, dass die Temperatur „eine Urform in der Bewegung des Nervensystems und des Organismus" ist.[10] In dieser Aussage wird einmal auf den Charakter der Temperatur als vorhandene Umwelt alles Fühlens verwiesen; und zwar auf eine solche Umwelt, die rein da ist, ohne dass von ihr Handlungen oder Wirkungen ausgehen. Und es wird sodann eine Parallele aufgemacht zwischen den natürlich vorhandenen Schwingungen, die die Voraussetzung von Temperatur überhaupt ausmachen, und der schwingenden Bewegung im Gefühl, die wir soeben als Modus unmittelbar aufgehobener Dialektik entschlüsselt haben. Genau diese Strukturäquivalenz ist aber Voraussetzung dafür,

---

[7] A.a.O., 136.
[8] Ebd.
[9] Ebd.
[10] Ebd.

dass sich das Gefühl auch aus sich selbst äußern kann – und dafür nicht etwas anderes benötigt, das etwa auf es einwirkt.[11]

3. *Der Ausdruck des reinen Gefühls*

Das Gefühl ist in der Lage, sich auszudrücken – und dieser vom Gefühl erzeugte Ausdruck ist nicht einfach die Umkehrung eines angeblich von irgendwoher empfangenen Eindrucks. Das ist der Leitsatz für den Umgang mit dem reinen Gefühl. Der vom reinen Gefühl erzeugte Ausdruck begegnet nun aber in der Gesamtheit der ästhetischen Phänomene. Dabei ist es illusorisch, ja überhaupt eine falsche Erwartung, mit „Erzeugung" könnte so etwas wie eine genetische Rekonstruktion oder eine systematische Entfaltung vermöge eines irgendwie tätigen Urgrundes gemeint sein. Vielmehr erweist die Reinheit des Gefühls ihren reinen Charakter darin, dass das Gefühl immer schon ausdruckbildend vorlag, so dass nun eigentlich nur noch eine hermeneutische Interpretation der Kulturerzeugnisse auf den in ihnen wirkenden erzeugenden Grund hin vorgenommen werden kann. Wenn man es etwas zuspitzen möchte, könnte man sagen: Die transzendentaltheoretisch orientierte Reinheit des Gefühls erweist sich als autonome hermeneutische Matrix für die Deutung der kulturellen Erscheinungen, insbesondere auf dem Felde der Kunst.

Dabei nimmt das reine Gefühl eine besondere Stelle im Geflecht der reinen Vermögen ein; es benötigt nämlich die Mitwirkung des reinen Erkennens und des reinen Wollens in jedem Moment seiner Ausdrucksgestaltung. In wissenschaftlich-theoretischer ebenso wie in sittlich-praktischer Hinsicht gehen die gestalteten Momente der Wirklichkeit mit den ästhetischen Hervorbringungen zusammen; die Kunst benötigt Material und verfolgt Zwecke, ob sie es will und darum weiß oder auch nicht. Die Ausdrucksseite des reinen Gefühls bewegt sich daher immer schon in sinnlich-sittlich wahrzunehmenden und zu beurteilenden Horizonten.

Es ist diese vom reinen Gefühl ausgehende Verknüpfung der Ausdrucksmedien, die für eine grundbegriffliche Ordnung unter den Gattungen der Kunst sorgt. Auf dieser Basis kann mittels der Grundlegungsfunktion des Gefühls das Verhältnis der Kunstgattungen zueinander entziffert werden. Danach kommen Poesie und Musik auf die eine Seite zu stehen, Baukunst, Plastik und Malerei auf die andere[12] – und der zweite Band der *Ästhetik des reinen Gefühls* besteht ja in nichts anderem, als diese Ordnung für eine Geschichte der Gattungen fruchtbar zu machen. Das kann und braucht hier nicht weiter erörtert zu werden; ganz

---

[11] „So bewährt sich am Fühlen der Temperatur die Bewegung als Urform des Bewußtseins. Die Bewegung wird an ihr als *Erzeugung der Bewegung* bestätigt. Und an der Erzeugung der Bewegung bewährt sich die *Erzeugung des Bewußtseins im Fühlen*." (Cohen, ÄrG I, 138)

[12] Cohen, ÄrG II, 424.

widerspruchsfrei scheint mir die Logik der Kunstgattungen bei Cohen nicht zu sein, etwa was das Verhältnis von Ausdrucksmedien und Sinnerschließungen angeht.[13]

Wie immer es also um die von Cohen postulierte Einheit der Kunst als Entsprechung zum reinen Gefühl stehen mag – für die Religion gibt es keinen eindeutigen, nicht einmal einen bevorzugten Platz im Geflecht der Hervorbringungen des reinen Gefühls. Vielmehr ist auch die Religion von den Produktionsmerkmalen gezeichnet, die bereits den Hervorbringungen der Kunst zu eigen sind, nämlich einem Zusammenwirken von natürlichen, sittlichen und ästhetischen Faktoren.

Unter den verschiedenen Vorbedingungen kommt die Religion daher in unterschiedlicher Akzentuierung zustande. Sie kann sich als „Naturreligion" darstellen (und integriert auf der natürlichen Basis sittliche und ästhetische Momente), sie kann sich zugespitzt über die Sittlichkeit auslegen (hier mit natürlichen und ästhetischen Ingredienzien); sie kommt aber auch – und womöglich zentral – in einer eigentümlich ästhetischen Anschaulichkeit zustande, welche sich natürlich-sittlicher Artikulationsstrategien bedient. Diese letzte Darstellungsform der Religion besitzt nun einerseits einen großen Reiz, weil sie so unmittelbar mit der Frage der aus sich selbst quellenden Einheit des Bewusstseins verbunden zu sein scheint; andererseits steht sie auch in größter Gefahr, nämlich die Eigenart und Einzigkeit des sich selbst vollziehenden Gefühls in der Gesamtheit eines Pantheismus untergehen zu lassen – weshalb in Cohens Konzept immer noch eine größere Nähe der Religion zur Sittlichkeit auftritt, die für die durch die Sünde erzeugte Individualität des Menschen zuständig ist. Das schöne Beispiel für die natürliche Herkunft des religiösen Baus des Tempels besteht in Cohens These, dass die Tempel modifizierte Paläste sind.[14] Für die Hervorhebung der Sittlichkeit zugunsten der anderen Repräsentationsmedien kann man auf „Die Liebe im Alten Testament"[15] verweisen, und die Gefahr des Pantheismus lauert Cohen Beobachtungen zufolge hinter jeder Ecke insbesondere der modernen Religion, wie er es an Schleiermacher exemplifiziert.[16]

4. Die Vollendung des reinen Gefühls

Das reine Gefühl nimmt die Funktion wahr, den gemeinsamen Grund zu Bewusstsein zu bringen, auf dem das Bewusstsein in seinen Operationsformen des reinen Erkennens und des reinen Willens fußt. Es steht insofern in besonderer Weise für die Einheit des Bewusstseins ein. Allerdings kann es diese auch nicht

---

13 So ist z.B. der Dimensionsprimat der Plastik als unmittelbare Konsequenz des Fühlens mit dem Deutungsprimat der Poesie als Quelle aller Kunst nicht leicht zu vereinbaren.

14 Cohen, ÄrG II, 215 f.

15 A.a.O., 35–39.

16 Cohen, BR, 94 f.

allein zur Geltung bringen. Wie die anderen Bewusstseinsfunktionen ist es darauf angewiesen, sich als Gestaltungs- und Gliederungsprinzip der Wirklichkeit zu erweisen – hier der ästhetischen Kultur.

Mit dieser Ortsbestimmung wird eine zwiefache Beobachtung verbunden. Einmal, dass das reine Gefühl als solches, ohne die Nebengrößen des reinen Erkennens und des reinen Wollens, gar nicht hinreichend zu bestimmen ist. Mit der Besonderheit des reinen Bewusstseins allein kann man keine Grundlegung des Bewusstseins vollziehen. Insofern kann auch das reine Gefühl nicht in spezifischer Weise für die Religion auskunftsfähig gemacht werden. Wer das versuchte, würde nicht nur eine anthropologische Abstraktion vorantreiben, er würde auch die Rolle der Religion fehlbestimmen und sie ihrer weltanschaulichen und sittlichen Kompetenz berauben. Die zweite Beobachtung lautet, dass alle drei Bewusstseinsfunktionen darauf hin angelegt sind, sich als hermeneutische Triebkräfte der Kultur zu erweisen, das heißt als Verständigungsgrößen, die zugleich über das Verstehen und Erfassen der Wirklichkeit diese als wirklich bestimmt. Das führt konsequenterweise dazu, dass nur die Einheit der kulturellen Hervorbringungen, nach dem Muster der Reinheit der Bewusstseinsfunktionen geordnet und gestaltet, die Einheit des grundlegenden Bewusstseins zum Vorschein bringt.

Die Einheit des Bewusstseins, auf die insbesondere das reine Gefühl verweist, realisiert sich nur in der Einheit des Kulturbewusstseins. Das Kulturbewusstsein muss man sich so vorstellen, dass es zu einem Zusammenwirken der kulturellen Instanzen von Naturwissenschaft, Sittlichkeit und Kunst kommt, in dem es ein lebendiges Hin und Her gibt, reziproke und asymmetrische Übergänge möglich sind, die in ihrer zugleich resultatorientierten wie verfahrensoffenen Form die Vielfalt des Ganzen durchmessen, ohne es jemals abschließend erschöpfen zu können. Die Einheit des Bewusstseins in der Reinheit seiner Funktionen zielt auf eine Vollendung im durchgearbeiteten Kulturbewusstsein.

Die Religion nimmt dabei, so scheint es, keine tragende Rolle in der Systematik der Ganzen ein. Sie bleibt, auch wenn sie sich in der Mehrheit der Funktionsdifferenzen auslegt (als Natur-, Sittlichkeits- oder Kunstreligion), vielmehr mit den unterschiedlichen Auslegungshorizonten beständig verknüpft. Sie ist möglicherweise Symbol des Ganzen – aber immer nur im Hinweis auf die notwendige kulturelle Durcharbeitung desselben.

Es muss aber doch auch auf der Ebene der Darstellungen eine Entsprechung zur Einheit geben, wie sie sich auf seiten der Grundlegung findet. Das ist die Perspektive, in der die Psychologie in Cohens Blickfeld gerät. Dass es sich dabei um einen eigenartigen Begriff der Psychologie handelt, sieht man sofort. Denn es geht nicht um die empirische Feststellung seelischer Bestände und Verfahrensweisen, es geht um die Darstellung der Einheit, die der Vielfalt der Kultur zugrunde liegt. Man kann diese Intention Cohens wohl am ehesten nachvollziehen, wenn man unter Psychologie die Bezeichnung des Ortes versteht, an dem die Mehrgestaltigkeit der Operationsformen des Bewusstseins in der zu gestaltenden Welt wahrgenommen, gedeutet, geklärt und orientiert wird. Empirische Beweglichkeit und systematische Ordnung sind darin zu verzahnen.

Gerade in dieser Rolle der Psychologie steckt nun aber eine weitreichende systematische Frage. Sie hatte sich vorhin bereits in kleinem Maßstab angedeutet, als von der eigenartigen Strukturäquivalenz von „Bewegung" die Rede war, die als Grundmerkmal des Gefühls, aber auch „des Nervensystems und des Organismus" auftauchte. Denn es steht jetzt zur Debatte, von welcher Art diese Äquivalenz ist und auf welchem Grunde sie beruht.

Zunächst muss man sagen, dass sie als Äquivalenz beobachtet wird. Für die Beobachtung ist aber bereits die Funktion des Erkennens zuständig, von der also in der Behauptung Gebrauch gemacht wird. Sodann gilt, dass der Verweis auf die Strukturäquivalenz doch auch einen plausibilisierenden, wenn nicht gar begründenden Sinn besitzen soll. Beides lässt sich nur zusammenfügen, wenn sich in dieser Äquivalenzbeobachtung so etwas zu Wort meldet wie eine Gleichstrukturiertheit von bewusster und erscheinender Welt. Für diese implizit notwendige Behauptung gibt es nun aber in Cohens System keine Begründung mehr. Sie wird, obwohl sie als basales Argument beansprucht wird, doch ganz dem Verlauf des Verfahrens überantwortet, für das das philosophische System die Anleitung geben möchte.

Betrachtet man dieses Ergebnis kritisch, dann muss man sagen, dass sich die behauptete Konkordanz der Strukturen nur rechtfertigen lässt, wenn man zusätzliche Annahmen ins Spiel bringt, deren kategorialen Status man nur als religiös bezeichnen kann. Denn eine Auskunft über das nicht aus einem gemeinsamen Grund entspringende Miteinander und Zueinander des Verschiedenen kann nur religiösen Charakter tragen, kann nur von der Form eines deutenden Symbols sein.

Was nun aber sich an dem anfänglich beobachteten Verhältnis zwischen den zwei Bedeutungen des Ausdrucks „Bewegung" zeigt, gilt symptomatisch für das ganze System. Auch die Einheit des Kulturbewusstseins – und zwar gerade in der vorhin vorgeführten Art und Weise eines freien und sich selbst vollziehenden Miteinanders – verlangt nach einem angebbaren Horizont, der weiter ist als die an sich sympathische Begrenzung auf hermeneutische Grundlegungsoperationen, wie Cohen sie nahelegt. Damit tritt aber auch der Gedanke ins Blickfeld, dass sich Cohens Auffassung der Religion – trotz ihrer Vorzüge für die sittlich sich aufbauende Individualität – noch nicht die letzte Auskunft über den Religionsbegriff sein kann, die zu geben ist; und das gilt auch und gerade dann, wenn man an Cohens restriktiver und transzendental konzentrierter Fassung des Gefühlsbegriffs als „reines Gefühl" festhalten möchte.

Es ist dieses Ergebnis – in seinem konstruktiven, aber auch kritischen Sinn –, welches uns nun den Blick auf Schleiermacher werfen lässt.

II. Friedrich Schleiermacher: Gefühl und Religion

Der Begriff des Gefühls bei Friedrich Schleiermacher erscheint in seinen Grundzügen in zweifacher Gestalt; er ist aber immer mit der Religion bzw. der Frömmigkeit verbunden. In den *Reden über die Religion* 1799 tritt der Gefühlsbegriff zusammen mit dem Begriff der Anschauung auf, nimmt aber dessen Gehalt in den weiteren Auflagen zunehmend auf, um dann in der *Glaubenslehre*, insbesondere der zweiten Auflage 1831/32, als Grundbegriff für die Explikation der Frömmigkeit zu dienen. In beiden Varianten, deren Zusammenhang gleich gezeigt werden soll, macht Schleiermacher von einem spezifischen Anschluss an Kants Dreiteilung der transzendentalen Philosophie Gebrauch.

1. Religion: Anschauung und Gefühl

Die zweite Rede *Über das Wesen der Religion* vereinfacht Kants Aufstellung in einer Art und Weise, dass sie dem Zweck der Erkenntnis der Besonderheit der Religion leicht dienlich wird. Metaphysik und Moral, so heißen bei Schleiermacher die Namen für theoretische und praktische Philosophie, und deren Eigenart wird durch gegensätzliche Bewegungsrichtungen gekennzeichnet. In der Metaphysik geht die Bewegung von außen nach innen, das Bewusstsein ist vorwiegend rezeptiv. In der Moral ist die Bewegung umgekehrt, hier wirkt das Bewusstsein nach außen hin. Gemeinsam ist beiden Modi des Weltumgangs, dass sie sich auf ein Ganzes beziehen. Die Einflüsse auf das Bewusstsein, die die Metaphysik feststellt, sind so unendlich wie das Universum selbst, und die Tätigkeiten, zu denen die Moral anleitet, gehen ebenfalls unbegrenzt weiter, fort und fort. Bereits diese Zuordnung lässt erahnen, dass es nötig sein wird, nach einem Einheitspunkt zu suchen, der die gegenstrebigen Bewegungen zusammenhält und damit die ansonsten virtuell bleibende Ganzheit realisiert, statt sie im Modus eines utopischen Phantasmas zu belassen. Dazu dient die Religion: „ihr Wesen ist weder Denken noch Handeln, sondern Anschauung und Gefühl."[17]

„Anschauen des Universums [...] ist die allgemeinste und höchste Formel der Religion"[18], lautet die bekannte Aussage Schleiermachers, die die Erörterung der Religion in der *Zweiten Rede* eröffnet – ein Satz, der zu mancherlei Deutung Anlaß gegeben hat. Der Zugang von Cohens Begriff des reinen Gefühls her erlaubt uns ein eigenes und radikales Verständnis des gemeinten Sachverhalts, das sowohl den Begriff der Anschauung als auch den des Universums schärfer zu fassen vermag.

Versteht man „Anschauung" von der Stellung her, die sie einnehmen soll, um das Widereinander von Metaphysik und Moral miteinander zu vereinbaren,

---

[17] Schleiermacher, R, 79.

[18] A.a.O., 82.

dann muss in ihr selbst die Gegensätzlichkeit der Bewegungen vereint sein. Das ist auch der Fall. Denn Anschauen ist einerseits rezeptives Wahrnehmen, also von dem bestimmt, was anschaulich begegnet. Zugleich ist Anschauen ein spontaner Akt, vermöge dessen das Sichtbare angeeignet wird. Rezeption und Produktion fallen im Anschauen ineins. Diese interne Doppelung wiederholt sich gleichsam in dem, was angeschaut wird. Einerseits ist das Angeschaute holistisch zugleich präsent und wird nicht erst nacheinander erschlossen; andererseits ist es doch etwas Bestimmtes, also gegliedert und differenziert. Man sieht es sofort: Anschauen ist ein ziemlich komplexer Vorgang.

Eine entsprechende Doppelung steckt auch im Begriff des Universums. Einerseits ist „Universum" ja ein Ausdruck für das unübersteigbare Ganze. Andererseits liegt dieses Ganze in den unendlichen Differenzen alles Einzelnen vor. Es ist diese Doppelheit der Aspekte oder Begriffsbestimmungen, die den Übergang erlaubt von notwendigerweise vereinzelten Anschauungen zur Gewahrung des Universums in denselben. Der Begriff des Universums richtet das partikular Angeschaute unmittelbar auf das darin präsente Ganze aus.

Man kann, wenn man sich dieses Geflecht von Differenzierungen klarmacht, bereits ahnen, dass die Absicht, damit einen Religionsbegriff aufzubauen, der Metaphysik und Moral zu verknüpfen erlaubt, nicht abschließend zu realisieren ist. Es bedarf vielmehr noch einer Instanz, die die nun gerade entfalteten Differenzen abermals als in sich zusammenfallende gewahren lässt. Diese Instanz ist das Gefühl.

Das Gefühl tritt ins Bewusstsein als unmittelbare Rückkopplung, die mit dem Anschauen des Universums mitgegeben ist. Im und als Gefühl sind die Differenzen, die zur Charakteristik der Anschauung des Universums gehören, vorwillentlich vorhanden. Die Formel „alles mit Religion, nichts aus Religion tun"[19] kennzeichnet das Beisichsein des Gefühls – in allen möglichen und mit einzelnen Anschauungen verbundenen Gefühlslagen. Dass Schleiermacher zur Plausibilisierung dieser Stellung des Gefühls auf leibhafte Resonanzen verweist, bestätigt auch von seiten des Gefühlsbegriffs noch einmal die Unmittelbarkeit, mit der das Gefühl erregt ist und seine Rolle spielt.

Allerdings tritt nun, wenn man sich diese Funktion des Gefühls klarmacht, ein weiterer Aspekt in den Blick, nämlich die Forderung danach, dass für diese Gefühlseinheit, die ja Denken und Handeln zusammenfasst und so erst das Universum als solches zu erfassen verspricht, auch eine über das differenzierte Dasein des Universums hinausgehende Einheit gesucht werden muss. Diesen Gesichtspunkt hat Schleiermacher in den Reden noch nicht thematisiert, wie ja auch der Gefühlsbegriff als Korrelat der Anschauung noch nicht vollends begrifflich durchdacht war. Es lässt sich aber zeigen, dass sich bereits in der *Zweiten Rede* ein Pfad abzeichnet, der zu einer erweiterten Fassung des Gefühlsbegriffs

---

[19] A.a.O., 87.

führt. Es ist daher nicht verwunderlich, dass Schleiermacher sich dieser Präzisierung in den späteren Auflagen der Reden angenommen hat.

Diese Zuspitzung auf das Gefühl lässt sich folgendermaßen nachzeichnen. Wenn es in der Anschauung darum zu tun ist, das Universum in seiner Ganzheit und Differenziertheit zugleich zu gewahren, dann kann sich dieser Eindruck nur einstellen, wenn nicht willkürlich Beliebiges auf anderes Beliebiges verweist. Vielmehr sind es Ordnungen des Universums, die Einheit und Vielheit miteinander vermitteln. In der *Zweiten Rede* geht Schleiermacher ausführlich drei solcher Ordnungen durch: die Natur, die Menschheit und die Geschichte.[20] Für die Ordnung der Natur gilt, dass es nicht vereinzelte Phänomene sind, die auf das Ganze verweisen; es sind vielmehr die Gesetze, nach denen sich die Vielfalt ordnet; und das gilt vom kosmologisch-physikalischen Himmel ebenso wie vom organisch-chemischen Erdenleben. Eines verweist aufs andere anhand solcher Gesetzmäßigkeiten, die die Beziehung der einzelnen Erscheinungen regeln.

Die Menschheit geht über diese äußeren Einheitsverknüpfungen hinaus. In ihr wurzelt das Bestreben, dass sich Individuen aktiv aufeinander beziehen und bereits durch ihr affektives Zusammenwirken in Gestalt der Liebe ein Ganzes schaffen, welches gar nicht als geplantes Produkt verstanden werden kann. Man muss einen Genius darin und dahinter annehmen, durch den sich die Menschheit in Gestalt von aufeinander bezogenen Individuen aufbaut.

Geschichte, so heißt die dritte Ordnung, nach der sich Einzelnes und Ganzes ineinanderfügen. Damit wird nicht nur die ästhetisch-gemütvolle Form des Sichbeziehens aufeinander thematisch, sondern der Weg, den die Bildung der Menschheit in der Zeit einnimmt – und die Verantwortung sichtbar macht, zu der die Menschen in der einen Menschheit sich verpflichtet haben. Kurzum: Die drei Medien – Natur und Wissen, Menschheit und Gemüt, Geschichte und Handeln – geben die Ordnungen an, durch welche Einzelnes und Ganzes als Repräsentationsformen des Universums ineinander verschlungen sind. Wie aber verhalten sich nun diese Ordnungen zueinander, und inwiefern ist das Gefühl in der Lage, sich in diesen Ordnungen zu bewegen und auszulegen?

Interessant ist für die so gestellte Frage die Andeutung, die Schleiermacher seiner Entfaltung folgen lässt: dass nämlich mit dem Durchgang durch diese Medien, die immer auch Orte religiöser Repräsentanz sind, das einheitsstiftende Phänomen der Religion noch nicht abgeschlossen ist. Vielmehr ist die reine Innerlichkeit des Gefühls, unabhängig und frei von den Darstellungsmedien, der Ort, an dem die Einheit des Gefühls als religionsbegründend auftritt. Es muss daher so etwas wie eine innere Beweglichkeit des Gefühls geben, von der die verschiedenen Darstellungsformen dann Gebrauch machen. Damit wird aber ein Bereich angedeutet, der dem sehr nahekommt, was Hermann Cohen später die Reinheit des Gefühls nennen sollte.

---

[20] Vgl. a.a.O., 91–102.

Das Fazit dieser Betrachtung des Gefühlsbegriffs in Schleiermachers Reden kann also lauten: Der Anschauungsbegriff verhilft Schleiermacher dazu, die Einheit des Bewusstseins in seiner theoretisch-praktischen Differenziertheit mit Blick auf die Religion darzustellen. Anschauen des Universums ist der Ausgangsbegriff – und der führt mit Konsequenz zum Gefühlsbegriff als dem Zentrum der Einheit des Verschiedenen im Universum. Genau indem der Gefühlsbegriff diese Aufgabe übernimmt, muss er für sich beanspruchen, nicht erst als abkünftig vom und nachrangig zum Phänomen der Anschauung ins Spiel zu kommen, sondern auf eigenem Recht zu beruhen. Dieses Erfordernis wird in den *Reden* zwar erhoben, doch lässt die Auszeichnung des Anschauungsbegriffs die Einheit und Reinheit des Gefühls noch nicht vollends hervortreten. Es bleibt – vorläufig – bei der Ahnung, dass es ein Korrelat des – insoweit reinen – Gefühls geben muss, welches die Einsicht in die Leistungsfähigkeit des Gefühls erschließt.

2. Gefühl: Grund des Bewusstseins und Ort der Frömmigkeit

In der Einleitung in die *Glaubenslehre* hat sich das Bild gewandelt; die – von uns aus natürlich: im Rückblick – bemerkten Spannungen sind bearbeitet und umformatiert worden.[21] Das zeigt sich deutlich in der einheitlicheren, aber auch weniger voraussetzungsreichen Grundbegrifflichkeit. Statt von Religion ist hier von Frömmigkeit die Rede; der Anschein, Religion schließe theoretisch zu formulierende Sachverhaltsurteile und organisatorisch zu verwaltende Lebensvollzüge ein, wird ausdrücklich kritisiert. Auch auf die traditionsbelasteten Termini Metaphysik und Moral wird verzichtet; stattdessen ist von Wissen und Tun die Rede. An die Stelle der philosophischen Disziplinen tritt eine Vollzugsbeschreibung menschlicher Tätigkeiten. Diese Umstände entlasten nicht nur die Debatte über das Gefühl, sie erlauben es zudem, den Gefühlsbegriff so anzureichern, dass die Leistungen, für die der Anschauungsbegriff einstand, nun dem Gefühl zugerechnet werden können.

Dafür sind zwei Begriffsdimensionen ausschlaggebend. Einmal wird im Gefühl die Außenbeziehung mit der Selbstbeziehung unmittelbar verbunden. Fühlen heißt immer: Etwas fühlen. Etwas fühlen geht aber immer zusammen mit Sich-fühlen. Es bedarf also der Anschauung nicht mehr, um die Einheit der gegenläufigen Bewegungen „von außen nach innen“ und „von innen nach außen“ zu vermitteln. Sodann sind im Gefühl stets Fühlen und Bewusstsein miteinander verbunden. Das ist eine Folge der Einheit von Etwas-Fühlen und Sich-Fühlen, sofern im Etwas-Fühlen ein Bezug präsent ist, von dem man ein Bewusstsein hat oder haben kann.

Diese beiden Dimensionen im Gefühlsbegriff erlauben es Schleiermacher nun weiter, gängige Alternativen der Bestimmung des Gefühls zu unterlaufen. Dazu

[21] Vgl. Schleiermacher, GL², § 3 und 4, 13–40.

zählt erstens die Stilisierung des Gegensatzes, den man zwischen dem Beisichsein, also der empirischen Besonderung des Gefühls, und dem Mitlaufen des Gefühls mit anderen Bewusstseinszuständen, also der Kopräsenz des Gefühls mit Wissen und Handeln, statuiert. Tatsächlich gibt es ja den Selbstbezug immer schon in jedem Gefühl von etwas; ein Nach- und Nebeneinander ist nicht sinnvoll vorstellbar. Dazu zählt zweitens die Beziehung des Gefühls auf Wissen und Tun. Bereits im Sich-Fühlen steckt ein doppeltes Wissen: das sozusagen gegenständliche Wissen um den Auslöser des Gefühls und das subjektive Wissen um die Präsenz des eigenen Gefühls. Jedes elaborierte Wissen hat an dieser Doppelgestalt teil; diese sichert geradezu das Phänomen ab, dass sich das Wissen niemals von seinem Produktionsort im Bewusstsein und dessen subjektiver Präsenz abhebt. Und im Gefühl ruht auch schon ein Impuls zum möglichen Tun, sofern die eigentümliche Kopräsenz von Wissen und Fühlen nicht nur auf mögliche Veränderungen des aktuellen Zustands hinweist, sondern auch im affektiven Durchdringen des zum Tun fähigen Körpers zu solchen Veränderungen motiviert.

Die Frömmigkeit, die im Gefühl wurzelt, steht so im Geflecht mit den humanen Selbstauslegungsformen von Wissen und Tun, dass sie deren Zusammenhang nachzuvollziehen erlaubt, ohne sich in irgendeiner Weise als abgehobene dritte Instanz aufführen zu wollen, die die Gehalte von Wissen und Tun von außen bestimmt.

Es ist gerade diese differenzierte Verflechtung, die unweigerlich auf die Anschlussfrage hindrängt: woher denn diese Verfassung des Gefühls selbst stammt. Die Unausweichlichkeit dieser Frage stammt aus der beschriebenen Struktur des Gefühls selbst. Jedes Gefühl lässt sich auf etwas zurückführen, das den Anstoß zum jetzt gerade so bestimmten Fühlen gab. Diese Herkunfts- oder Bestimmungsfrage muss nun auch für das Gefühl selbst und insgesamt gestellt werden. Würde man darauf verzichten, wäre die Durchsichtigkeit des Gefühls, wie wir sie analysiert haben, selbst nur zufälliges Faktum und widerspräche damit dem Eindruck der Gewissheit, der mit jedem Gefühl doch verbunden ist.

Zugleich ist die Herkunftsfrage mit der Auflage versehen, die im Gefühl wurzelnde Freiheit unseres gesamten theoretischen und praktischen Vermögens nicht zu widerrufen. Denn gerade die Differenziertheit des Gefühls, wie sie in der Frömmigkeit aufscheint, begründet ja die Verbindung von Wissen und Tun und die mögliche Spontaneität des Handelns.

Diese beiden Anforderungen an die Herkunft des Gefühls weisen abgrenzend den Weg der Argumentation. Einerseits kann auf eine Deutung der Herkunft – und insofern einer Abhängigkeit – nicht verzichtet werden. Es muss daher als ausgeschlossen gelten, das Gefühl selbst und insgesamt als spontanes Erzeugnis des Bewusstseins zu behaupten. Man kann, wenn man das versuchte, nämlich weder den Eindruck des unmittelbaren Daseins des Gefühls erklären noch eine Instanz benennen, die von jenseits des Gefühls zu einer solchen konstituierenden

Aktion in der Lage wäre. Andererseits kann die Herkunft, die als solche Abhängigkeit schafft, nicht Resultat einer Abhängigkeit von etwas weltlich zu Wissendem sein. Diese Auskunft scheitert am ursprünglichen Freiheitsbewusstsein im Gefühl.

Was übrigbleibt, nennt Schleiermacher das „Woher" des Gefühls – eine schlechthinnige Abhängigkeit. Dieser Ausdruck hat für viele Missverständnisse gesorgt, die nun durch unsere Rekonstruktion bereits ausgeschlossen werden. Die Frage nach dem Woher gehört zur Verfassung des Gefühls, hatten wir gesehen. Und die Freiheit im Gefühl bleibt unbeeinträchtigt. Das kann nur bedeuten, dass jede Antwort auf die „Woher"-Frage eine deutende Aktivität des mit Bewusstsein begabten Gefühls ist – und nichts weniger darstellt als eine Begründung der eigenen Freiheit. Erst indem die „Woher"-Frage so beantwortet wird, erfüllt sich der Begriff des Gefühls. Man könnte auch sagen: Nur vor diesem Hintergrund lässt sich die Reinheit des Gefühls behaupten.

Nun ist für die Deutung des Woher eine sprachliche Benennung nötig. Man muss es immer wieder als überraschend, aber auch als exzeptionell betrachten, dass Schleiermacher hier den Ausdruck „Gott" einführt. Will man, was er ganz kurz vornimmt, genauer erläutern, kommen drei Umstände in den Blick.

Der erste besteht darin, dass wir in unserer Sprache diesen Ausdruck vorfinden; so vorfinden, dass er gebraucht wird, auch ohne dass eine Theorie darüber gewusst würde und vertreten werden könnte. Es ist also eher ein – hier: begrifflich orientierender – Anschluss an einen vorliegenden Sprachgebrauch. Im Sprechen, so kann man das deuten, ist immer schon präsent, was sich als Herkunft des Gefühls und als Grund der Freiheit erweist. Damit wird an das akute Sprechen angeschlossen und es zugleich auf seinen möglichen letzten Sinngehalt hin ausgerichtet.

Der zweite Umstand ist darin zu sehen, dass die Kategorie der Herkunft neu bestimmt wird. Was vordergründig so aussieht, als sei die Kategorie der Kausalität nun in einem transzendenten Gebrauch verwendet worden – ein Fehler, den man dem Postkantianer Schleiermacher besser nicht unterstellen sollte –, erweist sich der Sache nach als eine Umformung der Kategorie. Denn was die Herkunft des Gefühls angeht, also die Quelle auch aller Kategorien des Wissens, so kann – mit Kant – die aufs Empirische zu beziehende Kausalität keine schlüssige Verwendung finden. Vielmehr muss man mit einem anderen – sagen wir: symbolisch-deutenden oder auch alltagskompatibel-vorwissenschaftlichen – Herkunftsbegriff rechnen, der die spezifische Abkunft des Gefühls als Grund des Bewusstseins benennen möchte. Gerade und nur in diesem Sinne konstituiert diese Herkunftsdeutung die Reinheit des Bewusstseins.

Ein dritter Umstand kommt hinzu. Offensichtlich gibt es keinen methodischen Zwang, diese Deutung der Herkunft so zu vollziehen. Vielmehr bedarf es des Unterschiedes zu einem wissenschaftlich-methodisch verwendeten Herkunftsbegriff, um die Eigenart des religiösen Ursprungs des Gefühls zu bezeichnen. Die Ausarbeitung des seinerzeitigen Standes wissenschaftlicher Begriffsbildung ist also eine Bedingung dafür, die spezifisch religiöse Deutung davon abzusetzen. Die Motivation zu dieser Deutung ist also eine geschichtliche – und das sowohl im Blick auf die Geschichte der Aufklärung als auch im Blick auf die Geschichte der Religion, die eine solche Differenzierung von Gott und Welt vorzunehmen verlangt. Das heißt aber: auch die Reinheit des Gefühls trägt eine historische Signatur.

Von diesem so begründeten Gefühl kann nun aber in aller Freiheit Gebrauch gemacht werden – für die gesamte Welterkenntnis im Wissen und die umfassende Moral im Handeln. Die Reinheit dieses Gefühls wird geradezu dadurch abgesichert, dass sie sich aus einem eigenen Ursprung speist. Die religiös gedeutete Herkunft verzerrt die freie Selbstbetätigung des Gefühls in keiner Weise.

III. Reines Gefühl und Religion

Schleiermachers Gefühlsbegriff, so kann das kurze Fazit lauten, gibt gerade in seiner frömmigkeitsbezogenen, die Religion einschließenden und von ihr Gebrauch machenden Herkunftsdeutung ein Beispiel für das, was Hermann Cohen fast einhundert Jahre später reines Gefühl nannte.

Cohen selbst hat sich, wie wir wissen, gegen eine solche Verwendung der Religion mit allen Kräften verwehrt – auch wenn seine Konzeption des reinen Gefühls mit einem blinden Fleck rechnen musste, nämlich der Leerstelle zwischen reiner Bewegung und organismischer Resonanz. Nun kann man fragen, warum sich Cohen so entschieden gegen eine religiöse Deutung des Gefühls gewandt hat; selbst wenn man davon absehen kann und muss, dass er Schleiermacher vermutlich nur als pantheistischen Romantiker wahrgenommen hat. Man könnte erwägen, ob es auch für Cohens Beharren ein religiöses Motiv gibt, nämlich gerade die genannte Leerstelle mit Absicht freizuhalten, also das Gefühl gerade als reines Gefühl in sein historisches Schicksal einzuweisen, dass es die Durchdringung und Prägung des gesamten Kulturbewusstseins noch vor sich hat.

Der Unterschied zwischen Schleiermacher und Cohen bestände dann nicht in der Auffassung von der Reinheit des Gefühls, sondern von dessen weltbestimmender Macht. Dass sie vorhanden ist, darüber besteht bei keinem von beiden ein Zweifel. Ob und inwiefern auf dieses Gelingen aber vorzugreifen ist, inwiefern es vorgreifend symbolisiert werden kann und darf, das bleibt unausgemacht. Und das ist ja auch eine treffende Beschreibung unserer Wirklichkeit noch heute.

Literaturverzeichnis

Cohen, Hermann, *Werke*, hg.v. Helmut Holzhey u.a. Hildesheim u.a. 1977 ff.

Schleiermacher, Friedrich, *Der christliche Glaube*. Nach den Grundsätzen der evangelischen Kirche im Zusammenhange dargestellt, 2. Auflage 1830/31, hg.v. Rolf Schäfer, Berlin/New York 2008 [= GL^2].

–, *Über die Religion. Reden an die Gebildeten unter ihren Verächtern* (1799), hg.v. Günter Meckenstock, Berlin/New York 1999 [= R].

Im Spannungsfeld zwischen Geist und Leben

Hermann Cohen über die Unsterblichkeit der Seele

Pierfrancesco Fiorato

Mit dem vorliegenden Beitrag habe ich mir ein relativ bescheidenes Ziel gesetzt. Im Folgenden möchte ich lediglich versuchen, einige Grundzüge der recht komplexen Ausführungen Cohens in Kapitel 15 von *Religion der Vernunft* zu erläutern.[1] Dieses Kapitel, obwohl relativ wenig erforscht, ist nicht nur das umfangreichste des gesamten Werkes,[2] sondern nimmt auch eine besonders wichtige Stellung innerhalb seiner Architektur ein. Im Hinblick auf die Gliederung des Buches scheint mir nämlich die Interpretation von Hans Ludwig Ollig nach wie vor eine gewisse Gültigkeit zu haben, der mit Kapitel 16 „Cohens praktische Theologie" beginnen lässt und damit suggeriert, dass Kapitel 15 den grundlegenden Teil des *opus postumum* abschließt.[3] Dies wird übrigens auch von Cohen selbst indirekt bestätigt, wenn er auf der letzten Seite des Kapitels schreibt, dass „alle Grundbegriffe der Religion auf die Unsterblichkeit der Seele hinaus[strahlen]".[4] Mag also das Kapitel als eine Art abschließender Synthese erscheinen, so handelt es sich doch um eine Synthese, der eine tiefe Unruhe und Spannungen innewohnen, die sie in gewisser Weise zu einer offenen Synthese machen.

Zu Recht hat Andrea Poma meines Erachtens die Unsterblichkeit als einen Grenzbegriff von Cohens kritischer Geschichtsphilosophie bezeichnet.[5] Was den Status dieses Grenzbegriffs betrifft, so ist es vielleicht nicht ganz abwegig, auch das zu berücksichtigen, was Cohen in der *Logik der reinen Erkenntnis* schreibt,

---

[1] Vgl. Cohen, RV, 344–392: „Unsterblichkeit und Auferstehung". – Geleitet von der Absicht, vor allem Cohens Auffassung von der Seele zu untersuchen, werde ich mich im folgenden auf das Problem der Unsterblichkeit konzentrieren. Dies entspricht übrigens auch dem Ansatz, den Cohen selbst den Ausführungen des betreffenden Kapitels gibt, wo er die Auferstehung zunächst nur als einen „Hebel für die Formulierung [...] der Unsterblichkeit" betrachtet (a.a.O., 351), um dann erst in zweiter Linie und eher kursorisch die Frage anzusprechen, unter welchen Voraussetzungen die Auferstehung selbst als „eine gleichartige Ergänzung zur Seelenerhaltung" angesehen werden kann (a.a.O., 359).

[2] Darauf hat bereits Hartwig Wiedebach eingangs des bisher einzigen ausdrücklich diesem Thema gewidmeten kritischen Beitrags hingewiesen. Vgl. Ders., *Unsterblichkeit und Auferstehung im Denken Hermann Cohens*, 431.

[3] Vgl. Ollig, *Religion und Freiheitsglaube*, 313.

[4] Cohen, RV, 392.

[5] Poma, *The Critical Philosophy of Hermann Cohen*, 250.

wo die Unsterblichkeit als „Beispiel des unendlichen Urteils“ herangezogen wird. Hier liest man, dass die Seele dank der durch den Unsterblichkeitsbegriff ermöglichten „abwehrenden Richtung auf das Sterbliche“ den Ursprung des Geistes in sich entdecken konnte.[6] Nimmt man die Züge des unendlichen Urteils ernst, die in einem solchen Begriff zur Geltung kommen sollen, so haben wir es mit einem „vermittelnden Begriff“, mit einem „Zwischengedanken“ zu tun, der eher Perspektiven eröffnen als einen „selbständigen, abgeschlossenen Inhalt“ definieren kann.[7] Die Möglichkeit einer direkten Anwendung dieser Merkmale auf das, was in *Religion der Vernunft* viel ausführlicher behandelt wird, mag zunächst zweifelhaft erscheinen. Dennoch bietet ihnen die von Cohen hervorgehobene „Diskretion der jüdischen Glaubenslehre gegenüber der dogmatischen Unsterblichkeit“[8] die Möglichkeit einer Resonanz. In der Tat spricht Cohen mehrfach von Ergebnissen und Perspektiven, die durch die „Vermittlung“ oder das „Mittel“ der Unsterblichkeit gewonnen werden,[9] ja er zögert sogar nicht, das „ewige Leben“ als einen „Hilfsbegriff“ zu bezeichnen.[10]

Die Spannungen, die ich hervorheben möchte, betreffen die Natur und den Status der Seele selbst: Es sind Spannungen, die durch die Einnahme der Unsterblichkeitsperspektive wie durch ein Reaktionsmittel hervorgerufen und erzeugt werden. Die Spannungen, von denen die Seele durchdrungen ist und die in ihr einen Ausgleich finden sollten, die sie aber auch – im ständigen Schwanken zwischen Idealisierung und der Sorge um die Bewahrung der Urbedingungen aller Abstraktion[11] – zerreißen, sind, wie der Titel schon andeutet, die Spannungen zwischen Leben und Geist. Zunächst also:

I. „Seele alles Lebendigen“

Es ist mir nicht möglich, auf die ausführlichen Überlegungen über die sehr enge und grundlegende Beziehung zwischen Seele und Leben im einzelnen einzugehen, die Cohen in den vorangehenden Kapiteln von *Religion der Vernunft* angestellt hat. Ich erwähne hier nur einige Schlüsselstellen, um den Leser in meinen Gedankengang einzuführen.

Die erste einschlägige Stelle ist natürlich die im jahwistischen Schöpfungsbericht, in der erzählt wird, wie Gott dem Menschen „den Lebenshauch eingeblasen, und ihn dadurch zu einer lebendigen Seele gemacht“ hat. In seinem Kom-

---

[6] Cohen, LrE², 88 f.

[7] A.a.O., 104.

[8] Cohen, RV, 390.

[9] A.a.O., 384 f.

[10] A.a.O., 382.

[11] Vgl. a.a.O., 356.

mentar dazu betont Cohen, dass „Leben und Seele [...] nunmehr den Menschen aus[machen]“: „So tief hat der Jahvismus eingewirkt“.[12]

Dass der Mensch „zunächst Leben und Seele [ist]“, wiederholt er dann im Zusammenhang seiner Darlegung von Gottes Bund mit Noah, als einem Bund „zwischen Gott und jeder lebendigen Seele in allem Fleische“.[13] Noah soll für Cohen „noch keine andere Offenbarung empfangen [haben] als die vom Menschen als Lebewesen“, was übrigens ausreicht, um darauf das Naturrecht zu gründen und auf dieser Grundlage den Menschen bereits zum Mitmenschen zu machen.[14] Ein weiterer wichtiger Schritt wird aber dann bereits dort vollzogen, wo Cohen noch im selben Kapitel das Thema der Armut als das „Leiden des Menschengeschlechts“ einführt. Das Leiden soll nämlich Wehe und Übel von der physischen Ebene „ins Psychische [...] – wie er schreibt – und somit in die gesamte Komplikation des Seelischen [gehoben haben], welches das Geistige und das Sittliche zusammenfaßt“.[15] Die so eingeführte Polarität wird dann in den Kapiteln über Versöhnung weiter ausgebaut. Hier schreibt Cohen, dass „seit Jecheskel [...] jeder zur Seele geworden [ist]. Und seitdem bedeutet die Seele nicht mehr nur das Leben und die Person, sondern das Selbst, welches in seiner Selbstverantwortlichkeit sich auferbaut“.[16]

„Nicht mehr nur das Leben“: aber wie passen diese verschiedenen Bedeutungen der Seele zusammen? Das Thema wird in Kapitel 15 auf neue Weise frontal aufgegriffen. Denn hier wird von Anfang an die Frage gestellt, ob und inwieweit die Bedeutung der Seele als „Lebensprinzip“ mit dem „ethischen Begriff der Seele“ verträglich sei; ja Cohen spricht sogar von dem, was zumindest dem ersten Anschein nach ein Widerspruch zu sein scheint.[17] Der Rahmen, in dem sich die Erörterung dieser Frage zwangsläufig bewegen wird, wird gleich zu Beginn durch die Feststellung abgesteckt, dass die Seele eine „Vergeistigung“ und „Idealisierung“ erfahren hat, „wie sie in solcher Fülle der Bedeutungen und in solcher Bestimmtheit der Ausprägung bei keinem anderen Begriffe der Kultur nachweisbar sein wird“.[18] Es ist daher angebracht, hier anzusetzen.

---

[12] A.a.O., 99 f.
[13] A.a.O., 136 f.
[14] A.a.O., 142.
[15] A.a.O., 157.
[16] A.a.O., 267 f.
[17] Vgl. a.a.O., 347.
[18] A.a.O., 345.

II. Die Vergeistigung und ihr Schatten

Eine Schlüsselrolle wird in diesem Zusammenhang von der Wiederaufnahme des Heiligkeitsbegriffs gespielt. Die „Vergeistigung" (im wörtlichen Sinne des Ausdrucks), die durch die Einführung dieses Begriffs angebahnt wird, ist äußerst radikal. „Die Seele wird Geist", verkündet Cohen mit Nachdruck, und zwar deshalb, so lautet die Begründung, „weil die Heiligkeit einer besonderen Seele bedarf, die nicht aufgeht in der Lebensseele".[19] „Alle Zweideutigkeit, – schreibt er ferner – die der Seele noch anhaftete, [...] ist durch den Geist von ihr genommen. Und durch den Geist ist daher der Mensch unsterblich geworden in der unendlichen, unvergänglichen Aufgabe seiner Heiligkeit."[20] Die Sache wird so weit getrieben, dass Cohen dann sogar behaupten kann: „Die Unsterblichkeit ist nicht sowohl die der Seele schlechthin als vielmehr die des Geistes und noch bestimmter, die des heiligen Geistes."[21] Damit ist die Frage so weit gediehen, dass man sich fragen könnte, ob man nicht zu weit gegangen ist. Die Vergeistigung ist so radikal durchgeführt worden, dass wir auf dem Weg die Seele verloren haben: Indem wir der Seele alle Zweideutigkeiten nehmen, retten wir sie oder laufen wir nicht vielmehr Gefahr, sie zu verlieren?

Dem ganzen Gedankengang liegt natürlich die Feststellung zugrunde, dass in der Heiligkeit eine Forderung zum Ausdruck kommt. Sie ist es, die „Forderung der Heiligkeit", die „den Menschen zum Träger des Geistes der Heiligkeit macht".[22] Andererseits wird von dieser Forderung einige Seiten später gesagt, dass sie „den Horizont einer anderen Art von Leben [lichtet]".[23] Man wird freilich sagen können, dass dies durchaus verständlich ist, wenn man bedenkt, dass Cohen einige Kapitel vorher – übrigens in einem Zusammenhang, in dem unter anderem behauptet wird, der Monotheismus habe „eine Geistigkeit Gottes geschaffen und damit auch gleichsam eine seelische Geistigkeit [was ist denn das?] alles Menschlichen"[24] – das dort erstmals auftauchende „ewige Leben" schlicht als den „religiösen Ausdruck der Sittlichkeit" bezeichnet hatte.[25] Es ist jedoch bemerkenswert, dass der Begriff „Leben" nirgendwo im ganzen Werk mit solcher Eindringlichkeit auftaucht wie auf diesen Seiten, wo Cohen sich besonders entschieden von der Seele als Lebensprinzip distanzieren will. Deshalb lohnt es sich, das, was er diesbezüglich schreibt, recht ausführlich zu zitieren.

---

19 A.a.O., 352.
20 A.a.O., 354.
21 Ebd.
22 A.a.O., 352.
23 A.a.O., 355.
24 A.a.O., 144.
25 A.a.O., 143.

Von dem „Horizont eines anderen Lebens“ wird zuerst anhand der Begriffe ‚Buße‘, ‚Selbsterneuerung‘ und ‚Wiedergeburt‘ – also im Zusammenhang mit Erlösung und Versöhnung gesprochen. Alle diese Begriffe sollen den „Horizont eines anderen Lebens“ erhellen, indem sie – so Cohen – „über die irdische Grenze hinauswachsen“.[26] Das Thema scheint hier jedoch zunächst losgelöst von der Frage des Fortlebens nach dem Tode zu sein. Auf jeden Fall steht wenigstens fest, dass „dieses andere Leben [...] nicht als die Fortsetzung des irdischen [gedacht werden darf], denn die Andersheit des Lebens hat ja schon für das irdische Leben selbst mit der Heiligkeit begonnen“.[27] Im selben Kontext taucht auch das Thema der Forderung wieder auf, die im Prinzip der Heiligkeit zum Ausdruck kommen soll, eine Forderung, die hier zum „Gebote der Heiligkeit“ wird, in dem das begründet ist, was nun „das Leben der Aufgabe, das Leben der Idee“ genannt wird.[28] Was soeben von der Heiligkeit gesagt wurde, kann andererseits nicht ohne Wirkung auf den *Geist* der Heiligkeit bleiben. Von ihm wird jetzt behauptet, dass er „nichts als Idee ist“, und – mit einem etwas rätselhaften Ausdruck – dass „nur im Begriffe der Idee [...] von ihm das Leben ausgesagt werden [kann]“.[29]

Wenn aufgrund der Heiligkeit „der Begriff des Lebens – wie Cohen erneut betont – sich über die Grenzen des irdischen Lebens hinaus erweitern muß“,[30] so stellt sich unweigerlich die Frage nach der Natur dieser Grenze und Erweiterung. Die problematische Perspektive der Unsterblichkeit kann dabei nicht ohne Einfluss auf ihre Ausarbeitung bleiben. An der Stelle, wo er den Geist der Heiligkeit als bloße Idee definiert hatte, formuliert Cohen das Problem zunächst in der Form einer Frage, wo der Begriff der Menschenseele wieder auftaucht und eine Schlüsselrolle spielt: „Wenn anders er [d.h. der Geist der Heiligkeit] nun aber im tiefsten Sinne die Menschenseele bestimmen soll, wie könnte man dann ihn ohne Einfluß denken auf das Leben und Sterben, mithin auf das Fortleben des Menschen?“[31] Damit kann die Aufgabe, um die es in diesem Kapitel geht, endlich formuliert werden, und sie scheint auf den ersten Blick nicht besonders kompliziert zu sein. Cohen schreibt nämlich: „Die Differenz vom irdischen Leben ist [...] schon in der Idee der Heiligkeit angebahnt und sie bedarf nur der konsequenten Fortführung für das Problem des Fortlebens nach dem Tode.“[32] Das Thema Tod und Sterben rückt nun offensichtlich in den Mittelpunkt. Noch ein letztes Zitat: „Auch auf das Sterben muß sich das Menschenleben erstrecken. Der Tod kann nicht schlechthin mehr als das Ende des Lebens betrachtet wer-

---

[26] A.a.O., 351 f.
[27] A.a.O., 352.
[28] Ebd.
[29] Ebd.
[30] A.a.O., 351.
[31] A.a.O., 352 f.
[32] A.a.O., 352.

den. Er muß den Gedanken nahelegen, dass er nur ein Übergang sei zu einem anderen Leben."[33]

Das für die Seele konstitutive Spannungsverhältnis zwischen Geist und Leben wird meines Erachtens auf diesen Seiten besonders deutlich: Gerade in dem Moment, in dem die Vergeistigung in ihrer äußersten Form durchgeführt wird, verweist die Seele jedoch weiterhin auf ein Leben, das nicht lediglich das „Leben der Idee" ist. Und genau dies ist das eigentliche Thema des vorliegenden Kapitels.

III. Aufschwung. Ein Zwischenspiel

Weit davon entfernt, das Problem durch die Vergeistigung als erledigt zu betrachten, gesteht Cohen ein, dass „natürlicherweise die Frage [...] nach der Art und näheren Bestimmtheit dieses Anderen, dieses Fortlebens [entsteht]".[34] Dieser Frage setzt er zunächst mit besonders scharfer Geste die „Differenz" entgegen, die der Monotheismus, gegen den Mythos, in der Einzigkeit Gottes zur Bestimmung erhoben hat, ohne „etwa für die Existenz positive Merkmale an[zu] geben": Dasselbe soll nun auch für die Unsterblichkeit gelten.[35]

Das Bedürfnis, die eigentümliche Dynamik näher zu bestimmen, die die Seele in ihrem Bestreben, Geist zu werden, kennzeichnet, führt Cohen jedoch dazu, den Kontext von Buße und Versöhnung, wo die Begriffe, die „den Horizont eines anderen Lebens" gelichtet hatten, seiner Meinung nach entstanden sind, erneut zu betrachten. Einen Kontext, der sich nun als umso wertvoller erweist, indem es sich herausstellt, dass „dieser Horizont [...] den Gesichtskreis jedes menschlichen Individuums [bildet]".[36]

Dass der Schlüsselbegriff „Aufschwung", den Cohen aus diesem Zusammenhang entnimmt, zur Fokussierung der Fragestellung beitragen kann, wird dadurch nahegelegt, dass auch in ihm nach Cohen die „Differenz" gegenüber den positiven Merkmalen der Existenz zum Ausdruck kommt, die den Monotheismus kennzeichnen soll. Im Hinblick auf ihn hatte er nämlich im Kapitel über den Versöhnungstag geschrieben, dass „an dieser Differenz zwischen dem Momente des Aufschwungs und der Fixierung eines Daseins [...] sich auch in der Erlösung der reine Monotheismus von anderen Glaubensformen [scheidet]".[37] Und es ist sicher kein Zufall, dass unmittelbar danach dort auch der Begriff der Unsterblichkeit flüchtig auftauchte, um die Diskussion über ihn vorerst zu vertagen: „Von der Unsterblichkeit handeln wir noch nicht [...]. Aber da wir [...] den Menschen als Ich nunmehr aufgerichtet haben, bedürfen wir für den Begriff

[33] A.a.O., 351.
[34] A.a.O., 353.
[35] Ebd.
[36] A.a.O., 355.
[37] A.a.O., 269.

seiner Erlösung von der Sünde dieser Grenzbestimmung des Momentes der Erlösung."[38] Gerade diese „Grenzbestimmung", d.h. die „Momentaneität" des Aufschwungs,[39] wird jetzt wieder aufgegriffen, um darauf hinzuweisen, dass in ihr allein das Individuum (wohlgemerkt: das „sittliche", nicht das „sinnliche" Individuum) Bestand hat, während nur der mythische Mensch fragen kann, „welche Art von Existenz [...] dieser Fortbestand [habe]".[40]

In der allgemeinen Architektur des Kapitels bildet jedoch die Einführung des Begriffs ‚Aufschwung' als solche noch keinen entscheidenden Schritt für die Lösung der gestellten Aufgabe. Die Überzeugung, dass mit der Heiligkeit die „Andersheit des Lebens" schon für das irdische Leben selbst begonnen hat, kann nämlich dadurch noch keine „konsequente Fortführung für das Problem des Fortlebens nach dem Tode" finden. Cohen ist sich dessen durchaus bewusst und betont, dass die Frage, „welche genaue Bedeutung die Unsterblichkeit für diesen Moment des Individuums zu gewinnen vermag", keinesfalls als erledigt betrachtet werden darf.[41] Ja, die Sache geht so weit, dass er sogar Zugeständnisse an den Standpunkt des Mythos machen zu wollen scheint, in dem ein Problem zum Ausdruck kommt, das, wie unpassend es auch immer formuliert sein mag, mit anderen Mitteln angegangen werden muss:

> Es verläßt uns so schwer der mythische Verdacht, dass das Individuum keinen eigenen Fortbestand haben könnte, wenn es durchaus nur als unendlicher Aufschwung in der unendlichen Aufgabe gedacht werden darf. Diese Einsicht wird schon schwierig für das irdische Leben; sie muß daher viel schwieriger werden für das geforderte andere Leben, wenngleich dieses nur von der unendlichen Aufgabe und in ihrem Sinne gefordert wird.[42]

Die Perspektive der Vergeistigung und ihrer Präzisierungen, zu denen auch die Einführung des Begriffs ‚Aufschwung' gehörte, reicht nicht mehr aus. Ihr gegenüber ist ein Bruch, eine Diskontinuität erforderlich.

IV. Perspektivenwechsel: physiologisches Leben

Die „konsequente Fortführung für das Problem des Fortlebens nach dem Tode" erweist sich schwieriger als erwartet, da „alle Abstraktion" – wie Cohen nun schreibt – „[...] für alle ihre Konsequenzen die Erhaltung und Fortwirkung der Urbedingungen voraus[setzt]".[43] Deshalb wendet sich der Blick jetzt woanders hin und es wird erneut betont, dass die Seele „nun einmal von Gott an den Leib

38 Ebd.
39 Vgl. a.a.O., 238.
40 A.a.O., 355.
41 A.a.O., 356.
42 Ebd.
43 Ebd.

gebunden [ist], der nicht lediglich Organismus, sondern“ – und diese Hinzufügung ist bemerkenswert – „schlechthin Staub und Materie ist.“[44]

Cohen beruft sich hier implizite auf die klassische Stelle Qohelet 12,7: „Der Staub kehrt zur Erde zurück, von der er genommen / der Geist zu Gott, der ihn gegeben“. Anhand dieser Stelle hatte er im Zusammenhang mit der Vergeistigung von einer Rückkehr der Seele zu Gott gesprochen[45] und sie als „Heimkehr zu der unendlichen Aufgabe der Heiligkeit, die ihren Ursprung in Gott hat“ interpretiert.[46] Nun wendet sich aber Cohen dem anderen Aspekt zu, über den er bereits im ersten Kapitel geschrieben hatte, dass im Judentum „auch die Unsterblichkeit [...] keinen Vorwand für die Vergleichbarkeit des göttlichen Seins mit irgendeinem geistigen Sein [bietet]“. „Auch aus diesem Gesichtspunkt bleibt [nämlich] die Materie ein vergänglicher Staub“ und „alle Naturpoesie zerschellt an dem Felsen dieser Einsicht, die Erhabenheit nur übrigläßt für den einzigen Gott“.[47]

Die Stimmung, die in jenen Zeilen herrschte, passt zu den Gedanken, die Cohen nun einführen will. Dem „mythischen Verdacht“ von dem oben die Rede war, will er nämlich keineswegs nachgeben, sondern er will ihm, wie er schreibt, „entgegentreten“, und er tut dies, sozusagen erbarmungslos, durch die Einführung des „messianischen Zukunftsgedankens der Entwicklung des Menschengeschlechts“:[48] „Die Entwicklung enthebt das Individuum seiner scheinbaren Identitätsverbindung mit dem ehemaligen Leibe, und übergibt es der unendlichen Entwicklung der Materie, als der negativen Bedingung für die unendliche Aufgabe der Heiligkeit.“[49] „Enthebt... übergibt...“: ist nicht der Tod als „Übergang“ auch dies? Wichtig ist dabei, dass diese Peripetie der Seele zugeordnet wird, und zwar „der Menschenseele auch als Individualseele“, wie Cohen hinzufügt,[50] und auf diese Präzisierung werden wir noch zurückkommen müssen. In diesem Sinne kann er dann folgerichtig weiterschreiben, dass genau „diese“ die „unendliche Entwicklung der Menschenseele“ ist, die vom Messianismus „verkündet und verbürgt“ wird. Von einem Messianismus, der sich dadurch auszeichnet, dass er „im Klima des menschlichen Daseins“ bleibt[51] und sich so den Abstraktionen einer einseitigen Vergeistigung entzieht, die das Individuum in einem eschatologischen Jenseits von Tod und Geschichte befreien zu können meint. Das vorläufige Fazit lautet: Die „Unendlichkeit des Aufschwungs kommt erst zur Erfüllung in der messianischen Entwicklung. Und wie diese von der eschatolo-

[44] Ebd.
[45] Vgl. a.a.O., 354.
[46] A.a.O., 355.
[47] A.a.O., 57.
[48] A.a.O., 356.
[49] A.a.O., 357.
[50] A.a.O., 356.
[51] A.a.O., 357.

gischen Daseinsform unterschieden ist, so darf und kann es ihr auch niemals an dem Zusammenhang fehlen mit dem Untergrunde der Materie.“[52]

Die Materie selbst wird dann dementsprechend als „die notwendige Bedingung [...] für die Entwicklung der Seelenanlagen“ definiert, „welche die Vererbung zu übernehmen und zu pflegen hat“.[53] Die problematischen Züge dieser und ähnlicher Formulierungen sind bereits von Hartwig Wiedebach hervorgehoben worden, der in ihnen die Gefahr erblickt, dass Cohen dabei in eine vorkritische Metaphysik abgleite.[54] Diesen kritischen Erwägungen ist allerdings hinzuzufügen, dass das hier von Cohen angesprochene Thema in gewissem Sinne nur eine Wiederaufnahme jener Frage nach dem Verhältnis von Natur und sittlichem Fortschritt darstellt, die er – in einem vielleicht weniger problematischen begrifflichen Register und gewiss auch ohne den hier nicht nur im Hintergrund eine Rolle spielenden Bezug auf die jüdischen Stammväter, die als geschichtliche Vertreter des messianischen Menschengeschlechts den biologischen Untergrund von Fortpflanzung und Vererbung repräsentieren – an anderer Stelle bereits mehrfach behandelt hatte.

In seiner kritischen Auseinandersetzung mit Kants *Idee zu einer allgemeinen Geschichte in weltbürgerlicher Absicht*,[55] mit einer Schrift also, die gerade im Begriff der „Entwicklung der Naturanlagen“ einen ihrer Schwerpunkte hat, nimmt Cohen eine Aufwertung der Stellen vor, in denen „die Entwicklung [...] dem Individuum zur Aufgabe gemacht [wird]“,[56] um dann jedoch vor allem die Zweideutigkeit einer Teleologie zu kritisieren, die eine „Naturabsicht“ in Anspruch nimmt, „um das Ideal der Menschheit ins Werk zu setzen“.[57] Dies bedeutet aber nicht, dass „von dem Ideale des sittlichen Seins aus [...] sich [nicht] die bange Sorge erheben [dürfe], ob die Natur, die lebendige, wie die tote, in Entwickelungen fortwirke, welche als negative Bedingungen für den Gedanken der Ewigkeit gefordert werden“.[58] So im Kapitel der *Ethik des reinen Willens* über die Idee Gottes, wo der sich sonst zum Evolutionismus kritisch verhaltende Cohen doch die

---

[52] A.a.O., 358.

[53] A.a.O., 357.

[54] Vgl. Wiedebach, *Unsterblichkeit und Auferstehung im Denken Hermann Cohens*, 453 f. – Über die „geheimnisvoll bleibende und doch offenbare Identität von Seele und Materie“, die so zum Vorschein kommt, vgl. bereits Wiedebach, *Die Bedeutung der Nationalität für Hermann Cohen*, 278 f.

[55] Die erwähnte Auseinandersetzung wird von Cohen in der zweiten Auflage von *Kants Begründung der Ethik* durchgeführt, wo er im dritten (und letzten) Kapitel des nun hinzugefügten vierten Teils über „Die Anwendungen der ethischen Prinzipien“ Kants Geschichtsphilosophie zum ersten Mal ausführlich behandelt. – Vgl. Cohen, KBE^2, 498–557, insbesondere 505–514.

[56] A.a.O., 507.

[57] A.a.O., 512. – Hierzu vgl. Holzhey, *Kants Geschichtsphilosophie im Neukantianismus*, 90 f.

[58] Cohen, ErW, 449.

Frage stellt, wie es denn wäre, „wenn der Mensch auf der Stufe des anthropoiden Affen stehen geblieben wäre".[59]

Aufschlussreich ist in diesem Zusammenhang eine bereits von Hartwig Wiedebach angeführte Reflexion, in der Cohen sich über die Idee Gottes in Ethik und Religion äußert. Cohen schreibt dort: „Die Menschheit wird erst jetzt zum Menschengeschlecht. So entsteht die Unsterblichkeit der Menschenseele. Im Evolutionismus hebt sich dieser sittliche Begriff des Menschengeschlechts auf."[60] Die kritische Stellungnahme zum Evolutionismus verbindet sich hier mit einer positiven Würdigung des Übergangs von der Menschheit zum Menschengeschlecht, die in Cohens Terminologie alles andere als selbstverständlich ist. Und doch ist es genau dieser Übergang, der sich für eine Unsterblichkeit der Seele als entscheidend erweist, die sich unweigerlich mit Generationenfolge und Vererbung konfrontiert sehen muss. Dementsprechend kann Cohen in *Religion der Vernunft* zur Schlussfolgerung kommen: „Der Begriff der Unsterblichkeit wird […] vereinbart mit dem Inbegriffe der ethischen Aufschwünge und andererseits mit dem physiologischen Leben und seiner unendlich verzweigten Vererbung".[61] Und wenn der Zusatz, dass hierdurch „eine Harmonisierung der materiellen Bedingungen mit den sittlichen Forderungen […] ermöglicht [wird]",[62] die „Harmonisierung von Natur und Sittlichkeit" fast wörtlich zitiert, von der die *Ethik des reinen Willens* gesprochen hatte,[63] so besteht doch ein bemerkenswerter Unterschied darin, dass es nun die Seele ist, die innerhalb eines solchen allgemeinen Rahmens mit dieser Harmonisierungsaufgabe beauftragt wird. Dies ist sicherlich nicht der letzte Grund, weshalb die Beziehung zwischen Messianismus und Unsterblichkeit, in der auch diejenige zwischen Individuum und Geschichte ihre Definition finden soll, sich nun durch eine besonders starke Synergie zwischen den beteiligten Elementen auszeichnen wird. Cohen führt seine Überlegungen zu diesem Thema am Leitfaden der traditionellen jüdischen Begriffe von zukünftiger Welt und zukünftiger Zeit fort.

V. Im Gebinde des Lebens: künftige Welt und künftige Zeit

Mehrmals betont Cohen, dass die Beziehung zwischen Messianismus und Unsterblichkeit als Analogie zu verstehen ist.[64] In diesem Sinne behauptet er, dass in der jüdischen Tradition „die Unsterblichkeit […] den der messianischen Zukunft

59 Ebd.

60 Cohen, *Reflexionen und Notizen*, 19. – Auf diese Reflexion hatte Wiedebach bereits in *Unsterblichkeit und Auferstehung im Denken Hermann Cohens*, 454 Bezug genommen.

61 Cohen, RV, 358.

62 Ebd.

63 Vgl. Cohen, ErW, 462 f.

64 Vgl. z.B. Cohen, RV, 392.

analogen Terminus der zukünftigen Welt [empfängt]".[65] Dass es sich bei dieser spannungsgeladenen und komplexen Beziehung – die die Seele zum Schauplatz hat – um zwei Figuren der Zukunft handelt, ist gewiss nicht unbedeutend. Im Aufsatz *Religion und Sittlichkeit* wurden beide Bereiche sauber voneinander unterschieden. Cohen sprach dort von einer „zwiefachen Zukunft": „die Zukunft des Individuums, als die der zukünftigen Welt; die Zukunft der Menschheit, als die der zukünftigen Zeit".[66] Mit der Einführung des „messianischen Begriffs der Individualseele", dem für Cohen derjenige eines „Individuums der Menschheit" entsprechen soll,[67] erscheinen die Dinge nun jedoch nicht mehr so einfach. Aus der Tatsache, dass die Seele die des „messianischen Individuums" ist, folgt, dass „die Unsterblichkeit [...] nur im messianischen Begriffe der menschlichen Individualseele zu denken sein [kann]".[68] Das heißt aber nicht, dass die beiden Horizonte zusammenfallen: Vielmehr geht es um die Frage, in welchem Rahmen das Thema der Unsterblichkeit angemessen zu „denken" sei, und damit, so könnte man hinzufügen, um die Richtung, die man dementsprechend einer Hoffnung verleihen will; denn Cohen erklärt sich mit der Tradition einig, wenn es dort heißt, dass im Unterschied zur messianischen Zukunft „die Unsterblichkeit [...] unter die Geheimnisse Gottes [gehört]" und ein „Gegenstand der menschlichen Hoffnung" bleibt.[69] Die Verschiedenheit der Horizonte wird noch ausdrücklicher betont, wenn Cohen dann schreibt, dass zwar „die Aufgabe der Unsterblichkeit [...] nur durch den messianischen Seelenbegriff erfüllt werden" kann, letzterer aber „der Leitbegriff für die Unsterblichkeit bleiben [muss] und [...] daher nicht mit ihr identisch werden [kann]".[70]

Wenn also einerseits „in der jüdischen Tradition der Begriff der Unsterblichkeit, als der künftigen Welt [...] sich [...] mit dem des messianischen Zeitalters, als der künftigen Zeit [...] [verbunden hat]",[71] so ist für Cohen nicht minder nachdrücklich zu betonen, dass trotz aller Verbindung die Unterscheidung beider „im jüdischen Bewußtsein immer lebendig geblieben ist".[72] Es soll vor allem ein „großes Verdienst des Maimonides" gewesen sein, dass er einen „scharfen Unterschied" zwischen beiden machte: dadurch hat er nämlich für Cohen „erstlich dem Messianismus, zugleich aber auch der Unsterblichkeit Reinheit verschafft".[73]

---

[65] A.a.O., 390.

[66] Cohen, *Religion und Sittlichkeit. Eine Betrachtung zur Grundlegung der Religionsphilosophie* (1907), 71.

[67] Cohen, RV, 358.

[68] Ebd.

[69] A.a.O., 364.

[70] Ebd.

[71] A.a.O., 359.

[72] A.a.O., 361.

[73] Ebd. – Zu Cohens Auseinandersetzung mit dieser traditionellen Unterscheidung vgl. Wiedebach, *Unsterblichkeit und Auferstehung im Denken Hermann Cohens*, 437 f.

Die delikate Frage der Verbindung und Unterscheidung wird im Maimonides-Aufsatz genauer erläutert, wo Cohen schreibt, dass „die Unterscheidung Beider, die Aufhebung ihrer Identität [...] den ethischen, einander ergänzenden Zusammenhang Beider fest[stellt]".[74] Es geht also darum, eine Polyphonie zwischen diesen beiden unterschiedlichen Zukunftsfiguren zu orchestrieren, die untereinander Formen der Entsprechung und der Resonanz aufweisen. Die positive Synergie, die dieses Zusammenspiel kennzeichnet, führt zu einer Entsprechung, die sich für Cohen darin ausdrückt, dass „der Entsinnlichung des Jenseits [...] die Idealisierung des Diesseits in der messianischen Zeit [entspricht]".[75]

Als entscheidend erweist sich hier einmal mehr Cohens Ablehnung jeglicher Eschatologie. Auf der messianisch-geschichtlichen Ebene bedeutet dies die Abkehr vom „Utopismus" zugunsten einer Politik, die darauf abzielt, die materiellen und wirtschaftlichen Voraussetzungen für den Zugang aller Menschen zur geistigen Kultur zu schaffen.[76] Eine solche Ablehnung einer eschatologischen Heilsgeschichte, der die Identifikation von künftiger Zeit und künftiger Welt entsprechen würde,[77] kann aber andererseits erst durch jene „Entsinnlichung des Jenseits" stattfinden, die ihre Wurzel in der „Versittlichung [bzw. Vergeistigung] des Seelenbegriffs" hat.[78] Letztere besteht darin, dass die künftige Welt, dass „das andere Leben" – wie wir schon gesehen haben – für uns schon durch Buße und Versöhnung Bestand hat, und dass in ihnen jene „Erlösung" bereits stattfindet, die Cohen nun als allgemeine „Voraussetzung" der Unsterblichkeit verstanden wissen will.[79]

„Jedermann ist der Buße mächtig, daher auch des ewigen Lebens teilhaftig."[80] In seinem Kommentar zu diesem Kernsatz seiner Ausführungen betont Cohen, dass es „nicht die messianische Zukunft, sondern das künftige Leben, die Unsterblichkeit" ist, die hier die wesentliche Hilfe leistet.[81] Denn nur „durch die Vermittlung der Unsterblichkeit"[82] konnte in diesem „religiösen Ausdruck der sittlichen Anerkennung"[83] die Grundlage jenes „wahrhaften Menschentums" gelegt werden, das „auf der religiösen Gleichberechtigung zur Seligkeit beruht".[84]

---

[74] Cohen, *Charakteristik der Ethik Maimunis* (1908), 260.
[75] Ebd.
[76] Vgl. Cohen, RV, 361.
[77] Über Cohens Kritik der politischen Utopie vgl. in diesem Sinne Almut Sh. Brucksteins Kommentar in Hermann Cohen, *Ethics of Maimonides*, 169–177.
[78] Cohen, RV, 363.
[79] A.a.O., 391.
[80] A.a.O., 380.
[81] Ebd.
[82] A.a.O., 385.
[83] A.a.O., 380.
[84] A.a.O., 384.

Hat sich so das „ewige Leben", wie Cohen schreibt, als ein „Hilfsbegriff" für die Durchführung des Messianismus erwiesen,[85] so ist es jedoch nun zu erwarten, dass bei der Orchestrierung der beiden Horizonte der „einander ergänzende Zusammenhang" auch in umgekehrter Richtung zur Geltung kommen wird. Und in der Tat soll für Cohen auch „das Problem der Versöhnung und Erlösung" durch die Vermittlung der geschichtlichen Entwicklung und des messianischen Seelenbegriffs zu einer „Weiterführung" kommen.[86] Die Feststellung, dass „die Individualseele [...] ja vielmehr eine Geschichtsseele [ist]", lässt nämlich nun die Versöhnung, wie sie in den vorangehenden Kapiteln zur Bestimmung gekommen war, „gleichsam zu einer nur provisorischen oder fiktiven [werden]".[87] In der Fiktion, „dass ich durch die Erlösung zu einem abgeschlossenen Gut meines Selbst kommen könnte und kommen dürfte",[88] liegt für Cohen eine Gefahr, der ich nur durch die Einsicht begegnen kann, dass es die „geschichtliche Entwicklung" ist, „der jedes noch so hochstehende Individuum sein Bestes zu verdanken hat".[89]

Um dieses Thema ausführlicher zu erörtern, beruft sich Cohen auf einen anderen Begriff aus der rabbinischen Tradition, der im abschließenden Teil des Kapitels zunehmend an Bedeutung gewinnt: das „Verdienst der Väter". In ihm soll eine Verklärung des mythischen Ahnenbegriffs in der Form einer „geschichtlichen Dankbarkeit" stattgefunden haben,[90] die nur scheinbar der Vergangenheit zugewandt ist, denn: „nur daß mit ihnen etwas beginnt, was über sie hinausgeht, das macht sie [d.h.: die Väter] zu Anknüpfungspunkten für das Problem des Verdienstes".[91] In der „Sentenz von dem Verdienste der Väter" drückt sich in diesem Sinne für Cohen die „Weisheit" aus, dass die Seele „keinen Zusammenhang nach rückwärts [hat]", sondern ihre Kontinuität „einzig und allein [...] für die Zukunft [besteht]".[92] Auf diesem Weg kann hier also endlich das stattfinden, was Cohen eine „Idealisierung der Unsterblichkeit" nennt. Ihr gemäß geht es den Nachkommen letztendlich nur darum, „des Verdienstes der Väter teilhaftig [zu] werden": „Das Verdienst ist es, das unsterblich macht. Das Verdienst ist es, das die Seele ausmacht."[93]

---

[85] A.a.O., 382.
[86] A.a.O., 369.
[87] Ebd.
[88] A.a.O., 370.
[89] A.a.O., 369.
[90] A.a.O., 365.
[91] A.a.O., 369.
[92] A.a.O., 378. – Vgl. Wiedebach, *Die Bedeutung der Nationalität für Hermann Cohen*, 280: „Die ‚Väter' und ihr ‚Verdienst' sind das gesuchte Prinzip, in dem sich etwas wesenhaft auf Vergangenheit Bezogenes unmittelbar mit einer produktiven Gewißheit ewiger Zukunft verbinden soll."
[93] A.a.O., 390 f.

Es ist in diesem Geiste, dass die traditionelle, dem 1. Buch Samuelis entnommene Formel, die Cohens Widmung „dem Andenken meines Vaters“ begleitete: „Seine Seele werde aufbewahrt im Gebinde des Lebens“, auf den letzten Seiten des Werkes widerhallt:

„Wir feiern das Andenken unserer Toten in der frommen Hoffnung,“ – schreibt hier Cohen – „daß ihre Seelen vereinigt werden mit den Seelen unserer Erzväter und Erzmütter. [...] Wie die Erzväter selbst zu ihren Vätern und zu ihrem Volke eingesammelt wurden, da sie starben, so stirbt auch heute noch jeder Jude in der Hoffnung dieses geschichtlichen Fortlebens in dieser Vereinigung mit den Ahnherren seines Geschlechts. So ist der Tod ein geschichtliches Fortleben.“[94]

Literaturverzeichnis

Cohen, Hermann, *Werke*, hg.v. Helmut Holzhey u.a. Hildesheim u.a. 1977 ff.

–, *Religion und Sittlichkeit. Eine Betrachtung zur Grundlegung der Religionsphilosophie* (1907), in: *Werke* 15, 1–101.

–, *Charakteristik der Ethik Maimunis* (1908), in: *Werke* 15, 161–269.

–, *Reflexionen und Notizen*, hg. v. Hartwig Wiedebach (*Werke*, Suppl. 1).

–, *Ethics of Maimonides*, translated with commentary by Almut Sh. Bruckstein, Madison 2004.

Holzhey, Helmut, *Kants Geschichtsphilosophie im Neukantianismus*, in: Enno Rudolph/Bernd-Olaf Küppers (Hg.), *Kulturkritik nach Ernst Cassirer*, Hamburg 1995, 85–104.

Ollig, Hans Ludwig, *Religion und Freiheitsglaube. Zur Problematik von Hermann Cohens später Religionsphilosophie* [Monographien zur philosophischen Forschung 179], Königstein im Taunus 1979.

Poma, Andrea, *The Critical Philosophy of Hermann Cohen*, Albany, N.Y. 1997.

Wiedebach, Hartwig, *Die Bedeutung der Nationalität für Hermann Cohen*, Hildesheim u.a. 1997.

–, *Unsterblichkeit und Auferstehung im Denken Hermann Cohens*, in: Helmut Holzhey u.a. (Hg.), *„Religion der Vernunft aus den Quellen des Judentums“. Tradition und Ursprungsdenken in Hermann Cohens Spätwerk*, Hildesheim u.a. 2000, 431–457.

---

[94] A.a.O., 532.

Die Seele als Metapher für Individualität bei Hermann Cohen

George Y. Kohler

Wenn man über die möglichen Themen von Cohens ungeschriebener Psychologie nachdenkt, wird zunächst dem Begriff der Seele selbst, den Cohen in seinem religionsphilosophischen Spätwerk entwickelt, eine besondere Bedeutung zukommen müssen. Weil sich die Cohen-Forschung heute weitgehend einig ist, dass zwischen Cohens neukantianischer Kathederphilosophie und der jüdischen Theologie seiner letzten Lebensjahre durchaus eine Kontinuität besteht, dass man beides also nicht trennen darf, so kann man vielleicht auch rückwärts schließen: Der Begriff der Seele in der *Religion der Vernunft* von 1918 könnte, so wie er in diesem Buch eingeführt und funktionalisiert wird, sicher auch in einem vierten Band des *Systems der Philosophie* eine Rolle spielen, ein Band der ja nicht viel früher als das Spätwerk entstanden wäre.[1]

Der ethisch-ideale, daher weder animistische noch eigentlich psychologisierte Seelenbegriff entsteht bei Cohen aus einer exegetischen Problemstellung, die ihn in der Religionsphilosophie stark und oft beschäftigt. In den Zehn Geboten, vielleicht dem moralischen Höhepunkt des gesamten Pentateuch, taucht eine Formulierung auf, die Cohens ethischer Lesart der jüdischen Textquellen radikal entgegensteht. So heißt es im Zusammenhang mit dem zweiten Gebot, das den Götzendienst verbietet, als Androhung von Konsequenzen für das Anbeten falscher Götter: „Ich, der Ewige, dein Gott, bin ein eifernder Gott, ahndend die Schuld der Väter an Kindern […]“.[2] Auf den ersten Blick steht hier also eine moralische Unmöglichkeit, zumindest im Sinne (Kants und) Cohens – Gott straft die unschuldigen Kinder für die Vergehen ihrer Väter. Für dieses Problem hat Cohen in der *Religion der Vernunft* eigentlich eine recht einfache, eindeutige und schon bei Kant aufzufindende Lösung. Selbstverständlich ist es nicht die Schuld, die auf die nächste Generation übergeht, wenn die Väter schuldig geworden waren – es ist vielmehr das Leiden, das sich „vererbt“, das oft erfahrene Phänomen der Schädigung von Kindern aus dysfunktionalen Familien beschreibt diese Pro-

[1] In Abwesenheit einer wissenschaftlichen Ausgabe wird hier immer noch verwiesen auf: Cohen, RV.

[2] Ex 20:5, Übersetzung Ludwig Philippson. Dieselbe Formulierung taucht wieder auf in Ex 34,7 und Dtn 5,9. Das hebräische Wort für “ahnden“ ist *poked*, also vielleicht wirklich genauer: erinnernd die Schuld der Väter in den Kindern.

blemlösung deutlich.[3] Doch Cohen ist mit einer philosophisch-technischen Erklärung offenbar nicht zufrieden, möglicherweise klingt ihm das zu sehr nach einem exegetischen Trick moderner Theologen – ein aber schon dem mittelalterlichen Rationalisten Maimonides (1137–1204) oft gemachter Vorwurf – die ihre eignen philosophischen Vorstellungen in die Bibel hineinlesen, um dann, als autoritäres Gotteswort getarnt, entweder die gewünschte Botschaft erhalten, oder die unerwünschten Folgen (bei Maimonides: Anthropomorphismen) eliminiert haben.

Daher versucht Cohen Gottes Ahndung der Schuld der Väter an den Kindern noch auf eine andere Weise zu entkräften, mit einer Methode, die er hin und wieder anwendet, weil sie ihm in vielerlei Hinsicht überzeugend erscheint: durch das Aufzeigen innerbiblischer Selbstkritik und Entwicklung.[4] Das ist nicht unbedingt historisch gemeint, ohnehin ist in Cohens Zeit die Chronologie der biblischen Bücher ein umstrittenes Thema.[5] Aber wenn sich zeigen ließe, dass es in der kanonischen Literatur des Judentums auch andere Auffassungen von der Übertragung von Schuld durch die Generationen gibt, so wäre die Autorität dieser drei zentralen Stellen zumindest untergraben, denn Cohen – anders als noch der von ihm so verehrte Maimonides – glaubt nicht an eine theologische Höherstellung der fünf Bücher Mose (der Torah) gegenüber dem Rest der Hebräischen Bibel. Nun stellt sich heraus, dass es ausgerechnet beim Propheten Jecheskel, nachdem Cohen mit seinem hebräischen „Synagogen-Namen" benannt wurde, eine Passage gibt, die mit dem schwierigen Vers zu korrespondieren scheint, nicht nur inhaltlich, sondern sogar bis in die gleiche Terminologie hinein. Der Prophet fragt: Warum soll denn nicht der Sohn an der Schuld seines Vaters tragen? Und antwortet: Wenn der Sohn selbst Recht und Gerechtigkeit geübt hat, so soll er leben. „Die sündige Seele aber, *diese* wird sterben! Der Sohn soll nicht tragen an der Schuld des Vaters, und der Vater nicht an der Schuld des Sohnes […]".[6] Ungeachtet (oder in Unkenntnis) der Autorität des biblischen Gesetzgebers Moses, scheint Jecheskel hier tatsächlich das offenbare Unrecht des Verses aus Exodus/Deuteronomium zu korrigieren, ohne eine Alternative im Leiden anzubieten: Wer selbst unschuldig war, hat keine Strafe verdient, Schuld ist keine Familienangelegenheit. In der jüdischen kanonischen Literatur setzt sich das Thema in einer Debatte im Talmud fort, aber wir haben kein Anzei-

[3] Cohen, RV, 308. Die klare moralische Ablehnung einer Stellvertretung in der Schuld geht schon auf Immanuel Kant zurück; vgl. Kant, *Die Religion innerhalb der Grenzen den bloßen Vernunft* (B 95), 94. Schuld ist für Kant „keine transmissibele Verbindlichkeit".

[4] Siehe dazu Weidner, *The Political Theology of Ethical Monotheism*, 178–196.

[5] Cohens Marburger Kollege Julius Wellhausen (1844–1918) versuchte nachzuweisen, dass die Propheten die Gesetzesmaterialien des Pentateuch noch nicht kannten, sie also nicht als Ausleger des Gesetzes begriffen werden dürften („lex post prophetas"). Siehe dazu: Schmid, *The Prophets after the Law or the Law after the Prophets*, 841–850.

[6] Ez 18,19–20, Übersetzung Ludwig Philippson, meine Hervorhebung.

chen dafür, dass Cohen wusste, wie diese interessante Auseinandersetzung zwischen Moses und Jecheskel später von den Talmudischen Rabbinern erkannt und scharf analysiert wurde. „Moses sagte: [Gott] *ahndet die Sünden der Väter an den Kindern*. Da kam Jecheskel und hat das aufgehoben: *die sündige Seele, diese wird sterben*."[7] Für Cohen sind es schon die „wichtigsten biblischen Stellen" selbst, die eine „Korrektur der Strafgerechtigkeit Gottes" zum Ausdruck bringen, bis dann schließlich „Jecheskel von eigenen Grundlegungen aus die ganze Frage endgültig entscheidet."[8]

Was also besagt diese radikale inner-biblische Korrektur, was sind Jecheskels Grundlegungen? In Cohens Auslegung: Sünde, und daher Schuld sind unter Menschen nicht übertragbar. Nur das Individuum sündigt, und daher ist nur das Individuum für seine Sünde verantwortlich. Wenn unserer Erfahrung nach tatsächlich etwas vom sündigen Vater auf die späteren Generationen übergeht, dann ist es, wie erwähnt, das *Leid des Sohnes*, das der Vater erzeugt hat, aber nicht Schuld, und Leiden ist keine Strafe. Mit aller intellektuellen Macht kämpft Cohen in seinem Spätwerk gegen einen mythologischen Schuldzusammenhang, gegen das unabwendbare Schicksal ererbter Schuld. Die Seelen von Vater und Sohn sind grundverschieden. „Seht, alle Seelen sind mein", sagt Gott nach Jecheskel 18,4, „die Seele des Vaters wie die Seele des Sohnes" – die Seele des Vaters, so erklärt Cohen, wirkt nicht nach in der des Sohnes, so als hätte er keine eigene Seele.[9]

Nur am Rande erwähnt: Aus der Unübertragbarkeit der Schuld ergibt sich eine welthistorische Konsequenz: Diese gefeierte Passage in Jecheskel ist die ideelle Begründung des Prinzips der persönlichen Verantwortung, ohne das heute keine moderne, aufgeklärte menschliche Gesellschaft auskommen kann, ohne das kein auf moralischen Grundlagen stehendes Gerichtssystem möglich wäre.[10] Ohne individuelle Verantwortung anzuerkennen, wäre kein Angeklagter schuldig zu sprechen – die ererbte Ahnensünde würde ihn gerade von einer Verurteilung befreien müssen. Cohen selbst geht noch viel weiter: Kein Richter im Gerichtssaal darf je die *Schuld* eines Menschen feststellen, nur die Vergehen des Angeklagten darf der Richter benennen und bestrafen. Schuld ist immer indivi-

---

[7] TB Makkot 24a, der Gebrauch des hebräischen Wortes *bitel* (aufheben, annullieren) wirkt hier bis heute provokativ und schwer mit der theologischen Position des orthodoxen Judentums zur Torah zu vereinbaren, die selbst nicht mehr relevante Passagen aus dem Pentateuch gewöhnlich als nur ausgesetzt erklärt. *Bitul Torah* dagegen (wenn auch etwas anders verstanden) gilt als schwere Übertretung.

[8] Cohen, RV, 302.

[9] Cohen, RV, 223.

[10] Siehe zum Beispiel: Seeskin, *Autonomy in Jewish Philosophy*, 33–35; Mate, R./Dewey, A. D./Welch, J. R., *Toward an Ethic of Compassion*, 143–183; Johnston, *A History of Consent in Western Thought*, 36–37.

duell, so individuell, sagt Cohen, dass wir nicht einmal die Schuld unserer Mitmenschen feststellen dürfen. Das kann nur das Individuum für sich selbst.[11]

Wodurch genau wird nun aber in diesem Propheten-Vers „Die sündige Seele, diese wird sterben [...]" das Individuum *erzeugt* (wie Cohen sagen würde), dem allein die Verantwortung für seine Taten zukommt? Durch ein neu eingeführtes sprachliches Element, durch Jecheskels revolutionären Gebrauch der Metapher der Seele.[12] Den hinter dieser Metapher stehenden ethischen Begriff der Seele wollen wir daher im Folgenden untersuchen, um Cohens Verständnis einer religiösen ‚Psychologie' im Spätwerk näherzukommen. Die Seele ist hier zunächst der bestimmende, der übergeordnete Begriff für Cohen, etwa im Vergleich zu dem ihr eng verbundenen Begriff der *Unsterblichkeit*: Die Seele wird nicht der Unsterblichkeit wegen angenommen, so schreibt er, sondern die Unsterblichkeit der Seele wegen. Der Begriff der Seele erzeugt erst den Begriff der Unsterblichkeit, und das schon bei Platon, wo die Seele Inbegriff des reinen Denkens ist, also vom Körper und seinen Tätigkeiten grundverschieden.[13] Die Unsterblichkeit ist nur funktional, sie zeichnet die Seele aus als „Inbegriff der sittlichen Ideen", die selbst unsterblich sind:

> Kein Instinkt, kein leiblicher Affekt, nicht Lust und Unlust, kein animalischer Trieb sollte als Grund und Kraft des menschlichen Willens angesprochen werden dürfen. Nur die Seele will; der Leib begehrt. Nur die Seele ist des Guten fähig, nur die Seele denkt die Idee des Guten, und nur sie selbst mit ihrem Willen vermag das Gute auszuführen, nur sie allein ist der Handlung fähig.[14]

Diese begriffliche Abgrenzung, oder besser systematische Zuordnung der Unsterblichkeit zur Seele erzeugt aber ein neues Problem: Das Verhältnis der Seele zum *Geist*, zum „Geist der Heiligkeit" wie Cohen diesen Begriff im Spätwerk gebraucht, abgeleitet aus der jüdischen Tradition vom *Heiligen Geist*.[15] Wenn es die Seele ist, die das Gute, das Heilige denkt, warum ist sie nicht einfach identisch mit dem Geist? Doch bei Cohen ist die Seele nur eine individuelle Durchgangs-Station des Geistesbegriffes, der selbst weiter gefasst ist. Alles Sterbliche muss Leib sein, die Seele ist daher Geist, aber vor allem im logischen und ethischen Sinne.[16] Cohen schreibt: „Die Seele wird Geist, und zwar nicht, weil das

---

11 Cohen, RV, 227.

12 A.a.O., 223. Schon in Dtn 24, 16 wird die Vererbbarkeit von Strafe abgelehnt, aber noch ohne Begründung, d.h. noch ohne in der Seele die Individualität des Menschen anzusprechen.

13 Cohen, 388. Zur Frage der Unsterblichkeit, siehe in diesem Band den Beitrag von Pierfrancesco Fiorato.

14 Ebd.

15 Siehe dazu das gesamte 7. Kapitel von RV.

16 Cohen, RV, 388. So erklärt Cohen hier auch Platons umstrittene Unsterblichkeitslehre, sie beginnt bei diesem ethischen Seelenbegriff, die Geistigkeit der Seele ist „die eigentliche These", die in der mythologischen Rede von der Unsterblichkeit nur versteckt

Denken einer besonderen Denkkraft bedarf [wie bei Platon], sondern weil die Heiligkeit einer besonderen Seele bedarf [...]". Heiligkeit selbst aber „ist nichts als Idee".[17] Die Seele als solche wird in Cohens Lesart der Bibel von einem animistischen Lebensprinzip, der "Seele alles Lebendigen," zu ideenhaftem, reinen Geist, dem Geist der sittlichen Heiligkeit.[18] Hier ist also die Heiligkeit (des Geistes) der übergeordnete Begriff, der der Seele funktional (als Sitz) bedarf, wenn er den Menschen beschreiben soll. Doch der Heilige Geist leistet bei Cohen viel mehr: Später wird er zum Korrelationsmuster von Mensch und Gott, zum Bindeglied, das nicht vereint.[19]

Es muss also noch weiter präzisiert werden: Nur die Seele will und denkt die Idee des Guten. Aber was macht die Seelenmetapher zum Ausdruck des Individuums für Cohen, wie kommt es, dass Vater, Kind und alle Menschen jeweils ihre individuelle Seele besitzen? Hier brauchen wir den zweiten Begriff, den Jecheskel verwendet hatte, den der Sünde, im jüdischen Sinne also: der Gesetzesübertretung. Es ist die „sündige Seele", die die Trägerin des Individuellen wird. Während jeder Mensch eine Seele besitzt, die sittlicher Geist ist, wird das *Individuelle* der Seele begrifflich durch die Sünde ausgezeichnet, da die Sünde des Menschen immer individuell gedacht werden muss, so verlangt es ihr Begriff. Durch seine Einzigkeit wird das Individuum isoliert und einsam, schrieb Cohen 1915. Diese Einsamkeit entsteht in uns aber durch die Erkenntnis unserer, uns von uns selbst isolierenden Sünde. Was hilft es mir da, fragt Cohen, dass Andere nicht besser sind, oder dass sie mich womöglich verführt haben? Andere dürfen nicht die Urheber meiner Handlungen, meines sittlichen Verhaltens sein. Es folgt also: Wenn ich mich sündig denke, denke ich mich notwendig als Individuum. „Massensünde ist Krankheit", findet Cohen, und kein sittliches Vergehen.[20] Wir erkennen hier also zunächst einmal einen großen Unterschied zur gängigen christlichen, oft aber auch jüdischen Theologie: Es ist für Cohen nicht „das Fleisch" (vgl. Röm 8,3), das (sozusagen zwanghaft) sündig ist, sondern es ist die Seele, die sündigt.[21] Der Leib begehrt lediglich, doch nur eine Sünde, die ich *will*, ist Sünde. Und nur auf diesem Weg kann es keine „Erbsünde" geben, wie wir sehen werden.

---

ist. Unsterblichkeit ist bei Platon das „Vehikel" der Seelenlehre, die wiederum beinahe mit seiner von Cohen so geschätzten Ideenlehre identisch ist. (a.a.O., 339).

17 A.a.O., 352.

18 *Nefesh kol Chai* = Seele alles Lebendigen – als liturgischer Standard im Judentum geht auf Hiob 12, 10 zurück: In Gottes Hand ist die Seele alles Lebenden und der Geist alles Fleisches der Menschen.

19 Cohen, RV, 121–122.

20 Cohen, BR, 62.

21 So sagt Paulus in bewusstem Gegensatz zum (Moral-)Gesetz: „Wir wissen, dass das Gesetz selbst vom Geist bestimmt ist; ich aber bin Fleisch, das heißt: verkauft an die Sünde" (Röm 7,14).

Jetzt stellt sich aber die Zwischenfrage: Warum ist das *Herz* (wie oft im Deuteronomium verwendet) als Metapher für Cohen nicht ausreichend, um das zu beschreiben, was am Menschen nicht körperlich ist?[22] Eben, weil das Herz begrifflich nicht individuell ist, das kann nur die Seelen-Metapher leisten. Das Herz, sagt Cohen, meint Innerlichkeit im Allgemeinen, nicht im speziellen, nicht für jeden Menschen einzeln, es ist eine Metapher für das beim Menschen von innen kommende als solches. Auch kann nicht einmal metaphorisch ein Organ allein für die moralischen Verfehlungen des Menschen verantwortlich gemacht werden, es ist für Cohen immer der ganze Mensch als solcher der Urheber der Sünde. Das Herz beschreibt für alle Menschen das Gleiche, erst im Begriff der Seele entwickelt sich das Individuum zum Ich, und nur das Ich in seiner Ganzheit kann „mit der Erkenntnis der Sünde etwas anfangen, das über diese Erkenntnis hinausführt", denn das ideelle Ziel von Religion ist für Cohen die Erlösung, die Befreiung von der Sünde. Das Herz bricht, aber die Seele erkennt. Und nur die Erkenntniskraft der Seele gibt uns den Anstoß umzukehren und die Last der Sünde abzuwerfen.[23]

Das hat weitreichende Folgen für Cohens Versöhnungsbegriff – der für ihn nichts weniger als das funktionale Zentrum von Religion bildet, womöglich sogar von jeder Religion: „Der Zweck der Religion als solcher liegt in der Versöhnung", hatte Cohen 1910 den sicherlich erstaunten Delegierten des 5. Weltkongresses für Freies Christentum erklärt.

Die Versöhnung mit Gott ist zwar nur das Mittel für den sittlichen Begriff der Religion, der vielmehr in der Versöhnung des Menschen mit sich selbst bestehen muss. Aber die Religion würde sich selbst aufheben, wenn sie die Versöhnung mit Gott als das unerlässliche Mittel für diesen letzten Zweck aufgeben würde.[24]

Wenn Cohen schreibt, Jecheskel hätte in dem „Wort der Seele den Begriff des Menschen begründet,"[25] dann ist damit also zunächst der religiöse Begriff des Menschen gemeint, der sich für Cohen auf Buße und Versöhnung gründet. Wenn es die individuelle Seele ist, die sündigt, dann muss es auch die Seele sein, die Versöhnung erwirkt – kein Priester, kein Vermittler, sondern das Ich, das Individuum selbst. Jede fremde Intervention, jede Stellvertretung, jede Opfer-Symbolik, würde diesen neuen Seelenbegriff nur verschleiern.

Die Versöhnung muss erwirkt werden zwischen Gott und dem Menschen selbst, mit seiner Seele. Diese verträgt keine Vermittlung durch eine andere Person. Der Begriff der Seele macht das Symbol ganz unerträglich, weil die neue Wahrheit der Seele vereitelnd.[26]

---

[22] Vgl. Dtn 6,5 und Dtn 29,18. Aber auch Jecheskel selbst sagt an anderer Stelle: „Ich will euch ein neues Herz und einen neuen Geist geben [...]" (36, 26).

[23] Cohen, RV, 222.

[24] Cohen, *Die Bedeutung des Judentums für den religiösen Fortschritt der Menschheit.*

[25] Cohen, RV, 389

[26] RV, 483

Diese seelische Wahrheit wird dann bei Cohen die Grundlage für seine gesamte Erklärung der zentralen Bedeutung des *Jom Kippur* für das Judentum, und wird damit auch eines der Haupt-Unterscheidungsmerkmale zwischen dem jüdischem und dem christlichen Versöhnungsbegriff.[27]

Da wir als Menschen in der Lage sind, nach ethisch-rationalen Kriterien unsere eigenen Sünden zu erkennen und zu verstehen, liegt hier nach Cohen der Grund für die Selbsterzeugung der Sittlichkeit. Die Selbsterkenntnis der Sünde ist die Selbsterkenntnis des religiösen Individuums. Wenn wir an die Quelle aller Entwicklung von Religion zurückgehen, so Cohen, gelangen wir eben zu dieser Entdeckung des Individuellen durch die Sünde. Genau hier scheidet sich Religion von Mythologie. Religion beginnt, wo der Mensch sich selbst als Urheber seiner Sünde sieht, und nicht als Erbe der Schuld seiner Ahnen, dort also, wo die Erkenntnis der Sünde Selbsterkenntnis wird. Eben daher kann der Mensch auch nur als Individuum umkehren, „heilig", das heißt sittlich werden, und nicht als Teil einer Gemeinschaft, einer Ahnenkette oder auch eines Volkes. Die Seele ist für Cohen nicht heilig als Glied einer Kette, nicht einmal als Glied des heiligen Volkes. Denn nicht die Kette macht das Glied heilig, sondern umgekehrt, jedes individuelle Glied heiligt die unendlich in die Zukunft reichende Kette.[28] Die Selbsterkenntnis der Seele garantiert also erst die Möglichkeit der Buße, des Gelingens der Umkehr. Wenn Gott der Besitzer aller Seelen ist, und aus seinem unerschöpflichen Vorrat jedem Individuum zuteilt, was nach dem Tode des Körpers dann wieder Gott allein gehört – wenn man so will – dann kann die Seele auch niemals nach dem Tode „in die Hölle fahren", also für immer „verloren" sein.[29] Innerhalb der Cohenschen Vergeltungstheorie kann es keine ewigen Strafen geben, und es ist gerade die „Versittlichung des Seelenbegriffs", die Umkehr und Erlösung möglich und damit Unsterblichkeit als Vergeltungsgrundlage unnötig werden lässt.[30]

Damit gelangen wir zu einer weiteren These: Am Begriff der Seele trennen sich in Cohens Spätwerk Philosophie und Theologie, das heißt, Ethik und Religion – wie groß auch immer der Anteil der menschlichen Vernunft an der Religion sein mag. Ausgerechnet aus der neuen Bestimmung der Individual-Seele entwickelt

---

[27] Zu Cohens Theologie der Versöhnung siehe Zank, *The Idea of Atonement in the Philosophy of Hermann Cohen.*

[28] Diese Position steht im strikten Gegensatz zu etwa zeitgleichen Äußerungen von Martin Buber und Franz Rosenzweig, die unabhängig voneinander das Judentum als „Blutsgemeinschaft" definierten: Nur die Mitgliedschaft in dieser Erb-Gemeinschaft macht Juden zu Angehörigen des heiligen Volkes. Siehe dazu Bubers erste „Prager Rede" von 1909 und Rosenzweigs *Stern der Erlösung*, Frankfurt am Main 1921, Dritter Teil, Erstes Buch.

[29] Cohen, RV, 223.

[30] Cohen, RV, 363. Schon Moses Mendelssohn und Gotthold Ephraim Lessing hatten sich über die ewige Dauer der Höllenstrafen gestritten. Anders als Lessing lehnte Mendelssohn diese Vorstellung strikt ab, aus etwa denselben Gründen wie Cohen. Siehe dazu Altmann, *Moses Mendelssohn*, 553–556.

Cohen auch einen neuen, „religiösen" Gottesbegriff, der über den Gottesbegriff seiner Ethik hinausgeht. Das sündige Individuum, erzeugt durch einen idealistischen Begriff der Seele, wird so zum Unterscheidungsmerkmal zwischen Ethik und Religion. Während für Cohen die philosophische Ethik den Menschen nur als ein Beispiel, ein Exemplar der Menschheit sieht, und sich daraus, aus der Mitgliedschaft in der Menschheit, auch die Menschenrechte ableiten lassen – also geradezu aus der Vernachlässigung von Individualität – ist der Mensch für die Religion nur individuell zu verstehen. Dieser über die Ethik hinausgehende neue, religiöse Menschenbegriff des sündigen Individuums fordert daher zwangsläufig auch einen neuen Gottesbegriff, der nun selbst über die ethische Bedeutung des Menschheits-Gottes hinausgeht:

Diese steht nur ein dafür, dass es der Sittlichkeit niemals an der Menschenart mangelt, so dass die Sittlichkeit auf Erden sich nicht verwirklichen könnte. Aber dass ich selbst in *meiner isolierten Individualität* mit meinem redlichen Bemühen um meine Sittlichkeit, um ihre Erhaltung und Wiedergewinnung zustande komme, das kann mir der Gott der Menschheit nicht an sich verbürgen [...] Dazu bedarf ich Gottes als *meines* Gottes. *Mein eigener Gott ist der Gott der Religion.*[31]

So weit hat uns Cohens Idealisierung des Seelenbegriffes gebracht, dass er nun auch einen neuen Gott erzeugen muss, und nicht etwa umgekehrt. Doch welches Attribut kommt bei diesem neuen Gottesbild hinzu, das der Gott der Cohenschen Ethik noch nicht besessen hatte? Der religiöse Gott ist der *Gott der Vergebung*. Wenn sich das Individuum in seiner Sünde erkennen kann und auch erkennt, und diese Erkenntnis zur Voraussetzung der Umkehrarbeit wird, dann fehlt hier zwangsläufig noch der letzte Schritt, den der Mensch allerdings nicht selbst gehen kann: die Erlösung, die Befreiung (des Bewusstseins) von der Sünde. Doch auch der Gott der Ethik des freien Willens kann das nicht leisten. Dazu braucht es eine neue Art Korrelation zwischen Mensch und Gott, in der der Mensch als religiöses Individuum seinem *eigenen* Gott der Vergebung gegenübertritt. Das ist eine Korrelation gegenseitiger Abhängigkeit: So wie sich der Mensch trotz aller sittlichen Arbeit nicht selbst vom Bewusstsein der Sünde erlösen kann, so kann auch Gott ihn nicht erlösen, wenn er diese sittliche Arbeit nicht in Angriff nimmt.[32] Für Cohens Seelenbegriff bedeutet das einmal mehr

[31] Cohen, BR, 116 (Hervorhebungen im Original). Cohens Gottesbegriff aus der Ethik beschreibt die Idee einer Schnittstelle zwischen der Wahrheit in der Welt der Natur und der Welt der Sittlichkeit („die Übereinstimmung der theoretischen Kausalität mit der ethischen Teleologie", RV, 476) und garantiert daher für die Verwirklichung der Sittlichkeit auf Erden.

[32] Cohen, BR, 63. Cohen erwägt alle denkbaren und historischen Alternativen zu dieser Korrelation von Seele und Vergebung: zunächst das Opfer, doch der durch Geschenke versöhnte Gott ist nicht der Gott der Religion, sondern des Mythos. Dann die Mitwirkung Gottes bei der menschlichen Arbeit, die als Pantheismus zurückgewiesen wird, und schließlich die Paulinische Gnadenlehre: Aber Erlösung kann für Cohen auch umgekehrt kein Geschenk sein, sondern nur Resultat menschlichen Willens und menschlicher Tätigkeit. (ebenda).

die Verwandlung von der endlichen „Seele alles Lebens" zum unendlichen abstrakten Seelen-Geist, denn auch die neue, individuelle Korrelation „spannt das Leben der Seele auf die Schwebe mit dem Sein Gottes."[33] Um in diese Korrelation treten zu können, muss die Seele alles Animistische hinter sich lassen und ebenso wie Gott sittlicher Geist werden.

Doch auch der neue Gott der Vergebung ist längst nicht der Gott, den Franz Rosenzweig dem „späten Cohen" andichten wollte. Gott ist und bleibt eine Idee. Immer noch ist es die Seele des Menschen, die die Umkehr-Arbeit ganz allein zu leisten hat, um von ihrer Sünde befreit zu werden. Aber die Seele braucht und verlangt in Gott ein Wahrzeichen, dass diese ihre „sittliche Bußarbeit nicht verlorene Liebesmüh sei".[34] Die neue Gottesidee wird so der ideelle Bürge für den Erfolg der sittlichen Selbstarbeit des Menschen. *Befreien* muss sich die Seele zunächst selbst, *erlöst* wird sie dann durch den Gott der Religion.[35] Dieser neue Gott ist daher für Cohen nur „eine Ergänzung zum Gott der Ethik", nicht ein Widerspruch. Immer noch gewährleistet er die Verwirklichung des Guten, nur diesmal für das Individuum. Statt der Menschheit als ganzer, gibt er nun dem Individuum sittliche Zuversicht – als Bedingung der Möglichkeit der persönlichen Befreiung von Schuld und Sühne. Cohen geht sogar so weit zu sagen, dass, umgekehrt betrachtet, die Idee eines „Sündigens der Seele" ein bloßes Hirngespinst wäre, ohne das Bewusstseins eines Gottes der Vergebung: Ohne göttliche Vergebung hätte Umkehr keinen Sinn, aber ohne Umkehr gäbe es auch keinen Gott des Individuums. Die Umkehr braucht als ihre Voraussetzung einen Gott, auf den sie sich richten kann – sie beginnt für Cohen nicht etwa im Glauben, sondern in der logischen Gewissheit. Gott bleibt funktional – Cohens Gott *muss* verzeihen und vergeben, wenn der sittliche Mensch die Umkehr will und vollzieht.[36]

Das hat auch Folgen für den religiösen Begriff der *Freiheit*, der sich für Cohen vor allem durch die Ablehnung des Gedankens der Erbsünde auszeichnet. Die moralische Funktion der Religion besteht in der immer neuen Befreiung des Menschen von seinem Schuldbewusstsein, bei dem es uns nicht viel hilft zu wissen, dass auch Andere schuldig sind, oder dass es sich bei moralischen Vergehen um eine allgemein menschliche Bestimmung handelt. Moralische Schuld heißt *Sünde* in der Sprache der Religion, und der ethisch-philosophische Anteil an dieser Befreiungs-Funktion der Religion von der Sünde besteht nun darin, wie wir sahen, dass es die Seele des Menschen ist, die sündigt, nicht sein Körper. Sünde ist eine Verletzung ihrer geistigen Heiligkeit. Damit ist für Cohen die Sünde in doppelter Hinsicht vom Biologisch-Natürlichen abgekoppelt: Die Seele ist auch

---

33 A.a.O., 122.
34 A.a.O., 64.
35 A.a.O., 66.
36 A.a.O., 65.

traditionell eine fleischlose Metapher, eine Denkfigur für das Geistliche, und damit für die menschliche Freiheit von der Materie.

Wir unterscheiden das Seelische von allem Materiellen auch im Organischen, und wir weisen die Analogien zwischen beiden Reichen, zwischen dem der Natur und dem der Sittenwelt als Irrlichter zurück,

schreibt Cohen zur Begründung seiner These, dass auch der Friede (zwischen Menschen und Völkern) eine Seelenkraft ist. So wie der Hass keine „wirtschaftliche Ordnungskraft im Haushalt der Natur" ist, so wird er aber auch einst als Gespenst aus der Menschenwelt verschwinden, verscheucht von der Idee der Reinheit der Seele.[37] Die „übernatürliche" Willensfreiheit, die den Menschenbegriff der Ethik begründet hatte, und der damit auch die Menschenrechte rechtfertigt, trifft sich hier also mit dem Gedanken von der freien Selbsterkenntnis der Sünde des religiösen Individuums, mit dem Verständnis der Seele als dem „Sitz" des menschlichen, also sittlichen Selbstbewusstseins.

Was also bedeutet hier die Reinheit der Seele? Bei der Begründung der Unmöglichkeit der Erbsünde (also im Grunde wiederum einer Form ererbter oder übertragener Schuld) durch die menschliche Freiheit spielt die Seele für Cohen erneut metaphorisch eine entscheidende Rolle. Wie so oft benutzt Cohen auch hier einen zentralen Text aus der jüdischen Liturgie zur Beschreibung jüdisch-theologischer Denkmuster – jüdischer Dogmen, wenn man so will.[38] Vielleicht kommt diese häufige Hinwendung zum Liturgischen aus der persönlichen Lebenserfahrung des Sohnes eines Kantors, vielleicht aber auch aus der historischen Einsicht, dass sich jüdische Glaubensinhalte oft und entscheidend aus dem *Siddur* ergeben, dem jüdischen Gebetbuch, und nicht aus den Festlegungen einer zentralisierten Glaubenskongregation.[39] Zu Beginn des täglichen Morgengebets sprechen Juden Gott ihren Dank dafür aus, dass er die Seele über Nacht von ihnen genommen und sie ihnen am Morgen gereinigt (rein) zurückgegeben hat. Kurz danach heißt es dann (in Cohens eigener Übersetzung aus dem Gebetbuch): *Mein Gott, die Seele, die Du mir gegeben hast, ist rein. Du hast sie geschaffen, Du hast sie gebildet in meinem Inneren, Du hast sie in mich gehaucht, Du bewahrst sie in meinem Innern, und Du wirst sie einst von mir nehmen, um sie mir wiederzugeben im künftigen Leben.* Die Reinheit der Menschenseele, so betont er oft, ist für Cohen eines dieser Dogmen, ein „Grundpfeiler der jüdischen Fröm-

[37] Cohen, RV, 524.

[38] Cohen verlangt wiederholt die Wiedereinführung einer (wissenschaftlich-rationalistischen) jüdischen Dogmatik und präsentiert in verschiedenen Aufsätzen Listen jüdischer Glaubensprinzipien (darunter u.a. auch die Freiheit/Reinheit der Seele). Siehe zum Beispiel *Die Bedeutung des Judentums…* von 1910 (wie in Note 23), aber auch schon zehn Jahre früher in seinem Vortrag „Das Judentum als Weltanschauung" von 1898, wiederabgedruckt in: Adelmann, *„Reinige dein Denken"*, 323.

[39] Siehe dazu auch: Guttmann, *Die Normierung des Glaubensinhalts im Judentum*, 241–255.

migkeit".[40] Aber, und das ist der Gedanke, für den er die Liturgie benutzt: Sie ist im Grunde nichts als der religiöse Ausdruck für den ethischen Freiheits- und Autonomiebegriff der Philosophie:

Worauf es für den religiösen Ausdruck der Freiheit ankommt, das ist im tiefsten Grunde die Reinheit. Die Reinheit der Seele macht den Menschen zum Ebenbilde Gottes. Heilig ist der Mensch nicht. Die Heiligkeit eines Menschen gilt uns als Blasphemie. Aber rein ist der Mensch; seine Seele ist rein. In ihrer Reinheit besitzt sie das untrüglichste Gepräge der Unsterblichkeit; zugleich aber auch das Vorbild ihrer Freiheit.[41]

Freiheit ist die uns gestellte individuelle Aufgabe der Selbst-Befreiung, die die Möglichkeit von Umkehr und Vergebung zwingend voraussetzt, wie wir sahen. Wie viel der Mensch auch sündigt, schreibt Cohen, der Reinheit seiner Seele kann er nie verlustig gehen, denn Gott hat dem Menschen eine reine Seele gegeben.[42] Wenn wir es so wollen, jeden Morgen von Neuem. Die richtige Frage der religiösen Psychologie ist für Cohen also nicht die nach dem mystischen Problem, wohin die Seele einst geht, sondern vielmehr, woher die Seele kommt, aus welchem ideellen Ursprung sie stammt. Wenn es Gott war, der seinen Geist in den Menschen gelegt hat, und damit seine Heiligkeit, dann ist Gott auch der logische *Ursprung* der Seele. Aber wie Cohen zuvor schon Gottes Schöpfungstätigkeit in der physischen Welt nicht als einen einmaligen Akt beschrieben hat, sondern als „unaufhörliche Neuerzeugung", so handelt es sich für ihn auch hier, bei der Erneuerung der Seele, um einen unendlichen ideellen Prozess.[43] Gerade weil Gott dem Menschen eine reine Seele gegeben hat, kann der Mensch dieses tägliche Gebet sprechen – das heißt er kann Gott bitten, die Reinheit der Seele beständig zu erneuern.

Und hier kommt nun noch ein neuer Aspekt ins Spiel: Diese Erneuerung, diese beständige Neuschöpfung der Seele, im Grunde die Wiederherstellung ihrer Reinheit, ist ihrerseits die Voraussetzung für die *Wahrhaftigkeit* des Menschen. Wahrhaftigkeit ist für Cohen nicht nur der Hauptsinn und Hauptinhalt jeden Gebets, sie ist ganz offensichtlich auch die Bedingung wahrer Buße und Umkehr – denn das Bekenntnis zur Sünde ist ja immer auch ein Bekenntnis zu einer unbequemen Wahrheit.[44] Die Annahme von Erbsünde wäre demnach also eine willkürliche Einschränkung der Kraft des Menschen zur Wahrheit und zur Umkehr, eine Beschränkung seiner religiösen Freiheit. Dasselbe gilt für Cohen von der neuen, der religiösen Idee Gottes. Die individuelle Seelen-Eigenschaft

---

[40] Cohen, *Deutschtum und Judentum*, 12 (dort auch die Übersetzung).

[41] Cohen, *Innere Beziehungen der Kantischen Philosophie zum Judentum* (1910), 284–305.

[42] Cohen, BR, 105.

[43] Auch Cohens Ideen zur permanenten Schöpfung Gottes (RV, 80) gehen auf Vorgaben aus der Liturgie zurück. An einer vieldiskutierten Stelle im jüdischen Gebetbuch heißt es: Der Du deine Schöpfung jeden Tag erneuerst.

[44] Cohen, RV, 443.

des Menschen zu sündigen, antizipiert auch eine neue Eigenschaft Gottes, wie wir sahen, eine Eigenschaft, die sich aus den klassischen Attributen der Schöpfung oder der Offenbarung nicht ableiten lässt: Die Eigenschaft der Vergebung. Anders als Cohens Gott der Ethik, der dem Sünder mit Mephisto nur zynisch sagen kann: „Du bist der erste nicht […],“ hat der Gott der Religion nicht nur „kein Schicksal über sich, sondern auch nicht in sich“, er kann verzeihen und damit das Sündenregister löschen, das Schuldbuch schließen.[45] Für den Gott der Religion, dessen erste Aufgabe es ist, die menschlichen Individual-Sünden zu vergeben, stellt daher die Erbsünde eine begrifflich unzulässige Einschränkung seiner Macht dar, sollte er nicht alle Sünden vollständig vergeben können. Ebenso verhält es sich aus der umgekehrten Perspektive: Der betende Mensch in seiner Wahrhaftigkeit gegenüber Gott findet im Gebet nichts als „die psychologische Form des religiösen Faktors der Versöhnung.“ Das Gebet ist für Cohen ein individuelles Bekenntnis des seelischen Erlebens unserer Suche nach dem vergebenden Gott. „Das ist freilich ein Wunder in der Geschichte der Seele“, so gibt er zu, doch auch der Monotheismus selbst ist ja ein Wunder. Aus der Sicht des Menschen jedoch ist das Gebet Teil „der sittlichen Bußarbeit für das Gelingen der Versöhnung“ und stellt damit die gegenseitig zwingende Korrelation wieder her.[46]

Zusammenfassend kann man sagen: Cohens Seele erlebt, denkt, will, erkennt und handelt. Cohen muss seinen ethischen Seelenbegriff nach vielen Seiten hin abgrenzen, um durch diesen Begriff dem Menschen die individuelle Freiheit der Umkehr und damit auch Gott die Möglichkeit der Vergebung einzuräumen. Die Seele ist nicht Teil einer mythologischen Ahnenkette, denn das würde sie dem Schicksal eines Volkes unterwerfen, würde Vater und Sohn in einen mystischen Schuldzusammenhang stellen. Die Seele ist aber auch nicht die pantheistische „Weltenseele“, denn damit wäre ihr nicht nur die Individualität geraubt, die Cohen für die Forderung nach persönlicher moralischer Verantwortung braucht, die Weltenseele übernimmt auch den Unendlichkeitsbegriff des Universums, der sich für Cohen nicht mit dem spezifisch menschlichen Begriff der sittlichen Unendlichkeit deckt. „Das Universum hat keine Sittlichkeit“, schreibt Cohen, seine Unendlichkeit ist eine mathematische, während die Seele des Menschen immer nur als eine unendliche sittliche Aufgabe gedacht werden muss.[47]

Schließlich muss sich Cohen auch strikt gegen die Seele als animistisches Lebensprinzip wehren, denn das würde ihre Unsterblichkeit unmöglich machen –

---

45 A.a.O., 222.

46 A.a.O., 434.

47 A.a.O., 375. – Das ist eine interessante, wenn auch rätselhafte Bemerkung Cohens, der sich ja auch als Theoretiker des Infinitesimalen einen Namen gemacht hatte. Offenbar meint er hier mit *mathematisch* das abgeschlossene Unendliche (das Universum?), während die sittliche Aufgabe der Seele als unabgeschlossen, als ewig fortgesetzt gelten muss. Siehe dazu Schwarzschild, “*The Religious Stake in Modern Philosophy of Infinity*”, 185–196.

und alles, was seinen Ursprung in Gott hat, muss ewig sein. Hier allerdings stehen ihm zahlreiche literarische Quellen des Judentums im Weg, die im Begriff der Seele den Menschen mit der Natur verbinden, nicht mit Gottes Geist. Doch nach Cohens Idealisierung ist die Seele für das Judentum nicht nur „schlechthin Geist, sondern sittlicher Geist, der Geist der Heiligkeit".[48] Heiliger aber wird der Mensch durch seine sittliche Aufgabe und die Kraft der Buße auch schon während seines irdischen Lebens, Umkehr ist also vor allem eine Art ewiger Selbsterneuerung, und daher letztlich Wiedergeburt.

Was die Seele individuell macht, ist offenbar die empirische Verbindung mit dem Körper, diese Verbindung ist die Ursache der menschlichen Sünde, deren Grad, aber vor allem deren Vergebung von freier Selbsterkenntnis, und in der Folge vom freien Handeln, also von der Umkehr des Menschen abhängt. Ohne den Körper wird die Seele wieder rein – nach der jüdischen Liturgie sogar jede Nacht – und kehrt somit im übertragenen, ideellen Sinne zu Gott zurück, wo sie hingehört. Der Seele ist damit alle Zweideutigkeit als *Lebenshauch* genommen und der Mensch ist damit tatsächlich unsterblich geworden – in seiner unendlichen Aufgabe der Sittlichkeit. Dies ist dann möglicherweise auch der Seelenbegriff, auf den sich Cohens ungeschriebene Psychologie hätte aufbauen können, um eine Verbindung mit allen anderen Teilen des Systems herzustellen, einschließlich der „Eigenart der Religion".

Literaturverzeichnis

Adelmann, Dieter, *„Reinige dein Denken". Über den jüdischen Hintergrund der Philosophie von Hermann Cohen*, hg.v. Görge K. Hasselhoff, Würzburg 2010, 321–329.

Altmann, Alexander, *Moses Mendelssohn*, Philadelphia 1973, 553–556.

Cohen, Hermann, *Werke*, hg.v. Helmut Holzhey u.a. Hildesheim u.a. 1977 ff.

–, *Die Bedeutung des Judentums für den religiösen Fortschritt der Menschheit*, Berlin 1910, S. 6, wieder in Jüdische Schriften I, Berlin 1924, S. 18 ff. und in Werke, Bd. 15, Hildesheim 2009.

–, *Deutschtum und Judentum*, Berlin 1915.

–, *Innere Beziehungen der Kantischen Philosophie zum Judentum* (1910), wieder abgedruckt in Cohen, *Jüdische Schriften*, Bd. 1, 284–305.

Guttmann, Julius, *Die Normierung des Glaubensinhalts im Judentum*, in: *Monatsschrift für Geschichte und Wissenschaft des Judentums* 1927, 241–255.

Kant, Immanuel, *Die Religion innerhalb der Grenzen der bloßen Vernunft*, hg.v. Bettina Stangneth, Hamburg 2003.

Johnston, David, *A History of Consent in Western Thought*, in: Franklin Miller/Alan Wertheimer (Hg.), *The Ethics of Consent: Theory and Practice*, Oxford 2009, 36–37.

Schmid, Konrad, *The Prophets after the Law or the Law after the Prophets? – Terminological, Biblical, and Historical Perspectives*, in: Schmid, Konrad/Gertz, Jan/Levinson,

---

[48] Cohen, RV, 389.

Bernard/Rom-Shiloni, Dalit (Hg.), *The Formation of the Pentateuch: Bridging the Academic Cultures of Europe, Israel, and North America* [Forschungen zum Alten Testament 111], Tübingen 2016, 841–850.

Schwarzschild, Steven, *The Religious Stake in Modern Philosophy of Infinity*, reprinted in: George Y. Kohler (Hg). *The Tragedy of Optimism. Writings on Hermann Cohen by Steven S. Schwarzschild*, Albany 2018, 185–196.

Mate, R./Dewey A. D./Welch, J. R. *Toward an Ethic of Compassion*, in: *Memory of the West*, Leiden 2004, 143–183.

Seeskin, Kenneth, *Autonomy in Jewish Philosophy*, Cambridge 2001, 33–35.

Weidner, Daniel, *The Political Theology of Ethical Monotheism*, in: Randi Rashkover/ Martin Kavka (eds.): *Judaism, Liberalism, and Political Theology*, Bloomington 2013.

Zank, Michael, *The Idea of Atonement in the Philosophy of Hermann Cohen*, Providence, RI 2020.

From the Consciousness of Culture to the Uniqueness of God

Unity and Peace of the Soul in Hermann Cohen's *Religion of Reason*

Irene Kajon

I. Introductory Remarks

The years 1914–1918 were *anni horribiles* for the most of the European peoples because of the war which destroyed human lives, towns and countryside, as well as the coexistence among nations founded on mutual respect. In these years Cohen was in Berlin after reaching retiring age at the University of Marburg in 1912, where he had been professor from 1876 and leader of the neo-Kantian Marburg School. In Berlin he taught at the "Lehranstalt für die Wissenschaft des Judentums", an important institution of German Jewry devoted to Jewish culture and education, exercising a strong influence not only on his students and followers, but also on his critics and opponents.[1]

In these years Cohen again pondered three topics that are crucial in the thinking he had developed between 1902 and 1912 – during which period he published his *System of Philosophy*, composed of three parts: *Logic of Pure Knowledge*, *Ethics of Pure Will*, and *Aesthetics of Pure Feeling*.[2] The first topic is psychology as the fourth part of his philosophical system because identified with a doctrine which should comprehend synthetically all the philosophical analyses he had offered in the previous three books, and therefore shed light on the unity of his system: psychology not so much as an empirical science, but as a philosophical discipline, which had the task of describing all the *a priori* principles and concepts of human consciousness as consciousness of culture (*Kulturbewußtsein*), i.e. all the *a priori* functions of humankind as an intelligible or *noumenon* subject producing a cultural objectivity. The second topic is the relationship between Germanism and Judaism, terms which refer also to the two nations bearers of these two cultures, the Germans and the Jews: a topic which Cohen had dealt with in

[1] On Cohen's activity in Berlin after 1912, cf. Rosenzweig, *Einleitung* and Scholem, *Walter Benjamin – die Geschichte einer Freundschaft*.

[2] Cf. Cohen, LrE[2]; ErW; ÄrG I u. II.

his philosophical work as well as in his polemical writings especially after 1880, when he participated in the debate opened by Heinrich Treitschke on the capacity of the Jewish minority to integrate into German people.[3] The third topic to be reconsidered was the philosophy of Kant as the most representative philosopher of German culture: he was the subject of Cohen's first three books, *Kant's Theory of Experience*, *Kant's Foundation of Ethics*, and *Kant's Foundation of Aesthetics*, published between 1871 and 1889, whose aim was the reconstruction of Kant's critical enterprise, and Cohen was inspired especially by him in writing his own philosophical system.[4]

In fact, we know from his private correspondence or from testimonies of colleagues and friends that he wanted to return to these three topics in his old age. Cohen's letters of November 28, 1914 and June 10, 1917 to Paul Natorp, express his intention to elaborate his ideas on psychology – which he had been meditating for many years starting from his exegesis of Kantian *Critiques* – in a fresh perspective.[5] Cohen's letters of October 12, 1916, October 27, 1916, November 6, 1916, November 4, 1917, and January 23, 1918, to Natorp on the *affaire* Bruno Bauch, a defender of a Germanism rooted in blood and soil in an article published in 1916 in Berlin and in the "Kant-Studien" in January 1917 – which was the cause of Cohen's departure from the "Kant-Gesellschaft", responsible of this journal – show how he reflected on the difficult position of the Jews in Germany during the war in a new way, taking their experience into account.[6] And from the Preface that Ernst Cassirer wrote for his own book on Kant, published in 1918, as the completion volume of the Marburg edition of Kant's works, we learn that Cohen had the intention of contributing to this edition with a new reflection on Kant's role in German culture.[7]

However, when Cohen, after his retirement, gave a course on psychology in Marburg during the summer of 1916, he used only notebooks written in 1878–79 and 1882, according to Natorp's testimony, expressed in his letter of May 17, 1918 to Walter Kinkel.[8] And, when he published in 1915 a long essay on Germanism and Judaism, he maintained the same thesis that he had defended against Treitschke, according to which the Jews recognize the similarity between the universalism and rationalism of German philosophy and literature, whose main

[3] Cf. Treitschke, *Ein Wort über unser Judenthum* (1881, 4. ed.); Cohen, *Ein Bekenntnis in der Judenfrage* (1880). Contributions to the debate are collected in: Boehlich/Berg (Hg.), *Der Berliner Antisemitismusstreit*.

[4] Cf. Cohen, KTE²; KBE²; KBÄ.

[5] Cf. Holzhey, *Cohen und Natorp*, vol. 2: *Der Neukantianismus in Quellen*.

[6] Ibid. About these letters and the *affaire* Bruno Bauch, cf. Kajon, *Ebraismo e sistema di filosofia in Hermann Cohen*, 131–132.

[7] Cf. Cassirer, *Kants Leben und Lehre* (vol. 11 of *Kants Werke*, ed. by E. Cassirer et a.), *Vorwort*.

[8] The letter is reproduced in Holzhey, "Das Hermann-Cohen-Archiv in Zürich", 444 ff.

representatives are Kant, Lessing, Herder, and the universalism and rationalism of their own religion.[9] And finally, when in 1918 (he died in April that year) he published the third edition of his *Kant's Theory of Experience*, he wrote a new Preface where he described Kant's philosophy in terms which were no different from those which he had used in his previous books – as a scientific idealistic philosophy grounding a system of pure reason: Kant as the philosopher of a system founded on *logos*.[10]

It is possible that Cohen's new ideas on the topics that he thought deserving further deep meditation, were not yet clear enough for him to allow a new exposition. But undoubtedly in the *Religion of Reason out of the Sources of Judaism*, which was posthumously published in 1919,[11] he traced original points of view, if not the details, about the topics on which he reflected anew during the last phase of his life.

As I will try to show in the next sections, on the question of psychology, in his last book he moved from a system founded on the consciousness of humankind producing knowledge, ethics and art, to a system founded on the relationship between man and the unique God through the spirit of sanctity, i.e. the pure ethical affection of love; on the question of the connection between the Germans and the Jews, from the Jewish acceptance of German culture, for its universalistic and rationalistic aspects, to the idea of the philosophical primacy of Judaism over Germanism because of the authenticity and purity of its idea of God; and, on the question of the interpretation of Kant, from the reception of Kant's philosophy as a system founded on logic to the reception of Kant's philosophy as a system founded on an ethical-religious concept of man.

This passage from the old orientation to the new one when dealing with the three questions that we have recalled above, is particularly evident in the different treatment of the doctrine of the virtues offered by Cohen in his *Ethics of Pure Will* and in his *Religion of Reason*. While the doctrine exposed in the first book culminates in the virtue of humanity (*Humanität*), which also appears as the virtue which refers to the unity and harmony of all the directions of human consciousness – as we shall remark – the doctrine expounded in the second book culminates in the virtue of peace (*Friede*), which not only means the unity and harmony of the soul, but also its eternal survival because of the link between man and the unique God. This change in conceiving the unity of *Kulturbewußtsein* implies a change in his manner of conceiving the relationship between Germanism and Judaism and the main perspective of Kant's philosophy.

---

[9] Cf. Cohen, *Deutschtum und Judentum. Mit grundlegenden Betrachtungen über Staat und Internationalismus* (1915, 2. ed. 1916), 237–301.

[10] Cf. Cohen, KTE^3, *Vorwort*.

[11] Cohen, RV.

Therefore, the present contribution is dedicated to an analysis of the doctrines of the virtues in both books, *Ethics of Pure Will* and *Religion of Reason*. Through this analysis I would like to show the new approaches opened by Cohen in his last work as regards the three themes.

II. Truthfulness as a search for self-knowledge or for God's attributes

In his *Ethics of Pure Will* Cohen makes a distinction between first-degree and second-degree virtues:[12] both are virtues of a pure will which is grounded on pure thinking; but virtues of the first kind have the affection (*Affekt*) of respect (*Ehre*) as their motor (*Motor*) and impulse (*Trieb*) and refer to the universality or the All (*Allheit*), while those of the second kind refer to particular communities (*Gemeinschaften*) and have love (*Liebe*) as their motor and impulse.

The first of the first-degree virtues is truthfulness (*Wahrhaftigkeit*). In this book of his Cohen connects this virtue with the search for truth, which is the unity of logic with ethics and with all the other directions of human culture. Truthfulness is the virtue of a philosophy which assumes the motto *gnothi seauton* (know thyself) as its guide in order to determine truth. Self-knowledge (*Selbsterkenntnis*) is the necessary process which leads to truth. Without logic, the self could not emerge as an identity, as an *ego*, that is consistent insofar as it is first of all a universal thinking subject. Greek philosophy inspires Cohen when describing truthfulness in his *Ethics of Pure Will*. He writes:

> Die Methodik der Erkenntnis, deren Übereinstimmung die Wahrheit fordert und ausmacht, liegt in der Naturerkenntnis, als dem Prototyp der Logik. Der Satz der Identität bezeichnet gleichsam den Tugendwert des Denkens. […] Das Denken allein vermag dem Gedanken Dauer und Bestand zu geben. A ist A; und es bleibt A, wie oft es auch gedacht, vielmehr vorgestellt werden mag. […] In diesem A unterscheidet sich der Begriff, als der Inhalt des Denkens, von den Gebilden der Vorstellung. Und in diesem Begriffe findet auch das Selbstbewusstsein, wie es gemein psychologisch gefasst wird, allein erst seine Einheit und seinen Mittelpunkt. *Der Begriff wird die Seele des Menschen*, sofern sie in der Logik ihr Heil erkennt. […] Es gibt kein ursprünglicheres, gültigeres Gepräge für die Seele des Menschen, nicht bloss des geistigen, sondern auch des sittlichen Menschen, als welches der Begriff bildet. In des Begriffes Identität geht ihm seine eigene Identität auf. Und es ist *das Selbstbewusstsein der Allheit*, welches die Identität des Begriffs darlegt. […] Es ist die Einheit der Allheit, welche die Menschen auf Grund der Einheit des Denkens zu bilden vermögen; die Einheit des Selbstbewusstseins. […] So besteht denn ein offenbarer Zusammenhang zwischen *Sokrates* und dem Orakel von Delphi: erkenne dich selbst. *Das Selbstbewusstsein ist Selbsterkenntnis.* […] Nun wissen wir aber, dass die Erkenntnis des Selbstbewusstseins, als die der Sittlichkeit, das Grundgesetz

[12] Cf. Cohen, ErW, 489 ff.

der Wahrheit zur Voraussetzung hat, als der Übereinstimmung zwischen der Naturerkenntnis und der Ethik. Diesem Grundgesetze, welches der sittlichen Erkenntnis zu Grunde liegt, muss daher auch entsprechend formuliert werden die erste Tugend. Sie ist die Wahrhaftigkeit.[13]

The consequence of this approach is that the self of every individual is formed by self-knowledge and only in this self-knowledge can the individual reach the All. Cohen criticizes those thinkers – like Friedrich Schleiermacher or, among his contemporaries, Wilhelm Herrmann – who consider the individual consciousness as isolated from that All formed first of all by universal thinking, but enjoying an immediate relationship with the divine: this is the religious point of view, but not the point of view of a philosophy which begins with knowledge of nature, according to its beginnings in Greece. Cohen drastically separates here philosophy and religion:

Die Wahrhaftigkeit fordert für die Selbsterkenntnis beständige *Selbstprüfung* und Selbstkontrolle. Dazu gehört echtes Denken, welches verschieden ist von phantastischem Grübeln. Dieses Denken ist aber auch zu unterscheiden von dem ernsthaften und gewissenhaften Sinnen, in welchem der Mensch einen religiösen Halt, einen Halt in Gott, als seinem Gotte, für sein individuelles Leben und Schaffen zu gewinnen sucht. Dies ist ein Weg der Tugend, den die Religionen führen; wer möchte das bestreiten oder auch nur bezweifeln. Aber die Frage ist hier, ob dieser Weg der rechte, der sichere, der gerade ist. [...] Wo der Mensch, wie immer sorgsam auf das Ewige gerichtet, von seinem Individuum ausgeht, von seinem Leben und von dessen Grund und Wert, da hat er die methodische Leitung verschmäht, welche die Allheit ihm für sein Selbst darreicht.[14]

In the *Ethics of Pure Will* religion is identified with an ethics which includes the idea of God as the point of confluence, the crowning (*Krönung*), of the philosophical system, while psychology should be constructed as the foundation (*Gründung*) of the unity of this system: scientific knowledge remains its beginning. Religion does not assume this knowledge as its basis and is therefore excluded from the field of truth in this book.

Cohen deems that Kant, who – as he recalls –[15] in one of his essays defends the thesis that what is theoretically true should be realized in praxis,[16] remains his mentor in this high evaluation of logic as a guide for ethics. He considers his own philosophy, like the system of the self-consciousness of culture whose foundation is science, as inspired by Kant. And Kant is the heir of Greek philosophy. This theme is emphasized by Cohen with these words:

[13] Ibid., 498–500. (Cohen's italics here and in the following quotations).

[14] Ibid., 501–502.

[15] Ibid., 507–508.

[16] Cf. Kant, *Über den Gemeinspruch: Das mag in der Theorie richtig sein, taugt aber nicht für den Praxis* (1793).

Der kritische Apriorismus und Idealismus wurzelt im griechischen Humanismus. [...] Es ist der unvergleichliche Vorzug des griechischen Humanismus, dass er nicht nur das Problem, sondern zugleich den Weg der Lösung desselben in der Harmonie von Wissenschaft und Ethik in ewigen Leistungen darstellt.[17]

Precisely because the *logos* is the main principle of the philosophical enterprise – the *logos* looks at the essence of existing things – Cohen unifies his reflection on ethics with his reflection on history, the law, and the State: the *Sollen*, the Ought to be, is present in *Sein*, in Being, although the *Weltgeschichte*, the universal history, is still progressing towards the ethical aims. Respect (*Ehre*) is the affection which moves the members of the State, who have the same right to science, instruction and education, when their actions are directed to the All: their particular interests are subordinate to the State.

If, from the *Ethics of Pure Will* we now turn to *Religion of Reason*, we find that Cohen certainly underlines his intention to maintain the structure of his doctrine of the virtues as he had explicated it in his previous book. However, in the chapter dedicated to them, he recognizes that in a religion of reason out of the sources of Judaism all the virtues necessarily refer to God who is the model of the ethical measures (*middot*): according to Jewish thought, whose highest representative is Maimonides, we cannot know God's essence because of the divine infinity; but we can know positively the divine attributes of action, i.e. the traces left by the divine presence when operating in the world. Nevertheless, Cohen thinks that this new way of seeing the virtues should necessarily have what was established in the book on ethics as its guiding thread. He writes:

In der Tat aber muβ diese Meinung aufrechterhalten werden, wenn wir an die Attribute Gottes denken, in denen Gott ja zum Urbild der Sittlichkeit in der menschlichen Handlung, mithin zum Vorbild der Tugend gedacht werden soll. Es wird daher angemessen sein, daβ wir noch eine andere Auswahl und Auszeichnung der Tugenden, und zwar unter den angegebenen Leitgedanken versuchen, für die wir uns, den Leitgedanken gemäβ, an unsere Auszeichnung in unserer Ethik halten wollen.[18]

Cohen is certainly aware that between the first and the second way of indicating the virtues there is a difference due to their main point of reference, the truth as unity of consciousness, or self-knowledge, in the first case, the unique God in the second. But he thinks that this difference between the two ways does not really mean a contradiction.

However, the meditation on God who is characterized as truth in Jewish texts shows such deep differences with regard to the meditation on the philosophical truth, which is impersonal and identifies with the unity of the world, that they – if considered together – cannot produce a coherent doctrine within the systematic enterprise. Certainly the religious idea of God could be represented as

---

[17] Cohen, ErW, 512.
[18] Cohen, RV, 472.

the unity of knowledge of nature and ethics, and therefore be considered similar to the philosophical idea of truth as the unity of logic and ethics. But the unique God – Cohen has to admit – is beyond logic and ethics as parts of the philosophical system:

Religion muß Wahrheit sein. Da sie aber methodisch weder mit der wissenschaftlichen Logik, noch mit der systematischen Ethik identisch ist, so folgt daraus der wichtige Schluß, daß ihre Wahrheit unterschieden sein muß von der der beiden anderen Erkenntnisarten; daß ihr allein die Wahrheit eigentümlich sein muß, während die anderen Erkenntnisarten einen anderen methodischen Erkenntniswert für die Wahrheit einsetzen müssen. Dieser Eigenwert der Wahrheit für die Religion entspricht dem Eigenwert des Gottesbegriffs und demgemäß auch der Eigenart des Menschenbegriffs in der Religion und durch die Religion. Wie die Religion einen eigenen Gottesbegriff und einen eigenen Menschenbegriff begründet, so erklärt es sich auch, daß ihr allein der Begriff der Wahrheit zustehen muß, der denjenigen Erkenntniswert bedeutet, welcher auf die Korrelation von Gott und Mensch gerichtet ist und deren Geltungswert bezeichnet.[19]

If truth concerns God in religion, this means that truth acquires aspects that are completely different from those affirmed in the *Ethics of Pure Will.* In this case, truth does not presuppose a knowledge grounded on logic, but a knowledge grounded on love and trust: the root of the Hebrew word *emet*, i.e. truth, does not have any reference to discovery or knowing – as Cohen notices;[20] it refers rather to firmness, expressed by the Hebrew word *emunah*, whose translation into German (according to a different root) is generally *Glaube*, belief or faith. Truthfulness as the first and highest virtue becomes the search for God's presence, for the divine actions in the world. *Selbstbekenntnis*, self-knowledge, is now conditioned by man's dependence on God. Thus in his posthumous book Cohen asks with intensity:

Wie kann die Wahrheit für das sittliche Bewußtsein besser begründet werden als durch die Verbindung mit Gott?[21]

Truth is not so much a special attribute of God as the attribute which accompanies all the other divine ethical attributes. Only in truthfulness can man reach eternity because the unique God is beyond time. Unlike the *Selbstbewußtsein*, which concerns human culture and lives in history, although formed by principles and concepts *a priori*, the relationship between man and God is eternal because it occurs through the spirit of sanctity given to humankind by God. This spirit identifies with reason: no longer scientific reason, however, but the reason which produces religion, i.e. religious literature, rites, or customs. Truthfulness is the main characteristic of a man who loves God and whose soul therefore acquires unity and simplicity. This man does not need any symbols: he loves God

---

19 Ibid., 477.
20 Ibid., 477.
21 Ibid., 477.

with all the forces of his soul – as the Jewish prayer *Shema Israel* says – and so he has an immediate relationship with God. It is rather this man that becomes a symbol for the others when he practices his rational religion. According to Cohen, the people of Israel becomes the symbol of truthfulness: through them, who maintain in their existence the Name of God beyond the history of the States, after the destruction of the Second Temple, one could understand what truth means.

Thus Cohen turns from the idea of self-consciousness, explained in his *Ethics to Pure Will*, to the idea of the relationship between man and God, expounded in his *Religion of Reason*, as the centre of his philosophical system: truthfulness is no longer first of all to be loyal to science, but to be loyal to the unique God. He maintains his rationalism: but reason now identifies with love of God as the Subject who loves humankind and is the perfect example of ethics.

III. Modesty towards truth versus humility towards God

In his *Ethics of Pure Will* Cohen considers modesty (*Bescheidenheit*) as a complement to the virtue of truthfulness. Modesty is a second-degree virtue because it pays attention to the particular instead of the universal, unlike the first-degree virtues. Modesty is a partial correction or mitigation of truthfulness. In dealing with modesty – as was the case when dealing with truthfulness – the Greek culture is Cohen's main point of reference: Socrates is the figure who inspires him. He writes:

> Die Ironie des Sokrates beruht auf der echten Einsicht von den Schranken seines Wissens, von den Grenzen des menschlichen Wissens. Und das ist die notwendige Korrektur, mit welcher die Wahrhaftigkeit erst sich vollendet. Und doch ist es nicht Wahrhaftigkeit, was in der Ironie zu ihr hinzutritt; denn die Wahrhaftigkeit ist positiv; die Ironie dagegen negativ. Aber diese Negation ist unerlässlich. Ohne sie kann das Selbstbewusstsein nicht vor Überspannung und Überhebung geschützt werden.[22]

Precisely because of this awareness of the limits of human knowledge, unity of consciousness requires Skepsis as a necessary integration of its main trend, which is the search for truth. Otherwise, self-consciousness would become too sure of the results of its investigations and therefore dogmatic. Skepsis, however, should never be an obstacle to the progress of knowledge; it is only the first step (*Anstoss*), the critical attitude towards those truths that are transmitted by tradition. While truthfulness is animated by respect (*Ehre*) for universal ideas and the objectivity of truth, modesty is animated by love (*Liebe*) for persons and their subjective convictions:[23] ethics is certainly involved in knowledge in this case;

---

22 Cohen, ErW, 530–531.

23 Ibid., 532.

but knowledge remains the direction of consciousness which is the foundation of ethics. Love is the controlling factor (*kontrollierende Instanz*) of respect, just as modesty is the controlling factor of truthfulness: but love and modesty have meaning only when they refer respectively to respect and truthfulness.

Thus Cohen underlines in his *Ethics of Pure Will* how human consciousness, which expresses the unity of culture, is grounded in logic. Intellectual work (*geistige Arbeit*) remains the highest value (*höchster Wert*) in human life (*im menschlichen Dasein*) in this book.[24] Cohen here exalts the *logos* as the capacity to prove by arguments, connect and disconnect ideas, and demonstrate without ambiguity, and he also criticizes the aphoristic style in science and philosophy. Humour is an ingredient of modesty: however, humour is especially present in the artistic genres of the novel and drama, whereas the scientific and philosophical consciousness is moved by the seriousness and sobriety of respect for truth.

Cohen excludes from the scientific and philosophical attitude the cult of the hero: Kant becomes for him the prototype of the truthful and modest philosopher who step by step proceeds in his research while completely renouncing any heroic pose.[25] He links his rejection of heroism to his celebration of a democratization of the I (*Demokratisierung des Ich*):[26] according to the virtue of modesty, every subject should participate in the work of constructing human culture, because nobody has a special role by nature or divine choice. Because of this recognizing of the equality of all the individuals and all the peoples, modesty also becomes a political virtue.

Cohen considers modesty a virtue which is absolutely necessary to the individual if he is to rise to ethical self-consciousness: the I acquires stability only when it renounces its own self and aspires to the universality of the autonomous ethical consciousness. He writes:

> Die Bescheidenheit lehrt den Blick hinweglenken von dem lieben eigenen Ich auf das allgemeine sittliche Selbstbewusstsein, auf die Sache, auf die Aufgabe. Sie bildet das Distanzgefühl aus für den Abstand der Person von der Aufgabe. So wird sie zur Tugend des beständigen *Strebens*. Und das Streben, als ein sittliches, gibt dem Wesen selbst Beständigkeit. Die Tugend bewährt sich als der Wegweiser für den stetigen Fortschritt der sittlichen Arbeit und der Selbsterziehung.[27]

Consequently, in *Ethics of Pure Will* the individual is taken into consideration only insofar as it cancels its specific characteristics and identifies with its universal task. The individual is introduced only when it is the bearer of a particularity which is an articulation of the ethical universality. This also explains why Cohen does not take into account the possibility of forgiveness when dealing

---

24 Ibid., 534.

25 Ibid., 542.

26 Ibid., 543.

27 Ibid., 544.

with moral judgment, guilt, and punishment:[28] modesty teaches us to give a balanced moral judgment, to compare the situation of the guilty person with our own never completely innocent situation, to examine the conditions and circumstances of the action performed, to separate the guilt from the person, and not to hate the person for his guilt. But modesty cannot cancel the ethical universality of the moral judgment in the face of the suffering of the individual as such, and therefore it cannot lead to forgiveness. Modesty can correct, but not overcome, truthfulness. Ethics, notwithstanding Cohen's interest in those persons who are objects of judgment, remains inseparable from the universal moral law which has primacy over every single individual.

The connection which Cohen establishes between ethics and the science of law (*Rechtswissenschaft*) in his *Ethics of Pure Will* leads him to make a distinction here between modesty and humility (*Demut*). Cohen voids humility of any true ethical value because this virtue seems to him to devalue man as an autonomous being:

> Darin liegt der *Unterschied der Bescheidenheit von der Demut*: dass sie das Gefühl des eigenen Wertes festhält, während die Demut mit der Fiktion des eigenen Unwerts operiert. […] Der Mensch muss auf sich selbst halten, und darf getrost etwas von sich selbst halten. […] Von dem sichern Port seines moralischen Wertes gewinnt er ein ruhiges Urteil über die geistigen Vorzüge des Andern; er bewundert sie; aber er wird darüber an dem Werte nicht irre, den sein sittliches Urteil ihm selbst gibt.[29]

However, it is humility that becomes a second-degree virtue, which is the complement of truthfulness in *Religion of reason*. Humility – Cohen recognizes in this book –[30] has aspects which do not permit its identification with modesty. Humility is the attitude which expresses human love for God, and therefore it is very difficult to make a real distinction between this virtue and the virtue of truthfulness. In the sources of Judaism humility is considered the highest virtue which belongs to the Prophets and righteous people:

> In den Psalmen heiβt es: "Liebe und Wahrheit begegnen sich" (Ps. 85, 11) oder "küssen sich" (ebenda). Die Demut kann im direkten Ausdruck nicht von Gott ausgesagt werde, um so charakterischer ist die Aussage bei Mose. "Und der Mann Mose war sehr demütig von allen Menschen, die auf der Oberfläche der Erde sind" (4. Mos. 12, 3). Keine geistige oder seelische Eigenschaft sonst rühmt der Pentateuch von Mose, auβer seinem prophetischen Verhältnisse zu Gott; unter allen menschlichen Eigenschaften aber wird seine Demut bezeugt. Ein höheres Zeugnis von der Bedeutung der Demut im Urteil der Schrift kann nicht gedacht werden. Die Demut allein schützt den Menschen vor der Gefahr des Stolzes auf seinen Menschenwert, der doch nur erst gegründet wird in seiner Gottesfurcht, in seiner Unterwerfung unter die Wahrheit Gottes.[31]

---

[28] Ibid., 546–548.
[29] Ibid., 549.
[30] Cohen, RV, 493.
[31] Ibid., 493.

The distinctions that Cohen had traced in his *Ethics of Pure Will* between virtues which refer to the universal and virtues which refer to the particular, seem to be effaced when he analyses the Jewish sources: if in a Prophetic book we find that God requires from everybody to walk humbly with Him (Mi 6, 8), this means that humility is not so much a virtue as the condition of the relationship between human beings and God. In a sense humility is also an attribute of God: when God loves the humblest among the human beings, humility becomes a divine quality. Cohen underlines the difference between the Greeks and the Jews regarding this virtue:

In dieser Charakteristik der Demut unterscheidet sich die jüdische Ethik von der griechischen, sowohl der klassischen, wie der nachklassischen. Die Propheten haben hier den Weg gewiesen, dem die Psalmen und die Sprüche sich angeschlossen haben. "Suchet Gerechtigkeit, verlanget nach Demut" (Zephania 2, 3). In dem […] Psalmvers: "Gürte dein Schwert um die Hüfte, du Held, deinen Glanz und deine Hoheit!, dringe durch, fahre einher für Wahrheit" wird noch hinzugefügt "und gerechte Demut" (Ps. 45, 5). "Und der Ehre geht Demut voran" (Sprüche 15, 33; 18, 12). So wird in der Volksmoral die Demut gewertet.[32]

Cohen concludes his lofty meditation on humility in his philosophy of religion recalling that this virtue – according to Jewish tradition – belongs to the Messiah: humility is therefore the spiritual ground of Messianic humankind (*seelische Fundament der messianischen Menschheit*).[33] He now recognizes, unlike his position in his book on ethics, that humankind also needs humility when it achieves its objectives in science and in any other cultural field. There is an identification between humility and piety (*Frömmigkeit*): the unity of the Messianic consciousness (*messianisches Bewußtsein*) is formed by piety as love of God. Now it is modesty that finds its foundation in humility, as Cohen explicitly declares:

Und was die Demut gegen Gott bedeutet, das ist zugleich die Bescheidenheit vor dem Menschen. Das jüdische Bewusstsein fühlt keinen Unterschied zwischen Demut und Bescheidenheit. Wer Demut vor Gott hat, hat Bescheidenheit vor den Menschen. Und man kann auch gar nicht anders Bescheidenheit vor den Menschen haben als auf Grund der Demut vor Gott.[34]

In this way Cohen deeply transforms the theory of human consciousness that he had expounded in his previous work as a philosopher inspired mostly by Greek thought and Kant as an heir of this thought. Judaism now acquires a superiority over Hellenism: without the Jewish idea of God it is impossible to form the idea of the unity of the human soul because this unity finds its expression in humility and piety. The first duty of humankind is not the development of culture, but the

32 Ibid., 495.
33 Ibid., 495.
34 Ibid., 496.

maintaining of its relationship with God through the spirit of humility. If this fundamental direction of the soul is absent, culture will lose its basis and centre.

IV. Courage, trust, justice: from *Kultur* in history to *Kiddush ha-Shem*

After his examination of truthfulness and modesty, which complement each other, in his *Ethics of Pure Will* Cohen analyses two other first-degree virtues: they are courage (*Tapferkeit*) and justice (*Gerechtigkeit*). The first has trust (*Treue*) as its complementary second-degree virtue, because trust regards a particular community of which the individual is a member and towards which he feels love. These same virtues, as we shall see, have a different meaning and order in *Religion of Reason*.

In the *Ethics of Pure Will* courage is the virtue of those who act for cultural achievements; it is not a virtue of sensibility (*Sinnlichkeit*), but a virtue of the pure will founded on pure thinking. In this case, too, as in the case of truthfulness and modesty, Cohen's starting point is the manner in which the Greeks considered courage:

> Es ist ein charakterisches Symptom der rein menschlichen Ethik, dass sie die Tapferkeit als Tugend auszeichnet. In der religiösen Sittenlehre wird zwar auch die Tapferkeit in Anspruch genommen und ausgebildet; aber es wird nicht der Höhepunkt der menschlichen Kraft in sie gelegt. Die griechische Ethik dagegen steht hier besonders im innigsten Zusammenhange mit der eigentümlichsten Richtung des griechischen Geistes. Die allgemeine Richtung auf die Kunst hat sich in einer derartigen Ausbildung des Dramas spezialisiert, dass darin neben der Philosophie das Eigentümlichste der griechischen Art liegen dürfte. Und hier zeigt es sich, dass es ein innerer Zusammenhang ist, der die Kunst, als die der *Tragödie*, im Verein mit der Philosophie entstehen ließ.[35]

Both Greek philosophy and Greek tragedy celebrate Prometheus as the symbol of all the courageous promoters of culture. He is the ideal man who is not afraid to suffer for his enterprise in favour of the development of human civilization – an enterprise transcending the myth, which is closely linked to the concept of destiny, i.e. human submission to nature. Through the figure of Prometheus suffering becomes less hard to be endured, at least for humankind, if not for the individual. Aeschylus' Prometheus leads to Goethe's Faust:

> Das Individuum endet im Leiden; aber in seiner Arbeit erhebt sich das Zukunftsbild der Menschheit, das kraft dieser seiner Arbeit sein sittliches Selbstbewusstsein bildet, sein Selbst der Allheit. So wird das Individuum von sich selbst erlöst, um das höhere Selbst

[35] Cohen, ErW, 554.

in der Menschheit zu erleben. *Der Fleiss der Arbeit für die Kultur ist der eigentliche Sinn und Wert der Tapferkeit.*[36]

The question of human suffering no longer finds its solution in a theodicy, but in an anthropodicy: courage as a virtue of *Kultur* overcomes pessimism and quietism. Courage is also the virtue of *Weltgeschichte* and political actions. In this context the Prophets are interpreted by Cohen as political and historical figures:[37] their message is not so much religious as ethical – of an ethics inspired by the idea of human work (*Arbeit*) for the affirmation of pure reason and pure will in history. In his book on ethics Cohen regards the Prophets as having the same role for the Jews that Socrates had for the Greeks when they defended their people's political freedom. Courage is the virtue of the *Staatsmann*, the true political leader of a nation organized in a political body: it is the virtue of that idealism which refers to the State and humankind as those universals where individuals can only realize their ethical essence.

Trust is considered in *Ethics of Pure Will* as the means that mitigates courage. It is interesting to note that Cohen excludes peace here as a second-degree virtue because it seems to him that peace refers not so much to human relationships as to the attitude of the individual when trying to maintain harmony within his own soul.[38] He prefers to indicate trust as the virtue that indicates the constancy between persons and the communities (*Gemeinschaften*) of which they are parts. The State keeps its primacy over the relative communities which are nevertheless indispensable in order to maintain the consistency of the soul over time. Cohen reminds us that trust as *pistis* has a cognitive value for Plato, while as *emunah* an ethical value for the Prophets.[39] He introduces religion in his *Ethics of Pure Will* only insofar as it gives the idea of God to ethics. Trust teaches religion to purify itself:

Es ist die Pflicht der Treue, und es ist das natürliche Anrecht der Treue, *an der Idealisierung der Religion unablässig zu arbeiten.* [...] *In jeder Religion lassen sich die ethischen Motive analysieren und entwickeln.* Die Treue ist der Wegweiser, welcher nach dieser Richtung hinweist.[40]

At the end of the chapter on trust in his *Ethics of Pure Will*, Cohen dwells on the Jew's dual membership of the German State, and therefore of the German people and their culture, and of the Jewish people and their religion: he makes a distinction between the concept of *Nation* which he connects to the State and the concept of *Nationalität* which does not imply the State. He regards trust as a virtue which should refer to Germanism as well as to Judaism because both are

---

36 Ibid., 557.
37 Ibid., 559.
38 Ibid., 569.
39 Ibid., 570–571.
40 Ibid., 587.

Gemeinschaften. But, as the affection of respect is higher than the affection of love and first-degree virtues are the highest, the German *Staatsnation* is, in the end, superior to Judaism. Cohen thus concludes (with an implicit polemical reference to Theodor Herzl's *Der Judenstaat*):

> Dieses [das Staatsbewusstsein] muss in der Einsicht wurzeln, dass der Staat allein dem Individuum das reife Menschtum verleiht. Auch nicht darin, dass man Steuern zahlt und der Militärpflicht genügt, bezeugt man hinlänglich seinen Patriotismus, sondern erst in dem Zusammenhang der Einsichten, dass man dem Staate, dem man angehört, die Grundbedingung des sittlichen Menschenwertes der Kultur verdankt, und dass man nur *einem* Staate diesen Dank schulden kann.[41]

Justice, after courage, is another virtue which refers to the State. It has a central role in the constitution of consciousness in the *Ethics of Pure Will*: justice, the State, law, and action are closely related. Cohen writes in the chapter on justice:

> Das Selbstbewusstsein ist auf den Staat orientiert. Der Staat ist eine Form des Rechts. Das Recht beruht auf dem Begriffe der Handlung. Demgemäss wurde auch das sittliche Selbstbewusstsein in der Einheit des Subjekts der Handlung begründet. Die Einheit der Handlung selbst wurde damit begründet; sie war die Voraussetzung zur Einheit des Subjekts der Handlung.[42]

The unity of consciousness presupposes the unity of the subject of action and of action itself: therefore, we have to assume the equality of all those who act, without any separation between body and soul, manual and intellectual work. Justice is the virtue of the State which must recognize the equality of all its citizens. Cohen's reflection on justice is inspired by an ethical socialism: he hopes for a full transformation of all legal relationships into personal relationships. Property, goods, money, all the material things become part – through the law – of a historical process of idealization which should lead to relationships only between one person and another in society.[43] Cohen sees in the capitalistic economy, through the positive law established by the State, the means that could enable the transformation of things into an immaterial reality: he quotes approvingly Kant who thinks that the evil of culture (*Übel der Kultur*) carries the means of salvation within itself.[44] He proposes the German concept of *Genossenschaft* (cooperative society) as the legal equivalent of *Gemeinschaft*, which refers – as we have seen – to relationships grounded on love. In the conclusion of his consideration of justice Cohen does not deny that the State uses power in history; but he is convinced that the end of this use is always justice, and therefore human culture.

---

41 Ibid., 590.
42 Ibid., 591.
43 Ibid., 608–609.
44 Ibid., 611.

Now, in *Religion of Reason* the treatment of justice is different in many respects from that offered in *Ethics of Pure Will*: justice (*Gerechtigkeit*) is not expounded as the third first-degree virtue, after truthfulness and courage, but as the second first-degree virtue after truthfulness. Moreover courage (*Tapferkeit*) becomes the third first-degree virtue and trust (*Treue*) as a second-degree virtue does not appear as an integration of courage, but of all the previously considered first-degree virtues, i.e. truthfulness, justice, and courage. Cohen knows that the sources of Judaism mention justice more frequently than courage and that *emunah*, confidence, accompanies truth, justice and courage as well. About justice, after observing that it has a prominent role in the Prophets and Psalms, Cohen observes that it is not separable from piety and humility:

> Mit der Gerechtigkeit wird die Frömmigkeit überhaupt zum Ideal des Menschen. Diese Sentenz formuliert die Spruchdichtung: "Der Gerechte ist das Fundament der Welt" (Spr. 10, 25).[45]

Cohen recognizes that in Jewish texts justice not only is the ground of the law and the State, but also the ground of religion: this means that God's commandments are higher than the law and the State. In Judaism and in that philosophy of religion which assumes Judaism as its guiding thread, the term theocracy should be interpreted as a State where God remains the last point of reference, beyond the kings, rulers and judges. As an attribute of God, justice is inseparable from love: Cohen recalls the ancient Jewish social law which relieves weak and frail people, the Jewish criminal law which protects the guilty from private vengeance, and the Talmudic expression "because of the paths of peace" (*mipnei derakhe' shalom*) which recommends a mild justice.[46]

The link between justice and love leads to the idea of the righteous who suffers for love of God and for the world: the righteous becomes the representative (*Stellvertreter*) of human beings before God, saving their dignity and therefore their right to exist. Suffering for love has a justification because it has an aim which is the very survival of the world. The "suffering servant of God" (Is. 53) is the Jewish people when supporting martyrdom for love of God's commandments. *Kiddush ha-Shem* (lit.: sanctification of the Name) is the expression used by Judaism to indicate this action. So Cohen writes:

> Die Erwählung zur Lehre des einzigen Gottes ist zugleich die Erwählung zu dem stellvertretenden Leide für alle Völker, die noch nicht zur Erkenntnis des einzigen Gottes ausgereift sind. Auch dieser Sinn der Erwählung verletzt nicht die Gerechtigkeit Gottes, die nunmehr in einer universellen Theodizee der Entwicklung des Menschengeschlechts sich zu bewähren hat.[47]

---

45 Cohen, RV, 497–498.

46 Ibid., 500–501.

47 Ibid., 502.

History grounded on God's transcendence is now opposed to history grounded on humankind's autonomy as well as addressed to an ideal produced by human consciousness itself. The *Kulturwerte*, the values of civilization, now appear precarious and vain if not based on God's Name.

The treatment of the virtue of courage – like that of justice – is also different in *Religion of Reason* from that provided in *Ethics of Pure Will*. Courage is no longer the virtue of the protagonists of civilization, like Prometheus or Faust, but a Messianic virtue: the virtue of those who remain, despite their suffering, in contact with God through the prophetic spirit or spirit of sanctity. Justice and courage therefore cannot be separated. In this case too, Cohen exalts the Jewish people who were not afraid to sacrifice their happiness, or even life itself, to maintain the idea of God's transcendence.[48] And, as regards trust here, Cohen notices that in Jewish sources it expresses the ethical link between God and those human beings who listen to divine teachings: *emunah* is not so much a complement to courage as a form of love. Trust is present in the relationship between man and God and in every human relationship: without trust human beings could not hold together (*zusammenhalten*) their own consciousness.[49]

We can conclude, after our survey, that Cohen really changed his mind about the virtues as indications for man's walking on earth (*Wegweiser*) in the passage from his book on ethics to his book on religion: he substituted an approach to them through a philosophy of civilization (*Kulturphilosophie*) with an approach grounded on his Jewish philosophy of religion. If Western cultural trends inspires him in his philosophy of man as *Kulturwesen*, the East inspires him in his vision of man as the recipient of a divine revelation that is so close to his heart that he would prefer to die than to betray it. If in his philosophical system consciousness is described first of all as an intellectual energy active in history, in his thought on religion it is described first of all as a loving strength grounded on God's love.

V. The virtue of humanity versus the virtue of peace

In the last chapter of his *Ethics of Pure Will* Cohen deals with a special second-degree virtue which softens justice as a first-degree virtue. This virtue is humanity (*Humanität*).

Cohen observes that justice has to take into consideration not only the ideal or universal, but also the effective reality (*Wirklichkeit*) or particularity. The model he refers to is Roman law because it puts *aequitas* (a term translated into German as *Billigkeit*) along justice, i.e. *jus strictum*. It is a mistake, according to Cohen, to

48 Cohen, RV, 506–508.

49 Ibid., 512.

see *aequitas* as the source of natural law, i.e. *jus naturale* (*Naturrecht*), beside positive law (*positive Recht*), as Roman law does: *aequitas* is not so much a *jus gentium* that has no coercive power, unlike positive law, but a correction of positive law.[50] Cohen connects the question of the link between justice and *aequitas* to the logical question of the link between the universal and the particular which, in this case, is the single individual (*der Einzelne*). The theory declares the primacy of justice, but the praxis needs another complementary virtue in order to apply justice in particular cases: this virtue is a necessary element in the constitution of the self-consciousness. Cohen enlarges the meaning of *Billigkeit*: he presents it as an indication of the way that we should walk not only in juridical and moral judgments, but also in dealing (*Behandlung*) with human beings. Humanity is an enlargement of the legal concept of *aequitas*.

Humanity as *Menschlichkeit* (regard for human beings) first of all means overcoming the unilaterality of each virtue, if considered isolated from the others, as Cohen explains.[51] He quotes Kant and Schiller as his mentors in his search for a unity of the soul which could resolve the opposition between inclination and duty, senses and reason: the aesthetic education of humankind, where theoretical reason and practical reason meet in aesthetic feeling, could lead to a harmony of all the directions of human consciousness which produce *Kultur*. Therefore the virtue of humanity finally becomes the highest virtue. He writes:

> Die Menschlichkeit macht die Menschenpflicht zum Menschengefühl, und das Menschengefühl zur Menschenpflicht. Man weiss nicht, was dabei das Erste, was das Zweite ist. Die Menschlichkeit scheint von der Liebe wieder zur Ehre zurückzuspringen; der Gegensatz der Affekte, ihr Unterschied selbst scheint zu verschwinden. Das ist gewiss ein gutes Kennzeichen für die Ständigkeit dieser Tugend, dass sie sogar von dem einzelnen Affekte sich unabhängig macht; die Ehre wird hier Liebe, und die Liebe Ehre. So energisch wirkt hier der Mittelpunkt des sittlichen Bewusstseins.[52]

Cohen notes that Kant gives the fundamental direction to the idea of the unity of culture when he rejects the pessimism which considers man as radically wicked in his *Religion within the Limits of Bare Reason*:[53] Kant rather underlines the positives forces in the human soul which are more deep-seated than the negative ones. *Humanität* is the term which precisely expresses the attitude aspiring to a balance, a beautiful equilibrium of all the virtues with each other. As Cohen maintains the connection between justice and the State, he is obliged to show that humanity does not contradict the State if the State does not exalt nationalism, maintains the rights of minorities, and refuses to recognize a particular ethnic group as its basis: humanity should also be a virtue of the State if it is a mitigation

50 Cohen, ErW, 618–619.

51 Ibid., 625.

52 Ibid., 626.

53 Cf. Kant, *Religion innerhalb der Grenzen der bloßen Vernunft* (1794, 2. ed.), 1–202.

of justice. This conclusive virtue protects individuals within the State's universality, points out their differences, and defends their specific roles within the All.

In the last pages of *Ethics of Pure Will* Cohen identifies humanity with the Greek concept of *sophrosyne* which indicates the human capacity to understand specific human situations and to act according to this understanding. *Sophrosyne* gives to personality measure, self-control, unity of all its aspects and sides, flexibility and free activity:

Das Wort ist nicht zu übersetzen. Es ist die Heilheit des Gemütes, die damit bezeichnet wird; das Ganze in seiner Unversehrtheit; die Einheit in ihrer Unverletzlichkeit und Unerschütterlichkeit. Sie ist mehr als Weisheit und mehr als Tugend. Sie ist die Einheit des geistigsittlichen Wesens; die *Mäßigung*, wenn man an die Bedeutung denkt, welche das Mass in der griechischen Spruchdichtung hat. Sie ist die Selbstherrschung; die Beherrschung, kraft deren das Selbst Thron und Reich empfängt. Als diese Sophrosyne haben wir die Humanität zu fassen.[54]

Cohen grounds on humanity the simplicity and purity of the soul, which does not mean monotony, and the euphony of all its directions: the peace (*Friede*) and bliss (*Seligkeit*) of the soul have humanity as their condition. By means of this Greek virtue, which is also dear to German poets and thinkers, ethics leads to aesthetics as its final result and aim: the feeling of humanity (*Menschengefühl*), a transformation of the virtue of humanity, is the centre of artistic production. Cohen celebrates the European Renaissance when artists and philosophers exalted the creative forces of humankind:

Der *Humanismus*, der die geistige und sittliche Neugeburt der Völker in weltbürgerlicher Tendenz erstrebt und vollzogen hat, stand allezeit von Anfang an im Bunde mit der *Kunst*. So war es in der italienischen, und von da aus in der allgemeinen europäischen Renaissance. Und nicht anders ist es auch in Deutschland ergangen: *das Zeitalter der Humanität* ist das Zeitalter der kritischen Philosophie; der Philosophie des Systems, in welchem die Ästhetik ein ebenbürtiges Glied geworden ist. Die Humanität ist damit ihrem ganzen Umfange nach in das System der Philosophie eingetreten.[55]

Humanity is the virtue which gives unity and sense to the *Kulturbewußtsein* in the transition from ethics to aesthetics, when it becomes the indication for a harmonious multilateral development of civilization. The Kantian concept of the play of spirit (*Spiel des Geistes*) is recalled by Cohen in order to describe the ultimate end of human culture.[56] Cohen is optimistic about this development: nation, State and humanity do not contradict each other; a federation of States (*Staatenbund*) will arise from the humanism of *Kultur*. He regards *Weltgeschichte* as expressing extensively what the human subject as spirit at play, i.e.

---

[54] Cohen, ErW, 630.
[55] Ibid., 633.
[56] Ibid., 635.

aesthetic consciousness, is intensively: the highest activity of the *Geist*, the synthesis of all its directions, is the artistic one. He writes:

Die Kunst stellt, als Kunst des Genies, jene *Einheitlichkeit des Menschengeschlechts* in dem ästhetischen Gefühle dar. [...] *Diesen Makrokosmos der Menschheit im Mikrokosmos des Menschen der Kultur darzustellen, das ist die grosse Aufgabe der Psychologie.*[57]

Psychology as a philosophical discipline should analyse logic, ethics and aesthetics as aspects of consciousness and unify them through the idea that art comprehends all human activities.

In his *Religion of Reason* Cohen substitutes the virtue of humanity – as the final virtue which moderates justice – with the virtue of peace. This substitution changes completely the perspective of psychology, i.e. the doctrine of the subject of culture, that he intends to offer. While humanity refers to a subject which finds its own laws when producing the world of culture, peace refers to the relationship between man and God as the loving giver of ethical laws. This relationship becomes the condition of the operations of the soul which psychology has to examine: the spirit of sanctity (*Geist der Heiligkeit*)[58] which connects man and God substitutes the *Geist* as the productive force.

At the beginning of the chapter on peace – the last one in his last book – Cohen tries to show that the Jews called peace (*shalom*) what the Greeks called *sophrosyne* and German writers *Humanität*. But he also points out the peculiarity of the virtue of peace when it is taken from Jewish sources: peace is an ethical attribute of God to be imitated by man; it is a synonym of the good; it becomes a greeting in human relationships; its root means perfection or integrity. Thus he sums up his reflections on peace:

Man sieht, daβ der Frieden zur Quintessenz der göttlichen Attribute wird. Und demgemäβ wird er das Symbol der menschlichen Vollkommenheit, der Harmonie des Individuums und der Vollendung des Menschengeschlechts. Denn der Friede ist das Wahrzeichen des messianischen Zeitalters, und zwar nicht nur als Gegensatz zum Kriege, der verschwinden wird, sondern auch positiv, insofern er den Inbegriff aller Sittlichkeit bildet. [...] Die Einheit des menschlichen Bewuβtseins wird hier durch den Frieden der Seele ausgedrückt.[59]

Cohen describes how in Jewish texts peace is the aim to which the entire being aspires as its origin. Individuals, like humankind, have peace as their end. It is interesting to observe that he now makes German literature dependent on the Bible rather than the enhancer of *Humanität*:

Der Friede ist das Ideal des messianischen Menschen. Im Frieden erst vollendet sich das Seelenheil des Menschen. "Entschlafen sind nun wilde Triebe mit jedem ungestümen Tun" [*Faust*, I. Teil, *Studierzimmer*]. Wie Goethe so die Liebe Gottes schildert, so ist eben

57 Ibid., 637.

58 Cohen, RV, 116 ff.

59 Ibid., 516.

nur der Seelenfriede, in den die Liebe Gottes ausstrahlt. Es gibt keine Leidenschaften mehr, wo Friede in die Seele des Menschen eingekehrt ist und ihre Einheit und Einfalt begründet hat.[60]

Peace, which is the unifying energy of consciousness, and love of God and therefore of human beings cannot be separated. Cohen reminds us that peace is the highest divine attribute in Jewish sources and the highest human attribute: it is the ultimate end of man's development in history. Peace however is not a virtue which presupposes faith as *Glaube*; it is rather a virtue which presupposes knowledge of God.[61] The reason that arrives at knowledge of the unique God – animated by a love of God which is a response to that divine love of human beings which gives them the prophetic light – is connected to peace. Peace of the soul coincides with the kind of reason that leads philosophy to a new path, one pointed out no longer by the Greeks, but by the Jews. This explains, according to Cohen, why Judaism esteems so highly the learning of Jewish texts, the education of one's mind. As the aim of this learning and education is the spread of the *Torah*, reason as a prophetic force has a Messianic meaning. The uniqueness of God and the unification of the soul correspond to each other: unity and peace of the soul arise up at the same time. This happens when the pure heart, reconciliated with God, the world and itself, overcomes the confusion and conflicts of the passions. Love overcomes hate, which Cohen interprets as a pathological state of the mind: for a state of mind that is not insane, hate has no reason to exist. The Talmudic wisdom – Cohen reminds us –[62] forms the concept of the "hate without ground" (*sinat chinam*) because it assumes peace and love as the normal condition of the soul. And this regards not only the individual soul, but also the universal consciousness of humankind. Cohen writes:

Das Individuum kann den Frieden seiner Seele nicht erlangen ohne die Sicherung des Weltfriedens. Der Messianismus verbindet die Menschheit mit jedem Einzelmenschen. Für meinen eigenen Frieden bedarf ich der Zuversicht, daβ der Völkerhaβ ausgetilgt werde aus dem Kulturbewuβtsein der Menschheit.[63]

Psychology – this is Cohen's new approach to this science – should ban every kind of hate from its analysis of the forces of the human heart: only peace is a real force and can give unity to actions. The basis of psychology is no longer logic, but ethics: biological and naturalistic considerations about man do not belong to the field of psychology, but to the field of our investigation of nature. Peace is God's spirit in human beings: peace identifies with that divine spirit which is also a power (*Macht*) in the individual life and in universal history. Cohen reminds

[60] Ibid., 517.
[61] Ibid., 519.
[62] Ibid., 522.
[63] Ibid., 523.

us that Kant is a defender of peace, in his famous essay on this idea,[64] because he recognizes the force of ethics in the human soul, which obliges to observe the moral law:[65] Kant as an anthropologist knows that non-indifference (*Rührung*), just like sharing not only compassion (*Mitleid*), but also joy (*Mitfreude*), means that peace is a fundamental, elementary force of the spirit (*naive Vollkraft des Geistes*). Cohen does not think that the expression "radical evil" (*das radikal Böse*) in Kant's book on religion is a sign of pessimism: on the contrary, he underlines how Kant's effort in this book is the idealization of evil as a consequence of man's freedom. Kant is in search of the good within the human condition because the ideal of peace moves his philosophical thinking.

Cohen also links the unity of the soul, grounded on peace as the confluence of all the virtues (truthfulness, humility, courage, trust), with joy: in Jewish life this link is visible in religious holidays, especially during Saturday (*Shabbat*), Passover (*Pesach*), and Pentecost (*Shavuot*). It would be for him nonsensical to oppose history and peace: the peace of the soul cannot be deleted by any tragic historical fact because it does not belong to the dimension of time, is beyond phenomena, yet still within the human world. Cohen expresses this thesis in this way:

> Unter allen Tugendwegen dürfte der Friede die gewaltigste Zaubermacht sein, und es widerspricht dieser Auffassung nicht, daβ diese Macht des Friedens so sehr umstritten und angezweifelt wird: sie ist eben die innerlichste, die geheimste, daher die am wenigsten offenbare Macht des menschlichen, des geschichtlichen Bewuβtseins. [...] Der Friede als der Zweck des Menschen ist der Messias, der die Menschen und die Völker von allem Zwiespalt im Menschen selbst schlichtet und endlich die Versöhnung für den Menschen erwirkt mit seinem Gotte.[66]

It is precisely this link between redemption through the spirit of sanctity given by God and Messianic peace that confers humour on Jewish existence beside its tragic tonality. Cohen particularly quotes the Prophets, the Psalms, the Song of Songs (whose protagonist is called *Shulamith*) as the Biblical books where the affection of peace reveals the relationship between God and human cosciousness:[67] peace represents not only the unity and harmony of all the directions of life, but also an overcoming of death. It transforms death into a world without violence: the lover of peace is not afraid of death. If we are able to comprehend divine action in this world and this action indicates peace as the unity of all the virtues, this means that peace identifies with eternity – eternity not so much as another world, but an active force in time. Those who have died continue to live when the living remember them in peace. Cohen concludes his *Religion of Reason* with these majestic words:

---

[64] Cf. Kant, *Zum ewigen Frieden. Ein philosophischer Entwurf* (1795), 341–386.
[65] Cohen, ErW, 525.
[66] Ibid., 529.
[67] Ibid., 530–531.

> Der Friede ist das Wahrzeichen der Ewigkeit und ebenso die Losung des menschlichen Lebens in seinem individuellen Verhalten, wie in der Ewigkeit seines geschichtlichen Berufes. In dieser geschichtlichen Ewigkeit vollführt sich die Friedensmission der messianischen Menschheit.[68]

Thus, in his posthumous work, Cohen hints at his idea of psychology as a doctrine which should have the virtue of peace as its condition: with this transformation of the ground of psychology – no longer the aesthetic concept of humanity, but the ethico-religious concept of peace – his ideas on Kant and on the relationship between Germanism and Judaism change: he now emphasizes the value of the Jewish sources for German culture instead of underlining the similarity between Germanism and Judaism, as in his previous writings, and he considers Kant as a profound analyst of human nature propounding peace instead of a philosopher who grounds his system on logic.

VI. Concluding remarks: towards a new concept of the *cogito*?

In contemporary times the Cartesian *cogito*, which is generally considered the basis of modern philosophy, notwithstanding its ties with medieval Scholasticism,[69] is criticized by various philosophical trends: a new Romanticism accuses the *cogito* of destroying the individual because it leads to the domination of the All;[70] a new Mysticism accuses it – as the heir of Platonism – of being the principle on which science and technique construct their primacy in our culture beyond our primeval poetic sensitivity for Being;[71] a new Heracliteism rejects it because it would cancel all the particularities, differences, oppositions in the human world;[72] a new Sophisticism describes its genesis and therefore reduces it to a superstructure of an economic and juridical structure.[73]

Cohen certainly reclaimed this Cartesian principle – which he interprets through the Kantian *Ich denke* – as the unifying concept of his system of philosophy: to affirm self-consciousness as the unity of culture means considering the thinking subject as the centre of reality. The criticism of the *cogito* leads to the criticism of Cohen as the builder of a philosophical system.

---

68 Ibid., 533.

69 Cf. Cassirer, *Descartes*.

70 Cf. Horkheimer /Adorno, *Dialektik der Aufklärung*.

71 Cf. Heidegger, *Platons Lehre der Wirklichkeit*.

72 Cf. Gadamer, *Wahrheit und Methode*.; Ricoeur, *Le conflit des interprétations*; Pareyson, *Verità e interpretazione*.

73 Cf. Foucault, *Folie et déraison. Histoire de la folie à l'âge classique*.

However, Cohen as a religious philosopher seems not to be touched by this critique of the modern subject: in this role, he expounds a doctrine which is anti-anthropocentric and anti-solipsistic because it is founded on the relationship between God and human beings and between one human being and another, defends ethics, not ontology, as *prima philosophia*, and is deeply aware that the Jewish idea of Transcendence should be the main reference point for philosophy as a Greek discipline. Could not this new idea of the subject – a *cogito* moved by peace and love, and therefore identical with that spirit of sanctity which connects God and man – give us a new direction for our philosophical thinking? It seems to me that – as Franz Rosenzweig foresaw[74] – we can today consider Cohen's *Religion of Reason* as a classical text from which we can draw many teachings and suggestions in order to deal with the difficult problems of our hard times as best we can.

Bibliography

Boehlich, Walter/Berg, Nicolas (ed.), *Der Berliner Antisemitismusstreit*, Frankfurt am Main 2023.

Cassirer, Ernst, *Kants Leben und Lehre* (vol. 11 of *Kants Werke*, ed. by E. Cassirer et al.), Berlin 1918.

–, *Descartes. Lehre, Persönlichkeit, Wirkung*, Stockholm 1939.

Cohen, Hermann, *Werke*, ed. Helmut Holzhey et al. Hildesheim et al. 1977 ff.

–, *Ein Bekenntnis in der Judenfrage* (1880), in: id., *Jüdische Schriften*, ed. Bruno Strauss, Berlin 1924, Vol. II, 73–94.

–, *Deutschtum und Judentum. Mit grundlegenden Betrachtungen über Staat und Internationalismus* (1915, 2. ed. 1916), in: id., *Jüdische Schriften*, ed. Bruno Strauss, Berlin 1924, Vol. II, 237–301.

Foucault, Michel, *Folie et déraison. Histoire de la folie à l'âge classique*, Paris 1961.

Gadamer, Hans-Georg, *Wahrheit und Methode. Grundzüge einer philosophischen Hermeneutik*, Tübingen 1960.

Heidegger, Martin, *Platons Lehre der Wirklichkeit*, Bern 1947.

Holzhey, Helmut, *Cohen und Natorp*, vol. 2: *Der Neukantianismus in Quellen*, Basel-Stuttgart 1986.

–, *Das Hermann-Cohen-Archiv in Zürich*, *Zeitschrift für philosophische Forschung* 31 (1977) 444 ff.

Horkheimer, Max/Adorno, Theodor Wiesengrund, *Dialektik der Aufklärung. Philosophische Fragmente*, Amsterdam 1947.

Kajon, Irene, *Ebraismo e sistema di filosofia in Hermann Cohen*, Padova 1989.

Kant, Immanuel, *Über den Gemeinspruch: Das mag in der Theorie richtig sein, taugt aber nicht für den Praxis* (1793), *Ges. Schriften*, Akademie-Ausgabe, VIII, 273–313.

–, *Religion innerhalb der Grenzen der bloßen Vernunft* (1794, 2. ed.), *Ges. Schriften*, Akademie-Ausgabe, vol. 6, 1–202.

[74] Cf. Rosenzweig, *Hermann Cohens Nachlasswerk* (1921).

–, *Zum ewigen Frieden. Ein philosophischer Entwurf* (1795), *Ges. Schriften*, Akademie-Ausgabe, vol. 8, 341–386.
Pareyson, L., *Verità e interpretazione*, Milano 1971.
Ricoeur, Paul, *Le conflit des interprétations. Essais d'herméneutique*, Paris 1969.
Rosenzweig, Franz, *Einleitung* to H. Cohen, *Jüdische Schriften*, ed. Bruno Strauss, Berlin 1924, 1. vol.
–, *Hermann Cohens Nachlasswerk* (1921), *Der Mensch und sein Werk. Gesammelte Schriften*, Den Haag 1976 ff., vol. 3, 229–233.
Scholem, Gershom, *Walter Benjamin – die Geschichte einer Freundschaft*, Frankfurt am Main 1975.
Treitschke, Heinrich von, *Ein Wort über unser Judenthum* (1881, 4. ed.), Berlin 2018.

Namensregister

Sachregister

Verzeichnis der Autoren

Roy Amir, Dr., ist Post-doctoral fellow am Franz Rosenzweig Minerva Research Center der Hebräischen Universität in Jerusalem.

Heinrich Assel, Prof. Dr. Dr. h.c. ist Inhaber des Lehrstuhls für Systematische Theologie an der Theologischen Fakultät der Universität Greifswald.

Ido Ben Harush ist PhD Kandidat an der Yale Universität, New Haven, U.S.A.

Asher Biemann, Prof. Dr., ist Edgar M. Bronfman Professor of Modern Judaic Studies an der University of Virginia, U.S.A.

Jörg Dierken, Prof. Dr., ist Inhaber des Lehrstuhls für Systematische Theologie und Ethik an der Martin-Luther-Universität Halle-Wittenberg.

Hans Martin Dober, apl. Prof. Dr., ist Pfarrer i.R. der Evang. Landeskirche in Württemberg und lehrt Praktische Theologie an der Evang.-theol. Fakultät der Universität Tübingen.

Geert Edel, Dr. phil., war von 1990–1994 Lehrbeauftragter am Philosophischen Seminar der Universität Hamburg und von 2002–2005 Mitherausgeber und Redakteur Philosophie von „Iablis. Jahrbuch für europäische Prozesse“. Lebt in Wyk auf Föhr.

Pierfrancesco Fiorato, Prof. Dr., lehrt als Professore Associato Philosophie an der Universität Parma.

Irene Kajon, Prof. Dr., emerita, lehrte am Department für Philosophie an der Sapienza Universität in Rom.

Hans-Dieter Klein, Prof. Dr., ist ein österreichischer Komponist und emeritierter Universitätsprofessor für Philosophie an der Universität Wien.

George Yaakov Kohler, Prof. Dr., lehrt Jüdische Philosophie an der Bar Ilan Universität und ist seit 2015 Direktor des Joseph-Carlebach-Instituts für Jüdische Theologie.

Dietrich Korsch, Dr. theol., Prof. em., lehrte Systematische Theologie und Geschichte der Theologie an der Philipps-Universität Marburg.

Gregory Moynahan, Prof. Dr., ist Associate Professor für Historische Studien am Bard College, New York, U.S.A.

Andrea Poma, Prof. Dr., war bis 2019 Professor für Ethik an der Universität Turin.

Hartwig Wiedebach, Dr. phil. habil., Göppingen, lehrte Philosophie an der ETH Zürich und betreute das Hermann Cohen-Archiv.

Christian Wiese, Prof. Dr., war von 2007–2010 Prof. für Jüdische Geschichte an der University of Sussex. Seither ist er Martin-Buber-Professor für Jüdische Religionsphilosophie am Fachbereich Evang. Theologie an der Goethe-Universität Frankfurt.

Kurt Walter Zeidler, tit. Univ.-Prof. Dr., lehrt am Institut für Philosophie der Universität Wien.